Der Fall Hartz IV

Anke Hassel ist Professorin für Public Policy an der Hertie School of Governance, Berlin, und Senior Visiting Fellow an der London School of Economics.

Christof Schiller ist Politik- und Verwaltungswissenschaftler und arbeitet als wissenschaftlicher Mitarbeiter an der Hertie School of Governance, Berlin.

Inhalt

Kapitel 9
Die Konzeption der Reform.

Vorwort

Warum Hartz IV? Hartz IV ist eine der umstrittensten Reformen der Nachkriegszeit. Die Reform hat nicht nur einen Paradigmenwechsel in der Arbeitsmarkt- und Sozialpolitik herbeigeführt, sondern auch die deutsche Parteienlandschaft durcheinandergewirbelt. Sie hat die SPD Tausende von Mitgliedern und Millionen von Wählerstimmen gekostet. Sie widersprach den gängigen wissenschaftlichen Annahmen über die Stabilität und die Unreformierbarkeit des deutschen Sozialstaates. Und für die Kenner des deutschen Modells widerlegte sie fundamentale Annahmen über den Schutz der Qualifikationen deutscher Facharbeiter durch eine umfassende Arbeitslosenversicherung. Nach den traditionellen Analysen der Wissenschaft zum deutschen Sozialstaat hätte Hartz IV nicht passieren dürfen.

Dieser offensichtliche Widerspruch zwischen dem tradierten Verständnis der Experten über die Eckpfeiler deutscher Politik und der Realität der Jahre 2002 bis 2005 hat uns motiviert, dieses Buch zu schreiben. Für die Öffentlichkeit entfaltete sich das Drama einer der größten Sozialreformen Deutschlands seit den ersten Berichterstattungen über konkrete Schritte in Richtung Abschaffung der Arbeitslosenhilfe in einem *Spiegel*-Artikel Ende März 2002. Anstatt im Laufe der Zeit von den Mühlen deutscher Politik zermahlen zu werden, wurden die Reformvorschläge erst von der Hartz-Kommission aufgegriffen und dann in der Agenda 2010 prominent verankert. Nach der Wiederwahl der rot-grünen Bundesregierung im September 2002 betrieb der neue Bundesminister für Wirtschaft und Arbeit die Umsetzung mit großem Nachdruck. Warum?

Diese Frage hat uns in den letzten Jahren nicht losgelassen. Sie wurde bestärkt durch einen Forschungs- und Arbeitsaufenthalt von Anke Hassel von April 2003 bis Mai 2004 in der Leitungs- und Planungsabteilung des damaligen Bundesministeriums für Wirtschaft und Arbeit. Ursprünglich geplant als eine Analyse der Grenzen der Reformkapazität der deutschen Bundesregierung entwickelte sich der Aufenthalt zu einer teilnehmenden Beobachtung konkreter Reformpolitik. Als Beobachterin und Teil der Leitungsabteilung nahm sie an ministeriellen Arbeitssitzungen und Fraktionssitzungen zur Umsetzung der Reform teil. Das Ministerium arbeitete in dieser Zeit fieberhaft mit einem extrem straffen Zeitplan an einem hochkomplexen Gesetzentwurf. Im Land formierten sich Demonstrationen, Regionalparteitage der SPD wurden abgehalten, um die Zustimmung der Fraktion zu ermöglichen. Die Empörung der Gewerkschaften stieg. Innerhalb der Leitungsabteilung des Ministeriums wuchs die Angst vor dem drohenden Kollaps der Software der BA, verzögerten Auszahlungen und hochschnellenden Arbeitslosenzahlen. Die Frage des Warums jedoch stellte sich zu diesem Zeitpunkt bereits niemand mehr.

Mit einem Abstand von zwei Jahren beschlossen wir im Herbst 2006, dem Rätsel auf den Grund zu gehen. Die Finanzierung der Hans-Böckler-Stiftung erlaubte uns, im Rahmen eines Forschungsprojekts, eine detaillierte Analyse der Genese der Hartz IV-Reform durchzuführen. In den drei folgenden Jahren führten wir fast 50 zweistündige Interviews mit heute zumeist ehemaligen Ministern, Staatssekretären, Abteilungsleitern, Referatsleitern, Referenten, Verbandsvertretern und Abgeordneten.

Schrittweise näherten wir uns dabei dem Warum der Reform und stießen auf eine Reihe unerwarteter Ergebnisse. Das, was in diversen Landesarbeitsministerien zur Verbesserung der Kooperation zwischen Kommunen und Arbeitsämtern begann, verwandelte sich im Laufe der Zeit zu einem Projekt zur Rettung der westdeutschen Gemeinden vor dem bevorstehenden finanziellen Kollaps. Statt wie in der Vergangenheit Reformvorschläge im Zusammenspiel von Bund und Ländern zu zerlegen, wirkte im Fall Hartz IV die Dynamik des deutschen Exekutivföderalismus in die entgegengesetzte Richtung. Alle Beteiligten, Bund, Länder und Kommunen, versprachen sich durch die Zusammenlegung der Hilfeleistungen für Langzeitarbeitslose neue Finanzierungsquellen. Ein finanzieller Sachzwang, getragen von grundsätzlichen Überzeugungen der Notwendigkeit der Liberalisierung der Arbeitsmarktpolitik, erzeugte einen nicht mehr aufzuhaltenden Reformdruck.

Auf unserer Reise zu den Ursprüngen von Hartz IV haben wir mehr über Politik in Deutschland gelernt als jemals zu vor. *Der Fall Hartz IV* möchte diese Erkenntnisse über die Dynamik politischer Entscheidungsverfahren nun an ein größeres Publikum weitergeben.

Unser Dank geht an den Beirat der Hans-Böckler-Stiftung, dessen Mitglieder mit uns kontroverse Diskussionen über unsere Ergebnisse führten. Diese Debatten und die vielen Rückfragen haben unsere Argumentation geschärft und uns gezwungen, uns immer wieder zu überprüfen. Wir danken der Hans-Böckler-Stiftung für die Finanzierung des Projekts und die Genehmigung für die Publikation des Buches in dieser Form. Anke Hassel dankt der VolkswagenStiftung für die Aufnahme in das Brückenprogramm, in dessen Rahmen sie vom Max-Planck-Institut für Gesellschaftsforschung in die Leitungs- und Planungsabteilung des damaligen BMWA entsandt wurde. In dieser Tätigkeit fand die erste gründliche Auseinandersetzung mit der Reformfähigkeit des deutschen Sozialstaates statt. Sie verdankt den Mitarbeitern des Referats Politische Analyse und Planung, insbesondere Henry Cordes, Maria Britta Loskamp und Peer-Oliver Villwock wesentliche Erkenntnisse über die Komplexität deutscher Politik. Sie dankt zudem der Humboldt-Stiftung für die Finanzierung ihres derzeitigen Aufenthalts an der London School of Economics, wo ein Teil des Buches geschrieben wurde, sowie dem European Institute an der LSE für die freundliche Aufnahme. Christof Schiller dankt dem Stipendienfonds E.ON Ruhrgas und dem Norwegischen Forschungsrat für die großzügige Finanzierung eines Forschungsaufenthalts am Stein Rokkan Centre for Social Studies in Bergen, Norwegen, der es ihm ermöglichte, die Hartz-Reformen auch in vergleichender Perspektive zu analysieren und der somit auch wichtige Erkenntnisse für dieses Buch lieferte. Stellvertretend für viele andere Wissenschaftler am Stein Rokkan Centre dankt er Stein Kuhnle, Anne Lise Fimreite, Björn Breivik, Nanna Kildal, Tord Linden, Rune Ervik und Even Nilsen für die vielen Gespräche und die Tatsache, dass sie den Forschungsaufenthalt zu einem großen Vergnügen gemacht haben.

Darüber hinaus gab es eine Reihe von Personen, deren Ratschläge und inhaltliche Kommentare für dieses Buch von allergrößtem Wert waren. Danken möchten wir Helga Hackenberg und Rolf Schmachtenberg für ihre schriftlichen Kommentare. Arne Baumann danken wir für die sehr wichtigen Einsichten in die Arbeitsweise des deutschen Bundestags. Reinhard Penz sind wir zu besonderem Dank verpflichtet für die vielen wertvollen Gespräche mit ihm während seines Forschungsaufenthalts an der Hertie School of Governance und die Einsichten in die Arbeitsweise der Ministerialbürokratie. Werner Jann danken wir für seine zahlreichen unersetzlichen inhaltlichen Anregungen und vor allem für seine moralische Unterstützung.

Für die Umsetzung dieses Projekts schließlich waren die folgenden Beiträge unerlässlich. Anna van Santen, Moira Nelson (PhD) und Robert Vitalyos waren in der Forschungsassistenz unersetzlich. Anne Sander hat das Manuskript in hervorragender Weise lektoriert. Dem Campus Verlag und besonders Rebecca Schaarschmidt danken wir für die angenehme Zusammenarbeit. Schließlich danken wir den Interviewpartnern für ihre Zeit und Geduld. Ohne ihre Bereitschaft, mit uns zu sprechen, hätten wir dieses Buch nicht schreiben können.

London und Berlin, August 2010   *Anke Hassel und Christof Schiller*

Kapitel 1
Einleitung

In diesem Jahr feiert Hartz IV seinen fünften Geburtstag. Fünf Jahre nach dem Start der Reform ist klar: das Herzstück der Agenda 2010 hat die Republik grundlegender verändert als jede andere Reform der letzten Jahrzehnte. Dokumentationen und Reportagen über die sogenannte Unterschicht haben Hochkonjunktur. Kaum ein Tag vergeht, an dem Hartz IV nicht in Verbindung mit der Zunahme der Armut, der neuen sozialen Exklusion, mit Abstieg und Hungerlöhnen gebracht wird. In weiten Teilen der Gesellschaft, und zwar nicht nur innerhalb ihrer ärmsten Schicht sondern auch und gerade in der gesellschaftlichen Mitte, ist Hartz IV mittlerweile zum Inbegriff für Sozialabbau, Abstiegs- angst und ein nie gekanntes Ausmaß an Liberalisierung geworden.

Das Urteil über die Hartz-Reform scheint dabei bereits festzustehen und ist überwiegend negativ. Die Reform sei ein Fehler, weil sie die Schere zwischen arm und reich weiter geöffnet und die Arbeitslosigkeit nicht wirklich verringert habe. Auch sei sie ein Fehler, weil sie in Deutschland einen politischen *Mainstream* der Marktliberalisierung etab- liert habe, der lediglich eine und zwar alternativlose Politik kenne. Und letztlich habe sie bewährte sozialstaatliche Traditionen und Rechte in Deutschland über Bord geworfen. Umstritten scheint in diesen Urteilen lediglich noch zu sein, welche Bestandteile von Hartz IV und den weite- ren Agenda-Reformen erhaltenswert sind.

Anderslautende Einschätzungen zu Hartz IV und den weiteren Maßnahmen der Agenda 2010 sind dagegen selten. In der öffentlichen Debatte sind die Befürworter von Hartz IV weitgehend verstummt. Selbst wohlwollenden Betrachtern fällt es schwer, eine substantielle Verbesserung beispielsweise in der Arbeit der Arbeitsagenturen und der Job-Center zu entdecken. Das ursprüngliche Versprechen, das Verhält- nis zwischen Betreuer und Arbeitslosen spürbar zu verbessern, ist bis heute kaum eingelöst worden. Auch die Zusammenarbeit der staatlichen Stellen ist kaum besser geworden. Das Motto *Hilfen aus einer Hand* ist bestenfalls eine Absichtserklärung geblieben. Ebenso erscheint der Fortschritt bei der Ausbildung der Vermittler viel zu gering, als dass ein wirklicher Durchbruch in der Arbeitsvermittlung in naher Zukunft zu erwarten wäre. Im Gegenteil, vielerorts drohen die Sozialgerichte unter der Last der Widersprüche gegen die Leistungsbescheide zu ersticken. Auch dies ist ein Beleg dafür, wie schwierig sich die Umsetzung der Hartz-Gesetze in der Praxis gestaltet. Die Liste der Pannen ist lang. Ganz zu schweigen davon, dass die Maßnahmen der aktiven Arbeitsmarktpolitik in den ersten Jahren der Reform stark zurückgefahren wurden.

War die Hartz-IV-Reform ein Fehler? Die grundsätzliche Intention der Reform, die Langzeitarbeitslosigkeit aktiv bekämpfen zu wollen, sowie die Erwerbsbeteiligung substantiell zu erhöhen, war sicherlich richtig. Zu diesem Zweck war eine grundlegende Reform der Arbeitsmarktpolitik lange überfällig. Gleichzeitig war sie jedoch auch nur ein Anfang. Viele notwendige begleitende Komponenten wie die Senkung der Lohnnebenkosten, die Verbesserung und der Ausbau des Bildungsangebots, der Ausbau der Kinderbetreuung, die Entlastung der Gemeinden oder die Einführung eines gesetzlichen Mindestlohns wurden allenfalls angestoßen. Wirklich in Angriff genommen wurden sie nicht. Insofern waren viele Maßnahmen zu selektiv. Zudem wurden viele der Folgen der Reform weder antizipiert noch zu Ende gedacht.

Und doch neigt man im Rückblick dazu, die gewaltige Komplexität der Reform zu unterschlagen. Kein anderes Land in der westlichen Welt – sieht man einmal von den derzeitigen gewaltigen Spar- und Reformanstrengungen einiger Länder in der Eurozone als Folge der Schuldenkrise ab – hat sich in so kurzer Zeit bemüht, so viele Reformschritte gleichzeitig zu gehen. Nicht nur die Arbeitsverwaltung sollte durch die Zusammenarbeit der staatlichen Stellen bei der Betreuung und Vermittlung der Arbeitslosen modernisiert und verbessert werden. Die föderalen Finanzbeziehungen und die Gemeindefinanzen sollten generalüberholt werden. Die Leistungen für Arbeitslose sollten reformiert und die Steuerungsstrukturen in der Arbeitsmarktpolitik insgesamt umgebaut werden. Dies sind nur einige der hoch ambitionierten Pläne. Während viele andere europäische Länder diese Schritte über einen großen Zeitraum hinweg gegangen sind, sah die damalige rot-grüne Bundesregierung dafür nur wenige Monate vor. In Anbetracht des Umfangs des Vorhabens und der gewaltigen Ziele erscheinen die Hartz-Gesetze deutlich besser als ihr Ruf. Das Gleiche gilt auch für die Wirkungen der Reform in der Gesellschaft und am Arbeitsmarkt. Es ist keineswegs so, dass Hartz IV ausschließlich Härten für Langzeitarbeitslose und Sozialabbau bedeutet hätte. Tatsächlich hat sich die Situation am Arbeitsmarkt auch für Langzeitarbeitslose spürbar verbessert. Die Berichte über die wachsende Kluft zwischen denen, die in unbefristeten und sicheren Arbeitsverhältnissen stehen und jenen, die schlechtbezahlte oder gar keine Arbeit haben, ist zu einem erheblichen Teil der Tatsache geschuldet, dass heute deutlich mehr Menschen Leistungen beziehen als früher. Im Vergleich ist heute ein erheblich größerer Personenkreis als erwerbsfähig definiert und damit im Blickpunkt der Arbeitsmarktpolitik. Damit werden die Hartz-Gesetze zumindest teilweise Opfer ihrer eigenen Erfolge. Letztlich sind Berichte, die unter dem Motto Hartz IV sei »Armut auf Rezept« stehen, empirisch nicht nachweisbar.

Es ist unverkennbar, dass sich der deutsche Sozialstaat in einem gewaltigen Umbruch befindet. Dieser Umbruch irritiert nicht nur die Fachwelt, da er viele der althergebrachten Prinzipien des deutschen Sozialstaates berührt. Beispielsweise hat die einst charakteristische starke Stellung der Sozialversicherung und lohnbezogener Leistungen durch die Reformen der Agenda 2010 deutlich abgenommen. Mehr als zwei Drittel aller Arbeitslosen beziehen heute nur noch eine pauschale Grundsicherungsleistung, die sich nicht mehr am vorherigen Lohn und Versicherungsbeiträgen, sondern am sozio-kulturellen Existenzminimum bemisst. Damit trug die Reform zu einer Umverteilung von Ressourcen innerhalb der Gruppe der Arbeitslosen bei. Hart getroffen wurden insbesondere diejenigen, die bisher im deutschen Sozialstaat gut geschützt waren: die qualifizierten Facharbeiter mit langen Berufsbiographien. Sie müssen heute damit rechnen, nach nur einem Jahr Arbeitslosigkeit in die Grundsicherung Hartz IV zu fallen. Sie müssen ihr Vermögen nicht nur offenlegen, sondern auch aufbrauchen und prinzipiell für jede neue Beschäftigung zur Verfügung stehen. Der Schutz ihrer erworbenen Qualifikationen wurde abgeschafft. Noch vor zehn Jahren hätte niemand von einem Facharbeiter, ob Dreher oder Bergmann, im Falle der Arbeitslosigkeit erwartet, dass er (oder sie) sich eine Arbeitsstelle in einem anderen Berufsfeld sucht. Heute ist das selbstverständlich. Gleichzeitig hat sich der Zugang zur neuen Leistung auch im internationalen Vergleich deutlich vergrößert. Während vor der Reform Sozialhilfeempfänger weitgehend von den Leistungen der Arbeitsämter ausgeschlossen waren, haben sie heute als Bezieher der Grundsicherung Zugang zu den gleichen aktiven arbeitsmarktpolitischen Instrumenten der Arbeitsämter wie die Bezieher von Arbeitslosengeld. Auch ist die neue Leistung nicht identisch mit der Sozialhilfe, da Leistungsumfang, Einkommens- und Vermögensanrechnung deutlich großzügiger geregelt sind. Die Regelungen berechtigen damit einen erheblich größeren Personenkreis zum Bezug der Leistung als früher die Sozialhilfe. All diese Veränderungen deuten auf einen grundlegenden Wandel des deutschen Sozialstaats hin. Der Staat übernimmt mehr Verantwortung bei der Steuerung der Arbeitsmarktpolitik als dies in der Vergangenheit der Fall war. Das Feld der verantwortlichen Akteure wie der Adressaten in der Arbeitsmarktpolitik ist dabei nicht überschaubarer geworden. Im Gegenteil, mit den privaten Vermittlern sind sogar neue verantwortliche Akteure entstanden. Was die soziale Sicherung anbelangt, nimmt die Grundsicherung mittlerweile eine ebenso dominante Position ein wie einst die lohnarbeitszentrierte Sozialversicherung. In einem traditionell *konservativen*[1] Wohlfahrtsstaat Bismarckscher Prägung ist dieser Wandel von nicht zu unterschätzender Bedeutung.

---

1 Im Sinne der Klassifizierung der drei Typen des Wohlfahrtskapitalismus nach Esping-Andersen (Esping-Andersen 1990). Esping-Andersen unterscheidet ein liberales, konservatives und ein sozialdemokratisches Modell des Wohlfahrtsstaates. Die relevanten Dimensionen, anhand derer die drei Typen unterschieden werden, sind 1. der Grad der Einschränkung des Warencharakters der Arbeitskraft (*Dekommodifizierung*), also der Reduzierung der Abhängigkeit der individuellen Existenz vom Markt, 2. die Art der *Stratifizierung*, dass heißt der durch soziale Sicherungssysteme bewirkten sozialen Strukturierung von Lebenslagen und Solidaritätsbeziehungen, und schließlich 3. das Zusammenspiel von Staat, Markt und Familie beziehungsweise die diesen Institutionen jeweils zugeschriebene Verantwortung für die Wohlfahrt der Bürger (Kohl 2000: 123). Beim Grad der Dekommodifizierung weist das liberale Model einen geringen, das konservative Model einen mittleren und das sozialdemokratische Model einen hohen Wert auf. Die Art der Stratifizierung im liberalen Model ist eine Mischung aus relativer Armutsgleichheit unter den sozialen Leistungsempfängern und marktabhängiger Wohlfahrt für die restliche Mehrheit der Bürger sowie ein klassenpolitischer Dualismus zwischen beiden (Esping-Andersen 1990: 27; eigene

Dass dieser Umbruch schließlich durch politische Reformen aktiv vorangetrieben wurde und nicht durch eine langsame Erosion der Sozialversicherung unabsichtlich erfolgte, kam für viele Beobachter außerordentlich überraschend. Man hatte sich damit abgefunden, dass Deutschland als der »kranke Mann Europas« in das neue Jahrhundert einziehen würde, wie das britische Wochenmagazin *The Economist* berichtete (*The Economist* vom 11.03.2010). Ende der neunziger Jahre war das Bild des Stillstands der deutschen Gesellschaft weit verbreitet.[2] Im April 1997 beschrieb Roman Herzog in seiner sogenannten *Ruck*-Rede Deutschland als eine von Ängsten erfüllte Gesellschaft, die unfähig zu Reformen sei. »Hier herrscht ganz überwiegend Mutlosigkeit, Krisenszenarien werden gepflegt. Ein Gefühl der Lähmung liegt über unserer Gesellschaft« (Herzog 1997). Reformen würden mit den immer gleichen Ritualen von Reformforderungen, Debatten und Verunsicherungen erst hoch gehandelt und dann vertagt.

Zwei Jahre vor der Reform, als der sogenannte Vermittlungsskandal der Bundesanstalt für Arbeit (BA) in der Öffentlichkeit bekannt wurde, hätte kaum ein politischer Beobachter der Bundesregierung eine Strukturreform dieses Umfangs zugetraut. Im Winter 2001/2002 war es um die Wiederwahl der ersten rot-grünen Bundesregierung schlecht bestellt. Der Konjunktureinbruch der New Economy hatte das Erreichen des Wahlversprechens, die Halbierung der Arbeitslosigkeit, in weite Ferne gerückt. Das Haushaltsdefizit stieg bedrohlich an. Das *Bündnis für Arbeit* war in einer Sackgasse und es gab kaum Reformimpulse auf dem Arbeitsmarkt. Und dennoch machte sich die rot-grüne Koalition nach

Übersetzung). Dem Markt kommt im liberalen Modell also die Hauptverantwortung für die Wohlfahrt der Bürger zu. Die Art der Stratifizierung im konservativen Model hingegen, beruht auf dem Schutz von berufsgruppenspezifischen Statusunterschieden. Darüber hinaus spielen neben dem Staat traditionelle Familienbeziehungen eine herausragende Rolle bei der Bereitstellung von Wohlfahrt (ebd.: 27; eigene Übersetzung). Im sozialdemokratischen Modell schließlich wird der Dualismus der anderen beiden Modelle aufgehoben. Alle Personengruppen haben Zugang zu einer Mischung stark dekommodifizierender und universalistischer Programme. Das sozialdemokratische Model stellt insofern die höchste Form der Emanzipation von Markt und Familie als den traditionellen Institutionen zur Herstellung der Wohlfahrt der Bürger, dar (ebd.: 28).

2 Es wurde zum Beispiel von Rolf Heinze 1998 in seinem Buch *Die blockierte Gesellschaft* beschrieben.

ihrer hauchdünnen Wiederwahl 2002 auf, in kürzester Zeit gewaltige
Strukturreformen in Angriff zu nehmen. Nach der international viel
beachteten Rentenreform im Jahr 2001, die der umlagefinanzierten
staatlichen Rente Formen der kapitalgedeckten Zusatzrente hinzufügte
(die sogenannte Riester-Rente), schickte sich die Regierung an, die Arbeitsmarktpolitik ebenfalls einer strukturellen Reform zu unterziehen.
Einem Feld also, bei dem Deutschland notorisch als besonders rigide
und reformunfähig galt.

Politisch kam der erwachte Reformeifer einem Erdbeben gleich, der
das einst so stabile deutsche Parteien- und Verbändewesen kräftig aus
den Angeln hob. Erstmalig trat in der Geschichte der SPD ein amtie-
render Bundeskanzler als Parteivorsitzender zurück. Auch über die
Motive der überhasteten Herbeiführung des Misstrauensvotums im
Parlament im Mai 2005, mit dem Ziel vorgezogener Neuwahlen nach
drei Jahren im Amt, wurde viel spekuliert. Fest steht, dass sich die SPD
seit der Agenda-2010-Rede Schröders im Frühjahr 2003 in einer ihrer
tiefsten Krisen befindet. Seit der Einführung von Hartz IV im Jahr 2005
verloren SPD und CDU/CSU so stark an Zustimmung und Mitgliedern,
dass das Etikett Volkspartei immer fragwürdiger geworden ist. Insbesondere die SPD verlor allein zwischen der Ankündigung der Reformen
zur Agenda 2010 bis heute ein Fünftel ihrer Mitglieder und kommt
insgesamt auf gerade noch 513.000 Mitglieder. Auch die erfolgreiche
Westausdehnung der PDS durch die Fusion mit der WASG zur Partei
Die Linke ist ohne die massiven Gewerkschaftsproteste gegen die Reformen der rot-grünen Regierung und prominente Parteiübertritte nicht
denkbar. Gerade über die Motive der SPD-Politiker innerhalb der
damaligen rot-grünen Bundesregierung wurde seitdem viel gerätselt.

Der zeitliche Abstand von fünf Jahren bietet für uns die Gelegen-
heit, zusammen mit den damaligen Entscheidungsträgern, die Ursachen
und Bestimmungsfaktoren der Reformpolitik aufzuspüren. Warum
konnte die Reform in einem Umfeld stattfinden, das bis dahin mit den
Begriffen Reformstau und Blockade belegt wurde? Warum war diese
Bundesregierung zu einer Reform in der Lage, die ihren Vorgängern
nicht gelang? Und warum ist gerade die SPD in einem der Kernfelder
ihrer Politik ein solches Wagnis eingegangen? Warum hat sie mit dem
deutschen Facharbeiter ihre Stammwähler so nachhaltig verprellt? Wie
kam es, dass ansonsten mächtige Interessengruppen wie Gewerkschaf-

ten und Arbeitgeberverbände dies nicht verhindert haben? Wie kam es, dass Politiker ihre eingespielten Verhaltensweisen in der Sozial- und Arbeitsmarktpolitik verändert haben? Das sind die Fragen, die uns im vorliegenden Buch beschäftigen. Das Ziel ist dabei keine abschließende Bewertung der Hartz-Reformen aus Sicht der Arbeitsmarktpolitik. Zwar muss man die Bedeutung und die Folgen der Hartz-Reformen analysieren und verstehen, um die Dynamik der Reform erklären zu können. Denn das Verhältnis zwischen den Verlierern und Gewinnern der Reformen bestimmt die politische Dynamik erheblich. Diese Analyse nehmen wir in Kapitel 2 mit einer Bestandsaufnahme der Hartz-Reformen vor – auch vor dem Hintergrund möglicher Alternativen in anderen europäischen Ländern.

Im Mittelpunkt unseres Interesses steht jedoch das bessere Verständnis der Prozesse, die zu der Reform geführt haben. Für uns steht außer Frage, dass die Sozial- und Arbeitsmarktpolitik in Deutschland sich an die Herausforderungen resultierend aus Wiedervereinigung, Dienstleistungsökonomie, demographischem Wandel und Globalisierung anpassen musste und dies weiter tun wird. Allerdings erfolgen Anpassungsprozesse nicht automatisch sondern müssen politisch gesteuert und strategisch gestaltet werden. Sie begünstigen einzelne Gruppen und benachteiligen andere. Uns interessieren die mit Reformprozessen verbundenen Koordinationsprozesse und Verteilungskonflikte und die Möglichkeiten und Grenzen der wesentlichen politischen Akteure diese zu steuern.

Um diesen Fragen nachzugehen und die Dynamik von Reformpolitik in Deutschland zu analysieren, lenken wir den Blick auf die ursächlichen Faktoren des Wandels und die daraus entstehenden spezifischen Eigenheiten des Reformprozesses. Damit verorten wir den Wandel im Kontext der bestehenden Problemkonstellationen, insbesondere der durch die Wiedervereinigung dramatisch ansteigenden fiskalischen Effekte der bestehenden Verschiebebahnhöfe zwischen kommunaler Sozialhilfe und den Programmen der Bundesanstalt für Arbeit. Darüber hinaus identifizieren wir drei zentrale Triebkräfte des Reformprozesses: die sich verändernde sozio-ökonomische Basis der Sozialpolitik verursacht durch den Schock der deutschen Einheit, Deindustrialisierung und Globalisierung und ihre Verarbeitung durch die Sozialpartner; die neue

Dynamik im Parteienwettbewerb sowie die akute Finanzkrise der Kommunen und der Haushalte der Sozialversicherungen.

Wir argumentieren, dass die Entscheidung für eine grundsätzliche Reorganisation der Hilfeleistungen für Langzeitarbeitslose das Resultat dreier langfristiger Entwicklungen ist: Erstens hat sich das Elitenkartell in der Sozialpolitik, das bis Mitte der neunziger Jahre im Wesentlichen von den Sozialpartnern dominiert wurde, durch die hohen Kosten der Wiedervereinigung aufgelöst und wurde damit offen für neue Ideen. Zweitens, bedeutete die Auseinandersetzung der beiden großen Parteien über die *Neue Mitte* eine weitere Öffnung der liberalen Kräfte in der SPD in Richtung aktivierender Arbeitsmarktpolitik. Und drittens verhinderte die massive Finanzkrise der Kommunen – mit hervorgerufen durch die Steuerreform von Hans Eichel – eine weitere Verlagerung von Reformkosten auf die kommunale Ebene. Alle drei Entwicklungen mündeten in dem Gelegenheitsfenster des Vermittlungsskandals und den schlechten Umfragewerten der ersten Regierung Schröder. Diese wiederum verstand es, den Skandal strategisch für einen tiefgreifenden Umbau der deutschen Sozialsysteme zu nutzen.

Die von uns beobachtete Reformdynamik im Fall Hartz IV zeigt dabei ganz deutlich, dass die Reformimpulse von der Ministerialbürokratie im Bund und in den Ländern ausgingen. Im Vordergrund standen dabei zunächst arbeitsmarktpolitische Überlegungen. Soweit ist die Genese der Hartz-Reform durchaus innovativ und ungewöhnlich für das deutsche Regierungssystem, denn es wies deutlich mehr Strategiefähigkeit auf, als ihm gemeinhin zugetraut wird. Gleichzeitig wird in unserem Buch allerdings ebenfalls sehr deutlich, dass die ursprünglich arbeitsmarktpolitisch motivierte Reform im weiteren Prozess durch finanzpolitische Sonderinteressen im Zusammenspiel von Bund und Ländern nicht nur erheblich verformt, sondern auch erheblich teurer wurde als ursprünglich anvisiert. Insofern ist die Reform eine typisch deutsche Reform, da in kaum einem anderen Land der Welt die föderale Finanzverfassung so stark über das Wie und Was von Reformpolitik entscheidet.

Das vorliegende Buch bietet die erste lückenlose Analyse des Prozesses und der Faktoren, die zur jüngsten und größten Sozialreform in Deutschland geführt haben. Es zieht gleichzeitig Schlüsse und Lehren für zukünftige Reformpolitik in Deutschland. Unsere Analyse des Ursprungs der Arbeitsmarktreform räumt mit einer Vielzahl von Vorurteilen und Allgemeinplätzen auf, die in der Vergangenheit zu Hartz IV gesagt und geschrieben wurden. Dabei beanspruchen wir nicht, ein Monopol auf die Wahrheit zu Hartz IV zu haben oder die einzig mögliche Interpretation der Reformen zu liefern. Im Gegenteil, Reformprozesse in Deutschland sind viel schwerer zu durchschauen als anderorts. Dies liegt an der größeren Zahl der beteiligten Akteure und Institutionen, die es in der Analyse zu berücksichtigen gilt.

Unser Buch richtet sich sowohl an ein wissenschaftliches als auch an ein politisch interessiertes Publikum. Es greift die wichtigsten wissenschaftlichen Diskussionen über den Wandel des Bismarckschen Wohlfahrtsstaates und die Leistungsfähigkeit des deutschen politischen Systems auf und verortet die Hartz-Reformen in diesen Debatten. Es ist damit ein wichtiger Brückenschlag zwischen Studien zur Arbeitsmarkt- und Sozialpolitik und Studien des deutschen Regierungssystems.

Der Fall Hartz IV basiert auf über 50 Interviews mit Schlüsselakteuren der deutschen Politik und damit auf einer intimen Kenntnis der zugrundeliegenden Konflikte. Zu den Interviewten gehören ehemalige Minister, Staatssekretäre, Verbandsfunktionäre, Wissenschaftler und Parlamentarier.

Damit liefert das Buch eine Analyse der Ursprünge der Hartz-IV-Reform, die auch in politischen Kreisen Neuigkeitswert hat. Insbesondere der dritte Teil beinhaltet eine detaillierte Rekonstruktion des Entstehungsprozesses der Hartz-Gesetzgebung mit zahlreichen Zitaten der beteiligten Akteure. Dazu gehört auch eine genaue Darstellung des Prozesses, wie aus Ideen letztlich Gesetze werden.

In den folgenden Kapiteln analysieren wir die Genese der Hartz-Reformen. Wir beginnen im ersten Teil mit dem arbeitsmarktpolitischen Kontext und der Entstehung der großen Verschiebebahnhöfe zwischen einzelnen Bereichen der Sozialversicherung. Dieser Mechanismus des sozialverträglichen Abbaus von Arbeitsplätzen wurde während der Wiedervereinigung auf eine Belastungsprobe gestellt. Im zweiten Teil gehen wir ausführlich auf die drei Triebkräfte der Reform ein: die neue Konstellation innerhalb der SPD mit den erstarkenden Modernisierern ab den frühen neunziger Jahren, die veränderten Beziehungen zwischen Gewerkschaften und Arbeitgebern sowie die kommunale Finanzkrise. Der dritte Teil schließlich schildert den Entstehungsprozess der Hartz-Gesetzgebung im Einzelnen. Im Folgenden geben wir einen kurzen Überblick zu den Kapiteln. Wir empfehlen unseren Lesern, sich klassischerweise Kapitel für Kapitel durch das Buch zu lesen, da jedes Kapitel auf dem jeweils vorangegangenen Kapitel aufbaut und wichtige Bausteine für das Verständnis von Hartz IV und Reformpolitik in Deutschland enthält.

In *Kapitel 2* führen wir zunächst eine Bestandsaufnahme von Hartz IV durch, bevor wir uns mit der Analyse der Ursprünge der Reform beschäftigen. Wir beschreiben die Reformelemente im Detail und vergleichen sie mit anderen Arbeitsmarktreformen in Europa. Auch beschäftigen wir uns mit den Effekten der Reform in der Gesellschaft und am Arbeitsmarkt. Im zweiten Teil dieses Kapitels befassen wir uns mit dem institutionellen Wandel des deutschen Sozialstaates sowie den damit verbundenen Rückwirkungen auf das deutsche Parteiensystem.

Kapitel 3 beleuchtet die seit den siebziger Jahren vorherrschende Problemlage an der Schnittstelle zwischen Wirtschaft und Sozialstaat näher. Nach einer Einführung in das analytische Muster der sogenannten *Wohlfahrt ohne Arbeit* diskutieren wir unterschiedliche Instrumente und Effekte der Politik am Arbeitsmarkt, die wir als Stilllegungspolitik charakterisieren. Wir zeigen, dass die Umsetzung dieser Stilllegungspolitik auf einer komplexen Politik fiskalischer Kostenverschiebung beruhte, die mit der deutschen Wiedervereinigung ihren Höhepunkt erlebte.

Die Auswirkungen der deutschen Einheit sind das Thema von *Kapitel 4*. Die ersten Jahre nach der Wiedervereinigung bedeuteten zugleich Höhepunkt und Wendepunkt der Arbeitsmarktpolitik klassischer Prägung. Im ersten Abschnitt zeichnen wir noch einmal nach, welche Dimension der Schock der Einheit für den Arbeitsmarkt hatte. Bevor wir in den folgenden drei Kapiteln die Oberfläche der offiziellen politischen Debatten verlassen und abseits dieser Debatten nach den sich verändernden bestimmenden Konflikten in Wirtschaft und Verbänden, im Parteienwettbewerb und im Föderalismus fahnden, rekapitulieren wir im zweiten Abschnitt dieses Kapitels zunächst noch einmal die ersten zaghaften Reformversuche am Arbeitsmarkt bis zum Ende der neunziger Jahre.

In *Kapitel 5* analysieren wir die Interessen der Arbeitgeberverbände und der Gewerkschaften in der Arbeitsmarktpolitik. Wir zeigen, dass die Verbände in den ersten Jahren nach der Wiedervereinigung überwiegend noch gleichgerichtete Interessen an einem sozialverträglichen Arbeitsplatzabbau hatten. Die veränderten wirtschaftlichen Rahmenbedingungen und die daraus resultierenden Restrukturierungserfordernisse für Unternehmen der Deutschland AG ab Mitte der neunziger Jahre führten jedoch zu einer schleichenden Veränderung der Interessenlage in den Verbänden. Während einzelne Instrumente in der Arbeitsmarktpolitik immer stärker in die Kritik gerieten, rüsteten die Arbeitgeberverbände verbal auf. Wir zeigen, dass sich die Gemeinsamkeiten innerhalb der Sozialpartner seitdem zunehmend aufbrauchen und das Gewerkschaftslager beginnt, sich aufzuspalten.

Auch der Parteienwettbewerb beginnt sich, angefacht durch die dramatisch beschleunigten sozio-ökonomischen Veränderungen in den Jahren nach der Wiedervereinigung, grundlegender zu verändern, als dies gemeinhin registriert wird. Das zeigen wir in *Kapitel 6*. Insbesondere die SPD steht vor einer Reihe neuer Dilemmata. Der Parteienwettbewerb, der nunmehr fünf statt drei Parteien umfasst, macht den Kampf um die Mitte zunehmend unberechenbarer. Der Versuch, sich an der britischen *Labour*-Regierung zu orientieren und einen deutschen *Dritten Weg* zu beschreiten, scheiterte an den internen Strukturen der SPD.

In *Kapitel 7* analysieren wir die Sachzwänge, die sich aus der Arbeitsweise des deutschen Fiskalföderalismus ergeben. Nach einer Einführung in die Struktur der deutschen Finanzverfassung diskutieren wir die Veränderungen, die sich aus den Nachwirkungen der deutschen Wiedervereinigung ergeben. Diese zeigen sich einerseits auf der Ebene der neuen Akteure in Gestalt der neuen Bundesländer, die in einer Reihe von sozialpolitischen Gebieten gleichgerichtete Interessen haben. Außerdem zeigen wir, dass sich durch die Kostenverschiebungspolitik der letzten Jahrzehnte und insbesondere nach der deutschen Wiedervereinigung die Situation insbesondere vieler westdeutscher Städte und Kommunen dramatisch verschlechtert hat.

Die nächsten drei Kapitel rekonstruieren den Fall Hartz IV. Die Entstehungsgeschichte der Idee zu Hartz IV beschäftigt uns in *Kapitel 8*. Wir zeigen, dass Hartz IV als mögliche Projektionsfläche ganz unterschiedlicher Debatten und Akteure diente. Debatten über eine soziale

Grundsicherung sind dabei ebenso vertreten wie die europäische Aktivierungsdebatte oder die Debatte um Verwaltungsmodernisierung. Dementsprechend war die Koalition der Akteure, die aus Landesregierungen, den Grünen, den Oppositionsparteien CDU und FDP sowie den Arbeitgeberverbänden im Frühjahr 2002 bestand, ungewöhnlich groß. Einzig die SPD und die Gewerkschaften standen diesen Reformideen überwiegend ablehnend gegenüber. Insbesondere das Scheitern des Bündnisses für Arbeit im Winter 2001 und der Wahlkampf im Jahr 2002 vergrößerten jedoch den Handlungsspielraum der Reformer innerhalb der SPD. In den folgenden Monaten gelang es der Regierung und hier insbesondere dem Kanzleramt mit der Einsetzung der Hartz-Kommission und organisatorischen Veränderungen in der Leitung der BA und des Fachministeriums, die Reform des Arbeitsmarktes auf die Agenda zu setzen und dort auch zu halten.

In *Kapitel 9* beschäftigen wir uns mit der Konzeption der Reform. Welche Akteure konzipierten maßgeblich den Inhalt dessen, was uns heute als Hartz IV bekannt ist? Zu welchem Zeitpunkt war ihre Intervention besonders erfolgversprechend? Was trieb sie an? Wir zeigen, dass dieser Prozess ganz überwiegend von Beamten im früheren Arbeits- und späteren Wirtschafts- und Arbeitsministerium initiiert und vorangetrieben wurde. Versuche von Bundestagsabgeordneten und Interessenverbänden, Veränderungen an den leistungsrechtlichen Aspekten der Reform zu erwirken, blieben erfolglos. Auch andere Ressorts wie das Finanzministerium oder das Gesundheitsministerium oder Behörden wie die BA scheiterten an dem Versuch, für sie zentrale Punkte durchsetzen. Wir zeigen im Detail, wie es dazu kam, indem wir minutiös alle Stationen auf dem Weg von den Ideen zum Gesetz nachzeichnen. Zentrale Fragen der Ausgestaltung des leistungsrechtlichen Teils der Reform, das zeigt dieses Kapitel, konnten durch die Koordination zwischen den Fachministerien auf Bundes- und Landesebene in dieser Phase weitgehend vorentschieden werden und wurden auch zu einem späteren Zeitpunkt nicht mehr verändert.

Die Bedeutung der Finanzverfassung für politische Entscheidungsprozesse in Deutschland wird in *Kapitel 10* deutlich, in dem wir die parlamentarische Entscheidungsphase der Hartz-IV-Reform behandeln. Wir zeigen, dass die Regierung in dieser Phase an zwei unterschiedlichen Fronten gleichzeitig zu kämpfen hatte. Einerseits musste sie die zahlreichen parteiinternen Kritiker überzeugen und andererseits musste sie mit der Opposition einen Kompromiss im Vermittlungsausschuss erreichen. Es ist diese Phase, in der die Konflikte zwischen Gewerkschaften und linken SPD-Parlamentariern auf der einen Seite und der Regierung auf der anderen Seite vollends eskalierten. Während eine Einigung mit den Gewerkschaften in dieser Phase bereits unmöglich geworden war, konnte die Unterstützung der SPD-Linken nur noch durch eine Vertrauensfrage erzwungen werden. Dass diese Unterstützung jedoch nur von kurzer Dauer war, zeigte sich schließlich bei der Schlussabstimmung im Bundestag, bei der die rot-grüne Koalition keine eigene Mehrheit mehr zustande brachte und somit auf die Stimmen der Opposition angewiesen war. Gleichzeitig musste die Regierung im Vermittlungsausschuss eine Reihe von Zugeständnissen machen, die die Reform nicht nur erheblich verformten, sondern auch erheblich verteuerten. Darüber hinaus, auch das zeigt dieses Kapitel, erhöhte die gleichzeitig stattfindende kommunale Finanzkrise nicht nur den Druck auf die Politiker im Vermittlungsausschuss, eine Einigung zu erzielen, sondern verringerte systematisch die Spielräume des Bundes, wie ursprünglich versprochen, zu weniger starken Kürzungen bei der Arbeitslosenunterstützung zu kommen.

Im letzten Kapitel schließlich wagen wir einen Ausblick in der deutschen Arbeitsmarktpolitik. In *Kapitel 11* rekapitulieren wir noch einmal die Lehren aus dem Fall Hartz und diskutieren anschließend nicht nur, was wahrscheinlich passieren wird sondern auch, was eigentlich geschehen müsste.

Kapitel 2
Hartz IV: Eine Bestandsaufnahme

Die Effekte der Hartz-Reformen sind so vielfältig und vielschichtig wie die Reformen selbst. Fünf Jahre nach Inkrafttreten der Reformen ist es noch zu früh, gesicherte Aussagen über die langfristigen Effekte auf das deutsche Wirtschafts- und Sozialsystem zu machen. Gleiches gilt für mögliche Auswirkungen auf das politische System. Auch sind einige der Maßnahmen bereits nachgebessert oder modifiziert worden. Bislang haben diese Anpassungsschritte jedoch nicht den Kern der ursprünglich verabschiedeten rot-grünen Reformen erfasst.

Allerdings zeichnen sich nach fünf Jahren bereits einige stabile Trends auf dem Arbeitsmarkt, in der Gesellschaft, im Gefüge des Sozialstaates und im Parteiensystem ab. Ziel dieses Kapitels ist es, diesen Trends nachzuspüren und eine Bestandsaufnahme der Hartz-IV-Reform vorzunehmen. Dazu haben wir das Kapitel in vier Abschnitte gegliedert. Der erste Abschnitt beschreibt die Reform im Detail. Der zweite Abschnitt beschäftigt sich mit sozio-ökonomischen Indikatoren, also den kurzfristig erkennbaren Effekten der Hartz-Reformen auf dem Arbeitsmarkt und in der Gesellschaft. Dazu greifen wir vor allem auf die vorliegenden offiziellen Evaluationsstudien zurück. Der dritte Abschnitt beschäftigt sich mit dem vollzogenen normativen und konzeptionellen Wandel in der Sozialpolitik. Schließlich wollen wir die Rückwirkungen dieser Effekte auf das deutsche Parteiensystem näher beleuchten.

Die Zusammenlegung von Arbeitslosen- und Sozialhilfe

Viele europäische Länder haben in den letzten Jahren ihre Arbeits-marktpolitik stärker aktivierend ausgerichtet. Reformen in der Arbeits-marktpolitik zielten vor allem darauf ab, größere insbesondere arbeits-marktferne Personengruppen für die Teilnahme am Arbeitsmarkt zu erschließen. Dabei waren die jeweilige zugrundeliegende Motivation und die ergriffenen Maßnahmen von Land zu Land unterschiedlich. Auch der Zeitpunkt, das jeweilige Reformtempo und der gewählte Reforman-satz variierten beträchtlich.

In Norwegen beispielsweise konzentrierte man sich vor allem auf die Organisation der Betreuung von Arbeitslosen. Hier wurde mit der Fu-sion der Arbeitsverwaltung, der nationalen Sozialversicherungsverwal-tung und Kooperationsabkommen mit Gemeinden als Sozialhilfeträger in den Jahren 2006 bis 2010 schrittweise eine neue zentrale Behörde für Beschäftigung und soziale Sicherung (NAV) als zentrale Anlaufstelle für alle Hilfebedürftigen und Versicherten aufgebaut (vergleiche hierzu Schiller 2009). Leistungskürzungen gab es nicht. Allenfalls weiche Maß-nahmen wie beispielsweise Eingliederungsvereinbarungen wurden ein-geführt (ebd.).

In den Niederlanden setzte man auf eine Reform der Arbeitslosen-unterstützung und eine Reform der Organisation der Arbeitsvermitt-lung. Im Jahr 2004 wurde die für zwei Jahre im Anschluss an das maxi-mal fünf Jahre gezahlte Arbeitslosengeld gezahlte Lohnersatzleistung – eine niederländische Variante der deutschen Arbeitslosenhilfe – abge-schafft. Nach einer kurzen Übergangszeit greift nun die Sozialhilfe (Koch u.a. 2009: 89). Außerdem wird seit mehr als einer Dekade in einem *Versuch und Irrtum* – Verfahren nach einer effizienteren Organi-sationsform gesucht. Mit der Organisationsreform im Jahr 2001 wurde durch die Schaffung der *Zentren für Arbeit und Einkommen* (CWI) ein einheitlicher Zugang zum Versicherungs- und Hilfesystem umgesetzt. Das staatliche CWI übernimmt das *Profiling* und die Zuordnung der Ar-beitslosen nach Leistungsanspruch und Nähe zum Arbeitsmarkt. Auf-grund negativer Erfahrungen mit einer stärkeren Zusammenarbeit zwischen Kommunen und staatlichen Stellen wurde die Betreuung von

Sozialhilfebeziehern aber bei den Kommunen belassen (Konle-Seidle 2008: 37). Mit dem 2004 in Kraft getretenen Gesetz über Arbeit und Sozialhilfe wurde die Rolle der Kommunen in der Arbeitsmarktpolitik erheblich gestärkt, indem ihnen die volle Verantwortung für die Finanzierung der Sozialhilfe und ein Budget für Aktivierungsprogramme zur Verfügung gestellt wurden. Die meisten Aktivierungsdienstleistungen werden über private Anbieter angeboten. Damit wurde die Position der Arbeitsverwaltung im Laufe der Zeit immer weiter geschwächt (Sproß/Lang 2008: 30–45).

In Großbritannien wurde sowohl die Arbeitslosenunterstützung als auch die Organisation der Arbeitsvermittlung neu strukturiert. Ähnlich wie in den Niederlanden dauerte dieser Prozess länger als ein Jahrzehnt. Bereits Mitte der neunziger Jahre wurden die Leistungen der Arbeitslosenunterstützung reformiert und die Verpflichtung zur Aufnahme von Arbeit beziehungsweise zur Teilnahme an Maßnahmen verschärft. Die Reform der Unterstützungsleistungen erfolgte im Jahr 1995 mit dem Gesetz über eine neue Versicherungsform für Arbeitslose. Damit wurde das duale Leistungssystem aus beitragsfinanziertem Arbeitslosengeld (*unemployment benefit*) und steuerfinanzierter Sozialhilfe (*income support*) für Arbeitslose durch eine einzige Leistung für Arbeitslose, der *Jobseeker's Allowance* (JSA) ersetzt. Unterschieden wird zwar weiterhin zwischen einer beitragsbezogenen Arbeitslosenhilfe (CB JSA), die bis zu sechs Monate gezahlt werden kann, und einer einkommensgeprüften Arbeitslosenhilfe (IB JSA). Diese Unterscheidung bezieht sich jedoch lediglich auf die unterschiedliche Finanzierung der Leistung (Versicherungsleistung versus Steuerfinanzierung) sowie auf die Bedürftigkeitsprüfung. Bei der beitragsbezogenen Arbeitslosenhilfe gibt es keine Bedürftigkeitsprüfung (Clasen 2007 : 28). Sowohl die Leistungshöhe als auch die damit verbundenen Pflichten sind jedoch die gleichen. Mit der JSA-Reform wurde die Bezugsdauer der Hilfeleistungen von zwölf auf sechs Monate und die Leistungshöhe der CB JSA um 25 Prozent gekürzt (Sproß/Lang 2008: 24). Im Jahr 2006 betrug der wöchentliche Pauschalbetrag knapp 58 Pfund, also rund 70 Euro (Clasen 2007: 28). Neben diesem Grundbetrag können Wohngeld und ein Zuschuss zur Gemeindesteuer (*Council Tax*) gewährt werden.

Vergleicht man die Großzügigkeit der Arbeitslosenversicherung belegt Großbritannien einen der hintersten Plätze in Europa (ebd.: 33).

Arbeitslose wurden fortan als Arbeitsuchende definiert und mussten eine Eingliederungsvereinbarung abschließen. Den Arbeitsvermittlungen wurde mehr Entscheidungsfreiheit über den Einsatz von Maßnahmen und die Einforderung bestimmter Aktivitäten eingeräumt. Außerdem wurden das Sozialamt und die Arbeitsverwaltung gemeinsam in lokalen Jobzentren der Arbeitsvermittlung untergebracht (Sproß/Lang 2008: 16). Die Verpflichtung zur Aufnahme von Arbeit beziehungsweise zur Teilnahme an Maßnahmen kam insbesondere mit der Einführung der sogenannten *New Deal*-Programme ab 1997. Die Verpflichtung zur Teilnahme bestand dabei zunächst für Jungendliche bis 25 Jahren und Langzeitarbeitslose und wurde seitdem teilweise auch auf andere Gruppe ausgedehnt (ebd.: 17). Zwischen Oktober 2001 und dem Jahr 2006 wurden schließlich die Leistungs- und Vermittlungsbehörden zum *Jobcenter* und später zum landesweit agierenden *Jobcenter Plus* als einheitliche Anlaufstelle für alle Leistungsempfänger zusammengelegt (ebd.: 20).

Dieser kurze Ausflug nach Norwegen, in die Niederlande und nach Großbritannien macht deutlich, dass es durchaus unterschiedliche Aktivierungsprofile in Europa gibt. Gemeinsam ist diesen Ländern – wie dem Rest Europas auch – dass die unterschiedlichen Aktivierungsmaßnahmen über einen längeren Zeitraum eingeführt wurden. Angefangen mit der Reform der Arbeitslosenunterstützung, über die Einführung neuer arbeitsmarktpolitischer Instrumente bis hin zum Umbau der Organisation der Arbeitsvermittlung erfolgten sie schrittweise und hatten oft auch einen Experimentiercharakter, der später zu Modifizierungen führte (vergleiche hierzu auch Knuth 2007).

Die Hartz-Reformen in Deutschland stellen im europäischen Vergleich eine Ausnahme dar. Wie in sonst keinem anderen europäischen Land wurden zum 1. Januar 2005 in Deutschland auf einen Schlag nicht nur Leistungen der Arbeitslosenversicherung umgebaut, sondern auch die Organisation der Arbeitsvermittlung. Auch in historischer Perspektive ist eine so umfassende Arbeitsmarktreform beispiellos. Zwar gab es auch in Deutschland bereits früher Anpassungen der Leistungen der Arbeitslosenversicherung oder die Einführung neuer auf Aktivierung ausgerichteter Instrumente. Mit den sogenannten MoZArT-Projekten (Modellprojekte zur verbesserten Zusammenarbeit von Arbeits- und Sozialämtern) wurde bereits im Vorfeld die Zusammenarbeit zwischen Arbeitsämtern und Sozialämtern in Modellprojekten getestet. Die Umsetzung des *Vierten Gesetzes für moderne Dienstleistungen am Arbeitsmarkt* im Jahr 2005 hatte gemeinsam mit der Einführung weiterer Agenda 2010-beziehungsweise Hartz-Gesetze allerdings eine bisher noch nicht dagewesene Dimension.

Ab dem Jahr 2005 wurden Arbeitslose ohne Arbeitslosengeldanspruch nicht mehr wie vorher von Sozialämtern und Arbeitsämtern getrennt betreut, sondern gemeinsam von sogenannten Arbeitsgemeinschaften (ARGEn) beziehungsweise Jobcentern, die aus Mitarbeitern der Sozialämter und Mitarbeitern der Arbeitsämter bestanden. Die mit Hochdruck betriebene flächendeckende Einführung dieser neuartigen Organisationsform stieß dabei auf eine ganze Reihe von Umsetzungsproblemen. Die Zusammenarbeit und Zuständigkeiten vor Ort waren nicht genau geregelt und arbeits-, dienst- und tarifrechtliche Fragen blieben ungeklärt. Zwei vollkommen unterschiedliche Verwaltungskulturen trafen unvermittelt aufeinander. Der damalige Wirtschafts- und Arbeitsminister Clement setzte im Vorfeld der Einführung einen Ombudsrat bestehend aus Christine Bergmann (Familienministerin a.D.), Kurt Biedenkopf (Ministerpräsident Sachsen a.D.) und Hermann Rappe (Vorsitzender IG Chemie, Papier, Keramik a.D.) ein, um die Einführung zu begleiten. In seinem Abschlussbericht bemängelte der Ombudsrat vor allem, dass es keine eindeutige Rechtsgrundlage für die Zusammenarbeit gäbe. Auch entsprechende Rahmenvereinbarungen hätten nicht den erwarteten Erfolg gebracht. Daher plädierte der Ombudsrat für eine Neuregelung im Sinne einer weitgehend selbstständigen Organisation der Bundesagentur für Arbeit.[1] In den Medien erschienen insbesondere in den ersten beiden Jahren neue Berichte zum Zuständigkeitschaos, EDV-Problemen oder nicht ausreichend ausgebildeten Mitarbeitern.

Im Dezember 2007 erklärte das Bundesverfassungsgericht die neue Organisationsform der ARGEn für verfassungswidrig. Seitdem wird über eine verfassungskonforme Regelung gestritten. Mit den Jahren hat sich allerdings, wie jüngste Evaluationen zeigen, die Zusammenarbeit zwischen Kommunen und Arbeitsamt vor Ort immer besser eingespielt.

---

1 Vgl. hierzu: http://www.sozialpolitik-aktuell.de/tl_files/sozialpolitik-aktuell/_Kontrovers/HartzIV/ombudsratabschlussberichthartzIV.pdf.

Angesichts dieser ersten positiven Erfahrungen vor Ort, wich die ursprünglich ablehnend eingestellte CDU-geführte Bundesregierung jüngst von ihrem ursprünglichen Nein zu einer weiteren Zusammenarbeit zwischen Arbeitsämtern und Sozialämtern ab und stimmte einer Ausnahmeregelung im Grundgesetz zu, die einen Weiterbestand der *Jobcenter* ermöglichen würde (*Financial Times Deutschland* vom 8.02.2010).

Auch leistungsrechtlich hat sich sowohl für ehemalige erwerbstätige Sozialhilfeempfänger als auch für ehemalige Arbeitslosenhilfeempfänger mit der Einführung des Arbeitslosengeldes II Grundlegendes verändert. Die neue Leistung ersetzte ab dem 1. Januar 2005 die frühere Arbeitslosenhilfe und die Sozialhilfe für erwerbsfähige Sozialhilfeempfänger. Die wichtigsten Unterschiede zwischen den alten Leistungsarten Arbeitslosen- und Sozialhilfe einerseits und der neuen Leistungsart Arbeitslosengeld II andererseits haben wir in Tabelle 1 zusammengefasst.

Insbesondere das Ausmaß der Verkürzung der deutschen Lohnersatzleistungen bei Arbeitslosigkeit – also Arbeitslosengeld und Arbeitslosenhilfe – von einer zusammengenommen faktisch unbegrenzten Laufzeit auf maximal 18 Monate ist verglichen mit den meisten anderen Ländern in Europa einmalig. Ursprünglich war nämlich der Übergang zwischen Arbeitslosengeld und Arbeitslosenhilfe vergleichsweise unproblematisch. Zwar gab es für Arbeitslosenhilfeempfänger auch eine Bedürftigkeitsprüfung. Diese war jedoch im Hinblick auf die Vermögensfreibeträge, das geschützte Vermögen oder das zu berücksichtigende Einkommen des Partners vergleichsweise moderat (siehe Tabelle 1), so dass der Übergang vom Arbeitslosengeld in die Arbeitslosenhilfe relativ reibungslos erfolgte. Die verschärfte Bedürftigkeitsprüfung durch die Einführung niedrigerer Freibeträge für Vermögen und Einkommen der Lebenspartner der neuen Leistung führte nun dazu, dass rund 11 Prozent der Haushalte mit Arbeitslosenhilfebeziehern nach dem Übergang in Hartz IV aufgrund fehlender Bedürftigkeit keine Leistungsansprüche mehr hatte (Koch u.a. 2009: 42). Hierbei ist auch zu bedenken, dass die Einkommens- und Vermögensfreibeträge schon im 1. Gesetz für moderne Dienstleistungen am Arbeitsmarkt ab dem 1. Januar 2003 auf einen Freibetrag von 200 Euro pro Lebensjahr (vorher 520 Euro) mit einer Obergrenze von 13.000 Euro (vorher 33.800 Euro) drastisch

Tabelle 1: Vergleich von Arbeitslosen-, Sozialhilfe und
Arbeitslosengeld II

	2004		2005
	Sozialhilfe	Arbeitslosenhilfe	Arbeitslosengeld II Hartz IV
Gesetzlich formuliertes Ziel	Garantie einer würdigen Lebensführung Unterstützung der Eigenständigkeit	Überbrückung von Einkommensausfällen während Arbeitslosigkeit	Stärkung der Eigenverantwortung Unterstützung bei Aufnahme oder Beibehaltung einer Erwerbstätigkeit Sicherung des Lebensunterhalts
Leitprinzip	Armutsvermeidung	Eingeschränkte Lebensstandardsicherung	Armutsvermeidung
Anspruchsberechtigte	Hilfebedürftige, ohne Anspruch auf vorrangige Leistungen	Vorherige Arbeitslosengeldempfänger	Erwerbsfähige Hilfebedürftige ohne Anspruch auf vorrangige Leistungen
Leistungshöhe	Sozio-kulturelles Existenzminimum (Eckregelsatz regional unterschiedlich zwischen durchschnittlich 283 Euro in Ostdeutschland und 296 Euro in Westdeutschland)	Alleinstehende 53 Prozent, Familien 57 Prozent des früheren Nettoeinkommens (durchschnittlich 553 Euro im Jahr 2004)	Sozio-kulturelles Existenzminimum (345 Euro für Alleinstehende, 311 Euro für Partner) Zuschlag für ehemalige Arbeitslosengeldempfänger in Höhe von max. 160 Euro für Alleinstehende, 320 Euro für Partner, 60 Euro pro Kind
Berücksichtigtes Einkommen	Einkommen von Partner, Kindern und Eltern	Einkommen des Partners	Einkommen von Partner und minderjährigen Kindern
Freibeträge bei Erwerbstätigkeit	in Abhängigkeit des erzielten Nettoeinkommens, mind. 74 Euro, max. 148 Euro	in Abhängigkeit des die Arbeitslosenhilfe um 20 Prozent übersteigenden Nettoeinkommens, mind. 165 Euro Partner: Freibetrag in Höhe der hypothetischen Arbeitslosenhilfe, mind. 80 Prozent des steuerlichen Existenzminimums	in Abhängigkeit des erzielten Nettoeinkommens, mind. 100 Euro, max. 310 Euro

	2004		2005
	Sozialhilfe	Arbeitslosenhilfe	Arbeitslosengeld II Hartz IV
Geschütztes Vermögen	Angemessenes, selbstgenutztes Wohneigentum, KFZ nur in Ausnahmefällen	Angemessenes, selbstgenutztes Wohneigentum, ein angemessenes KFZ (Empfänger oder Partner), Altersvorsorgevermögen	Angemessenes, selbstgenutztes Wohneigentum, ein angemessenes KFZ je erwerbsfähigem Hilfebedürftigem
Vermögensfreibeträge	1.279 Euro für Hilfesuchenden, 614 Euro für Partner, 256 Euro für unterhaltsberechtigte Kinder	200 Euro je Lebensjahr Arbeitslosenhilfeempfänger und Partner, mind. 4.100 Euro, maximal 13.000 Euro pro Person	Allgemeiner Freibetrag: 200 Euro (520 Euro für Ältere) je Lebensjahr Empfänger und Partner, maximal 13.000 Euro (33.800 Euro für Ältere), mind. 4.100 pro Person Freibetrag für Altersvorsorgevermögen: 200 Euro je Lebensjahr Empfänger und Partner
Berücksichtigtes Vermögen	Vermögen von Partner, Eltern und Kindern	Vermögen des Partners	Vermögen von Partner und minderjährigen Kindern
Zumutbarkeitsregelung	Strikt	Moderat, Tätigkeiten bis zur Höhe der Arbeitslosenhilfe zzgl. der mit der Beschäftigung verbundene Aufwendungen	Strikt

Quelle: eigene Darstellung, beruht auf Koch u.a. 2009: 31-38, http://www.sozialpolitik-aktuell.de/datensammlung/4/tab/tabIV35a.pdf und http://www.sozialpolitik-aktuell.de/datensammlung/4/tab/tabIV35.pdf (Stand 23.4. 2008).

gesenkt worden waren (Bothfeld u.a. 2005: 9). Diese Änderungen führten bereits 2003 zu einem deutlichen Anstieg der Ablehnung von Arbeitslosenhilfe-Anträgen auf 183.600 im Jahr 2003 im Vergleich zu 88.700 Anträgen im Jahr 2002 (ebd.: 10).

Auch für ehemalige Sozialhilfeempfänger änderte sich mit der Einführung der neuen Leistung Grundlegendes. Anders als bei der früheren Sozialhilfe, sieht die neue Leistung keine einmaligen Hilfen zum Lebensunterhalt bei besonderem Bedarf wie zum Beispiel bei Bekleidung mehr vor. Im neuen System wurden die sogenannten einmaligen Bedarfe nun durch eine Erhöhung der Grundleistung (der Eckregelsatz) um 16 Prozent des Sozialhilferegelsatzes abgegolten. Tatsächlich betrug dieser Anteil im Jahr 2004 jedoch 18 Prozent, so dass durch die Pauschalierung ein geringerer Betrag zur Bewirtschaftung zur Verfügung steht (Koch u.a. 2009: 34). Außerdem wurde der Regelsatz für Kinder im Alter von sieben bis 18 Jahren, der ein prozentualer Anteil an dem Regelsatz für Erwachsene ist, gegenüber der Sozialhilfe abgesenkt (ebd.: 35). Es wäre jedoch falsch, die neue Leistung lediglich als eine neue Form der Sozialhilfe zu begreifen. Zum Beispiel fallen die Freibeträge für Vermögen wesentlich höher aus als in der vormaligen Sozialhilfe. Auch der früher obligatorische Rückgriff auf die Unterhaltspflicht zwischen Verwandten in gerader Linie wurde faktisch abgeschafft. Anders als bei der Sozialhilfe üblich können Erwachsene der Geltendmachung dieser Ansprüche widersprechen. Eine Ausnahme bilden die Ansprüche von Minderjährigen und unter 25-Jährigen, die noch keine Erstausbildung abgeschlossen haben. Darüber hinaus werden oder bleiben im Unterschied zur Sozialhilfe die Empfänger von Arbeitslosengeld II Mitglied in der gesetzlichen Kranken-, Pflege- und Rentenversicherung (ebd.: 37).

Armut auf Rezept?

»Armut auf Rezept« war eines der gängigsten Vorurteile zu Hartz IV nach seiner Einführung. Längst ist Hartz IV, das Wort des Jahres 2004, zum Kernbegriff einer Ursachenbeschreibung einer Reihe gesellschaftlicher Phänomene geworden, die die soziale Ausgrenzung, unsichere und unstete Beschäftigungs- und Lebensformen und die Angst des sozialen und wirtschaftlichen Abstiegs umfassen. Ursache und Wirkung freilich werden in diesen Debatten selten genau unterscheiden. »Gesetz der Angst« titelte jüngst die *Zeit* (*Zeit* vom 28.01.2010: 19). Obwohl der Artikel eine sehr ausgewogene bisweilen sogar positive Analyse der Reform enthielt, drückte der Titel die Grundwahrnehmung zu Hartz IV aus. Aufgrund der negativen Assoziationen des Begriffs forderte die amtierende Arbeitsministerin, Ursula von der Leyen (CDU), sogar, den

Begriff aus dem allgemeinen Sprachgebrauch zu verbannen (*Spiegel On-line* vom 31.01.2010)[2].

»Erhöhung der Erwerbstätigkeit und Erwerbschancen von Prob-lemgruppen am Arbeitsmarkt«,[3] das verband die damalige rot-grüne Regierung mit der Einführung von Hartz IV. Die Hauptaufgabe der neuen Grundsicherung sollte darin bestehen, die Eigenverantwortung der Hilfebedürftigen so zu stärken, dass sie ihren Lebensunterhalt selbst sichern können.[4] Zwischen den landläufigen Einschätzungen zu Hartz IV und den ur-sprünglichen Intentionen der damaligen Regierung besteht also offen-kundig eine beträchtliche Diskrepanz. Fünf Jahre nach der Einführung von Hartz IV liegen erstmals Daten und Evaluationen vor, die eine vorsichtige Einschätzung der Trends der Effekte am Arbeitsmarkt und in der Gesellschaft erlauben.

Unübersehbar ist, dass es im Zuge des Wirtschaftsaufschwungs ab dem Frühjahr 2006 zum stärksten Abbau der Arbeitslosigkeit seit den Nachkriegsjahren kam. Die Zahl der Arbeitslosen reduzierte sich von 4,8 Millionen Arbeitslosen im Durchschnitt des Jahres 2005 auf 3,2 Millionen Arbeitslose im Durchschnitt des Jahres 2008 und lag damit auf dem niedrigsten Stand seit 1992 (BMAS 2009: 2.10). Zum Vergleich: der Regierung Kohl gelang Ende der achtziger Jahre zwischen 1988 und 1991 in Westdeutschland eine Reduzierung der Arbeitslosigkeit von 2,2

---

2 http://www.spiegel.de/politik/deutschland/0,1518,675124,00.html (Stand 9.02.2009).

3 In der Begründung des eingebrachten Gesetzentwurfs vom 5. September 2003 wird dies folgendermaßen formuliert: »Die zentrale Zielsetzung besteht darin, die Eingliederungschancen der Leistungsempfängerinnen und Leistungsempfänger in ungeförderte Beschäftigung zu verbessern, insbesondere durch besonders intensive Beratung und Betreuung und Einbeziehung in die Maßnahmen der aktiven Arbeits-marktpolitik, die anders als die kommunalen Aktivitäten überörtlich ausgerichtet ist.« (Bundestag 2003g: 41)

4 Entsprechend heißt es hierzu in Paragraph 1 des SGB II: »Die Grundsicherung für Arbeitssuchende soll die Eigenverantwortung von erwerbsfähigen Hilfebedürftigen und Personen, die mit ihnen in einer Bedarfsgemeinschaft leben, stärken und dazu beitragen, dass sie ihren Lebensunterhalt unabhängig von der Grundsicherung aus eigenen Mittel und Kräften bestreiten können. Sie soll erwerbsfähige Hilfebedürftige bei der Aufnahme oder Beibehaltung einer Erwerbstätigkeit unterstützen und den Lebensunterhalt sichern, soweit sie ihn nicht auf andere Weise bestreiten können.«

Millionen auf 1,6 Millionen Arbeitslose, also um gerade mal 600.000 Personen und dies trotz des Wiedervereinigungsbooms (ebd.: 2.10).

Noch bemerkenswerter wird der rasante Abbau der Arbeitslosigkeit, wenn man sich vor Augen führt, dass kaum ein anderes Land so viele unterschiedliche Personengruppen als arbeitslos definiert, wie dies in Deutschland der Fall ist. Die Zahl der sichtbaren Arbeitslosen ist in Ländern, die als beschäftigungspolitische Erfolgsmodelle gelten – wie zum Beispiel Großbritannien, Niederlande oder Schweden – deutlich niedriger, da sie sich in anderen Sicherungssystemen wie Vorruhestand, Sozialhilfe, Unterstützung bei langfristiger Krankheit oder Invalidität befinden und nicht mehr als Arbeitslose gezählt werden (vgl. hierzu Koch u.a. 2009: 87). Mit der Einführung von Hartz IV und dem Sozialgesetzbuch (SGB) II wurde die Zahl der sichtbaren Arbeitslosen in Deutschland nochmals erhöht, da ab Januar 2005 die Definition der Erwerbsfähigkeit ausgeweitet wurde und nunmehr 90 Prozent aller ehemaligen Sozialhilfeempfänger als erwerbsfähig galten (ebd.: 83).

Wie kam es zu diesem rasanten Abbau von Arbeitslosigkeit? Inwieweit spielten neben den konjunkturellen Entwicklungen ab dem Frühjahr 2006 auch die Hartz-Reformen eine Rolle? Diese Fragen lassen sich zwar noch nicht abschließend bewerten, aber es gibt Studien, die hierzu erste Antworten liefern. Eine Studie von Gartner und Klinger (2008) beispielsweise zeigt, dass der Wirtschaftsaufschwung der Jahre 2006/ 2007 verglichen mit dem Aufschwung der Jahre 1999/2000 erstens – im Hinblick auf die sozialversicherungspflichtige Beschäftigung und das Arbeitsvolumen – beschäftigungsintensiver und zweitens vor allem auch erfolgreicher beim Abbau struktureller Arbeitslosigkeit war.

Insgesamt entstanden im Aufschwung der Jahre 1999/2000 insgesamt mehr Beschäftigungsverhältnisse nämlich etwa 1,2 Millionen. Dies waren aber zum großen Teil geringfügige Beschäftigungsverhältnisse (630.000). Vollzeit- (etwa 20.000) und herkömmliche Teilzeitbeschäftigung (mit Sozialversicherungspflicht oder Beamte, 530.000) spielten eine geringere Rolle. Demgegenüber war die Zahl der insgesamt neu entstandenen Beschäftigungsverhältnisse in dem aktuellen Aufschwung zwar mit 890.000 geringer. Aber sie bestanden zu einem größeren Teil aus sozialversicherungspflichtiger Beschäftigung und es entstanden insgesamt 210.000 neue Vollzeitarbeitsplätze und 590.000 neue Teilzeitarbeitsplätze (Koch u.a. 2009: 236).

Das legt die Schlussfolgerung nahe, dass neben dem Konjunkturaufschwung auch die Hartz-Reformen einen Anteil am Abbau der Arbeitslosigkeit hatten. Denn die Langzeitarbeitslosigkeit ist im Aufschwung 2006/2007 doppelt so stark – um 530.000 Personen – zurückgegangen, als in den vier Jahren zwischen 1998 bis 2001 (Gartner/Klinger 2008: 442). Während der Wechsel von Langzeitarbeitslosigkeit in Beschäftigung leicht zugenommen hat – von durchschnittlich 26.000 Personen pro Monat in den Jahren 1999/2000 auf 30.000 Personen in den Jahren 2006/2007 – hat sich der Wechsel in Weiterbildungs- und Trainingsmaßnahmen deutlich von 9.000 auf 19.000 erhöht. Eine ähnliche Steigerung verzeichnen Arbeitsbeschaffungsmaßnahmen (ABM), bei denen sich die Teilnehmerzahl von 10.000 auf 18.000 langzeitarbeitslose Personen pro Monat erhöht hat (ebd.: 443). Es lässt sich also durchaus eine gestiegene Dynamik bei den Problemgruppen am Arbeitsmarkt feststellen. Insbesondere bei Neuzugängen, die zwischen Februar und Juni 2005 Arbeitslosengeld II beantragten, war die Wahrscheinlichkeit um 50 Prozent höher, dass sie innerhalb von zwölf Monaten ihre Hilfebedürftigkeit überwinden würden als bei Bedarfsgemeinschaften, die zuvor Arbeitslosenhilfe oder Sozialhilfe bezogen (Koch u.a. 2009: 56). Am Schwierigsten stellt sich der Ausstieg für Alleinerziehende dar (ebd.).

Insgesamt war das wirtschaftliche Wachstum, das notwendig ist um zusätzliche sozialversicherungspflichtige Beschäftigung zu schaffen (Beschäftigungsschwelle), im Aufschwung 2006/2007 deutlich niedriger als im Aufschwung sieben Jahre zuvor. Während im jüngsten Wirtschaftsaufschwung 1,3 Prozent Wachstum genügten, um zusätzliche Beschäftigung zu schaffen, waren 1999 dazu noch 1,7 Prozent notwendig. Vor allem zwei Faktoren haben hierzu wohl maßgeblich beigetragen: die moderate Lohnentwicklung der vergangenen Jahre und die wachsende Bereitschaft arbeitsloser Bewerber, Zugeständnisse zu machen (Gartner/Klinger 2008: 445). Befragungen der Arbeitslosengeld II-Empfänger nach ihrer Bereitschaft, Zugeständnisse bei den Arbeitsbedingungen oder der Entlohnung zu machen, zeigten zwei Jahre nach der Reform keinerlei Veränderungen bei den Betroffenen (Koch u.a. 2009: 230). Hartz-IV-Bezieher waren nach eigenen Angaben nur zu geringen Zugeständnissen bereit. Einen Wohnungswechsel würden lediglich 15 Prozent in Erwägung ziehen. Ein geringeres Einkommen akzeptierte nur ein Viertel der Befragten. Mehr als die Hälfte der Befragten gab immerhin an, einen Berufswechsel ins Auge zu fassen oder eine Tätigkeit zu akzeptieren, die unterhalb ihres Qualifikationsniveaus liegen würde (ebd.: 102).

Repräsentative Befragungen von Betrieben ergaben allerdings, dass ein Teil der arbeitslosen Bewerber seit der Hartz-IV-Reform eher bereit war, auch Stellen unter ihrem Qualifikationsniveau, zu niedrigeren Löhnen oder schlechteren Arbeitsbedingungen anzunehmen (Kettner/Rebien 2009: 6).[5] Auch unter den Beschäftigten selbst lässt sich ein Ansteigen der Konzessionsbereitschaft feststellen (ebd.: 7).[6] Dies übersetzt sich jedoch nicht in bessere Beschäftigungschancen für Langzeitarbeitslose. Im Gegenteil, gerade schwer besetzbare Arbeitsplätze konnten kaum schneller besetzt werden (Koch u.a. 2009: 232). Im Jahr 2007 gaben rund 30 Prozent der befragten Betriebe an, Bewerbungen von Langzeitarbeitslosen generell nicht zu berücksichtigen, was vor allem auf deren Verlässlichkeit und unrealistische Arbeits-und Gehaltsvorstellungen zurück geführt wurde (ebd.: 233). In der Gesamtschau vermuten die Autoren der Evaluationsstudien somit die Reformwirkungen eher bei den Kurzzeitarbeitslosen und Beschäftigten als bei den SGB II-Leistungsbeziehern selbst. Kurz: der Reform werden positive Wirkungen vor allem bei der Reduzierung des Nachschubs in die Langzeitarbeitslosigkeit nachgesagt und nicht so sehr beim Bestand der Langzeitarbeitslosigkeit selbst (ebd.: 235; Gartner/Klinger 2008: 445).

Welche Arbeitsplätze entstanden im jüngsten Aufschwung? Die Struktur der Beschäftigung hat sich in Deutschland seit der Wiedervereinigung dramatisch verändert. Während die Zahl der Vollzeitstellen

---

5   Im Jahr 2005 gaben 25 Prozent der befragten Betriebe (2006: 18 Prozent) an, dass die Bereitschaft arbeitsloser Bewerber, Zugeständnisse bei der Entlohnung zu machen, gestiegen sei. Die entsprechenden Zahlen für die Konzessionsbereitschaft bei gering qualifizierter Tätigkeit waren 21 Prozent (2005) und 15 Prozent (2006) und für die Konzessionsbereitschaft hinsichtlich besonderer Arbeitsbedingungen 23 Prozent (2005) und 15 Prozent (2006) (Kettner/Rebien 2009: 6–7).

6   Im Jahr 2005 registrierten 17 Prozent der befragten Betriebe (2006: 11 Prozent), die Bereitschaft der Belegschaft, Zugeständnisse bei der Entlohnung zu machen. Die entsprechenden Zahlen für die Konzessionsbereitschaft für höhere Leistung waren 28 Prozent (2005) und 24 Prozent (2006) und für die Konzessionsbereitschaft hinsichtlich geänderter Arbeitszeiten 31 Prozent (2005) und 25 Prozent (2006) (Kettner/Rebien 2009: 8).

kontinuierlich um insgesamt 20 Prozent abnahm, nahm die Zahl der Teilzeitbeschäftigten und geringfügig Beschäftigten dramatisch zu. So gab es 2007 gegenüber 1991 doppelt so viele Teilzeitbeschäftigte und zweieinhalbmal so viele ausschließlich geringfügig Beschäftigte. Erst im jüngsten Wirtschaftsaufschwung ist erstmals eine leichte Aufwärtsbewegung bei der Schaffung von Vollzeitstellen spürbar (Gartner/Klinger 2008: 443). Das Gros dieser Vollzeitstellen entsteht dabei im Bereich der Zeitarbeit. Innerhalb von zwei Jahren verzeichnete diese Branche zwischen 2006 und 2007 mit 64 Prozent ihren stärksten Zuwachs. Aktuell liegen die Einstiegstarife in Zeitarbeitstarifverträgen in der Regel bei etwa 7 Euro pro Stunde (Vanselow 2009: 3). Zwei Drittel der Personen, die eine Zeitarbeit aufnahmen, waren dabei zuvor ohne Beschäftigung. Bei immerhin 13 Prozent handelte es sich dabei um Langzeitarbeitslose und für weitere 7,5 Prozent war es die erste Beschäftigung überhaupt. Bei 30 Prozent der Zeitarbeitnehmer stellte sich ein Klebeeffekt in einer sozialversicherungspflichtigen Beschäftigung ein (Gartner/Klinger 2008: 445). Diese ersten Zahlen machen deutlich: für die Problemgruppen am Arbeitsmarkt bietet sich mit der Zeitarbeit durchaus die Möglichkeit, den Einstieg in den Arbeitsmarkt zu schaffen.

Die Kehrseite der gestiegenen Dynamik am Arbeitsmarkt liegt in der rapiden Ausweitung des Niedriglohnbereichs.[7] Diese Entwicklung begann jedoch nicht erst mit den Hartz-Reformen, sondern bereits Mitte der neunziger Jahre. Zwischen 1998 und 2007 stieg der Anteil der Niedriglohnbeschäftigten an allen abhängig Beschäftigten von 14,2 Prozent auf 21,5 Prozent (Kalina/Weinkopf 2009: 3). Während der Anteil der gering Bezahlten in Deutschland 1995 einer Studie der Europäischen Kommission aus dem Jahr 2004 zufolge mit 14,2 Prozent noch klar unter dem EU-Durchschnitt lag, wies Deutschland fünf Jahre später mit 15,7 Prozent bereits einen überdurchschnittlich hohen Anteil von gering

---

7 Datengrundlage ist das sozio-ökonomische Panel des Deutschen Instituts für Wirtschaftsforschung/DIW (SOEP). Die Niedriglohnschwelle wurde hierbei in Übereinstimmung mit dem OECD-Standard von zwei Drittel des Medianlohns definiert. Dem genannten Durchschnittswert von 21,5 Prozent liegen Niedriglohnschwellen zugrunde, die jeweils nach Ost- und Westdeutschland differenziert sind, nämlich 9,62 Euro pro Stunde für Westdeutschland und 7,18 Euro pro Stunde für Ostdeutschland. Ausgeklammert wurden besondere Personengruppen wie Schüler, Studenten, Rentner, Selbstständige oder Personen in ABM (Kalina/Weinkopf 2009: 2).

Bezahlten auf. Deutschland und die Niederlande waren die einzigen EU-Länder, in denen der Anteil der Niedriglohnbeschäftigten zwischen 1995 und 2000 zugenommen hat. In den anderen EU-Ländern ging er zuweilen recht deutlich zurück. Lediglich Großbritannien (19,4 Prozent), Irland (18,7 Prozent) und die Niederlande (16,6 Prozent) wiesen im Jahr 2000 höhere Niedriglohnanteile als Deutschland auf (Bosch/ Kalina 2007: 27).

Neuere Untersuchungen haben ergeben, dass der Anteil der Niedriglohnbeschäftigung in Deutschland weiter gestiegen ist und im Jahr 2005 nur noch von den USA übertroffen wurde. Deutschland hat Großbritannien und die Niederlande mittlerweile überholt (Carlin/ Soskice 2009: 77). Alarmierend ist, dass sich der Anteil der formal Qualifizierten an den Beschäftigten im Niedriglohnsektor deutlich von 58,5 Prozent im Jahr 1995 auf 70,8 Prozent im Jahr 2007 erhöht hat. Nimmt man die Beschäftigten mit einem Hochschulabschluss hinzu, sind mittlerweile vier von fünf Niedriglohnbeschäftigten in Deutschland formal qualifiziert (Kalina/Weinkopf 2009: 6). Insgesamt ist festzuhalten, dass es sich bei den knapp 6,5 Millionen Niedriglöhnern keinesfalls nur um atypisch Beschäftigte oder besondere Personengruppen handelt. Vielmehr dringt mit den qualifizierten Beschäftigten, mittleren Altersgruppen, Vollzeit- und unbefristet Beschäftigten zunehmend auch der Kern des Beschäftigungssystems in diesen Bereich vor. In der großen Mehrheit sind davon Frauen betroffen, wenngleich der Anteil von Männern steigt (ebd.).

Fast die Hälfte (45 Prozent) der 3,7 Millionen Personen, die weniger als 7 Euro die Stunde verdienen, sind Vollzeitbeschäftigte (ebd.: 8). Der Ausbau des Anteils des Niedriglohnsektors wurde im jüngsten Wirtschaftsaufschwung der Jahre 2006/2007 jedoch gebremst. Lediglich 350.000 neue Jobs kamen im Niedriglohnbereich hinzu (ebd.: 1). Einige Autoren sprachen daher bereits von einer Trendumkehr, zumal die Lohnspreizung ebenfalls nicht weiter zugenommen hat und in Ostdeutschland sogar zurückgegangen ist (Brenke 2008: 569).

Unter dem Strich ergibt sich daher gemessen an den ursprünglichen Erwartungen der Regierung ein gemischtes Bild. Einerseits lässt sich sehr wohl eine gestiegene Bewegung am Arbeitsmarkt insgesamt sowie bei den Problemgruppen im Besonderen konstatieren. Positiv ist, dass Langzeitarbeitslose und ehemalige Sozialhilfeempfänger erstmals in erheblichem Maße in den Genuss aktiver Arbeitsmarktpolitik kamen. Es zeigt sich, dass der Sockel der Langzeitarbeitslosigkeit – wenn auch langsam – erstmals nach vielen Jahren zu bröckeln scheint. Einzelne Instrumente wie die Zeitarbeit haben hier durchaus positive Effekte. Gleichzeitig gefährden die zu geringe Aufwärtsmobilität und Mitnahmeeffekte bei einzelnen Instrumenten die Nachhaltigkeit der rot-grünen Reformpolitik. Neuere Untersuchungen zeigen, dass sich Niedriglohnbeschäftigung bislang kaum als Brücke in den ersten Arbeitsmarkt eignet. Von insgesamt knapp 30.000 befragten vollzeitbeschäftigten Geringverdienern der Jahre 1998/1999 war es im Jahr 2005 nur 13 Prozent gelungen, in eine Beschäftigung oberhalb der Niedriglohnschwelle zu wechseln. Besonders schlechte Aufstiegschancen hatten vor allem Ältere und Frauen (Koch u.a. 2009: 249-250). Auch mehren sich mittlerweile die Hinweise, dass es durch das Instrument der sogenannten Ein-Euro-Jobs zu deutlichen Verdrängungstendenzen regulärer Jobs kommt (ebd.: 243-245). Landläufige Vorurteile, die Hartz-Reformen hätte zu einer deutlichen Vermehrung von Hungerlöhnen und zur Zunahme prekärer Arbeitsverhältnisse geführt, auch das zeigen die Untersuchungen, sind also nicht von der Hand zu weisen.

Wie verhält es sich mit dem Zusammenhang zwischen Hartz IV und Armut? Bedeutet Hartz IV tatsächlich *Armut auf Rezept*? Gesamtgesellschaftlich zeigt die Hartz-IV-Reform kaum Einkommenseffekte. Wenn überhaupt hat sie die Einkommensungleichheit eher reduziert als erhöht. Während die ärmsten 20 Prozent der Bevölkerung Gewinner der Reform sind, sind die mittleren Gruppen der Gesamtbevölkerung Reformverlierer (ebd.: 47). Gleichzeitig ist die Armut sowohl innerhalb der Gesamtbevölkerung als auch innerhalb der Gruppe der Transferempfänger zurückgegangen. Legt man ein strengeres Maß für Armut als allgemein üblich zugrunde – also 40 Prozent statt 50 Prozent des Medianeinkommens – wird dieser Befund noch deutlicher (ebd.: 49). Dies liegt daran, dass die Reform vor allem die verdeckte Armut stark reduziert hat.

Gewinner der Reform sind nämlich diejenigen Haushalte, die vorher mit ihrem Lohn knapp unterhalb des Niveaus der Grundsicherung gelebt und ihnen zustehende Leistungen nicht in Anspruch genommen haben, ebenso wie diejenigen, die aufgrund großzügiger Einkommens- und Vermögensfreibeträge gegenüber der Sozialhilfe nunmehr Ansprüche aus der Grundsicherung haben (ebd.: 50). Beispielsweise gab es nach der Reform einen starken Wechsel von Beziehern von Wohngeld zu Antragstellern auf Übernahme der Kosten der Unterkunft im SGB II. Während beim allgemeinen Wohngeld grundsätzlich nur ein Zuschuss zur Kaltmiete geleistet wird, werden im SGB II bei Bedürftigkeit die gesamten Wohn- und Heizungskosten erstattet. Mit Inkrafttreten der Hartz-IV-Reform lohnte sich so für mehr als die Hälfte aller Wohngeldempfänger die Beantragung von Hartz IV (ebd.: 32). Zu den Gewinnern zählen jedoch auch jene ehemalige Arbeitslosenhilfe-Empfänger, deren Einkommen aus Arbeitslosenhilfe niedriger war als ihr Sozialhilfeanspruch, die daraus resultierenden Ansprüche jedoch nicht realisiert hatten (ebd.: 41).

Für ehemalige Sozialhilfeempfänger hat sich durch die Reform dagegen kaum etwas verändert. Zwar konnten sie Einkommenszuwächse aufgrund der Pauschalierung des Regelsatzes verbuchen. Dies wird allerdings dadurch relativiert, dass Kosten für Kleidung, verschlissenes Mobiliar oder defekte Haushaltsgeräte nicht mehr übernommen werden (ebd.: 50). Für Haushalte mit Kindern wirkt sich zudem die nominale Regelsatzerhöhung zudem minimal aus, da der prozentuale Regelsatz im SGB II für Kinder abgesenkt wurde (ebd.: 35).[8] Am 9. Februar 2010 befand das Bundesverfassungsgericht die Berechnung der Hartz-IV-Regelsätze für verfassungswidrig. Es forderte, dass die Berechnung deutlich transparenter erfolgen und sich am tatsächlichen Bedarf orientieren müsse. Dies gelte insbesondere für Kinder. Spätestens bis Ende 2010 muss eine Neuregelung erfolgen (*Spiegel Online* vom 9.02.2010).[9]

Verlierer der Reform sind rund zwei Drittel der ehemaligen Arbeitslosenhilfe-Empfänger, deren eigener Arbeitslosenhilfeanspruch oder der ihrer Partner deutlich über dem Grundsicherungsniveau lag. Am stärksten wirkte sich die Hartz-IV-Reform bei denjenigen aus, deren Lebensunterhalt durch andere Einkommen wie den Lohn des Partners oder Renten gesichert werden konnte. Für sie entfielen die Ansprüche auf Hilfeleistungen komplett (Koch u.a. 2009: 39).

---

8 Für Kinder von sieben bis 14 Jahren von 65 auf 60 Prozent und für Kinder von 15 bis 18 Jahren von 90 auf 80 Prozent (Koch u.a. 2009: 35).
9 http://www.spiegel.de/politik/deutschland/0,1518,676708,00.html (Stand 9.02.2009).

Eine Simulationsstudie des Instituts für Arbeitsmarkt- und Berufsforschung (IAB) beziffert die materiellen Auswirkungen für Gewinner und Verlier der Hartz-IV-Reform genauer. Die Gewinner erhalten nach der Reform demnach im Schnitt 107 Euro mehr, während das Einkommen der Verlierer im Schnitt um ganze 238 Euro sinkt. Diejenigen Haushalte, die nach der Reform keinerlei Ansprüche mehr auf Unterstützungsleistungen haben verlieren durchschnittlich 368 Euro, wobei ihr verbleibendes durchschnittliches Monatseinkommen mit 1.787 Euro immer noch doppelt so hoch ist als das der Verlierer mit 942 Euro (ebd.: 41).

Unter dem Strich sind Vorurteile wie *Armut auf Rezept*, die Hartz IV in Zusammenhang mit einem massenhaften Anstieg der Armut stellen, nicht nur deutlich übertrieben, sondern empirisch nicht nachweisbar. Zwar ist die Behauptung des Gegenteils ebenso übertrieben und die Aussage, Hartz IV sei »Armutsprävention per Gesetz« irreführend (ebd.: 31). Gleichwohl ist unübersehbar, dass breite einkommensschwache Bevölkerungsschichten, die politisch bislang wenig Beachtung fanden, durch die Reform Zugang zu einer Reihe sozialpolitischer Leistungen bekommen haben. Und nicht nur das: Selten standen die Problemgruppen am Arbeitsmarkt wie Alleinerziehende, Ältere, gering Qualifizierte oder Migranten so stark im Fokus sozialpolitischer Debatten wie in den letzten Jahren. Gleichzeitig stiegen jedoch auch die Abstiegsängste der Mittelschicht in Deutschland stark an. Im Jahr der Einführung von Hartz IV 2005 erreichten sie mit 26 Prozent derjenigen mit »großen Sorgen« einen historischen Höchststand (Grabka/Frick 2008: 107). Diese Sorgen sind nicht völlig unbegründet: Immerhin zeigen Daten des sozio-ökonomischen Panels, dass die Abwärtsmobilität in der Mittelschicht in dieser Zeit stärker zunahm als ihre Aufwärtsmobilität (ebd.: 101).

Institutioneller Wandel in der Sozialpolitik

Sozialpolitisch hat die Hartz-IV-Reform die Fachwelt irritiert. Zwar wird bis heute unter Wissenschaftlern und Experten darüber gestritten und gerätselt, wie radikal Hartz IV die Sozialpolitik in Deutschland in

Wirklichkeit verändert hat. Unstrittig ist jedoch, dass Hartz IV eine deutliche Abkehr von den bislang geltenden Strukturprinzipien deutscher Sozialpolitik bedeutet, die der dänische Soziologe Gøsta Esping-Andersen einmal als »konservativ-korporatistisch« (Esping-Andersen 1990; 1999) bezeichnet hat.

Als dominantes Gestaltungsprinzip des konservativen Sozialstaats-Idealtypus definierte Esping-Andersen die beruflich gegliederte gesetzliche Sozialversicherung, die berufsgruppenspezifische Statusunterschiede im Aufbau der Sozialversicherungen reproduziert. Derjenige, der zu den Leistungsträgern und gut Qualifizierten gehörte, konnte sich im Bismarckschen Sozialstaat darauf verlassen, dass sowohl seine Qualifikationen als auch sein Einkommen vergleichsweise gut abgesichert wurden. In der Arbeitslosenversicherung hingen nämlich die Leistungen von der Höhe der Beitragszahlungen ab (Äqivalenzprinzip). Qualifikationen wurden faktisch auf zweierlei Arten abgesichert: über den direkten Qualifikationsschutz und über Einkommensgrenzen bei der Zumutbarkeit bei Arbeitsaufnahme. Das heißt, Tätigkeiten waren ursprünglich nur dann zumutbar, wenn damit frühere Qualifikationen nicht entwertet und der Lohn der neuen Tätigkeit die Höhe der Lohnersatzleistung nicht unterschritt.

Neben den beitragsfinanzierten Sozialversicherungsleistungen, die für den größten Teil der Bevölkerung bereitstanden, gab es auch Sozialhilfeleistungen für diejenigen Teile der Bevölkerung, die keinen typischen Beschäftigungshintergrund hatten. Sie waren lediglich existenzsichernd und griffen nur dann, wenn alle anderen Möglichkeiten der Existenzsicherung auch diejenigen innerhalb des Familienverbands ausschieden. In der Sozialhilfe galt nämlich, dass zunächst Eltern oder Kinder des Hilfebedürftigen zur Existenzsicherung herangezogen werden mussten, bevor Sozialhilfe ausbezahlt wurde. Erschwerend kam hinzu, dass Sozialhilfeempfänger größtenteils von Instrumenten der aktiven Arbeitsförderung ausgeschlossen waren.

Öffentliche Dienstleistungen sind in dieser Variante des Sozialstaats chronisch unterentwickelt. Gerade Frauen waren von diesen Regelungen negativ betroffen. In der Gesamtschau besteht laut Esping-Andersen der größte Unterschied zu den »sozialdemokratischen« skandinavischen Ländern daher nicht so sehr bei der Frage der Großzügigkeit einzelner sozialer Leistungen, sondern viel mehr bei der Frage, inwieweit das sozialstaatliche Arrangement öffentliche Dienstleistungen bereitstellt und die Erwerbstätigkeit von Frauen fördert (Esping-Andersen 1999: 88).

Palier und Martin (2007) haben vier institutionelle Arrangements identifiziert, die sich in den meisten Ländern wiederfinden, die der konservativen Sozialstaatsfamilie[10] zugerechnet werden:

- Der Zugang zur sozialen Absicherung basiert auf Lohnarbeit und den damit erzielten Beiträgen.
- Die Höhe der Leistungen orientiert sich am vorherigen Lohn. Die Leistungen verstehen sich primär als Geldleistungen.
- Der dominante Finanzierungsmechanismus besteht in der Beitragsfinanzierung, also in lohnbezogenen Abgaben.
- An der Selbstverwaltung der Sozialversicherungen sind die Sozialpartner an zentraler Stelle beteiligt (ebd.: 537).

Inwieweit wurden diese institutionellen Arrangements nun durch die Hartz-IV-Reform berührt?

Erstens hat sich – wie bereits angeklungen – der Zugang zur neuen Grundsicherungsleistung auch im internationalen Vergleich deutlich erweitert. Während vor der Reform Sozialhilfeempfänger und andere einkommensschwache Bevölkerungsgruppen weitgehend von den Leistungen der Arbeitsämter ausgeschlossen waren, haben sie heute als Bezieher von Arbeitslosengeld II Zugang zu den gleichen aktiven arbeitsmarktpolitischen Instrumenten der Arbeitsämter wie Arbeitslosengeldbezieher. Die neue Grundsicherungsleistung ist dabei jedoch kein Aufguss der alten Sozialhilfe in neuem Gewand, da die Anrechnung von Einkommen aus Erwerbstätigkeit oder Vermögen deutlich großzügiger als bei der früheren Sozialhilfe gestaltet ist. Sowohl im Bereich des möglichen Hinzuverdienstes als auch beim Schonvermögen wird derzeit debattiert, diese noch großzügiger zu gestalten. Auch der einst für die Sozialhilfe charakteristische Unterhaltsrückgriff gegenüber Verwandten ersten Grades wurde, wie bereits ausgeführt, deutlich erschwert.

---

10 Aus der komparativen Literatur wissen wir, dass es sich hierbei um Deutschland, Österreich, Frankreich, die Niederlande, Luxemburg, Italien, Spanien, Belgien, Ungarn und die Tschechische Republik handelt. Deutschland bildet dabei häufig den Referenzpunkt (Palier/Martin 2007: 537).

Im Unterschied zur Sozialhilfe werden oder bleiben die Arbeitslosengeld II-Empfänger Mitglied in der gesetzlichen Kranken-, Pflege- und Rentenversicherung, was wiederum einen zusätzlichen Anreiz zur Inanspruchnahme der Grundsicherungsleistungen darstellt (Koch u.a. 2009: 37). Von allen diesen Regelungen profitieren überdurchschnittlich (alleinerziehende) Frauen. Im konservativen Sozialstaat nach der Definition von Esping-Andersen waren es nicht zuletzt sie, die aufgrund des Unterhaltsrückgriffes keinen oder nur einen limitierten Sozialhilfe-Leistungsanspruch hatten. Durch die Grundsicherung erhalten sie nun erstmals auch Zugang zu den Instrumenten der Arbeitsmarktpolitik, von denen sie lange Zeit ausgeschlossen waren.

Die vergleichsweise niedrige Erwerbstätigkeit von Frauen war traditionell ein Beleg für den Konservatismus in Deutschland. Sie ist vor allem seit 2003 auch im internationalen Vergleich erheblich gestiegen. So stieg die Erwerbsquote von Frauen in nur fünf Jahren von 64,5 Prozent im Jahr 2003 auf fast 70 Prozent im Jahr 2008 – also um mehr als 5 Prozentpunkte. Damit liegt Deutschland klar vor anderen als konservativ eingestuften Sozialstaaten wie Frankreich (65,2 Prozent), Luxemburg (59,3 Prozent), Italien (51,6 Prozent), Spanien (64,1 Prozent), Belgien (59,7 Prozent), Ungarn (55 Prozent), der Tschechischen Republik (61 Prozent) oder Japan (62,2 Prozent). Lediglich Österreich (68,6 Prozent) oder die Niederlande (72,5 Prozent) kommen innerhalb dieser Sozialstaatsfamilie auf ähnlich hohe Werte. Frauen in Deutschland nehmen heute im gleichen Maße am Erwerbsleben teil wie in den liberalen Sozialstaaten Großbritannien (70,2 Prozent), den USA (69,2 Prozent) oder Australiens (69,9 Prozent). Damit nähert sich Deutschland mit großem Tempo Vorreiterländern wie Schweden (78,2 Prozent), Norwegen (77,3 Prozent) oder Dänemark an (77,2 Prozent) (OECD 2009).

Zudem hat zweitens die einst charakteristisch starke Stellung der Sozialversicherung und lohnbezogener Leistungen durch die Agenda-Reformen abgenommen. Mehr als zwei Drittel aller Arbeitslosen beziehen heute nur noch eine pauschale Grundsicherungsleistung, die sich nicht mehr am vorherigen Lohn und Versicherungsbeiträgen, sondern nach dem sozio-kulturellen Existenzminimum bemisst (Hassel/Schiller 2010: 3).

Dazu gehörte auch der Schutz der einmal erworbenen beruflichen Qualifikation. Bis 1997 gab es einen sogenannten temporären Berufsschutz. Es galt, dass nach den ersten vier Monaten lediglich ein beruflicher Abstieg auf die nächstniedrigere Qualifikationsstufe[11] zumutbar ist. Dabei gab es jedoch Einschränkungen, nämlich wenn durch eine berufliche Bildungsmaßnahme die Wiedereingliederung möglich war oder die neue Beschäftigung dem Arbeitslosen die Aufnahme einer vergleichbaren Tätigkeit erheblich erschwerte (Sell 1998: 536). Hinzu kam das sogenannte Abwägungsgebot, was bedeutete, dass a) die Interessen des Arbeitslosen und b) die Interessen der Gesamtheit der Beitragszahler gegeneinander abzuwägen sind. Im konkreten Fall hieß das, dass bei der Zumutbarkeit nach der jeweils individuellen Lebenssituation ausdifferenzierte Betrachtungen der Zumutbarkeit möglich waren, das heißt für einen Arbeitslosen mit Familie andere Zumutbarkeitsregelungen galten als zum Beispiel für einen jungen, ledigen Arbeitslosen (Sell 1998: 537). Dieser Berufsschutz wurde bereits unter der Kohl-Regierung – also vor der Hartz-IV-Reform – abgeschafft.

Allerdings wurde mit der Hartz-IV-Reform nun auch der relative Schutz des ehemaligen Einkommens durch die Verkürzung der Bezugsdauer des Arbeitslosengeldes und die Abschaffung der Arbeitslosenhilfe stark beschnitten. So gibt es beim Bezug von lohnbezogenen Leistungen einen relativen Einkommensschutz. Der zumutbare Einkommensverlust beträgt in den ersten drei Monaten bis zu 20 Prozent, vom vierten bis zum sechsten Monat 30 Prozent und liegt ab dem siebten Monat auf der Höhe des Arbeitslosengeldes zuzüglich der mit der Beschäftigung verbundenen Aufwendungen. Auch für Arbeitslosenhilfe-Empfänger lag der maximale zumutbare Einkommensverlust auf der Höhe der Arbeitslosenhilfe. Zwar wurden einige Regelungen für ältere Arbeitnehmer von der Großen Koalition im Jahr 2008 teilweise revidiert: 50-Jährige können 15 Monate, 55-Jährige 18 Monate und 58-Jährige sogar zwei Jahre Versicherungsleistungen in Anspruch nehmen. Nichtsdestotrotz gilt: der unbegrenzte Bezug lebensstandardsichernder Transferleistungen ist nun ausgeschlossen. Nach einem Jahr Arbeitslosigkeit können dramatische

---

11 Unterschieden wurde zwischen fünf Qualifikationsstufen: (1) Hochschul- und Fachhochschulausbildung; (2) Aufstiegsfortbildung auf einer Fachschule oder einer vergleichbaren Einrichtung (zum Beispiel Meisterfortbildung); (3) Ausbildung in einem Ausbildungsberuf; (4) Anlernausbildung; (5) alle übrigen Beschäftigungen.

Einkommenseinbußen bei der Annahme angebotener Arbeit erwartet werden, sonst drohen Sanktionen.

Dadurch wurde insbesondere die ehemals breite Mittelschicht der beruflich qualifizierten Arbeiter und Angestellten mit langen Berufsbiographien, die bisher im deutschen Sozialstaat gut geschützt waren, hart getroffen. Sie müssen heute damit rechnen, nach kaum mehr als einem Jahr in die Grundsicherung Hartz IV zu fallen. Sie werden dann genauso behandelt wie alle anderen erwerbsfähigen Arbeitslosen, die noch nie in die Sozialversicherung eingezahlt haben. Sie müssen ihr Vermögen nicht nur offenlegen sondern auch aufbrauchen und prinzipiell für jede neue Beschäftigung zur Verfügung stehen.

Drittens hat sich der Anteil der Steuerfinanzierung gegenüber der Beitragsfinanzierung an den gesamtfiskalischen Kosten der Arbeitslosigkeit spürbar erhöht. Während vor der Reform im Jahr 2004 noch knapp 27 Prozent der Kosten der Arbeitslosigkeit aus Versicherungsleistungen bestritten wurde, sank dieser Anteil im dritten Jahr nach der Reform auch dank des starken konjunkturellen Aufschwungs auf 18 Prozent ab. Da die Langzeitarbeitslosigkeit vergleichsweise weniger sank, reagierte das absolute Volumen der steuerfinanzierten Grundsicherungsleistungen deutlich schwächer auf den konjunkturellen Aufschwung, so dass ihr Anteil an den gesamtfiskalischen Kosten der Arbeitslosigkeit von 25 Prozent auf fast 34 Prozent stieg (Bach/Spitznagel 2008: 4). Diese Verschiebungen wirken sich bei den öffentlichen Haushalten unterschiedlich aus. Während der Kostenanteil der BA an den Kosten der Arbeitslosigkeit zwischen 2004 und 2007 von 34 auf 25 Prozent schrumpfte, erhöhte sich der Anteil des Bundes und der Gemeinden entsprechend von 27 auf 31 Prozent und von 8 auf 11 Prozent. Außerdem kürzte die BA in den Jahren 2001 bis 2004 massiv die Leistungen, die in ihrem eigenen Ermessen liegen und nicht auf gesetzlichen Grundlagen beruhen. Dazu gehören insbesondere die sogenannten Eingliederungstitel. Diese Kürzungen betrugen fast 5 Millarden Euro. Demnach verringerten sich die Ausgaben der Arbeitsmarktpolitik je Arbeitslosem von 5.191 Euro im Jahr 2001 auf 3.497 Euro im Jahr 2005. Erst ab 2007 begannen die Ausgaben für die aktive Arbeitsmarktpolitik wieder zu steigen (ebd.: 9). In der Folge ergaben sich Spielräume zur Senkung der Beiträge zur Arbeitslosenversicherung von 6,5 Prozent auf sukzessive 2,8 Prozent (Steffen 2008: 34).

Viertens wurde der einst charakteristische und starke Einfluss der Sozialpartner in der Selbstverwaltung der BA deutlich geschwächt. Die Beteiligung der Sozialpartner am Vorstand wurde durch die Einrichtung eines hauptamtlichen Vorstands abgeschafft. Zudem musste sich die Selbstverwaltung aus dem operativen Geschäft zurückziehen, das heißt ihr Einfluss auf den Vorstand wurde deutlich geschmälert. Der Verwaltungsrat hat beispielsweise das Recht, Anordnungen zu erlassen. Dieses Recht verlor jedoch beträchtlich an Bedeutung, genauso wie die Möglichkeit, Einfluss auf einzelne Haushaltstitel zu nehmen. Im Bereich der neuen Grundsicherung fehlen dem Verwaltungsrat nun jegliche Entscheidungs- und Informationsrechte. Während die Selbstverwaltung in den Regionaldirektionen ganz abgeschafft wurde, verloren die lokalen Verwaltungsausschüsse die Möglichkeit, Einfluss auf die Gestaltung der jeweiligen Eingliederungstitel zu nehmen (Bender u.a. 2006: 232).

Die Veränderungen in der Arbeitsmarktpolitik machen deutlich, dass das Bild Deutschlands als konservativer-korporatistischer Sozialstaat *par excellence* nicht mehr zutrifft. Zu stark sind die Liberalisierungsschritte in den Kern des Bismarckschen Sozialstaats vorgedrungen: Die Status- und Einkommenssicherung für den männlichen Normalarbeitnehmer wurde abgeschafft, die traditionell starke Stellung der Familie als wichtiger Bestandteil sozialer Sicherung marginalisiert und die wichtige Rolle der Sozialpartner in der Arbeitsmarktpolitik erheblich beschnitten. Mit der zunehmenden Steuerfinanzierung nähert sich der deutsche Wohlfahrtsstaat den liberalen angelsächsischen Sozialstaaten an. Allerdings bleibt es eine Annäherung auf vergleichsweise hohem Niveau. Leistungen für Arbeitslose bleiben in Deutschland weit großzügiger ausgestaltet als in Großbritannien. Sie lassen durchaus Raum für einen Schwenk zum skandinavischen Sozialstaat. Hierfür spricht das vergleichsweise höhere Volumen der aktiven Arbeitsmarktpolitik, das schwächere Bedürftigkeitsprinzip, die großzügigere Grundsicherung sowie der Fortbestand hoher Versicherungsleistungen. Sozialpolitik in Deutschland bewegt sich heute also im Spannungsfeld zwischen dem rudimentären angelsächsischen Wohlfahrtsstaat und dem universalistischen skandinavischen Sozialstaat und nicht mehr auf einem spezifisch eigenen Pfad. Das schließt jedoch nicht aus, dass das Erbe des konservativen Sozialstaates, das sich insbesondere in der Familienpolitik und dem vergleichsweise geringen Angebot an Kinderbetreuung findet, nach wie vor weiter vorhanden ist. Viele dieser Überreste unterliegen jedoch bereits heute einem drastischen Wandel wie am verstärkten Ausbau der Kinderbetreuung, der Einführung des Elterngeldes oder dem Abbau der Frühverrentung abzulesen ist. Einige andere wie das Ehegattensplitting bestehen unterdessen weiter fort.

Ein so dramatischer Kurswechsel in der Sozialpolitik kommt überaus selten vor. Normalerweise erwarten Sozialwissenschaftler, dass einem tiefgreifenden institutionellen Wandel eine heftige externe Krise oder ein Schock vorausgeht. Doch selbst ein so einschneidendes Ereignis wie die deutsche Einheit brachte zunächst eine beträchtliche sozialpolitische Kontinuität, wie wir im folgenden Kapitel noch näher zeigen werden. Woran liegt das? Zunächst einmal bilden sich im Laufe der Zeit mächtige Verteilungskoalitionen, die den einmal aufgebauten Bestand sozialer Sicherung verteidigen und Eingriffe in diesen Bestand zu einem erheblichen politischen Risiko werden lassen (Pierson 1994). Es kommt zu einer erheblichen Interessenhomogenität auf Seiten der sozialpolitischen Entscheidungsträger (Trampusch 2009). Die Art und Weise der Ausgestaltung und Finanzierung der sozialen Programme selbst bildet Anreize für sozialpolitische Kontinuität (Hassel/Schiller 2010). All diese Faktoren haben sozialpolitische Entscheidungsprozesse in Deutschland lange Zeit sehr berechenbar erscheinen lassen. Größere Veränderungen blieben aus. Die Hartz-IV-Reform brach mit dieser Kontinuität und damit gleichzeitig mit dem zentralen Versprechen des Bismarckschen Sozialstaates an die Mittelschichten, dass ihre Lebensleistungen durch den deutschen Sozialstaat abgesichert sind.

Rückwirkungen auf das deutsche Parteiensystem

Politisch kam dieser sozialpolitische Kurswechsel einem Erdbeben gleich. Insbesondere die SPD sah sich nach der Verabschiedung des Hartz-IV-Gesetzes im Dezember 2003 mit einer Serie empfindlicher Wahlniederlagen bei Landtagswahlen konfrontiert. Im Jahr der Hartz-Proteste und der *Montagsdemonstrationen* musste sie erhebliche Stimmenverluste in Hamburg (-6 Prozent), Thüringen (-4 Prozent), im Saarland (-13,6 Prozent), Sachsen (-0,9 Prozent) und Brandenburg (-7,4 Prozent) einstecken.[12] In Sachsen fuhr die SPD damit (zum zweiten Mal) ihr historisch schlechtestes Landtagswahlergebnis ein. Im März des gleichen Jahres trat Gerhard Schröder aufgrund heftiger parteiinterner Kritik vom Amt des Parteivorsitzenden zurück und Franz Müntefering übernahm das Amt. Auch im darauffolgenden Jahr setzte sich die Serie der Wahlniederlagen unvermindert fort. Im Frühjahr des Jahres 2005 scheiterte die schleswig-holsteinische Ministerpräsidentin Heide Simonis (SPD) bei dem Versuch, sich erneut zur Ministerpräsidentin wählen zu lassen. Die SPD hatte zuvor bei der Landtagswahl erhebliche Stimmenverluste verzeichnet (-4,5 Prozent). Zu diesem Zeitpunkt stellte die SPD bundesweit gerade noch fünf Ministerpräsidenten: Peer Steinbrück in Nordrhein-Westfalen (NRW), Klaus Wowereit in Berlin, Matthias Platzeck in Brandenburg, Henning Scherf in Bremen und Harald Ringstorff in Mecklenburg-Vorpommern. Am 22. Mai 2005 kam es schließlich auch zur Abwahl Peer Steinbrücks im Stammland der Sozialdemokratie in NRW. Noch am gleichen Abend kündigten Bundeskanzler Schröder und der SPD-Parteivorsitzende Müntefering Neuwahlen auf Bundesebene an.

Bei den folgenden Bundestagswahlen im September musste die SPD erhebliche Stimmenverluste verzeichnen (-4,3 Prozent).[13] Die CDU/ CSU konnte jedoch von dem Abwärtstrend der SPD nicht profitieren und verzeichnete mit 35,2 Prozent (-3,3 Prozent) eines ihrer schlechtesten Ergebnisse der Nachkriegszeit. In den Wahlkampf gezogen war die Union mit einem klaren Bekenntnis zur Fortführung der gemeinsam mit der rot-grünen Bundesregierung beschlossenen Reformpolitik. Ebenso konsequent warb sie im Wahlkampf mit den auf dem Leipziger Parteitag verabschiedeten radikalen Plänen zum Umbau des Gesundheits- und Steuersystems. Der Anteil der kleinen Parteien an der Stimmverteilung wuchs unterdessen stark an. Während die Grünen ihr gutes Wahlergebnis von 2002 halten konnten (8,1 Prozent), baute die FDP ihren Stimmenanteil weiter auf 9,8 Prozent aus. Die aus PDS und WASG

---

12 Die folgenden Berechnungen zu Stimmverlusten basieren auf Zahlen zu Ergebnissen der Landtagswahlen, die gesammelt bei Wikipedia veröffentlicht sind: http://de. wikipedia.org/wiki/Ergebnisse_der_Landtagswahlen_in_der_Bundesrepublik_ Deutschland vom 3.11.2009.

13 Die Zahlen basieren auf http://de.wikipedia.org/wiki/Bundestagswahl_2005 vom 3.11.2009.

fusionierte Die Linke schaffte mit 8,7 Prozent den Wiedereinzug in den Bundestag. Das einst für seine Stabilität international gepriesene deutsche Parteiensystem begann sich immer stärker aufzufächern. Während die Volksparteien SPD und CDU kontinuierlich an Zustimmung einbüßen, legen die kleinen Parteien in der Wählergunst stetig zu. Parteien wie die Grünen und die Linke, die lange Zeit als Übergangs- und Protestphänomene galten, sind heute dauerhaft im deutschen System angekommen. Auch rechtsextreme Parteien ziehen wiederholt in deutsche Landtage und Kommunalparlamente ein.

Die Bildung der großen Koalition nach der Bundestagswahl 2005 hat diesen Trend kaum nennenswert verändert. Im Gegenteil: während der großen Koalition im Bund musste die SPD bei den verbliebenen SPD-geführten Landesregierungen in Mecklenburg-Vorpommern und Bremen weitere Wahlniederlagen hinnehmen. Einzig Kurt Beck in Rheinland-Pfalz und Klaus Wowereit in Berlin konnten wieder etwas Boden gut machen. In Hamburg formierte sich unterdessen das erste schwarz-grüne Regierungsbündnis auf Landesebene; ein weiteres Novum in der deutschen Parteiengeschichte. Und in Bayern verlor die CSU ein Jahr vor der Bundestagswahl 2009 erstmals seit fast einem halben Jahrhundert ihre absolute Mehrheit und musste eine Koalitionsregierung mit der FDP eingehen.

Die jüngste Bundestagswahl im September 2009 bildete den vorläufigen Höhepunkt dieser Entwicklungen. Während die Union mit 33,8 Prozent der Stimmen[14] auf ihr historisch schlechtestes Wahlergebnis seit 1949 kam, erzielte die SPD am Wahlabend mit 23 Prozent den niedrigsten Stimmenanteil bei einer Bundestagswahl überhaupt. Die kleinen Parteien verzeichneten unterdessen beträchtliche Zugewinne und waren alle im zweistelligen Prozentbereich angelangt: FDP 14,6 Prozent, Linke 11,9 Prozent und Grüne 10,7 Prozent. Die daraus erwachsenen möglichen politisch-inhaltlichen Konstellationen werden damit sowohl für den Wähler als auch für die handelnden Politiker immer komplizierter. Bei der zeitgleich zur Bundestagswahl im Saarland stattfindenden Landtagswahl beispielsweise kam es erstmals zum einem sogenannten *Jamaica-Bündnis* bestehend aus CDU, FDP und Grünen. Denken in festen poli-

---

14 Zahlen basieren auf http://de.wikipedia.org/wiki/Bundestagswahl_2009 vom 3.11.2009.

tischen Lagern – so scheint es zumindest – gibt es seit den Hartz-Reformen nicht mehr. Der politische Preis für den Kurswechsel in der Sozialpolitik in Deutschland ist daher beachtlich. Beide großen Sozialstaatsparteien (Schmidt 2006; Kitschelt 1994) – SPD und CDU – müssen mittlerweile um ihren Status als Volksparteien bangen. Beide Parteien erleben einen dramatischen Mitgliederschwund. Besonders stark hat es die SPD getroffen, die während der rot-grünen Regierungszeit die Hartz-Reformen auf den Weg gebracht hat. Seit der Ankündigung der Reformen zur Agenda 2010 im März 2003 bis heute verlor sie ein Fünftel ihrer Mitglieder. Während dieser Zeit traten mit Gerhard Schröder, Franz Müntefering, Matthias Platzeck und Kurt Beck insgesamt vier Parteivorsitzende zurück. Fest steht, dass sich die SPD in der schwersten Krise seit ihrer Gründung befindet. Aber auch um die CDU ist es nicht besser bestellt, wie sich an den sinkenden Mitgliederzahlen ablesen lässt. Bis heute hat die Union keine klare Haltung zu den Hartz-Reformen und zur Reformpolitik insgesamt entwickelt und verprellt damit parteiinterne Kritiker wie Befürworter der Hartz-Reform gleichermaßen.

Normalerweise wirkte das deutsche politische Institutionensystem solch dramatischen politischen Verwerfungen entgegen. Sowohl die SPD als auch die CDU verstanden sich traditionell als Parteien, die sich der Bewahrung des einmal erreichten Sozialstaatstandards verpflichtet fühlten. Große Reformen wurden deshalb in der Vergangenheit zumeist in einer informellen großen Koalition in großer Einigkeit ausgehandelt, was einen radikalen sozialpolitischen Kurswechsel wirksam verhinderte. Auch der Regierungsalltag im spezifisch deutschen Verbundföderalismus, der in erheblichem Maße die politischen und fiskalischen Sonderinteressen der Länderregierungen berücksichtigt, stand dramatischen sozialpolitischen Kursveränderungen entgegen. Dass beide Stabilisatoren ausfallen, widerspricht den gängigen politikwissenschaftlichen Annahmen zum deutschen Regierungssystem.

Unsere Bestandsaufnahme zu Hartz IV bringt eine ganze Reihe ungelöster Rätsel ans Tageslicht. Entgegen den landläufigen Meinungen zeigen erste Evaluationen, dass mit der Reform die Armut nicht erhöht, sondern verdeckte Armut aufgedeckt und bekämpft wurde. Auch zeigt sich unbestreitbar eine deutlich gestiegene Dynamik am Arbeitsmarkt.

Für die Problemgruppen am Arbeitsmarkt bedeutet das – gemessen an den Zielen der Regierung – jedoch nur punktuelle Verbesserungen. So lassen die Aufstiegschancen der Problemgruppen am Arbeitsmarkt noch deutlich zu wünschen übrig, und die Größe des Niedriglohnsektors hat mittlerweile auch im internationalen Maßstab besorgniserregende Züge angenommen. Die für die Reformen verantwortliche Regierungspartei hat sich dabei selbst erheblich geschadet. Zu keiner Zeit bestand für die SPD die Möglichkeit, die politische Verantwortung zu verschleiern. Auch der Versuch, den politischen Erfolg für sich zu reklamieren und daraus politisches Kapital zu schlagen, musste angesichts der Größe des von der Reform mittelbar und unmittelbar negativ betroffenen Personenkreises und der äußerst unsicheren wirtschaftlichen Wachstumserwartungen scheitern. Es war also auf keinen Fall ein populistisches Versprechen, das zu den Reformen geführt hat.

Wo aber liegen dann die Gründe für die Liberalisierung am Arbeitsmarkt? Die Hartz-Reform hat mit einer Reihe von Stützpfeilern deutscher Sozialpolitik – allen voran der Status- und Einkommenssicherung des männlichen Normalarbeitnehmers – gebrochen und damit insbesondere die gesellschaftliche Mitte stark verunsichert. Insbesondere die SPD befindet sich dadurch in der schwersten Krise ihrer Geschichte. Was bewog die führenden Politiker der SPD damals eine politisch derart riskante Reform ins Rollen zu bringen? Diese Frage wollen wir in den nun folgenden Kapiteln näher beleuchten.

Kapitel 3
Das Ende der Vollbeschäftigung

Bevor wir uns in den folgenden Kapiteln näher mit den Ursprüngen und Ursachen der Hartz-IV-Reform und den daraus später erwachsenen spezifischen Eigenheiten des Reformprozesses beschäftigen, soll in diesem Kapitel die seit den siebziger Jahren vorherrschende Problemlage in der Arbeitsmarktpolitik näher beleuchtet werden. Dabei konzentrieren wir uns weniger auf eine bloße Problembeschreibung der sich seit den siebziger Jahren weltweit rasant verändernden politischen, wirtschaftlichen und sozialen Bedingungen, sondern vielmehr auf deren spezifische Verarbeitung im sozialpolitischen Kontext Deutschlands.

Das Kapitel haben wir dazu folgendermaßen gegliedert: Zunächst stellen wir das Konzept *Wohlfahrt ohne Arbeit* als tradierte Antwort kontinentaleuropäischer Sozialstaaten auf den rapiden wirtschaftlichen, sozialen und politischen Wandel seit den siebziger Jahren dar. Zweitens zeigen wir das Ausmaß der Stilllegung am Arbeitsmarkt und beschreiben die Entwicklung ihrer zentralen Instrumente wie der Frühverrentung und der aktiven Arbeitsmarktpolitik. Schließlich diskutieren wir die spezifische Umsetzung der Stilllegungspolitik im Kontext des deutschen Föderalismus anhand der Kostenverschiebungspolitik. Diese Politik wurde bis Mitte der neunziger Jahre von allen maßgeblichen Akteuren wie den Arbeitgebern, den Gewerkschaften und den beiden Volksparteien mehr oder minder ausdrücklich unterstützt und perfektioniert. Das zeigen wir im letzten Abschnitt dieses Kapitels.

Wohlfahrt ohne Arbeit

Wohlfahrt ohne Arbeit (welfare without work), mit diesem Begriff wurde in der wissenschaftlichen Diskussion seit Mitte der neunziger Jahre ein Phänomen bezeichnet, das eine besondere Verbindung von Wohlfahrtsstaat, Familienpolitik und Arbeitsmarktstrukturen charakterisiert, die sich besonders in einer Reihe kontinentaleuropäischer Wohlfahrtsstaaten herausgebildet hatte (Esping-Andersen 1996). Im deutschen Fall des rheinischen Kapitalismus[1] führte die Kombination aus einem konservativen und katholisch geprägten Familienmodell, das Frauen vom Arbeitsmarkt fernhielt, und einem Wirtschaftsmodell, das auf spezifisch ausgebildeten Facharbeitern basierte, im Laufe des 20. Jahrhundert zu langen Betriebszugehörigkeiten der Stammbelegschaft großer Unternehmen. Sowohl die Unternehmen als auch die Gewerkschaften, zu deren Kernmitgliedern diese Facharbeiter gehörten, legten großen Wert auf die Absicherung der Facharbeiter und erwarteten im Fall des Arbeitsplatzverlustes ein hohes Maß an sozialer Sicherheit (Hassel 2006). Dieses wiederum führte langfristig zu einem kontinuierlichen Ausscheiden von Arbeitnehmern aus dem Arbeitsmarkt durch Konjunktureinbrüche.

Die institutionellen Komponenten der *Wohlfahrt ohne Arbeit* sind vergleichsweise großzügige Sozialversicherungsleistungen, ein Familienmodell, das auf einem männlichen Alleinverdiener beruht, ein chronisch unterentwickelter Dienstleistungssektor insbesondere im Bereich der sozialen Dienstleistungen und ein hoch regulierter Arbeitsmarkt. Statt Beschäftigung zu schaffen, um Arbeitslose wieder in den Arbeitsmarkt zu integrieren, bieten die Leistungen des Wohlfahrtsstaates in diesen Ländern vor allem verschiedene Optionen, die Zahl der Arbeitssuchenden und damit das Arbeitsangebot sukzessive zu reduzieren (Esping-Andersen 1996: 79). In diesem spezifischen Kontext werden Arbeitslose durch ein vergleichsweise hohes Arbeitslosengeld, einen starken Schutz bestehender Qualifikationen und des früheren Einkommensniveaus sowie vielfältigen Möglichkeiten des Vorruhestands davon abgehalten,

---

1 Der rheinische Kapitalismus basiert auf einer Bezeichnung von Michel Albert, der in seinem Buch *Kapitalismus contra Kapitalismus* den rheinischen Kapitalismus den angelsächsischen, maritimen Formen des Wirtschaftens gegenüberstellte (Albert 1992).

sich eine berufsfremde Beschäftigung zu schlechteren Bedingungen zu suchen. Auch die aktive Arbeitsmarktpolitik war weniger aktiv als ihr Name vermuten lassen würde. Arbeitsbeschaffungsmaßnahmen, Beschäftigungsgesellschaften und selbst berufliche Fortbildungsmaßnahmen dienten weniger der Weiterqualifikation und der Reintegration in den Arbeitsmarkt, sondern schufen Möglichkeiten, erneute Ansprüche auf Lohnersatzleistungen zu erwerben. Die Folge war hier ebenfalls – wenn auch nur vorübergehend – die Reduzierung des Arbeitsangebots.

Eine systematische Verknappung des Arbeitsangebots fand dagegen im Bereich der Erwerbstätigkeit von Frauen statt. Mütter wurden ermutigt, sich eher der Kindererziehung zu widmen als eine Berufstätigkeit aufzunehmen. Dies geschah unter anderem durch verschiedene Anreize im Steuerrecht. Mit dem sogenannten Ehegattensplitting in der deutschen Einkommenssteuer beispielsweise bestand ein Anreiz für Frauen, eine – wenn überhaupt – gering entlohnte Tätigkeit anzunehmen, da andernfalls durch die gemeinsame Veranlagung des Einkommens der Ehepartner die nicht unerheblichen Steuererleichterungen verloren gingen. Außerdem gab es durch die chronische Unterversorgung mit Kindergartenplätzen und das Fehlen einer ganztägigen Betreuung für Schulkinder auch für nicht-verheiratete Frauen gute finanzielle Gründe, sich verstärkt der Kindererziehung zu widmen. Und schließlich waren unter den Sozialhilfeempfängern traditionell alleinerziehende Frauen besonders stark vertreten. Der Bezug der Sozialhilfeleistungen schloss sie jedoch überwiegend von Weiterqualifikationsmaßnahmen aus, so dass ihre Chancen auf dem Arbeitsmarkt mit andauernder Erwerbslosigkeit immer weiter schwanden.

Ältere Arbeitnehmer, deren Arbeitsplätze in wirtschaftlichen Krisenzeiten wegfielen, fanden nur in geringem Umfang neue Beschäftigung und eine steigende Zahl vormals Beschäftigter wurde nicht wieder erwerbstätig. Neu geschaffene Arbeitsplätze im Dienstleistungssektor waren deutlich niedriger entlohnt und für ehemalige Industriefacharbeiter unattraktiv. Sie wurden entweder langfristig arbeitslos oder gingen in den vorgezogenen Ruhestand. Da ein erheblicher Teil der Nichterwerbstätigen Lohnersatzleistungen oder andere Sozialtransfers bezog, stiegen die öffentlichen Ausgaben für diese Art der Stilllegung auf dem Arbeitsmarkt kontinuierlich an.

Hinter der politischen Unterstützung der arbeitsmarktpolitischen Stilllegung standen im Wesentlichen folgende Überlegungen: Erstens sollte die aus der Stilllegung resultierende Produktivitätsdividende die erheblichen Kosten dieser Politik selbst ausgleichen. Zweitens gab es die Vorstellung, dass es sich bei den wegfallenden Arbeitsplätzen lediglich um Arbeitsplätze für unqualifizierte Arbeitskräfte mit niedriger Produktivität handelte. Diese Arbeitsplätze würden langfristig im Zuge der Globalisierung ohnehin wegfallen. Drittens wurde der Überschuss an ungelernten Arbeitskräften als vorübergehend angesehen, so dass sich das Problem im Wesentlichen nach der erfolgreichen industriellen Umstrukturierung auflösen würde (Esping-Andersen 1996: 77). Tatsächlich waren jedoch diese Annahmen, wie wir im Folgenden zeigen werden, auf Sand gebaut. Obwohl das Exportvolumen der deutschen Industrie ab den siebziger Jahren zu immer neuen Höhenflügen ansetze, gingen die durchschnittlichen gesamtwirtschaftlichen Wachstumsraten kontinuierlich zurück. Entsprechend stiegen die Arbeitslosenraten wie auch die Verschuldung. Bei den wegfallenden Arbeitsplätzen handelte es sich nicht nur um Arbeitsplätze für unqualifizierte Arbeiter, sondern im Gegenteil auch um hochproduktive Arbeitsplätze in der Industrie. Jede Welle der industriellen Umstrukturierung brachte ein zusätzliches Heer von Langzeitarbeitslosen mit sich.

Gleichzeitig hatten die ansteigenden Ausgaben für Sozialleistungen im Wesentlichen zwei Effekte. Sie erhöhten unmittelbar die Beiträge, die die Arbeitnehmer in die Sozialversicherung einzahlen mussten. Diese schlugen sich in Form von Lohnnebenkosten auf die Bruttolöhne der Beschäftigten nieder und verschlechterten die Beschäftigungsmöglichkeiten insbesondere der Niedrigqualifizierten weiter. Zweitens reduzierten sie den Spielraum der Finanzpolitik der öffentlichen Hand, die zunehmend weniger investierte und konsumierte, sondern einen größeren Anteil des Haushalts für Zinszahlungen aufwenden musste. Ein Teufelskreis hatte sich etabliert, in dem ein geringes Beschäftigungsniveau weiter bremsend auf den Arbeitsmarkt und auf die Finanzpolitik wirkte. Mit jeder Rezession wuchs die Sockelarbeitslosigkeit, die Anzahl der Beschäftigten ging zurück und sowohl die Beiträge zur Sozialversicherung als auch die Staatsverschuldung stiegen an.

Die Stilllegung des Arbeitsmarktes

Die Stilllegungspolitik auf dem deutschen Arbeitsmarkt begann in den siebziger Jahren. Die Ölkrise 1973/74 bereitete der kurzen Ära der Vollbeschäftigung in Deutschland ein abruptes Ende und wurde von einer tiefen Rezession Anfang der achtziger Jahre abgelöst. In der Folge stieg die Arbeitslosigkeit in einem in Nachkriegsdeutschland bisher ungekannten Ausmaß. Innerhalb von nur drei Jahren verdreifachte sich die Arbeitslosigkeit von 3,8 Prozent (1980) auf 9,1 Prozent (1983) und blieb auch in den Folgejahren unverändert auf hohem Niveau.

Abbildung 1:   Entwicklung der Arbeitslosigkeit und des
Wirtschaftswachstums 1950–2006

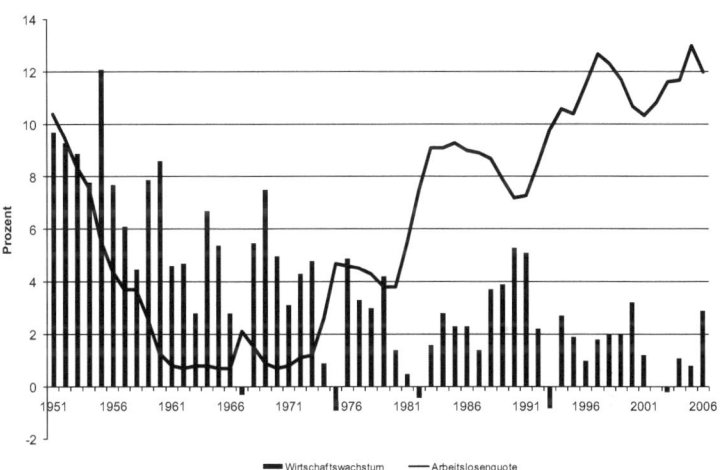

Quelle: Erstellt aus Daten der Bundesagentur für Arbeit (2004): Zeitreihe Arbeitslose ab 1948, in: http://www.pub.arbeitsamt.de/hst/services/statistik/detail_2004/d.html, vom 9.4.2008, Statistisches Bundesamt (2008): Zeitreihen Arbeitsmarkt, in: http://www. destatis.de/jetspeed/portal/cms/Sites/destatis/Internet/DE/Content/Statistiken/Zeitre ihen/LangeReihen/Arbeitsmarkt/Content100/lrarb01ga,templateId=renderPrint.psml, vom 9.4.2008 und Daten zum BIP erhalten von Annette Eckes, Statistisches Bundesamt, VGR-Infoteam, 8.5.2008.

In den siebziger und achtziger Jahren verlief damit die Entwicklung ähnlich wie in den meisten anderen Industrieländern. Allerdings wies der deutsche Arbeitsmarkt im Unterschied zu vielen anderen industrialisierten Ländern bereits in den achtziger Jahren deutliche strukturelle Schwächen und eine geringe Dynamik auf. Das lässt sich anhand der folgenden Zahlen verdeutlichen:

Im Jahr 1970 hatte Deutschland mit 68,8 Prozent noch eine überdurchschnittlich hohe Beschäftigungsquote im Vergleich zu dem Durchschnitt der OECD-Länder von 66,9 Prozent zu diesem Zeitpunkt. Die Beschäftigungsquote misst den Anteil der Beschäftigten an der Bevölkerung im erwerbsfähigen Alter.[2] Doch 20 Jahre später, im Jahr 1989, lag sie bei nur noch 63,9 Prozent und damit deutlich unter dem OECD Durchschnitt, der sich mit 66,9 Prozent nicht verändert hatte. 1998, neun Jahre später, war sie nochmals gesunken und zwar auf 60,5 Prozent. Im Durchschnitt der OECD lag die Beschäftigungsquote zu diesem Zeitpunkt nahezu unverändert weiterhin bei 66,5 Prozent.

Der relative Rückgang der Beschäftigungsquote ist umso bemerkenswerter, als in diesem Zeitraum die Erwerbsorientierung von Frauen stark anstieg. Betrachtet man die Erwerbsquoten über den gleichen Zeitraum, also den Anteil der Bevölkerung, der entweder erwerbstätig oder arbeitslos ist, dann stellt man fest, dass die Erwerbsquote insgesamt im Wesentlichen stabil geblieben ist. Dahinter verstecken sich jedoch zwei gegenläufige Entwicklungen: einerseits eine steigende Erwerbsbeteiligung von Frauen und andererseits eine sinkende von Männern (siehe Abbildung 2). Dementsprechend findet man eine Überlagerung unterschiedlicher Trends: ein gestiegenes Interesse an einer Erwerbstätigkeit bei Frauen, eine gesunkene Erwerbstätigkeit bei Männern und generell eine kontinuierlich sinkende Absorption der Bevölkerung im erwerbsfähigen Alter durch den Arbeitsmarkt.

Deutschland war nicht das einzige Land in der OECD, das in diesem Zeitraum einen nahezu kontinuierlichen Rückgang der Beschäftigungsquote zu verzeichnen hatte. In Frankreich, Belgien, den Niederlanden, Irland und Italien fand bis in die späten neunziger Jahre eine ähnliche Entwicklung der Stilllegung von Arbeitnehmern als Antwort auf wirtschaftliche Schwierigkeiten und sinkende Wachstumsraten statt. Parallel

---

2 Siehe Tabelle A5 in Scharpf/Schmid 2000: 342.

Abbildung 2: Erwerbstätigenquoten 1960–2006

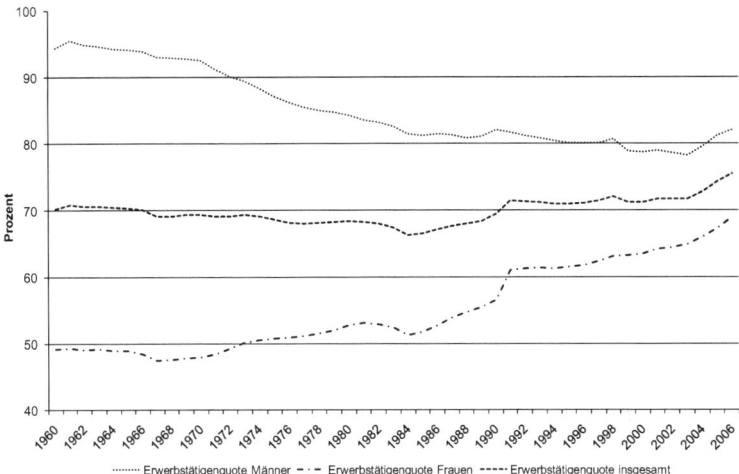

.... Erwerbstätigenquote Männer – · – Erwerbstätigenquote Frauen ----- Erwerbstätigenquote insgesamt

Quelle: OECD Population and Labour Force Statistics 2007, Total Labour Force as % of Population 15-64, http://oberon.sourceoecd.org/vl=7093425/cl=12/nw=1/rpsv/ij/oecdstats/16081161/v125n1/s2/p1, 3.6.2008, eigene Darstellung.

dazu kann man in den gleichen Ländern einen überdurchschnittlich hohen Anstieg der Langzeitarbeitslosigkeit beobachten. Geringe Beschäftigungsquoten und hohe Anteile von Langzeitarbeitslosen an der Gesamtarbeitslosigkeit gehen Hand in Hand. Es ist also keinesfalls so, dass die Stilllegungspolitik die Arbeitslosigkeit reduziert hätte. Im Gegenteil, Stilllegungspolitik ist eine der zentralen Ursachen für hohe Langzeitarbeitslosigkeit. Beide Phänomene veranschaulichen den Pessimismus der politisch Handelnden in der Arbeitsmarktpolitik. Es gab in der Politik nur wenige Arbeitsmarktpolitiker, die noch die Hoffnung hatten, dass man aus der Arbeitslosigkeit heraus wieder einen Arbeitsplatz finden könnte. Die Politiker hatten akzeptiert, dass Massenarbeitslosigkeit zum Bestandteil moderner Industriegesellschaften gehöre und beschäftigten sich damit, für die Betroffenen alternative Verbleibsmöglichkeiten und Einkommenstransfers zu schaffen.

Allerdings löste sich das Problem der Arbeitslosigkeit durch die Reduzierung des Arbeitsangebots nicht von selbst. Im Gegenteil: nach

Abbildung 3: Entwicklung der Langzeitarbeitslosigkeit 1977–2003

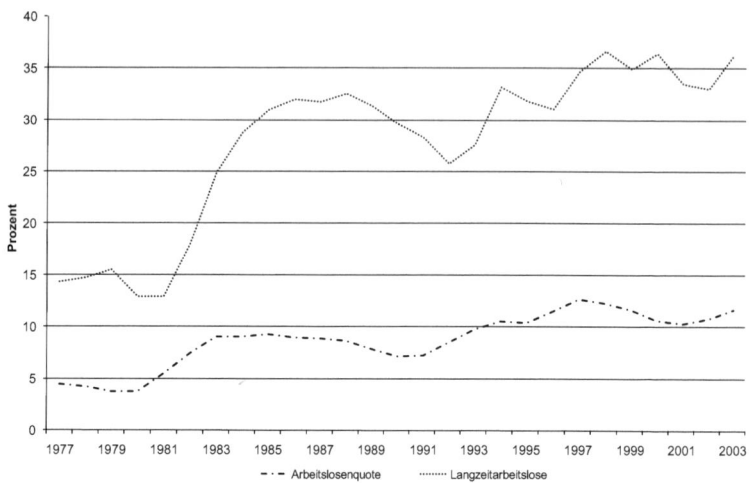

Quelle: Bundesagentur für Arbeit (1999, 2003), eigene Darstellung.

jeder Rezession kletterte die Arbeitslosigkeit auf die nächsthöhere Stufe. Bei der Langzeitarbeitslosigkeit lag Deutschland über lange Zeit in der Mitte des Spektrums der OECD Länder. 1979 betrug die Langzeitarbeitslosigkeit 28,7 Prozent aller Arbeitslosen. 1986 war jedoch bereits ein Drittel aller Arbeitslosen länger als ein Jahr ohne Arbeit (Bundesagentur für Arbeit 2003) 1989 war es fast die Hälfte.

Von Langzeitarbeitslosigkeit in besonderer Weise waren wiederum zwei Gruppen betroffen: erstens gering qualifizierte Arbeitslose und zweitens ältere Arbeitslose über 50 Jahre. Der Anteil der Geringqualifizierten an den Arbeitslosen stieg in der Rezession in den frühen achtziger Jahren um mehr als das Doppelte von 5,9 (1980) auf 14,1 Prozent (1983). Eine ähnliche Entwicklung zeigt die Arbeitslosigkeit älterer Arbeitsloser, die seit 1982 sprunghaft anwuchs (siehe Abbildung 4).

Schon Ende der achtziger Jahre, am Vorabend der deutschen Einheit, war daher der deutsche Arbeitsmarkt von Stilllegung und Langzeitarbeitslosigkeit geprägt. Die wichtigsten Mechanismen der Stilllegungspolitik waren die Frühverrentung und die aktive Arbeitsmarktpolitik.

Abbildung 4: Arbeitslosigkeit bei über 55-Jährigen 1970–2004

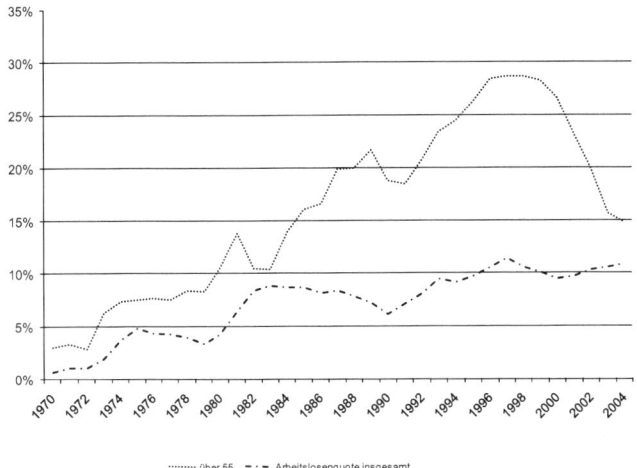

········· über 55   – · – Arbeitslosenquote insgesamt

Quelle: IAB 2008, Daten erhalten von Markus Hummel (IAB Forschungsbereich 3), 20.03.2008, eigene Darstellung.

Die Frühverrentung

Die Möglichkeit eines vorgezogenen Renteneintritts im Falle der Arbeitslosigkeit gab es bereits in der Weimarer Republik, wo Angestellte im Alter von 59 statt 60 Jahren Rente beziehen konnten (Trampusch 2009: 59ff.). Mit der Rentenreform 1975 wurde dies auf Arbeiter ausgeweitet. Bereits 1972 hatte die Einführung einer flexiblen Altersgrenze den Rentenbezug nach 35 Beitragsjahren im Alter von 63 Jahren ermöglicht.

Die flexible Altersgrenze und die Möglichkeit des Rentenbezugs wegen Arbeitslosigkeit wurden in der Phase der Restrukturierung der Kohle- und Stahlindustrie in den siebziger Jahren in den Verhandlungen zwischen Betriebsräten und Unternehmen über Sozialpläne zunehmend miteinander verknüpft, so dass das Rentenintrittsalter sukzessive sank. Hinzu kam eine Verlängerung der Bezugszeiten des Arbeitslosengeldes für Arbeitnehmer mit langen Beitragszeiten. Während bis 1984 das Ar-

beitslosengeld maximal zwölf Monate gezahlt wurde, stiegen die Bezugszeiten Mitte der achtziger Jahre erst auf 18 (1984), dann auf 24 (1986)
und zuletzt auf 32 Monate (1987) an (siehe Tabelle 3). In der Praxis bedeutete dies, dass in vielen großen Unternehmen Arbeitnehmer im Alter
von 58 Jahren ihrer Entlassung zustimmten, im Anschluss über 32 Monate Arbeitslosengeld bezogen, um dann im Alter von 60 Jahren Rente
wegen Arbeitslosigkeit zu erhalten. Die Unternehmen kompensierten
die Einkommensverluste durch Aufschläge auf das Arbeitslosengeld
und Abfindungen, während die Bundesanstalt für Arbeit die Renten-
und Krankenversicherungsbeiträge der Betroffenen und somit 90 Prozent der Kosten der Frühverrentung übernahm (Trampusch 2009: 82).

Hinzu kamen ab 1984 die Möglichkeiten des Vorruhestandsgesetzes,
die die informelle Praxis der bewusst geschaffenen Langzeitarbeitslosigkeit älterer Arbeitnehmer gefolgt von der Rente wegen Arbeitslosigkeit
in ein eigenes Modell überführte. Arbeitnehmer konnten demnach mit
58 Jahren aus dem Erwerbsleben ausscheiden, wenn Tarifverträge die
Zahlung eines Vorruhestandsgeldes in Höhe von mindestens 65 Prozent
des Bruttolohns bis zum Rentenbezug mit entweder 63 oder 65 Jahren
garantierten. Die den Betrieben entstehenden Kosten für das Vorruhestandsgeld konnten zu einem Teil von der Bundesanstalt für Arbeit
übernommen werden, wenn der Betrieb im Gegenzug die Übernahme
eines Auszubildenden oder die Einstellung eines Arbeitslosen nachwei-
sen konnte (Steffen 2006b: 10).

Die finanzielle Attraktivität der Frühverrentungspolitik für Arbeitnehmer und Unternehmen erklärt die schnell ansteigenden Zahlen der
älteren Arbeitslosen und der Langzeitarbeitslosen (siehe Abbildungen 3
und 4). Die Arbeitslosenquote älterer Arbeitnehmer lag 1980 bei 11
Prozent und verdoppelte sich bis Ende der achtziger Jahre auf 22 Prozent. Die tatsächliche Arbeitslosigkeit Älterer lag jedoch noch deutlich
höher, da nach 1986 58-Jährige erklären konnten, dem Arbeitsmarkt
nicht mehr voll zur Verfügung zu stehen und somit nicht mehr in der
Arbeitslosenstatistik geführt wurden (58er-Regelung). Bereits 1985 betraf dies rund 100.000 Personen (Kühlewind 1986: 220). Während der
Anteil der Altersrenten wegen Arbeitslosigkeit an allen Renten 1980
noch 4,8 Prozent betrug, lag er 1985 bereits bei 6,9 Prozent (Kühlewind
1986: 220).

Abbildung 5: Altersrente wegen Arbeitslosigkeit

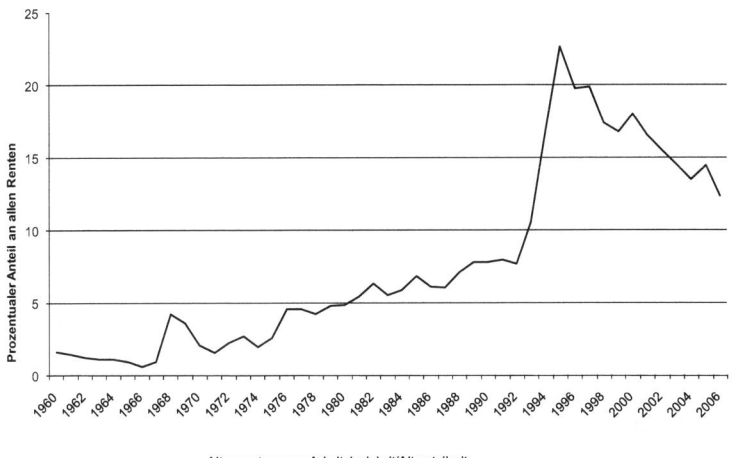

—Altersrente wegen Arbeitslosigkeit/Altersteilzeit

Quelle: Forschungsportal der Deutschen Rentenversicherung: Rentenzugang – Gesamt
Zeitreihen, http://forschung.deutsche-rentenversicherung.de/ForschPortalWeb/view
3sp.jsp?chstatzr_Rente =openAll&viewCaption=Statistiken%20-%20Rente%20-%20
Zeitreihen&viewName=statzr_Rente 3.4.2008, eigene Darstellung; Anmerkung: Zahlen
ab 1993 für Gesamtdeutschland.

Die aktive Arbeitsmarktpolitik

Paradoxerweise gehörte auch die sogenannte aktive Arbeitsmarktpolitik
zum Repertoire der Stillegungspolitik in Deutschland. Die Instrumente
der aktiven Arbeitsmarktpolitik wurden auf der Grundlage des novel-
lierten Arbeitsförderungsgesetzes (AFG) von 1969 im Laufe der siebziger
Jahre entwickelt. Das AFG hatte zum Ziel, die Arbeitslosenversicherung
von einer passiven Einkommenssicherung in Richtung einer aktiven
Arbeitsmarktpolitik zu transformieren. Bestandteile der aktiven Arbeitsmarktpolitik umfassten in den siebziger und achtziger Jahren im Wesentlichen Maßnahmen zur beruflichen Bildung, Kurzarbeit und Arbeitsbeschaffungsmaßnahmen. Arbeitsbeschaffungsmaßnahmen waren
zeitlich befristete Beschäftigungsverhältnisse bei regulären Arbeitgebern,

insbesondere im nicht-gewinnorientierten Bereich, die von der Bundesanstalt für Arbeit mitfinanziert wurden.

Das Ziel der aktiven Arbeitsmarktpolitik war es also, mit den Mitteln
der Bundesanstalt für Arbeit statt passiver Leistungen in Form von
Arbeitslosengeld und Arbeitslosenhilfe mehr Formen der aktiven Unterstützung und Finanzierung von neuen oder auch bestehenden Arbeitsplätzen zu ermöglichen. Damit es nicht zu Verdrängungseffekten auf
dem ersten Arbeitsmarkt kam, mussten diese Maßnahmen zeitlich befristet sein. Die Maßnahmen zur beruflichen Bildung sollten die Arbeitsmarktchancen der Arbeitslosen verbessern.

Die Ausgaben der BA für die aktive Arbeitsmarktpolitik waren von
Beginn der siebziger Jahre an beträchtlich und blieben trotz der steigenden Ausgaben für passive Lohnersatzleistungen in den siebziger und
achtziger Jahren stabil. Sie umfassten ungefähr 50 Prozent des Haushalts der Bundesanstalt für Arbeit (Schmid 1982; BMAS 2009: Tabelle
8.11A). Insbesondere Maßnahmen für Fortbildung, Umschulung und
Arbeitsbeschaffung stiegen rapide an.

Nach dem Regierungswechsel 1982 reagierte die neue christlich-liberale Koalition zunächst mit einer Kürzung der Ausgaben für die aktive
Arbeitsmarktpolitik, die sich 1982 in einem Rückgang der Teilnehmerzahlen an Maßnahmen der aktiven Arbeitsmarktpolitik niederschlug.
Diese Kürzungspolitik währte jedoch nicht lange (Webber 1987). Während der achtziger Jahre stieg die Zahl der Teilnehmer an Arbeitsbeschaffungsmaßnahmen auf über 100.000 und die der Teilnehmer an
Maßnahmen der beruflichen Bildung auf über 500.000. Kurzarbeitergeld
und ABM beliefen sich Ende der achtziger Jahre auf 50 Prozent des
Budgets für aktive Arbeitsmarktpolitik. Im Jahr 1989 kam auf zwei Bezieher von passiven Transferleistungen ein Arbeitsloser in aktiven Maßnahmen; ihr Anteil war weit höher als zu Beginn der achtziger Jahre.
Gerade die Expansion der Ausgaben für die aktive Arbeitsmarktpolitik
stand im Gegensatz zu den ursprünglichen Ankündigungen einer Wende in der Arbeitsmarktpolitik der Kohl-Regierung.

Obwohl die Idee der aktiven Arbeitsmarktpolitik intuitiv einleuchtet
und sie oftmals mit der erfolgreichen Arbeitsmarktpolitik skandinavi-
scher Länder gerechtfertigt wurde, geriet sie trotzdem schnell ins Zentrum der Kritik. Bereits in den frühen achtziger Jahren kam die aktive

Tabelle 2: Ausgaben der BA

Jahr	Ausgaben der BA in Mio. €	Ausgaben des BMA/BMWA/BMAS (ohne Bundeszuschuss) in Mio. €	Bundeszuschuss in Mio. €	Ausgaben für aktive Arbeitsmarktpolitik insgesamt in Mio. €
1980	11082		941	3476
1981	14401		4197	4454
1982	17059		3581	4673
1983	16691		806	5067
1984	15157			4810
1985	15204			4995
1986	16291			5942
1987	18386			7364
1988	20883		524	8424
1989	20366		987	8238
1990	22792		361	9318
1991	36774	8157	524	24979
1992	47817	9123	7077	31353
1993	56004	11432	12485	32870
1994	51060	13726	5215	27366
1995	49648	16064	3522	25467
1996	53986	16694	7033	23932
1997	52521	16562	4895	18961
1998	50542	17533	3947	19948
1999	51694	17470	3739	22755
2000	50473	14348	867	21656
2001	52613	13175	1931	21866
2002	56508	7677	2875	22401
2003	56849	8607	3178	21199
2004	54490	10247	2135	19458
2005	53089	18838	203	16625

Ab 1991 Zahlen für Gesamdeutschland
Quelle: BMAS (2006).

Arbeitsmarktpolitik in den Verdacht, eher die Arbeitslosigkeit zu verschleiern und rein rechnerisch zu reduzieren, anstatt Arbeitslose wieder
in den Arbeitsmarkt zu integrieren (Schmid 1982). Während sie kurzfristig zu einer Reduzierung der Arbeitssuchenden führe, erhöhe sie die
Arbeitsmarktchancen der Betroffenen nur minimal. Evaluationen der
aktiven Arbeitsmarktpolitik kamen zu dem Ergebnis, dass insbesondere
Arbeitsbeschaffungsmaßnahmen einen sehr geringen Effekt für die
Wiederbeschäftigung der Teilnehmer hatten (Eichhorst u.a. 2001).

Vielmehr entstand der Eindruck eines Drehtüreffekts: Langzeitarbeitslose im Verantwortungsbereich der BA wurden in Maßnahmen ge-
parkt, um ihren Anspruch auf Arbeitslosengeld entweder zu erhalten
oder neu zu begründen. Langzeitarbeitslose wurden dadurch zwar akti-
viert im Sinne einer Teilnahme an einer Maßnahme, jedoch nicht im
Sinne einer Integration in den ersten Arbeitsmarkt.

Effekte der Stilllegung auf die Kommunen

Der Anstieg der Langzeitarbeitslosigkeit hatte auch direkte Auswirkungen auf die Beschäftigungspolitik und die Haushalte der Gemeinden.
Die Sozialhilfe fällt in den alleinigen Zuständigkeitsbereich der Gemeinden. Bei der Verabschiedung des Bundessozialhilfegesetzes (BSHG) im
Jahre 1963 ging man davon aus, dass die vorgelagerten sozialen Sicherungssysteme wie die Arbeitslosenversicherung, die Krankenversicherung und die Rentenversicherung den Großteil der Bedürftigen abde-
cken und für die Sozialhilfe nur ein sehr kleiner Teil zurückbleiben
würde, zumal auch die Arbeitsmarktpolitik nach dem AFG von 1969
dem Bund zugeordnet war (Schulze-Böing 2005: 24). Mit der steigenden
Langzeitarbeitslosigkeit wurden die Kommunen ungewollt ebenfalls zu
zentralen Akteuren der Arbeitsmarktpolitik.

Die kontinuierliche Zunahme der Arbeitslosenzahlen und der Langzeitarbeitslosigkeit hatte direkte Auswirkungen auf die Zahl der Sozialhilfebezieher. Dabei nahm die Zahl der Sozialhilfeempfänger zeitver-
setzt einige Jahre nach der Arbeitslosigkeit zu. Im Zeitraum zwischen
1980 und 1989 verdoppelte sich die Zahl der Sozialhilfeempfänger in
Westdeutschland von 850.000 auf knapp 1,8 Millionen. Im gleichen

Zeitraum verdoppelte sich auch der Anteil der Bruttoausgaben für die Hilfe zum Lebensunterhalt am Bruttoinlandsprodukt (BIP).

Langzeitarbeitslose wurden aus zwei Gründen zu Sozialhilfebeziehern: a) weil sie keine Anwartschaften auf Arbeitslosengeld erarbeitet hatten (insbesondere relevant für Schulabgänger und alleinerziehende Mütter) oder b) weil die Höhe ihrer Arbeitslosenhilfeleistungen im Laufe der Zeit unter das Niveau der Sozialhilfe sank.

Für die Kommunen entwickelte sich die steigenden Langzeitarbeitslosigkeit zu einem Teufelskreis: eine steigende Sozialhilfeempfängerquote führte zu einer steigenden Pro-Kopfverschuldung der Kommunen und damit zu sinkenden Investitionstätigkeiten, die sich wiederum negativ auf den örtlichen Arbeitsmarkt auswirkten (Schmid u.a. 2004: 176).

Ab Mitte der achtziger Jahre reagierten die Kommunen auf die Zwangslage mit einer Vielzahl von arbeitsmarktpolitischen Maßnahmen, um Sozialhilfeempfänger wieder in Arbeit zu bringen und die Kommunalhaushalte zu entlasten. Die rechtliche Grundlage für kommunale Beschäftigungsprogramme war die Möglichkeit zur *Hilfe zur Arbeit* nach dem BSHG aus dem Jahr 1984. Nach Paragraph 18-20 BSHG konnten die Beschäftigungsträger Sozialhilfeempfänger für bis zu zwei Jahre sozialversicherungspflichtig beschäftigen und tariflich entlohnen. Die Beschäftigungsträger waren in der Regel die Kommunen oder freie gemeinnützige Träger. Dabei reichte das Spektrum der Projekte »von der Nutzung beschäftigungsfördernder Instrumente über Direktvermittlungen und intensive Beratung bis hin zur verbesserten Kooperation mit Dritten wie privaten Anbietern oder der Bundesanstalt für Arbeit« (Hackenberg 2003: 11).

Die Instrumente der *Hilfe zur Arbeit* fanden ihre Anwendung in zahlreichen kommunalen Arbeitsbeschaffungs- und Weiterbildungsmaßnahmen, vor allem aber auch in den kommunalen Beschäftigungsgesellschaften. Beschäftigungsgesellschaften sind organisatorisch und rechtlich eigenständige Betriebe, die von den Kommunen mit dem Zweck gegründet wurden, Arbeitslose befristet unter möglichst marktnahen Bedingungen sozialversicherungspflichtig zu beschäftigen. Sie wurden als Verein oder als GmbH geführt (Knecht 2004: 56). Neben der Bereitstellung von Arbeitsplätzen übernahmen Beschäftigungsgesellschaften häufig auch administrative Aufgaben wie die Auswahl der Teilnehmer an Maßnahmen, die Organisation von Bildungsmaßnahmen sowie die Weitervermittlung in andere Beschäftigungen. Außer Städten, Gemeinden und Landkreisen, die den Großteil der Beschäftigungsgesellschaften führten, gab es auch Beschäftigungsgesellschaften in Trägerschaft der Kirchen, von privaten Unternehmen sowie von verschiedenen gemeinnützigen Vereinen und Stiftungen (ebd.: 56–59).

Oftmals wurden Beschäftigungsgesellschaften mit den Jugendhilfe- und Ausbildungsprojekten der Kommunen verknüpft, so dass die in den Beschäftigungsgesellschaften Angestellten zugleich auch Bildungsmaßnahmen für Jugendliche durchführten. Wie bei ABM und Fortbildungen war auch im Bereich der Beschäftigungsgesellschaft die Anwartschaft auf Arbeitslosengeld ein wesentliches Motiv. Sobald die Teilnehmer an den Maßnahmen eine Anwartschaft auf Arbeitslosengeld erworben hatten, fielen sie nicht mehr in den Verantwortungsbereich der Kommunen, sondern in den der BA. Anstatt gemeinsam Beschäftigungsmöglichkeiten für Arbeitslose zu schaffen, stand in der Praxis häufig die Verschiebung des Arbeitslosen von einem Rechtskreis in den anderen im Vordergrund. Leider gibt es für die »Hilfe zur Arbeit«-Beschäftigung nach dem BSHG keine genauen Teilnehmerzahlen im Zeitverlauf. Nach einer Schätzung des Deutschen Städtetages gab es im Jahr 2002 etwa 266.000 Stellen für Sozialhilfeempfänger in solchen Arbeitsgelegenheiten (Deutscher Städtetag 2003).

Die Politik des Verschiebebahnhofs

Das Schrumpfen des Arbeitsangebots über drei Jahrzehnte hinweg war nicht nur teuer. Es basierte außerdem auf einem komplexen Zusammenwirken von Sozialversicherungsbudgets, Bundes-, Landes- und Kommunalhaushalten, die alle zu unterschiedlichen Teilen und auf verschiedene Art und Weise an der Finanzierung der stillgelegten Arbeitskräfte beteiligt waren. Alle beteiligten Haushalte wiederum wurden von unterschiedlichen politischen Akteuren kontrolliert, die sehr spezifische Interessen mit einbrachten. Über einen beträchtlichen Zeitraum deckten sich die Interessen der Beteiligten, da die Stilllegung sowohl für die Politik als auch für Arbeitgeber und Gewerkschaften große Vorteile mit sich brachte. Es entwickelte sich eine Eigendynamik sowohl was das allgemeinere Ziel der Stilllegung anbetraf, als auch bezogen auf die konkrete Umsetzung mit Hilfe der Kostenverschiebungspolitik.

Kostenverschiebungsbahnhöfe oder die Verschiebebahnhofspolitik sind die etwas schiefen und sperrigen Begriffe, die in Diskussionen zur Arbeitsmarktpolitik bereits seit den achtziger Jahren verwandt wurden. Gemeint sind die Verschiebungen von Kosten von einem Sozialversicherungsträger oder öffentlichen Haushaltsposten zu einem anderen, die die fiskalischen Auswirkungen der Arbeitslosigkeit zwar kosmetisch oder kurzfristig linderten, langfristig jedoch zu keiner Problemlösung führten.

Für die Maßnahmen und Leistungen der BA kamen die sozialversicherungspflichtigen Beschäftigten mit ihren Beiträgen zur Arbeitslosenversicherung und der Bundeshaushalt in Form eines Bundeszuschusses auf, für den Rentenbezug die Beiträge für die Rentenversicherung und ebenfalls der Bundeshaushalt. Kommunale Beschäftigungsgesellschaften wurden von kommunalen Trägern geführt, jedoch meistens durch einen Mix von Mitteln der BA, des Bundes und der EU finanziert.

Im Laufe der Zeit entwickelte sich ein System der Kostenverschiebung zwischen den unterschiedlichen Trägern und Haushalten. Zunächst entstand ein Verschiebebahnhof zwischen den Sozialversicherungen und dem Bundeshaushalt. Christine Trampusch zeigt im Detail, wie durch die Einführung der Beitragspflicht für Arbeitslosengeld- und Arbeitslosenhilfebezieher zur Rentenversicherung die Rentenversicherung stabilisiert wurde, jedoch gleichzeitig der Zuschussbedarf vom Bundeshaushalt an den BA-Haushalt deutlich stieg.[3] Zwischen 1980 und 1983 erwuchs somit ein zusätzlicher Zuschussbedarf des Bundes an den BA-Haushalt in Höhe von 18,6 Milliarden DM (Trampusch 2002: 48). Durch den Anstieg der Arbeitslosigkeit stiegen die Ausgaben der BA im gleichen Zeitraum von insgesamt 21,6 auf 32,6 Milliarden DM an (ebd.: 58). Zuvor musste die Anschlussarbeitslosenhilfe, die von 1967 bis 1980 von der BA finanziert wurde, auf den Bundeshaushalt rückübertragen werden (ebd.: 48). Diese Möglichkeit der Ausbalancierung der verschiedenen Haushalte war für die politisch Verantwortlichen von großer

---

3 Und zwar auf Grundlage von 100 Prozent des vorangegangenen Bruttolohns (Trampusch 2002: 48).

Bedeutung, weil sich je nach Konjunkturlage und vorangegangenen Entscheidungen in den einzelnen Unterhaushalten große Überschüsse oder Defizite ansammeln konnten.

Aufgrund des Äquivalenzprinzips zwischen Einzahlungen und Ansprüchen hatten die fiskalischen Verschiebungen in der Regel auch Auswirkungen auf die Leistungsansprüche. Das Äquivalenzprinzip erforderte, dass Beiträgen immer auch Leistungen gegenüber stehen mussten. Diejenigen, die in die Rentenversicherung einzahlten, mussten dadurch auch höhere Rentenanwartschaften erwerben können; beziehungsweise die Beitragszahlung zur Arbeitslosenversicherung musste zu einem Anspruch auf Arbeitslosengeld führen. Von diesen rein fiskalischen Verschiebungen waren die Einzelnen jedoch nicht direkt betroffen. Sie waren der fiskalischen Notwendigkeit der Ausbalancierung der unterschiedlichen Haushalte geschuldet, die je nach vorangegangener Reform und Konjunkturlage entweder ein Defizit oder einen Überschuss aufwiesen. Über die Zeit betrachtet stiegen jedoch die Ausgaben in allen arbeitsmarktrelevanten Haushalten stark an. Bis zur zweiten Hälfte der achtziger Jahre verschärfte sich das Problem der Langzeitarbeitslosigkeit dann derart, dass nunmehr ein Drittel aller Arbeitslosen betroffen war. Dies führte zu stark steigenden Arbeitslosenhilfekosten und damit zu einer erheblichen Belastung des Bundeshaushalts sowie zu steigenden Sozialhilfekosten für Kommunen (siehe Abbildungen 6 und 7).

In der politischen Diskussion wurde die Ausweitung der Instrumente in Richtung Vorruhestand, Kommunalisierung und aktiver Arbeitsmarktpolitik in großer Einmütigkeit von einer informellen sozialpolitischen großen Koalition beschlossen. Obgleich die christlich-liberale Koalition bei ihrer Amtsübernahme 1982 eine wirtschafts- und sozialpolitische Wende ankündigte, ist die Arbeitsmarktpolitik der achtziger Jahre geprägt von großer Kontinuität. Zu den Instrumenten der Kostenverschiebungspolitik gehörten die Beitragsanpassung, die Erhöhung des Bundeszuschusses, die Verschiebung von Kosten zwischen den Haushalten der Sozialversicherungen und dem Bundeshaushalt sowie die graduelle Expansion von Maßnahmen, die Langzeitarbeitslose tendenziell aus dem Arbeitsmarkt herauslösten.

Abbildung 6: Ausgaben des Bundes für Arbeitslosenhilfe

Ausgaben für Arbeitslosenhilfe

Quelle: Bundesministerium für Arbeit und Soziales (2006). Statistisches Taschenbuch 2006. Arbeits- und Sozialstatistik, Tabelle 8.12, eigene Darstellung.

Abbildung 7: Ausgaben für Sozialhilfe 1990–2004

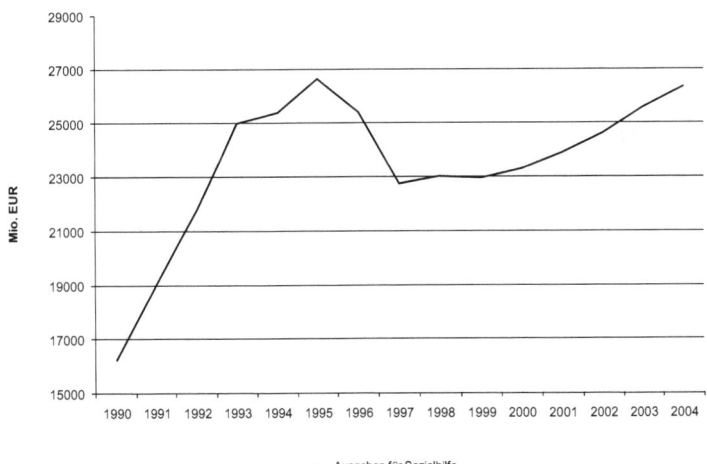

Ausgaben für Sozialhilfe

Quelle: Bundesministerium für Arbeit und Soziales (2006). Statistisches Taschenbuch 2006. Arbeits- und Sozialstatistik, Tabelle 8.14, eigene Darstellung.

Anfang der achtziger Jahre beispielsweise reagierte die neu gewählte christlich-liberale Regierung – ähnlich wie ihre sozial-liberale Vorgänger-Regierung – auf die rasant steigende Arbeitslosigkeit und das damit verbundene aus dem Ruder laufende BA-Haushaltsdefizit mit dem Haushaltsbegleitgesetz von 1983. Hinzu kamen eine Beitragserhöhung zur BA von 4,0 auf 4,6 Prozent (Vorgängerregierung: von 3 auf 4 Prozent) sowie eine stärkere Differenzierung der Leistungsdauer beim Arbeitslosengeldbezug (reichten bislang für einen Monat Arbeitslosengeldbezug zwei Beitragsmonate aus, so waren jetzt drei Beitragsmonate erforderlich) und einer Verschärfung der Zumutbarkeitskriterien (Steffen 2006b: 10). Das Haushaltsbegleitgesetz 1984 enthielt moderate Absenkungen der Lohnersatzquote beim Arbeitslosengeld von 68 auf 63 Prozent und bei der Arbeitslosenhilfe von 58 auf 56 Prozent für Kinderlose (ebd.: 11). Für Bezieher mit Kindern blieben die Leistungssätze dagegen unverändert.

Zur gleichen Zeit – im Jahr 1984 – wies der BA-Haushalt zum einen aufgrund vermehrter Übergänge vom beitragsfinanzierten Arbeitslosengeld zur steuerfinanzierten Arbeitslosenhilfe und den erheblich gestiegenen Beiträgen einen Überschuss von mehr als drei Milliarden DM auf. In der Folge kam es dann wiederum zu einem leistungsrechtlichen Ausbau, bei dem sukzessive die maximale Leistungsdauer des Arbeitslosengeldes von ursprünglich maximal zwölf (1984) auf 32 Monate (1987) ausgeweitet wurde (siehe Tabelle 3). Auch die stärkere Differenzierung[4] von Beitragsdauer und Leistungsdauer wurde wieder rückgängig gemacht und aktive Arbeitsmarktprogramme ausgeweitet (Schmid 1998). Nach einer vorübergehenden Einschränkung der Instrumente der aktiven Arbeitsmarktpolitik wurden diese ab Mitte der achtziger Jahre deutlich ausgebaut.

Zudem wurde mit der Reform des BSHG 1984 auch den Kommunen die Möglichkeit eröffnet, kommunale Beschäftigungspolitik im Sinne der klassischen Arbeitsbeschaffung selbständig zu betreiben. 1985 wurde zudem mit dem Vorruhestandsgesetz die informelle Praxis der Kombination von Langzeitarbeitslosigkeit und Rente wegen Arbeitslosigkeit auf eine rechtliche Grundlage gestellt. Alle Maßnahmen hatten

---

4 Für den Anspruch auf einen Monat ALG-Bezug reichten nun wieder zwei statt drei Monate aus (Steffen 2006: 11).

Tabelle 3: Dauer des Anspruchs auf Arbeitslosengeld (Monate)

Versicherungs-dauer	Jan. 1983 bis Dez. 1984	Jan. 1985 bis Dez. 1985	Jan. 1986 bis Juni 1987	Juli 1987 bis März 1997	April 1997
12	4	4	4	6	6
16	4	4	4	8	8
18	6	6	6	8	8
20	6	6	6	10	10
24	8	8	8	12	12
28	8	8	8	14 (ab 42 J.)	14 (ab 45 J.)
30	10	10	10	14 (ab 42 J.)	14 (ab 45 J.)
32	10	10	10	16 (ab 42 J.)	16 (ab 45 J.)
36	12	12	12	18 (ab 42 J.)	18 (ab 45 J.)
40	12	12	12	20 (ab 44 J.)	20 (ab 47 J.)
42	12	14 (ab 49 j.)	14 (ab 44 J.)	20 (ab 44 J.)	20 (ab 47 J.)
44	12	14 (ab 49 j.)	14 (ab 44 J.)	22 (ab 44 J.)	22 (ab 47 J.)
48	12	16 (ab 49 j.)	16 (ab 44 J.)	24 (ab 49 j.)	24 (ab 52 J.)
52	12	16 (ab 49 j.)	16 (ab 44 J.)	26 (ab 49 j.)	26 (ab 52 J.)
54	12	18 (ab 49 j.)	18 (ab 49 j.)	26 (ab 49 j.)	26 (ab 52 J.)
56	12	18 (ab 49 j.)	18 (ab 49 j.)	28 (ab 54 J.)	28 (ab 57 J.)
60	12	18 (ab 49 j.)	20 (ab 49 j.)	30 (ab 54 J.)	30 (ab 57 J.)
64	12	18 (ab 49 j.)	20 (ab 49 j.)	32 (ab 54 J.)	32 (ab 57 J.)
66	12	18 (ab 49 j.)	22 (ab 54 J.)	32 (ab 54 J.)	32 (ab 57 J.)
72	12	18 (ab 49 j.)	24 (ab 54 J.)	32 (ab 54 J.)	32 (ab 57 J.)

Quelle: Hagen/Steiner (2000), eigene Bearbeitung.

zur Folge, dass das Ziel der Vermittlung der Langzeitarbeitslosen in den ersten Arbeitsmarkt tendenziell unwichtiger wurde und die Unterbringung der Langzeitarbeitslosen in den verschiedenen Maßnahmen zum Zweck der Abwälzung ihrer Finanzierung immer bedeutsamer.

In der Gesamtschau der arbeitsmarktpolitischen Maßnahmen folgten die achtziger Jahre wie oben beschrieben eher der Logik eines *Stop and Go* (Schmid 1998: 158): nach dem Stopp in Form der graduellen leistungsrechtlichen Einschränkungen bis Mitte der achtziger Jahre und nach erfolgreicher Haushaltssanierung setzte ab Mitte der achtziger Jahre eine erhebliche leistungsrechtliche Ausweitung ein. Als Nebeneffekt der Ausweitung der Möglichkeiten aktiver und kommunaler Beschäftigungspolitik wie auch der Übergänge in den Vorruhestand fand eine breite Finanzierung von Nichtaktiven auf dem Arbeitsmarkt statt. Statt der intendierten aktiven Beschäftigungspolitik folgte ein weiterer Prozess der Stilllegung.

Trotz der angekündigten strukturpolitischen Wende in der Sozialpolitik und obgleich die Regierung auch eine Mehrheit im Bundesrat hatte, kam es zu keinem Politikwechsel. Nicht zuletzt die starke Stellung der Sozialpolitiker innerhalb der CDU (und der SPD) in den achtziger Jahren hatten daran großen Anteil (Zohlnhöfer 2001). Erst verhinderten die Sozialpolitiker innerhalb der CDU/CSU nach der Wahl 1983 eine globale Leistungskürzung, dann Ende der achtziger Jahre erfolgreich eine Kürzung der Bezugsdauer des Arbeitslosengeldes für unter 25-Jährige (Clasen 2005: 66).

Neben den Regierungs- und Oppositionsfraktionen haben jedoch auch die Arbeitgeberverbände die beispiellose Ausweitung des arbeitsmarktpolitischen Instrumentariums zunächst aktiv unterstützt. Sowohl die großen Volksparteien als auch die Sozialpartner hatten in den achtziger Jahren ein gemeinsames Interesse an einer sozialverträglichen Antwort auf die steigende Langzeitarbeitslosigkeit.

So wurden zum Beispiel die verabschiedeten Vorruhestandsregelungen von den Arbeitgebern nachdrücklich unterstützt.

Nach Auffassung der Bundesvereinigung bietet die dem Vorruhestand zugrundeliegende Konzeption eine Möglichkeit, um das aktuelle, vor allem durch die demographische Entwicklung vorübergehend verursachte Ungleichgewicht auf dem Arbeitsmarkt zu mildern und insbesondere die beruflichen Chancen der in die Beschäftigung drängenden geburtenstarken Jahrgänge zu verbessern. (BDA 1984: 56)

Ähnlich begrüßte die BDA die Ausweitung der Leistungsdauer des Arbeitslosengeldes auf 24 Monate für ältere Arbeitnehmer (BDA 1985: 49). Erst gegen Ende der achtziger Jahre gab es erste kritische Anmerkungen zu den hohen Kosten der Frühverrentung. Sowohl die erneute Ausweitung der Leistungsdauer des Arbeitslosengeldes auf 32 Monate im Jahr 1987 wie auch die Vorruhestandsregelung wurden als teuer kritisiert. »Das VRG [Vorruhestandsgesetz] hat im Großen und Ganzen nicht den hohen Erwartungen entsprochen. Immerhin wurde ein kleiner

Beitrag zur Lösung des Arbeitslosenproblems erbracht, so dass das Gesetz insgesamt nicht als Misserfolg bewertet werden kann. Der Lösungsansatz des VRG war jedoch teuer.« (BDA 1989: 60)

Zeitgleich setzte sich in der politischen Diskussion die Einsicht durch, dass die bestehende Rentenversicherung schon aus demografischen Gründen nicht nachhaltig finanzierbar sei. In der Arbeitsmarktpolitik drängten die Arbeitgeber wieder stärker auf Einsparungen in der aktiven Arbeitsmarktpolitik und auf Beitragssenkungen. Trotzdem wäre es falsch anzunehmen, dass die Beteiligten zu diesem Zeitpunkt grundsätzliche Einwände gegen den anhaltenden Trend zur Stilllegung hatten.

Kontinuität nach der Wiedervereinigung

Auch nach der Wiedervereinigung zeichnete sich zunächst nicht ab, dass die klassische Arbeitsmarktpolitik der »Wohlfahrt ohne Arbeit« an ihr Ende geraten war. Im Gegenteil, zunächst wurden alle arbeitsmarktpolitischen Institutionen Westdeutschlands auf die neuen Bundesländer übertragen. Auch in den politischen Debatten gab es zunächst keine Anzeichen dafür, dass der eingeschlagene Pfad der Stilllegung am Arbeitsmarkt verlassen werden sollte. Stattdessen wurde zunächst in Stilllegungsmaßnahmen wie aktive Arbeitsmarktpolitik und Frühverrentung investiert, um im zweiten Schritt verzweifelt den Bundeshaushalt zu konsolidieren.

Die Ergebnisse der Konsolidierungsbemühungen im Bereich des Bundeshaushalts im Rahmen des Solidarpakts[5] im Frühjahr 1993 reichten jedoch bei Weitem nicht aus, die drohende Haushaltslücke zu kompensieren. Bereits im Frühjahr 1993 hatte das Bundesfinanzministerium eine »Steinbruchliste« erstellt, die ein Einsparvolumen von 20 Milliarden DM vorsah, wovon allein 13 Milliarden im BA-Haushalt eingespart werden sollten (Zohlnhöfer 2001: 217). Bereits in den Solidarpakt-Ge-

---

5 Hier wurden die unbefristete Wiedereinführung des Solidaritätszuschlags ab 1995, Ausgabenkürzungen und der Abbau von Steuervergünstigungen sowie Maßnahmen zur Missbrauchsbekämpfung bei Leistungen der Arbeitsverwaltung verabredet (Zohlnhöfer 2001: 216).

sprächen hatte Finanzminister Theo Waigel umfangreiche Kürzungen im sozialen Bereich wie die Senkung der Sozialhilfe-Regelsätze um 3 Prozent und Kürzungen bei Arbeitslosengeld- und -hilfe vorgeschlagen. Ihr folgte im Juni 1993 eine neue Sparliste mit einem Einsparvolumen von nunmehr 27 Milliarden DM – davon allein 15 Milliarden DM bei der BA (*Handelsblatt* vom 22.06.1993: 5).

Ende Juni einigte sich die Koalitionsrunde schließlich auf die Eckpunkte des Spar-, Konsolidierungs- und Wachstumsprogramms. Es enthielt Absenkungen um drei Prozentpunkte beim Kurzarbeiter-, Schlechtwetter- und Eingliederungsgeld sowie bei der Eingliederungs- und Arbeitslosenhilfe. Das Arbeitslosengeld sollte degressiv ausgestaltet werden und quartalsabhängig von 68 Prozent beziehungsweise 63 auf 64 Prozent beziehungsweise 59 Prozent sinken (*Handelsblatt* vom 30.06.1993: 4). Die Bezugsdauer des Arbeitslosengeldes wurde jedoch entgegen früherer Überlegungen nicht angetastet. Die Bezugsdauer der Arbeitslosenhilfe dagegen sollte auf zwei Jahre begrenzt, die Ausgaben für ABM um 1,3 Milliarden DM gesenkt, das Schlechtwettergeld 1994 gestrichen und die originäre Arbeitslosenhilfe sollte ebenfalls sofort abgeschafft werden. Zudem sollte es zu Einschnitten bei der Sozialhilfe kommen, die allerdings nicht näher beziffert wurden (Zohlnhöfer 2001: 220).

Die Fraktionen billigten die Sparpläne am 1. Juli 1993. In beiden Fraktionen gab es kritische Einwände zu den Sozialkürzungen. In der CDU-Fraktion stimmten 13 Abgeordnete des Arbeitnehmerflügels gegen das Konzept, neun weitere enthielten sich (ebd.: 222). Die weiteren Verhandlungen des Spar-, Konsolidierungs- und Wachstumsprogramms illustrieren im Detail, wie die beteiligten Sozialpartner und die Arbeitnehmerflügel der Volksparteien sich erfolgreich gegen die Kürzungspolitik wehrten.

Von den Arbeitgebervertretern im Vorstand der BA kam kaum Unterstützung für Waigels Sparprogramm. Sie wollten zwar die Vorschläge der Bundesregierung »generell mittragen«. Allerdings müsse klar sein, »dass man die Arbeitslosigkeit nicht wegsparen kann« – sagte Reinhard Ebert, Vorstandsmitglied der Bundesvereinigung der Deutschen Arbeitgeberverbände (BDA) und Arbeitsmarktexperte. Er wandte sich gegen eine »nur von der Not leerer Kassen diktierte[n] Politik« (*Handelsblatt* vom 22.06.1993: 5). Stattdessen forderte er eine Stärkung der Arbeitslosenversicherung durch die Steuerfinanzierung von Maßnahmen der Arbeitsbeschaffung und die Rücknahme der Verlängerung des Anspruchs auf Arbeitslosengeld (ebd.).

Die stellvertretende Vorsitzende des Deutschen Gewerkschaftsbundes (DGB), Ursula Engelen-Kefer, wandte sich dagegen strikt gegen die Kürzungspläne und forderte stattdessen eine Ergänzungsabgabe auf die Einkommenssteuer für Besserverdienende sowie eine Arbeitsmarktabgabe für Selbstständige, Beamte und Politiker (ebd.). Bemerkenswerter waren jedoch die kritischen Stimmen aus der Koalition. So forderte Klaus Kinkel, FDP-Vorsitzender und Außenminister, dass die Sparmaßnahmen in ihrer Gesamtheit ausgewogen sein müssten. Der haushaltspolitische Sprecher der FDP, Wolfgang Wenig, rügte, es fehlten noch Vorschläge, die für mehr soziale Ausgewogenheit und damit bessere öffentliche Akzeptanz sorgen könnten (*Handelsblatt* vom 29.06.1993: 4).

Am 11. August 1993 beschloss das Kabinett die Gesetzesentwürfe zum Spar-, Konsolidierungs- und Wachstumsprogramm (SKWPG), deren Sparvolumen nun mit 22,6 Milliarden DM angegeben wurde. Insgesamt wurde das Paket in drei Gesetzentwürfe aufgeteilt. Der erste Entwurf – das erste SKWPG – enthielt im Wesentlichen die Absenkungen der Lohnersatzleistungen, die Streichung der originären Arbeitslosenhilfe und die Begrenzung der Bezugsdauer von Arbeitslosenhilfe auf zwei Jahre (Zohlnhöfer 2001: 225). Zur Flankierung dieser substantiellen Veränderungen des Leistungsrechts sollte daher die Zusammenarbeit zwischen Arbeitsämtern und Sozialämtern gestärkt werden (Bundesregierung 1993: 22). Das erste SKWPG enthielt somit die nichtzustimmungspflichtigen Kürzungen (Zohlnhöfer 2001: 222). Inhaltlich unterschieden sie sich kaum von den Vorschlägen vom Juli. Im Zentrum des zweiten SKWPG, das der Zustimmung durch den Bundesrat bedurfte, stand die Kürzung der Sozialhilfe. Hier war für die Zeit zwischen dem 1.Juli 1994 und dem 30. Juni 1995 eine Nullrunde bei den Regelsätzen vorgesehen, während die Regelsätze im darauffolgenden Jahr um maximal 3 Prozent, höchstens jedoch in Höhe der voraussichtlichen Erhöhung der Nettolöhne in den alten Bundesländern steigen sollten (ebd.1: 226). Der dritte Entwurf enthielt Maßnahmen zur Bekämpfung des Missbrauchs und zur Bereinigung des Steuerrechts (ebd.: 222). Wichtig für das weitere Gesetzgebungsverfahren war die Tatsache, dass sich das Einsparvolumen des ersten SKWPG auf 22,7 Milliarden

DM belief, während das zweite SKWPG nur auf 685 Millionen DM kam. Insofern hatte die Koalition die Möglichkeit, den Großteil der Einsparungen auch ohne die SPD durchzusetzen (ebd.: 226). Am 7. September brachte die Regierungskoalition den Entwurf des ersten SKWPG in den Bundestag ein (Bundestag 1993: 1). Die erste Lesung dauerte vom 7. bis 10. September. In der folgenden öffentlichen Anhörung im Ausschuss für Arbeit und Sozialordnung formierte sich sodann eine breite Front bestehend aus Arbeitgeberverbänden, Gewerkschaften, kommunalen Spitzenverbänden, Wissenschaft und Kirche gegen den Gesetzentwurf.

Die Vertreter der Wirtschaft und der Gewerkschaften erklärten übereinstimmend, die geplanten Kürzungen des Arbeitslosengeldes und der Arbeitslosenhilfe seien ohne Übergangslösung nicht zulässig (*Handelsblatt* vom 23.09.1993: 8). Zwar hielten die Arbeitgeberverbände Kürzungen auch bei der Arbeitsmarktpolitik für notwendig, um zu einer Haushaltskonsolidierung zu kommen. Die Begrenzung der Arbeitslosenhilfe auf zwei Jahre kritisierten die Arbeitgeberverbände jedoch, weil damit die Gefahr verbunden sei, dass ältere Arbeitslose vor ihrer Pensionierung noch auf die Sozialhilfe verwiesen würden (ebd.). Die Kürzung des Arbeitslosengeldes bezeichnete der Vertreter der BDA als verfassungswidrig, da dadurch ein Eingriff in die Eigentumsgarantie von Artikel 14 Grundgesetz (GG) vorgenommen würde (Bundestag 1993: 7). Für beide Leistungen plädierten sie daher für eine »angemessene Übergangsregelung« (BDA 1993: 75). Die Gewerkschaften kritisierten erneut die soziale Schieflage der Entwürfe. Starke Kritik kam auch von den kommunalen Spitzenverbänden, die in den nächsten drei Jahren den Anstieg der Sozialhilfeausgaben auf insgesamt bis zu 15 Milliarden DM bezifferten (Bundestag 1993: 8).

Mit ihren Änderungsanträgen und dem Abschluss der Beratungen des Haushaltsausschusses am 20. Oktober 1993 entsprachen CDU/CSU und FDP daraufhin einigen Vorschlägen aus der Anhörung. So wurde beispielsweise auf eine Forderung der BA eingegangen und die degressive stufenweise Absenkung des Arbeitslosengeldes in eine einstufige Absenkung von 3 Prozent wie bei den anderen Lohnersatzleistungen verändert. Außerdem sollte für Arbeitslose, die vor dem 11. August 1993 das 55. Lebensjahr vollendet hatten, der Anspruch auf Arbeitslosenhilfe weiter unbefristet bis zum Anspruch auf Altersrente bestehen bleiben (ebd.: 9). Dabei handele es sich um ein wichtiges politisches Signal an die älteren Arbeitnehmer, dass sie nichts zu befürchten hätten. Der Bundesrat nahm in seiner Sitzung am 24. September zu den Gesetzesentwürfen Stellung. Es wurde im Wesentlichen die Kritik der SPD an den Gesetzesentwürfen wiederholt, allerdings schlossen sich auch eine Reihe der von der CDU regierten Bundesländer Teilen der Kritik an (Zohlnhöfer 2001: 228). Es wurden vor allem die Kürzungen der Sozialleistungen kritisiert, die insbesondere die neuen Bundesländer in besonderer Weise träfen und die zu einem Rückgang der Konsumnachfrage führen würden (ebd.). Zudem sei die Lastenverschiebungen vom Bund auf die Länder und Kommunen kein Beitrag zur Konsolidierung der öffentlichen Finanzen – so die einhellige Meinung im Bundesrat (*Handelsblatt* vom 27.09.1993: 4). Kritik an Waigels Sozialkürzungen kam unter anderem von den Unions-regierten Ländern Bayern (Edmund Stoiber) und Thüringen (Bernhard Vogel) (ebd.).

Der Bundesrat behandelte die Spargesetze am 26. November und rief mit großer Mehrheit den Vermittlungsausschuss an. Das heißt, nicht nur die SPD-Länder lehnten die Gesetze ab, sondern auch die unionsregierten neuen Bundesländer (Zohlnhöfer 2001: 231). Letztere forderten vor allem, die Verlagerung von BA-Aufgaben auf die Kommunen zu verhindern und deshalb insbesondere die zeitliche Begrenzung der Arbeitslosenhilfe fallen zu lassen (ebd.: 232).

Die Bundesregierung signalisierte daraufhin Gesprächsbereitschaft. In der ersten Verhandlungsrunde schlug die SPD Abstriche am Sparpaket in der Größenordnung von 3 bis 4 Milliarden DM vor, die vor allem die Kürzungen beim Arbeitslosengeld, der Arbeitslosenhilfe und der Sozialhilfe betrafen. Erwartungsgemäß scheiterte daran die erste Verhandlungsrunde. Auch der Vorschlag der Koalitionsarbeitsgruppe an die SPD, die Arbeitslosenhilfe nicht auf zwei, sondern auf drei Jahre zu befristen, brachte keinen Durchbruch, da die SPD-geführten Länder die Zustimmung verweigerten (ebd.: 233).

Die Einigung in der dritten Vermittlungsrunde kam für die meisten Beobachter daher umso überraschender. So einigten sich beide Seiten auf vier substantielle Veränderungen an den Spargesetzen.

– Erstens verzichtete die Regierung darauf, den Bezug von Arbeitslosenhilfe zu befristen.

- Zweitens sollte die originäre Arbeitslosenhilfe nicht entfallen, sondern lediglich auf ein Jahr beschränkt werden.
- Drittens sollte es keine Nullrunde bei der Sozialhilfe geben. Stattdessen sollte sich die Erhöhung der Sozialhilfe an der Entwicklung der Nettolöhne orientieren, jedoch maximal um 2 Prozent steigen.
- Und viertens wurde die geplante Verpflichtung der Gemeinden, Arbeitsplätze für Sozialhilfeempfänger zur Verfügung zu stellen, von einer Muss- in eine Soll-Bestimmung umgewandelt (ebd.: 233).

Während des Wahlkampfes im Sommer 1994 begann die Kürzungsdebatte um die Arbeitslosen -und Sozialhilfe erneut. Die Bundesregierung beschloss am 15. Juli im Kabinett abermals die Befristung der Arbeitslosenhilfe auf zwei Jahre ab 1. April des folgenden Jahres sowie die Abschaffung der originären Arbeitslosenhilfe. Sie argumentierte, dass nach Berechnungen des Bundesfinanzministeriums davon nur 300.000 Personen betroffen seien. Jedoch plante sie auch wieder Ausnahmen von der Befristung wie zum Beispiel bei älteren Arbeitnehmern ab 55 Jahren.

Die Folgen der geplanten Befristung der Arbeitslosenhilfe für die finanzielle Situation der Kommunen rückten nun zunehmend ins Zentrum der Debatte. Die SPD warf der Bundesregierung vor, mit der geplanten Regelung einen Verschiebebahnhof einzurichten (*taz* vom 15.07.1994: 4). Die Bundesregierung räumte ein, dass die Kommunen im darauffolgenden Jahr 1995 mit etwa 3 und von 1996 an mit etwa 4 Milliarden DM jährlich belastet würden. Das Bundesfinanzministerium rechtfertigte die Befristung allerdings damit, dass andernfalls die zunehmende Langzeitarbeitslosigkeit nicht finanziert werden könne (*Süddeutsche Zeitung* vom 15. Juli 1994: 1). »Es [geht] nicht an, dass Länder und Kommunen die Bonner Kassenlöcher stopfen«, so der niedersächsische Ministerpräsident Gerhard Schröder (*taz* vom 16.07.1994: 1). Unterstützung erhielt Schröder in dieser Einschätzung von zwei Ministerpräsidenten der Union. Mecklenburg-Vorpommerns Ministerpräsident Bernd Seite sagte, derartige Pläne würden nicht mitgetragen. Bernhard Vogel, Ministerpräsident von Thüringen, erklärte, für ältere Arbeitnehmer sei es nicht zumutbar, künftig Sozialhilfe in Anspruch zu nehmen. Vor drastischen Mehrbelastungen warnte auch der deutsche Städtetag (ebd.).

Die Kommunen machten deutlich, dass sie bereits unter den Folgen der Begrenzung der originären Arbeitslosenhilfe erheblich finanziell zu leiden hätten. Der Sozialreferent von München, Friedrich Graffe, betonte, dass seit Inkrafttreten dieser Regelung am 1. April insgesamt 1.200 Münchner ihren Anspruch auf originäre Arbeitslosenhilfe verloren hätten. Im gleichen Monat stieg die Zahl der Sozialhilfeempfänger um 1.400 auf 36.552 an (*Süddeutsche Zeitung* vom 2.08.1994: 1). Der Deutsche Landkreistag prüfte wegen der Verlagerung von Arbeitslosenhilfeempfängern sogar eine Verfassungsklage gegen den Bund (*Süddeutsche Zeitung* vom 17.08.1994: 1).

Wie wir gezeigt haben, basierte die Stilllegung der Arbeitsmärkte seit den siebziger Jahren auf einem breiten Konsens unter Politikern und Sozialpartnern. Als Reaktion auf den Schock der Ölkrise in den frühen siebziger Jahren und im Kontext der damaligen Vollbeschäftigung lag es nahe, den von Arbeitslosigkeit bedrohten Arbeitnehmern Wege zum Ausstieg aus dem Arbeitsmarkt zu ebnen. Doch diese Instrumente, die für kleine Gruppen von Arbeitern in der Schwerindustrie gedacht waren, weiteten sich im Laufe der Zeit auf alle Beschäftigten aus und wurden immer kostspieliger. Auch die Wiedervereinigung bedeutete vorerst kein Ende dieser Praxis. Im Gegenteil: In den ersten Jahren nach der Wiedervereinigung suchte man ständig nach neuen Wegen, wie selbst unter größtem finanziellem Druck die Stilllegungspolitik aufrecht erhalten werden konnte.

Kapitel 4
Der Beginn der Reformdebatte

Spätestens ab Mitte der neunziger Jahre waren die Grenzen der Stilllegungspolitik durch die Finanzierung der Einheit über die Sozialkassen unter Beibehaltung der etablierten westdeutschen Arbeitsmarktpolitik unübersehbar. Die Beschäftigungs- und Frühverrentungsprogramme, deren fiskalische und ökonomische Probleme eigentlich längst bekannt waren, waren nochmals auf den ostdeutschen Arbeitsmarkt ausgeweitet worden, um die sozialen Auswirkungen der raschen Wirtschafts- und Währungsunion abzufedern.

Ab Mitte der neunziger Jahre wurden somit erstmals – wenn auch sehr zaghaft – strukturelle Änderungen der Arbeitsmarktpolitik diskutiert. Diese Strukturelemente standen jedoch weniger unter dem Motto der Aktivierung von Arbeitslosen oder der Eindämmung der Verschiebungen, sondern dienten in erster Linie der Stärkung des Versicherungsgedankens in der Arbeitslosenversicherung.

Alle weitergehenden Reformdiskussionen Mitte der neunziger Jahren wurden massiv durch drei Faktoren behindert: Erstens hatte die SPD ab 1991 die Mehrheit im Bundesrat und konnte Reforminitiativen der Bundesregierung verhindern. Informell sah zudem der Konsens mit der SPD zu den Solidarpakt-Gesprächen vor, keine sozialen Regelleistungen zu kürzen (Zohlnhöfer 2001: 214). Zweitens waren die ostdeutschen CDU-Ministerpräsidenten nicht bereit, Einschnitten zuzustimmen, die ihre Bundesländer belasten würden und drittens waren die Reformen auch in den eigenen Reihen zwischen dem Arbeitnehmerflügel und den Wirtschaftsvertretern stark umstritten. Daher wurden alle Vorstöße der Bundesregierung in den parlamentarischen Beratungen weitgehend zurückgedrängt und verwässert. Gerade diese Untätigkeit im Bereich der Arbeitslosenversicherung führte im Laufe der Zeit zu einer immer stärkeren Kostenverschiebung auf die kommunale Ebene, die besonders die westdeutschen Länder hart traf.

Ein ungleich wichtigerer, nicht-intendierter Nebeneffekt der verabschiedeten Maßnahmen der neunziger Jahre, der sich in der Folge noch weiter verstärken sollte, war nämlich der (neu) aufkommende Verschiebebahnhof zwischen Arbeitsämtern und Bund auf der einen und Sozialämtern und Kommunen auf der anderen Seite: Die Kommunen bauten als Folge der Reformgesetze in dieser Zeit ihre Arbeitsmaßnamen (»Hilfe zur Arbeit«) massiv aus, um Sozialhilfeempfänger zu Arbeitslosengeldempfängern zu machen. Der Bund wiederum kürzte die Leistungen und schob somit die Kosten den Kommunen zu. Insofern sprach Norbert Blüm in dieser Zeit auch von einer vermehrten Zusammenarbeit von Arbeitsämtern und Sozialämtern, die es zu verbessern gelte.

Der Schock der deutschen Einheit

Welche Rolle spielt die deutsche Einheit für den Reformdruck in der Arbeitsmarktpolitik? Die deutsche Einheit war der Stresstest für die deutschen Sozialsysteme. Die arbeitsmarkt- und finanzpolitischen Folgen der Wiedervereinigung vergrößerten die Löcher der verschiedenen öffentlichen Haushalte und überforderten die bestehende Stilllegungspolitik derart, dass die Probleme der deutschen Arbeitsmarktpolitik nun für alle sichtbar wurden.

Man kann darüber spekulieren, ob die Stilllegungspolitik am deutschen Arbeitsmarkt ohne die deutsche Einheit und die daraus entstehenden Probleme weiter fortgeführt worden wäre. Zweifellos wäre ohne sie der Druck auf die Politik geringer und die Möglichkeiten größer gewesen, eine Strukturreform weiter zu verzögern. Langfristig jedoch wäre auch Westdeutschland alleine an die Grenzen der bestehenden Arbeitsmarktpolitik gestoßen und hätte ähnliche Wege gehen müssen. Die Folgen der stetig steigenden Langzeitarbeitslosigkeit für die Haushalte von Bund, Ländern und Kommunen hätten die Bundesregierung auch ohne den Einheitseffekt zum Handeln gezwungen.

Zweifellos hat aber die deutsche Einheit viele Veränderungen in einem Maße beschleunigt, das weder von der Wissenschaft, noch der

Politik oder den Medien in allen Dimensionen verstanden wurde. Dies ist deshalb umso bemerkenswerter, da vielen damals politisch Handelnden durchaus bewusst war, dass die Wiedervereinigung den Handlungskontext insbesondere in der Sozialpolitik dramatisch verändern sollte. Die für dringend notwendig erachtete politische Kontinuität nach der Wiedervereinigung ebenso wie die zunächst vollkommen unklaren Effekte einzelner Maßnahmen führten zunächst zu einer Vertagung des Themas Strukturreform am Arbeitsmarkt. Ab Mitte der neunziger Jahre entfaltete sich die Reformdynamik dann umso heftiger.

Die Probleme auf dem gesamtdeutschen Arbeitsmarkt vervielfachten sich durch den Kollaps der ostdeutschen Industrie. Auch die westdeutschen Unternehmen und damit indirekt die Arbeitsmärkte in Westdeutschland gerieten durch die tiefe Rezession der frühen neunziger Jahre massiv unter Druck. Die Kosten des Zusammenbruchs der ostdeutschen Industrie und der rasch steigenden Arbeitslosigkeit in beiden Teilen Deutschlands wurden zu fast gleichen Teilen aufgeteilt auf den Bundeshaushalt, der sich massiv verschuldete, den Steuerzahler, dessen Steuerbelastung sich durch den Solidaritätszuschlag deutlich erhöhte und die sozialen Sicherungssysteme über eine drastische Erhöhung der Beiträge zur Arbeitslosenversicherung. Ab Mitte der neunziger Jahre verstärkten die rapide wachsenden Defizite der öffentlichen Haushalte wie auch der Sozialkassen das weiter nachlassende Wirtschaftswachstum und die weiter steigende Arbeitslosigkeit den Handlungsbedarf.

Ursache dafür waren das im Vergleich zu Westdeutschland niedrige ökonomische Leistungsniveau der DDR-Wirtschaft und der Zusammenbruch der ostdeutschen Wirtschaft nach dem Mauerfall 1989. Allein durch die Wirtschafts-, Währungs- und Sozialunion von West- und Ostdeutschland sank das Bruttosozialprodukt der Bundesrepublik pro Kopf von 20.000 auf 17.700 DM. In der europäischen Wohlstandsskala fiel Deutschland vom zweiten auf den sechsten Platz zurück (Czada 1995: 5). Innerhalb von nur vier Jahren (1989–1993) sank die Zahl der Arbeitnehmer in Ostdeutschland um 36 Prozent. In absoluten Zahlen ausgedrückt waren 3,5 Millionen Menschen nicht mehr in Beschäftigung. Von den 9,8 Millionen Arbeitnehmern in der ehemaligen DDR verloren 7,3 Millionen ihre Arbeitsstelle und wurden zumindest vorübergehend arbeitslos. Das waren mehr als zwei Drittel aller Beschäftigten (Funken 1996).

Nur ein Viertel der DDR-Arbeitnehmer blieb nach der Wende in ihrem Beschäftigungsverhältnis. Besonders hart getroffen war die Landwirtschaft, die in der DDR im Unterschied zu Westdeutschland noch ein bedeutender Beschäftigungssektor war. Aber auch in der verarbeitenden Industrie gingen die Hälfte aller Arbeitsplätze verloren. Im eher unterentwickelten Bereich der privaten und öffentlichen Dienstleistungen verlor fast die Hälfte der Arbeitnehmer ihre Stelle. Bereits 1991 betrug die Arbeitslosigkeit in Ostdeutschland 10,2 Prozent und stieg bis 1998 auf 19,2 Prozent an. In Westdeutschland stieg die Arbeitslosigkeit im gleichen Zeitraum von 6,2 auf 10,2 Prozent. In absoluten Zahlen ist dieser Anstieg noch deutlicher zu erkennen. 1991 lag die Arbeitslosenzahl für Gesamtdeutschland bei 2,6 Millionen, 1995 bereits bei 3,6 Millionen und bis 2005 erreichte sie ein Rekordhoch von 4,8 Millionen Arbeitslosen (vergleiche Bundesministerium für Arbeit und Soziales 2006: Tab. 2.10). Als Folge der ungleichen Produktivitätsniveaus in Ost und West mussten nach Berechnung von Jens Alber nahezu 80 Prozent aller ostdeutschen Firmen Konkurs anmelden mit der Folge einer bis heute mehr als doppelt so hohen Arbeitslosigkeit im Vergleich zu Westdeutschland (zitiert nach Clasen 2005: 43).

Die Beschäftigungskrise in Ostdeutschland wurde mit den gleichen Mitteln bekämpft wie zuvor die Effekte der Ölkrise auf den westdeutschen Arbeitsmarkt in den siebziger und achtziger Jahren. Insbesondere die aktive Arbeitsmarktpolitik, Arbeitsbeschaffungsmaßnahmen und der Vorruhestand wurden ausgebaut. Für eine Übergangszeit galten einige Sonderregelungen, insbesondere erweiterte Regelungen zum Kurzarbeitergeld, großzügigere Vorruhestands-, ABM- sowie Fortbildungs- und Umschulungsregelungen (Oschmiansky 2009).

Der Umfang der Maßnahmen aktiver Arbeitsmarktpolitik in Ostdeutschland war immens. In den ersten Jahren nach der Wiedervereinigung war er nahezu ebenso groß wie die Zahl der registrierten Arbeitslosen: über 2,45 Millionen genehmigte Maßnahmen standen im Jahr 1991 2,6 Millionen Arbeitslosen gegenüber. 1992 waren es 2,5 Millionen Maßnahmen im Vergleich zu 2,9 Millionen Arbeitslosen (entnommen aus Schmid 1998: 160). Die Ausgaben für aktive Arbeitsmarktpolitik stiegen im gleichen Zeitraum von 17,1 Milliarden DM im Jahr 1989 auf 38,2 Milliarden DM im Jahr 1991 und übertrafen damit sogar die Ausgaben für die passive Arbeitsmarktpolitik, die im gleichen Jahr bei 34,3

Milliarden DM lagen (ebd.: 159). Illustriert wird diese immense Ausweitung arbeitsmarktpolitischer Maßnahmen dadurch, dass zwischen November 1989 und November 1994 mehr als die Hälfte (57 Prozent) aller Ostdeutschen (zum Teil mehrfach) an arbeitsmarktpolitischen Maßnahmen teilnahm (zitiert nach ebd.: 163).

Die hohe Zahl arbeitsmarktpolitischer Maßnahmen führte zu einer ganzen Reihe von Problemen. Bei nahezu drei Millionen Teilnehmern im Jahr 1991 konnte weder eine wirkliche Zielgruppenorientierung erfolgen, noch konnten die Anbieter beruflicher Bildungsmaßnahmen genügend kontrolliert werden. Auch wussten die meisten Beteiligten, dass die Qualität der Maßnahme relativ unerheblich war. »Instrumente wie *Kurzarbeit Null*[1] hatten im Grunde keine positive arbeitsmarktpolitische Funktion, sondern dienten der statistischen Verringerung der Arbeitslosenzahl und der sozialpolitischen Abfederung« (Oschmiansky 2009). Andere Maßnahmen, wie die Förderung von Fortbildungen und Umschulungen hatten zum Ziel, auch strukturwirksam zur Verbesserung der Wirtschaftsentwicklung beizutragen. Dies war etwa der Fall bei den Strukturanpassungsmaßnahmen (SAM). Es wurde nach Wegen gesucht, wie man passive Leistungen in Formen der aktiven Beschäftigungsförderung umwandeln könnte. 1993 wurde mit der *Produktiven Arbeitsförderung Ost* eine Mischung aus ABM und Lohnkostenzuschuss geschaffen.

Grundgedanke war, statt Arbeitslosigkeit gesellschaftlich notwendige Arbeit in den Bereichen Umwelt, soziale Dienste und Jugendhilfe kostenneutral zu finanzieren. Das Instrument war zunächst auf Ostdeutschland begrenzt, wurde später aber in ähnlicher Form auf Westdeutschland ausgeweitet. Es waren mit ihm zunächst große Hoffnungen verbunden, und es wurde bis 1999 offensiv angewandt (mit über 270 000 Zugängen im Rekordjahr 1998). Umbenannt in ›Strukturanpassungsmaßnahmen‹ (SAM) wurde es allerdings rasch zu einem Nischeninstrument (Zugänge 2003: 38 000), das zu Beginn des Jahres 2004 in den reformierten ABM aufging. (ebd.)

---

1 Bei Kurzarbeit arbeiten Arbeitnehmer über einen gewissen Zeitraum hinweg weniger. Der dadurch entstehende Verdienstausfall wird durch Kurzarbeitergeld der BA in gewisser Höhe ausgeglichen. Bei *Kurzarbeit Null* wird die Arbeitszeit auf null reduziert.

Die Sonderregelungen für Ostdeutschland waren befristet und liefen nach einigen Jahren aus. In der Folge gab es bereits erste Einschränkungen wie zum Beispiel beim Unterhaltsgeld bei beruflicher Weiterbildung, das 1994 auf die Höhe des Arbeitslosengeldes abgesenkt und in eine Ermessensleistung in Abhängigkeit von der Haushaltslage umgewandelt wurde (ebd.).

Auch die Praxis der Frühverrentung wurde zur Abfederung des Übergangs genutzt. So wurde mit dem Einigungsvertrag durch Paragraph 249 e AFG eine Regelung über ein Altersübergangsgeld für Arbeitnehmer im Gebiet der ehemaligen DDR eingeführt, die das dortige ehemalige Vorruhestandsgeld ablöste (BDA 1990: 82). Dazu heißt es im Jahresbericht der BDA: »Die Herabsetzung der Altersgrenze entspricht einer Anregung des Präsidenten der Bundesvereinigung, Dr. Klaus Murmann, an den Bundesarbeitsminister.« (BDA 1991: 70) Die Altersgrenze für die Inanspruchnahme dieser Leistung wurde zudem von 57 Jahren auf 55 Jahre herabgesetzt. Während 1972 nur 13.698 Männer und Frauen nach Arbeitslosigkeit in Rente gingen, waren es 1990 bereits 57.562. Bis 1995 hatte sich diese Zahl dann bereits mehr als verdoppelt und lag bei 125.028 Zugängen zur Rente nach Arbeitslosigkeit (Deutsche Rentenversicherung 2008).

Die Dimension der Transformation der ostdeutschen Wirtschaft nach 1989 kann daher kaum unterschätzt werden. Da die Bürger der DDR gleichzeitig mit dem Mauerfall eine Wohlstandserwartung verbanden, die der Westdeutschen ähnlich war, hatte dies enorme politische Konsequenzen. Nicht nur, dass die wohlfahrtsstaatlichen Institutionen und Regulierungen nahezu komplett auf die neuen Bundesländer übertragen wurden. Gleichzeitig versprach der Staat auch, für alle Kosten der deutschen Einheit aufzukommen.

Die finanzpolitischen Folgen waren beträchtlich. Der damalige Bundesbankpräsident Karl-Otto Pöhl bezeichnete in einem Vortrag bei einer Sitzung des Wirtschafts- und Währungsausschusses des Europaparlamentes am 19.03.1990 in Brüssel die finanzpolitischen Folgen der Wirtschafts-, Währungs- und Sozialunion als drohende Katastrophe.[2] In der Tat machten die West-Ost-Transferleistungen öffentlicher Haus-

---

2 Und musste im Anschluss in der Auseinandersetzung mit Bundeskanzler Kohl über die Finanzierung der deutschen Einheit seinen Hut nehmen (Czada 1995: 9).

halte und Sozialversicherungen etwa 10 Prozent des westdeutschen Bruttosozialprodukts aus (Czada 1995).[3] Um diesen Betrag stemmen zu können, wählte die Bundesregierung eine Mischung aus Abgabenerhöhung und Verschuldung. Die Verschuldung der öffentlichen Hand verdoppelte sich zwischen 1989 und 1995 von 916 Milliarden DM auf 2.100 Milliarden DM. Dafür wurden neben Sonderhaushalten – ERP[4], Fonds Deutsche Einheit, Kreditabwicklungsfonds, Treuhandanstalt und ostdeutsche Wohnungswirtschaft – auch Bund, Länder und Gemeinden in die Schuldenaufnahme getrieben. Auf allen Ebenen der Gebietskörperschaften stieg die Verschuldung an (ebd.). Durch die wachsende Arbeitslosigkeit stieg das Sozialbudget zwischen 1991 und 1995 von 27,8 auf 30,4 Prozent des BIP[5] und die Sozialversicherungsbeiträge von 35,5 auf knapp 40 Prozent (Streeck/ Trampusch 2005: 177; siehe auch Abbildung 8). Die Zuschüsse aus dem Bundeshaushalt an die Sozialkassen, die im Jahr 1990 rund 24 Milliarden Euro betrugen, hatten sich bis 1995 mit 51 Milliarden Euro mehr als verdoppelt (Streeck/Trampusch 2005: 178). Damit war erstmals seit 1960 der steuerfinanzierte Anteil an den Sozialleistungen, der bis 1990 kontinuierlich gesunken war, wieder angestiegen und zwar von 31,6 auf 34,3 Prozent zwischen 1990 und 1995 (Hassel 2005).

Die Krisenstimmung auf dem Arbeitsmarkt schlug sich unmittelbar in den öffentlichen Haushaltsberatungen nieder. Mit der schweren wirtschaftlichen Rezession der Jahre 1992/1993 und dem starken Anstieg der Arbeitslosigkeit auf 3,4 Millionen – erstmals nach 1983 nun auch in Westdeutschland – wurde der Weg der Ausweitung arbeitsmarktpolitischer Maßnahmen zusehend mehr verstellt. Der Bund musste im Haushaltsjahr 1993 ein Defizit der BA in Höhe von 24,4 Milliarden DM ausgleichen (Trampusch 2002: 19) gegenüber einem Vorjahres-Bundeszuschuss von 8,9 Milliarden DM (Trampusch 2002: 51) (siehe Abbildung 9). Die gesamten Ausgaben der BA stiegen im gleichen Zeitraum von 93,5 (1992) auf 109,5 Milliarden DM (1993) (ebd.: 58).

---

3 Siehe für einen guten Überblick über die Finanzierung der deutschen Einheit Czada (1995). Die Details der Übertragung der sozial- und arbeitsmarktpolitischen Institutionen von West- auf Ostdeutschland finden sich in Ritter (2006).

4 Sondervermögen aus dem European Recovery Program (ERP).

5 http://www.bda-online.de/www/bdaonline.nsf/id/21F3F9C9E399725EC1256 DEA0058E84B/$file/Sozialleistungsquote_082005.pdf (Oktober 2005).

Abbildung 8: Entwicklung der Lohnnebenkosten 1950–2004

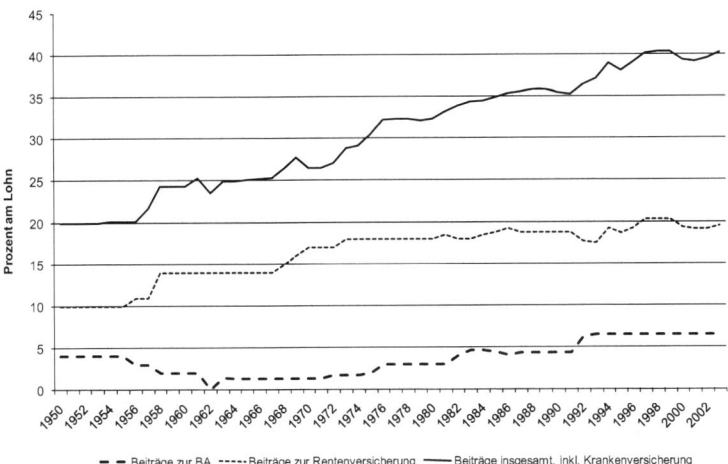

Quelle: Trampusch (2003) und Streeck/Trampusch (2005), eigene Darstellung.

Abbildung 9: Haushalt der BA, 1970–2006

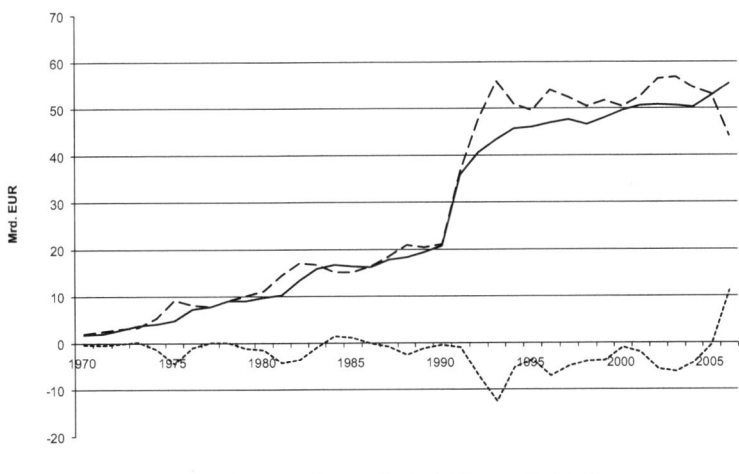

Quelle: Sachverständigenrat zur Begutachtung der Gesamtwirtschaftlichen Entwicklung, http://www.sachverstaendigenrat-wirtschaft.de/timerow/tabdeu.php, 13.5.2008, eigene Darstellung.

Diese Ausgaben wurden im Wesentlichen über die Erhöhung der Beitragssätze finanziert. Sie stiegen von 4,3 (1990) auf 6,8 (1991) an und fielen dann wieder leicht auf 6,3 (1992) beziehungsweise 6,5 Prozent (1993) ab. Der Rest entfiel auf Bundeszuschüsse, die 1993 trotz gleichzeitiger Leistungskürzungen auf nahezu 25 Milliarden DM anstiegen (Czada 1995).

Damit hatte die BA unter den Sozialversicherungsträgern den weitaus höchsten Nettotransfer aufzuweisen, wie das Institut für Arbeitsmarkt- und Berufsforschung in Nürnberg in einem Kurzbericht bereits 1993 feststellte (Kühl 1993). Die BA war nach dem Bund »der bedeutendste Finanzier der Einheit, weit vor dem *Fonds Deutsche Einheit*, den alten Bundesländern und der Europäischen Gemeinschaft.« (Czada 1995: 16). Nach Einschätzung von Roland Czada war das vor allem dem Potential der BA als finanzpolitisches Ausgleichsventil geschuldet:

Im Bereich der Sozialversicherungsträger, insbesondere der Bundesanstalt für Arbeit, findet sich ein enormes Ausgleichsvolumen zwischen den Gebietskörperschaften – mehr als 50 Mrd. DM Umverteilung zwischen den Bundesländern pro Jahr – bei minimaler Politisierung! Eine solche Minimierung politischer Konflikte kann nicht einmal durch Schuldenfinanzierung erreicht werden, die immerhin von der Opposition und vom Bund der Steuerzahler bisweilen harsch kritisiert wurde (ebd.: 18).

Um diesen Beitrag zur deutschen Einheit über die BA zu erreichen, erwirkte der Gesetzgeber in der zehnten AFG-Novelle eine Schwächung der Selbstverwaltung der BA. Die Novelle ermöglichte der Bundesregierung, den BA-Haushalt auch ohne die Zustimmung der Selbstverwaltung durchzusetzen. Davon machte der Bund 1993 auch gleich Gebrauch (Heinelt/Weck 1998: 45). Zudem musste die Bundesregierung bereits im März 1993 einräumen, dass die Nettokreditaufnahme um ein Vielfaches höher ausfallen würde als ursprünglich angenommen. Der entsprechende Nachtragshaushalt stieg von geplanten 24,6 auf 67,6 Milliarden DM (Zohlnhöfer 2001: 216). Die Steuerschätzung sagte zudem im Mai zusätzliche Einnahmeausfälle in Höhe von 12 Milliarden DM gegenüber dem März voraus. Die Ergebnisse der Konsolidierungsbemühungen im Bereich des Bundeshaushalts im Rahmen des Solidarpakts im Frühjahr 1993 reichten bei Weitem nicht aus, die drohende Haushaltslücke zu kompensieren.

Die zentrale Rolle der BA in der Finanzierung der deutschen Einheit verdeutlicht die Sonderrolle der Arbeitsmarktpolitik im Einigungsprozess: Auf der einen Seite schlugen sich die Hauptprobleme der Wiedervereinigung auf dem Arbeitsmarkt nieder. Hohe Arbeitslosigkeit, die Abwicklung der Treuhandbetriebe und zunächst geringes Wachstum führten zu einer hohen Nachfrage an arbeitsmarktpolitischen Transferleistungen in der Form von Arbeitslosengeld, Umschulungen, ABM und Kurzarbeitergeld. Gleichzeitig bot sich auch auf der Finanzierungsseite die BA als finanzieller Ausgleichsmechanismus sowohl zwischen Ost und West als auch zwischen Bundeshaushalt und Sozialversicherungshaushalt an. Mit anderen Worten: ein großer Teil der gewaltigen ökonomischen Transformation resultierend aus der deutschen Einheit samt ihren finanziellen Folgewirkungen bündelte sich in der Arbeitsmarktpolitik und der BA.

Erste Schritte in Richtung Strukturreform

Im Januar 1995 kündigte Bundesarbeitsminister Blüm eine Reform des AFG an. Kernpunkte sollten die Dezentralisierung der Arbeitsverwaltung, die Modernisierung der Arbeitsvermittlung und die Verbesserung der Eingliederung von schwer vermittelbaren Personengruppen, das heißt vor allem von Langzeitarbeitslosen sein. Bei der Frühverrentung distanzierte sich der Minister von früheren Vorstellungen und warnte die Unternehmer davor, Personalprobleme durch Frühverrentung lösen zu wollen: »Hier wird die wertvolle Erfahrung der Menschen verschleudert«, beklagte er, und »schließlich hält das kein Sozialsystem mehr aus« (Handelsblatt vom 25.01.1995).

Durch die wirtschaftliche Erholung im Jahr 1994 mit einem Wirtschaftswachstum von 2,9 Prozent gegenüber dem Rezessionsjahr 1993 (-1,1 Prozent) (Homeyer 1998: 334), blieb die Nettoneuverschuldung des Bundes im Haushaltsjahr 1994 mit 50 Milliarden DM deutlich unter dem geplanten Budgetansatz (*Börsen-Zeitung* vom 14.1.1995: 1). Wenngleich der Bundeszuschuss erheblich gesenkt werden konnte, nämlich um ganze 7 Milliarden DM, waren andererseits bei der Arbeitslosenhilfe

5 Milliarden DM mehr Aufwendungen als ursprünglich veranschlagt notwendig (ebd.).

Während anfangs die Debatten über die Reform der Sozialhilfe und des AFG überwiegend getrennt voneinander verliefen – zumal für erstere Gesundheitsminister Horst Seehofer und für letztere Arbeitsminister Norbert Blüm zuständig waren –, wurden beide Reformvorhaben im Verlauf des Jahres 1995 immer stärker als Paket diskutiert, auch wegen ihrer immensen Bedeutung für die kommunale Finanzsituation.

Seehofers Reform der Sozialhilfe war ursprünglich zwischen Regierung und Opposition kaum umstritten. Im Gegenteil: Ende 1994 hatte der SPD-Sozialexperte Rudolf Dreßler gefordert, dass die Sozialhilfesätze nicht stärker steigen sollten als die Nettolöhne – ganz im Sinne des früheren Kompromisses bei den Solidarpakt-Gesprächen. In den letzten Jahren seien die Sozialhilfesätze erheblich stärker gestiegen als die Nettoeinkommen. »Wir brauchen eine Balance zwischen Empfängern und Zahlern«, sagte Dreßler (*Handelsblatt* vom 12.12.1994: 4). Auch das Echo der Gewerkschaften war verhalten positiv.

Begrüßt wurde die Absicht Seehofers, die Wiedereingliederung von Sozialhilfeempfängern in den Arbeitsmarkt durch befristete Lohnkosten- und Einarbeitungszuschüsse an die Arbeitgeber durch Zeitarbeit, berufliche Qualifizierung und die Teilnahme an Arbeitsförderungsmaßnahmen zu erleichtern. Allerdings forderte die stellvertretende DGB-Vorsitzende Engelen-Kefer, der Bund müsse sich an der Finanzierung beteiligen. Die Kürzung der Sozialhilfe um 25 Prozent bei Ablehnung von Arbeitsangeboten sei akzeptabel, jedoch nur, wenn es sich um zusätzliche Arbeiten zu Tarifbedingungen handele und die Zumutbarkeit nach den Kriterien des AFG geprüft werde (*Handelsblatt* vom 10.04.1995: 6). Das gelte auch für den von Seehofer geplanten Lohnabstand zwischen den unteren Lohngruppen und der Sozialhilfe.

Auch die SPD hatte beim föderalen Konsolidierungsprogramm der Länder für einen festen Abstand zwischen Lohn und Sozialhilfe plädiert (*Spiegel* vom 10.04.1995: 35). Deutlich kritischer fiel hingegen Ursula Engelen-Kefers Urteil zur geplanten Begrenzung der Bezugsdauer von Arbeitslosenhilfe aus: »Eine solche Maßnahme läuft aber wieder auf eine Kostenverlagerung von der Bundesanstalt für Arbeit auf die Sozialhilfeträger hinaus. Genau der Verschiebebahnhof zwischen Arbeitslosenversicherung und Kommunen muss aber beendet werden, soll Seehofers Konzept greifen.« (*Handelsblatt* vom 10.04.1995: 6) Im weiteren Verlauf versuchte die SPD, die Debatten um die Reform des Sozialhilferechts und um das AFG zusammenzuführen. Die Regierung hatte ursprünglich geplant, die verschiedenen Sparmaßnahmen einzeln und nacheinander zu behandeln, um so ein möglichst hohes Gesamteinsparvolumen zu erzielen. Ende März 2003 schlug Lafontaine daher in einem *Spiegel*-Interview »eine spürbare Entlastung der Gemeinden bei der Sozialhilfe« vor, »um deren Investitionsfähigkeit wieder herzustellen« (*Spiegel* vom 20.03.1995: 24). Die kommunalen Spitzenverbände begrüßten Lafontaines Vorschlag (*Handelsblatt* vom 19.04.1995: 4).

Mitte Mai 1995 legte der SPD-Parteivorsitzende Rudolf Scharping den Entwurf für ein neues Arbeits- und Strukturförderungsgesetz (ASFG) als Gegenentwurf zu den Plänen Blüms zur Reform des AFG vor. Es enthielt vor allem eine Ausweitung von Qualifizierungs- und Arbeitsbeschaffungsmaßnahmen: Projekte von öffentlichem Interesse und zur Strukturverbesserung sollten durch Lohn- und Sachkostenzuschüsse bis zu drei Jahre gefördert werden. Existenzgründer sollten unterstützt werden und mittelständische Betriebe Einarbeitungszuschüsse erhalten. Die innerbetriebliche Qualifizierung zur Vorbeugung gegen Arbeitslosigkeit sollte erheblich erweitert werden. Arbeitsämter sollten für jeden Arbeitslosen einen Eingliederungsplan erstellen. Zur Bekämpfung der Langzeitarbeitslosigkeit war eine Erweiterung der ABM vorgesehen. Nach zwei Jahren Arbeitslosigkeit sollte es zudem einen Rechtsanspruch auf eine befristete ABM geben.

Darüber hinaus sollten die 1994 in Kraft getretenen Sparmaßnahmen bei Lohnersatzleistungen und Schlechtwettergeld schrittweise zurückgenommen werden (*Handelsblatt* vom 18.05.1995). Nach SPD-Angaben würde das ASFG im ersten Jahr zu Mehrausgaben von 6,3 Milliarden DM führen, finanziert unter anderem durch Arbeitgeberumlagen. Zudem war ein neuer Regelmechanismus für den Bundeszuschuss vorgesehen. Grundsätzlich sei der Beitrag der Arbeitslosenversicherung so zu bemessen, dass der Finanzbedarf gedeckt werde. Abweichend vom Grundsatz der Beitragsfinanzierung solle der Bund jedoch bei einem Wirtschaftswachstum von weniger als 2 Prozent einen Globalzuschuss im Volumen von 0,05 Beitrags-Prozentpunkten für je 0,1 Prozentpunkte Wachstumsrückstand überweisen (ebd.). Auch Seehofers Sozialhilfe-Reformkonzept stellte die SPD eigene Reformleitlinien entgegen, die allerdings mit den vorgeschlagenen vorgelagerten Maßnahmen des eingebrachten ASFG verbunden werden sollten. Im SPD-Konzept fand sich außerdem die Forderung nach einer sozialen Grundsicherung (*Handelsblatt* vom 24.05.1995: 4). Der DGB stellte zur gleichen Zeit ein mit der SPD abgestimmtes Reformkonzept vor. Zum einen forderte Engelen-Kefer, die geplante Befristung der Arbeitslosenhilfe auf zwei Jahre fallen zu lassen. Zudem müsse die Zusammenarbeit und Abstimmung von Arbeits- und Sozialämtern verbessert werden. In einem weiteren Schritt müssten die Arbeitsämter im Auftrag des Bundes die Auszahlung der Sozialhilfe übernehmen und eine automatische Aufstockung der Arbeitslosenunterstützung auf das soziokulturelle Existenzminimum sicherstellen (*Handelsblatt* vom 31.05.1995: 6). Zugleich müssten Sozialhilfeempfänger grundsätzlich in den Genuss der arbeitsmarktpolitischen Maßnahmen kommen. Längerfristig müsse ein sozialpolitisches Reformkonzept mit der Einführung einer bedarfsorientierten Mindestsicherung und einer vollständigen Rückverlagerung des Arbeitsmarktrisikos in das AFG verbunden werden (ebd.).

Unterdessen konkretisierte Arbeitsminister Blüm seine Pläne zur Reform der Arbeitslosenhilfe und des AFG. Die Arbeitslosenhilfe sollte sich demnach nicht mehr am letzten Nettolohn, sondern am aktuellen Marktwert des Arbeitslosen orientieren (*taz* vom 10.07.1995: 1). Zur Begründung der Maßnahme führte Blüm in einem Gespräch mit dem *Focus* an, dass damit insbesondere die Begrenzung der Arbeitslosenhilfe verhindert werden könne:

Es kann doch nicht sein, dass ein früherer Spitzenverdiener noch nach zehn Jahren seine Arbeitslosenhilfe nach seinem Spitzenverdienst berechnet bekommt. Da würde ja der Anreiz zur Arbeit schwinden. Ein Arbeitslosenhilfebezieher aus der niedrigsten Lohngruppe dagegen kann nicht abgestuft werden. Diese Regelung ist jedenfalls besser, als die Arbeitslosenhilfe nach fünf Jahren zu beenden, wie auch vorgeschlagen worden ist (*Focus* vom 17.07.1995: 1).

Die Pläne zur Reform des AFG wurden durch ein 46-seitiges Papier aus dem Bundesarbeitsministerium Mitte Juli konkretisiert. Folgende Maßnahmen waren geplant:

Für Langzeitarbeitslose sollte durch eine Freistellung des Arbeitgebers von den Einschränkungen durch den Kündigungsschutz sowie von der Lohnfortzahlungspflicht im Krankheitsfall für den Eingliederungszeitraum, Möglichkeiten zur leichteren Eingliederung und Bewährung unter betriebsüblichen Bedingungen gegeben werden (Eingliederungsvertrag) (Zohlnhöfer 2001: 293).

Deutlich verschärft werden sollten die Zumutbarkeitskriterien. Insbesondere sollte eine Beschäftigung auch dann nicht mehr als unzumutbar gelten, wenn sie einer bestimmten Qualifikationsstufe nicht mehr entspreche, aber die Minderung des Bruttolohns in den ersten drei Monaten nicht mehr als 20 Prozent und in den folgenden drei Monaten nicht mehr als 30 Prozent betrage (ebd.).

Die Bemessung des Arbeitslosengeldes sollte sich konsequenter am Beitrag orientieren. Eine erhöhte Anspruchsdauer von mehr als zwölf Monaten sollte nicht mehr wie bisher ab dem 42., sondern erst ab dem vollendeten 50. Lebensjahr erreicht werden (ebd.). Entfallen sollte außerdem die 58er-Regelung, nach der Arbeitslose, die das 58. Lebensjahr vollendet haben, auch dann Arbeitslosengeld erhalten, wenn sie nicht mehr bereit sind, jede zumutbare Beschäftigung anzunehmen. Damit sollte Frühverrentungen zulasten der Arbeitslosenversicherung entgegengewirkt werden (*Handelsblatt* vom 10.07.1995: 4).

Am 2. November 1995 beschloss das Kabinett den Gesetzentwurf zur Reform der Arbeitslosenhilfe. Die Maßnahmen sollten am 1. April 1996 in Kraft treten und insgesamt 2,1 Milliarden DM einsparen. Hinzu kamen ab dem 1. Januar Einsparungen im Rahmen des Asylbewerberleistungsgesetzes in Höhe von 1,2 Milliarden DM. Insgesamt betrug somit das angepeilte Einsparvolumen jährlich 3,4 Milliarden DM. Im Einzelnen sah der Gesetzentwurf folgende Maßnahmen vor:

ABM sollten auf Langzeitarbeitslose konzentriert werden, das heißt eine ABM-Stelle sollte nur noch erhalten, wer zuvor mindestens zwölf Monate (bisher sechs Monate) arbeitslos war. Neu eingeführt werden sollten Arbeitstrainingsmaßnahmen (ATM), gewissermaßen eine Bewerbungshilfe für Arbeitslose und eine Arbeitnehmerhilfe, bei der Saisonarbeiten mit täglich 25 DM bezuschusst werden konnten (*Handelsblatt* vom 3.11.1995: 4). Wie angekündigt, sollte zudem die Arbeitslosenhilfe jährlich um 5 Prozent abgesenkt werden (*Süddeutsche Zeitung* vom 27.10.1995: 1).

Ursula Engelen-Kefer sprach von einer »Provokation« für die Betroffenen (*Handelsblatt* vom 3.11.1995) Viele Langzeitarbeitslose wären dadurch künftig von Sozialhilfe abhängig. Arbeitslosenhilfe-Empfänger müssten schon heute im Westen mit rund 1.000 DM, im Osten mit rund 780 DM monatlich auskommen, so die Gewerkschafterin. Sie forderte, das neue Gesetz schnellstens wieder zurückzuziehen.

Der Deutsche Landkreistag warnte, die Kommunen würden weitere Verlagerungen auf die Sozialhilfe in Höhe von 500 Millionen DM nicht verkraften, zumal der Anteil der Arbeitslosen unter den Sozialhilfeempfänger bereits 34 Prozent betrage (ebd.). Auf erhebliche Kritik stießen die Sparpläne auch bei der CDU in den neuen Bundesländern. »In der jetzigen Fassung sind die Kürzungspläne für uns indiskutabel«, sagte der Vorsitzende der CDU-Fraktion in Mecklenburg-Vorpommern, Eckhart Rehberg. Christoph Bergner, Fraktionsvorsitzender im Magdeburger Landtag und stellvertretender CDU-Bundesvorsitzender, warnte vor den Folgen von Blüms Plänen. Aufgrund des deutsch-deutschen Lohngefälles werde die Sozialhilfe im Osten nach einer Kürzung deutlich über der Arbeitslosenhilfe liegen, so Bergner (*Focus* vom 13.11.1995).

Das erste *Bündnis für Arbeit*

Der Kurs der Gewerkschaften gegenüber den christlich-liberalen Reformplänen war verhalten, ging aber überwiegend nicht in Richtung Fundamentalkritik. Im Dezember 1996 löste der IG Metall-Vorsitzende Klaus Zwickel mit seinem Vorstoß für ein *Bündnis für Arbeit* – bestehend aus Arbeitgebern, Gewerkschaften und Bundesregierung – im eigenen Lager Überraschung aus. Als Beitrag der Gewerkschaften nannte Zwickel erstmals die Bereitschaft, befristeten niedrigen Einstiegsentgelten für Langzeitarbeitslose und moderaten Tarifabschlüssen zuzustimmen. So sollten die Einkommen in der Metall- und Elektroindustrie 1997 nicht stärker als die Inflationsrate steigen. Im Gegenzug sollten die Arbeitgeber sich verpflichten, für drei Jahre auf betriebsbedingte Kündigungen zu verzichten, 300.000 zusätzliche Arbeitsplätze zu schaffen, 300.000 Langzeitarbeitslose einzustellen sowie die Zahl der Ausbildungsplätze jährlich um 5 Prozent zu steigern. Der Beitrag der Bundesregierung sollte in dem Verzicht auf die geplanten Kürzungen des Arbeitslosengeldes und der Arbeitslosenhilfe bestehen. Auch die von Seehofer geplante Verschärfung der Sozialhilfekriterien müsse zurückgestellt werden. Betriebe, die nicht oder zu wenig ausbildeten, müssten eine Ausgleichsabgabe zahlen. Die Reaktion im Arbeitgeberlager war zwiespältig. Dies sei eine »anerkennenswert mutige« Rede gewesen, lobte Roland Fischer, Vorstandsmitglied bei Gesamtmetall. Arbeitgeber-Präsident Klaus Murmann lehnte Zwickels Vorstoß dagegen ab: »Solche Aktionen und Bündnisse, die ohnehin nur zur Sicherung eigener Besitzstände dienen, sind überflüssig« (*Handelsblatt* vom 2.11.1995: 1).

Im Januar 1996 kam es zu ersten Spitzengesprächen zwischen Arbeitgebern, Gewerkschaften und der Bundesregierung zu einem *Bündnis für Arbeit*. Am 20. Januar verständigten sich IG Metall und Gesamtmetall darauf, sich bei der Bundesregierung dafür einzusetzen, befristete Arbeitsverträge auf bis zu zwei Jahre verlängern zu können. Auch niedrigere Einstiegstarife für Langezeitarbeitslose wurden bei dem Gespräch vereinbart. Außerdem einigte man sich auf die Einrichtung eines gemeinsamen Arbeitskreises ›Langfristarbeitszeitkonten‹. Solche Konten sollten künftig Vorruhestand und Altersteilzeit erleichtern (*taz* vom 20.01.1996: 1). Im Vorfeld des Spitzengespräches im Kanzleramt demonstrierten viele Akteure Kompromissbereitschaft. Als erste Gewerkschaft erklärte sich die IG Chemie-Papier-Keramik bereit, die Überstunden bei der Berechnung der Lohnfortzahlung im Krankheitsfall auszuklammern.

Bei der Kanzlerrunde Ende Januar 1996 einigten sich Bundesregierung, Arbeitgeber und DGB auf ein achtseitiges Papier mit dem Titel *Bündnis für Arbeit und zur Standortsicherung*, in dem die Unterzeichner als Ziel die Halbierung der Arbeitslosigkeit bis zum Jahr 2000 formulierten. Zu diesem Zweck sollte die Staatsquote deutlich gesenkt, das Steuersystem wachstums – und beschäftigungsfreundlicher ausgestaltet und die Sozialabgabenquote bis zum Jahr 2000 auf unter 40 Prozent zurückgeführt werden. Die steuerlichen Rahmenbedingungen für Existenzgründer und Betriebsnachfolger sollten ebenso wie der Zugang zum

Risikokapital verbessert werden (*Handelsblatt* vom 25.01.1996: 1). Durch moderate Tarifabschlüsse, flexiblere Arbeitszeiten und die Vermeidung von Überstunden sollten Spielräume für Beschäftigungssicherung und Neueinstellungen geschaffen werden. Einstiegstarife für Langzeitarbeitslose sollten stärker genutzt und eine ertragsabhängige Säule in die Tarifpolitik aufgenommen werden.

Zur Lohnfortzahlung im Krankheitsfall hieß es lediglich, Möglichkeiten zur Verringerung von Fehlzeiten würden in gemeinsamen Gesprächen geprüft. Die Arbeitgeber sagten zu, die Zahl der Ausbildungsplätze gegenüber dem Vorjahr um rund 10 Prozent erhöhen zu wollen. Dafür wollten die Gewerkschaften auf die bisher geforderte Ausbildungsumlage verzichten. Einvernehmen wurde auch darüber erzielt, die bisherige Praxis der Frühverrentung durch das von Blüm entwickelte Modell der Altersteilzeit zu ersetzen. Umstritten war jedoch, ob die bisherige Regelung für Versicherte ab 57 Jahren wie von Blüm geplant, oder ab 55 Jahren wie von Gewerkschaften und Arbeitgebern geplant gelten sollte (ebd.).

Die Bundesregierung habe zudem zugesagt, die Arbeitslosenhilfe um nur noch 3 statt der ursprünglich geplanten 5 Prozentpunkte pro Jahr zu senken, erklärte der DGB-Vorsitzende Dieter Schulte am 24. Januar in Bonn. Zudem bleibe entgegen den Regierungsplänen der Rechtsschutz gegen unzumutbare Kürzungen der Sozialhilfe bestehen. Abschläge von 25 Prozent drohten, wenn eine zumutbare Arbeit abgelehnt werde. Beide Zusagen würdigte Schulte als wichtigen Beitrag der Regierung zum Bündnis für Arbeit (*taz* vom 25.01.1996: 1).

Die Reform der Arbeitslosen- und Sozialhilfe

Am 9. Februar 1996 verabschiedete die Regierung im Bundestag die Reform der Arbeitslosenhilfe, das Asylbewerberleistungsgesetz und die Streichung der originären Arbeitslosenhilfe gegen die Stimmen der Opposition (*taz* vom 10.02.1996: 1). Drei Wochen später – am 29. Februar – verabschiedete der Bundestag gegen die Stimmen der Opposition die Reform der Sozialhilfe (*taz* vom 1.03.1996: 1). Einen Tag später wurden das nicht-zustimmungspflichtige Arbeitslosenhilfereformgesetz und das zustimmungspflichtige Asylbewerberleistungsgesetz sowie die Streichung der originären Arbeitslosenhilfe mit der Mehrheit des Bundesrates gestoppt und an den Vermittlungsausschuss verwiesen (*Süddeutsche Zeitung* vom 2.03.1996: 1). Auch die Pläne der Bundesregierung zur Reform der Sozialhilfe scheiterten drei Wochen später im Bundesrat. In einer von der SPD dominierten Stellungnahme hieß es, das Vorhaben würde zu einer zusätzlichen finanziellen Belastung der Kommunen führen (*taz* vom 23.03.1996: 1).

Am 26. April 1996 stellte Helmut Kohl in einer Regierungserklärung das *Programm für mehr Wachstum und Beschäftigung* vor. Das Programm enthielt unter anderem Änderungen bei der Lohnfortzahlung bei Urlaub und Krankheit, beim Kündigungsschutz, bei der Rentenversicherung, der Krankenversicherung und dem Kindergeld. Darüber hinaus waren diverse Steuersenkungen und Steuervereinfachungen geplant (vergleiche im Detail *Süddeutsche Zeitung* vom 27.04.1996: 1). Das Programm erntete von allen Seiten Kritik.

Bezogen auf das Arbeitslosengeld sah das Programm vor, die Bezugsdauer von älteren Arbeitnehmern zu kürzen. Beziehern von Arbeitslosenhilfe mit weiteren Einkommen sollten die vom Staat gezahlten Rentenversicherungsbeiträge gekürzt werden. Nach unionsinterner Kritik hatte die Koalition jedoch darauf verzichtet – wie ursprünglich geplant – das Arbeitslosengeld in der ersten Woche zu halbieren und den Bezug von Arbeitslosenhilfe auf fünf Jahre zu begrenzen (ebd.).

Die Länder lehnten die Sparvorschläge insbesondere wegen der geplanten Lastenverteilung ab. Bayerns Ministerpräsident Stoiber kritisierte in diesem Zusammenhang insbesondere den Wegfall der Vermögenssteuer und die Reduzierung des Solidaritätszuschlages (*Süddeutsche Zeitung* vom 29.04.1996: 1). Einen Monat später scheiterten die Reform der Arbeitslosen- und Sozialhilfe und das Asylbewerberleistungsgesetz zunächst im Bundesrat (*Süddeutsche Zeitung* vom 25.05.1996:1). Beim Arbeitslosenhilfe-Reformgesetz hatten auch die Großen Koalitionen von Berlin, Bremen, Mecklenburg-Vorpommern und Thüringen bereits im Vorfeld Ablehnung signalisiert (*taz* vom 22.05.1996: 19). Während der Bundestag den Einspruch gegen das nicht-zustimmungspflichtige Arbeitslosenhilfereformgesetz zurückwies und es damit in Kraft treten konnte, mussten die Sozialhilfereform und das Asylbewerberleistungsgesetz erneut in den Vermittlungsausschuss (*Handelsblatt* vom 14.06.1996:

6). Zwei Wochen später einigten sich die Bundesregierung und die SPD im Vermittlungsausschuss von Bundestag und Bundesrat auf die Reform der Sozialhilfe. Nach dem Kompromiss wurde die Anpassung in den Jahren 1997 und 1998 an die Entwicklung der Renten gekoppelt und ab 1999 an Stand und Entwicklung von Nettoeinkommen, Verbraucherverhalten und Lebenshaltungskosten gebunden. Die Verdopplung des Lohnabstandsgebots zwischen Sozialhilfe und den unteren Lohngruppen auf 15 Prozent wurde gestrichen. Seehofer äußerte sich insgesamt »sehr zufrieden« (*Handelsblatt* vom 27.06.1996: 3).

Das Arbeitsförderungsreformgesetz

Am 12. Juni 1996 verabschiedete das Kabinett den Gesetzentwurf des Arbeitsförderungsreformgesetzes (AFRG) (*Süddeutsche Zeitung* vom 13.06.1996: 1). Von den Leitlinien des Gesetzes aus dem April 1995 über den Referentenentwurf ein Jahr später am 15. April 1996 bis zum Kabinettsentwurf am 12. Juni 1996 war mehr als ein Jahr verstrichen. Zusätzlich aufgenommen – nach Abstimmungen in der Koalitionsarbeitsgruppe – wurden Vertrauensschutzregelungen bei der Anhebung der Altersgrenze, der Verlängerung der Anspruchsdauer und bei der Anrechnung von Abfindungen auf das Arbeitslosengeld. Nicht mehr enthalten waren Regelungen zur Steuerfinanzierung von versicherungsfremden Leistungen (Zohlnhöfer 2001: 296). Das Gesetz sah insgesamt fünf Ziele vor:

– Verbesserung der Erwerbschancen;
– Weiterentwicklung des Arbeitsförderungsrechts;
– Erhöhung der Effizienz und Effektivität der BA;
– Bekämpfung des Leistungsmissbrauchs sowie
– Entlastung der Beitragszahler.

Auch wurde in Paragraph 1 nicht mehr wie in der alten Fassung als Ziel formuliert, »dass ein hoher Beschäftigungsgrad erzielt und aufrechterhalten« werden soll; es wurde lediglich die Aufgabe der Unterstützung des Arbeitsmarktausgleichs in den Mittelpunkt gestellt (ebd.: 297). Die Veränderung der Zielbestimmung des AFRG wurde damit begründet,

dass auf diese Weise keine Erwartungen mehr aufkämen, durch arbeitsmarktpolitische Maßnahmen könnten Arbeitsplätze geschaffen werden
(ebd.). Die wichtigsten geplanten Neuregelungen des AFRG waren
(ebd.: 297- 300):

- Verschärfung der Zumutbarkeitskriterien: sie richten sich ausschließlich nach der vormaligen Bezahlung. In den ersten drei Monaten ist
  eine Minderung um 20 Prozent, in den folgenden drei Monaten um
  30 Prozent zumutbar. Nach einem halben Jahr Arbeitslosigkeit sollte
  dann auch ein Nettoeinkommen in Höhe des Arbeitslosengeldes
  zumutbar sein. Außerdem wurde die zumutbare Pendelzeit zwischen
  Wohnung und Arbeitsstätte von 2,5 auf drei Stunden verlängert.
- Anrechnungen von Abfindungen auf das Arbeitslosengeld: hier
  waren allerdings dem Alter und der Betriebszugehörigkeit entsprechend gestaffelte Freibeträge und eine Vertrauensschutzregelung
  vorgesehen.
- Streichung der originären Arbeitslosenhilfe.
- Kürzungen bei ABM: die Bezuschussung der ABM sollte auf 30−5
  Prozent, in Ausnahmefällen auf 90 Prozent des berücksichtigungsfä-
  higen Arbeitsentgelts reduziert werden. Dieses sollte seinerseits nicht
  mehr 90, sondern nur noch 80 Prozent des Entgelts eines ungeför-
  derten Arbeitnehmers betragen.
- Dezentralisierung der Arbeitsvermittlung: die Arbeitsämter können 5
  Prozent der Mittel, die ihnen für Ermessensleistungen zur Verfügung stehen, für frei bestimmte Leistungen zur Eingliederung
  aufwenden (Innovationstopf). Die Mittel für Ermessensleistungen
  sollten darüber hinaus in einem Eingliederungshaushalt zusammengefasst werden und es sollte möglich sein, Ausgabenreste ins nächste
  Haushaltsjahr zu übertragen. Darüber hinaus sollten die Arbeitsämter verpflichtet werden, jährliche Eingliederungsbilanzen vorzulegen,
  in denen über die Nutzung des Eingliederungshaushaltes, die Ein-
  gliederungserfolge in den regulären Arbeitsmarkt und die Vermitt-
  lungsergebnisse Rechenschaft abgelegt werden muss.

Das AFRG wurde zur Beschleunigung des Verfahrens zum einen von
den Koalitionsfraktionen direkt in den Bundestag eingebracht, während
zum anderen die Regierungsvorlage dem Bundesrat zur Stellungnahme
vorgelegt wurde. Die erste Lesung fand am 20. Juni 1996 statt (Zohln-

höfer 2001: 301). Die SPD sprach im Bundestag von einem »Katastro-
phengesetz«, die Grünen warnten vor »verheerenden Auswirkungen in
Ostdeutschland« (*APW* – German 20.06.1996).

Der Arbeitnehmerflügel der Unionsfraktion forderte unterdessen
Änderungen des Bonner Sparpakets beim Kündigungsschutz und bei
der Lohnfortzahlung (ebd.). Unterstützung für die Sparpläne kam hingegen vom hessischen Ministerpräsidenten Hans Eichel (SPD). In einem Interview mit der Hamburger Zeitung *Die Woche* sagte er, auch die
SPD komme an »Leistungskürzungen im Sozialbereich nicht vorbei«.
Das gelte für die Frage der Lohnfortzahlung ebenso wie für die Frage
der Zumutbarkeit von Arbeit als Voraussetzung für den Bezug von
Arbeitslosen- und Sozialhilfe (*APW* - German vom 25.06.1996: 1). Eine
ähnliche Meinung hatte bereits der rheinland-pfälzische Sozialminister
Florian Gerster (SPD) vertreten (*Handelsblatt* vom 10.05.1996: 6).

Die Arbeitgeber forderten die rasche Umsetzung des Gesetzes. Der
führende Arbeitgebervertreter in der BA-Selbstverwaltung, Josef Siegers, hatte darüber hinaus vorgeschlagen, die Verpflichtungsermächtigen
für ABM, Fortbildungs- und Umschulungsmaßnahmen schon 1996 um
ein Fünftel zu kürzen (*Handelsblatt* vom 22.07.1996: 5). Bei der Ablehnung der Anrechnung von Abfindungen bekamen die Gewerkschaften
Unterstützung von Arbeitgeberseite. Die Anrechnung von Abfindungen
wurde von den Arbeitgebern als »konfiskatorischer Eingriff« in das
Arbeitslosengeld grundsätzlich abgelehnt. Es sei damit zu rechnen – so
Josef Siegers – dass die Abfindungskosten entsprechend um 10 bis 20
Prozent steigen müssten. Daneben sei eine erhebliche zusätzliche Belastung der Arbeitsgerichte zu befürchten. Grundsätzlich erinnerten die
Arbeitgeber daran, dass ihre Zustimmung zur Korrektur der für die
Arbeitgeber erheblich teureren Frühverrentung an die Bedingung geknüpft gewesen sei, dass neue zusätzliche Belastungen für die Unternehmen durch Regelungen im AFG unterblieben. Das Gegenteil sei nun
der Fall (*Handelsblatt* vom 4.10.1996: 7). Kritik an der Reform und insbesondere an der Kürzung der Mittel für ABM kam von den Kommunen.
Nach Einschätzung des Vorsitzenden des Städte- und Gemeindebun-
des, Hans Gottfried Bernrath, führten die Kürzungen dazu, dass zwei
Drittel aller ABM sowie Fortbildungen und Umschulungen in Ostdeutschland bis zum Jahr 2000 gestrichen würden. Die Folge wäre, dass
die Betroffenen weitgehend von der Sozialhilfe abhängig würden. Au-

ßerdem forderte Bernrath die Bundesregierung und die Länder auf, endlich eine bindende Zusage für eine solche Reform zu geben (*taz* vom 15.08.1996: 1).

Besonders heftiger Widerstand gegen das Gesetz kam von ostdeutschen CDU-Abgeordneten. Der Sprecher der ostdeutschen CDU-Abgeordneten und stellvertretende Fraktionsvorsitzende Krüger forderte im Sommer 1996 wiederholt, dass die Zahl der ABM-Stellen in Ostdeutschland 1997 nicht gesenkt werden dürfe. Ähnlich äußerten sich die Ministerpräsidenten der CDU-regierten neuen Bundesländer, Biedenkopf, Vogel und Seite. Dieser koalitionsinterne Streit wurde schließlich in einem Gespräch des Arbeitsministers mit ostdeutschen Abgeordneten am 9. Oktober 1996 beigelegt. Zwar wurde bekräftigt, dass sich die ABM-Entgelte nur noch nach 80 Prozent des Tariflohns richten sollten. Allerdings sollte die maximale Höhe des Zuschusses in Arbeitsamtsbezirken mit überdurchschnittlicher Arbeitslosigkeit statt bis zum Jahr 2000 erst zum Jahr 2003 stufenweise von 100 auf 75 Prozent gesenkt werden (Zohlnhöfer 2001: 304).

Am 7. November 1996 wurde das AFRG in zweiter und dritter Lesung im Bundestag behandelt und in namentlicher Abstimmung mit 340 gegen 317 Stimmen verabschiedet (ebd.: 305). Am 29. November wurde das AFRG im Bundesrat abgelehnt. Einstimmig wurde der Vermittlungsausschuss angerufen, wobei allerdings die unionsgeführten Länder lediglich einzelne Änderungen verlangten, während die sozialdemokratischen Landesregierungen eine grundsätzlich andere Reform forderten.

Indirekte Unterstützung für das AFRG kam Ende November indes vom nordrhein-westfälischen Wirtschaftsminister Wolfgang Clement (SPD). Der sagte in der Bild-Zeitung: »Um der Wirtschaft den Anreiz zur Schaffung neuer Arbeitsplätze zu geben, brauchen wir niedrigere Einstiegslöhne« und forderte zusätzliche öffentliche Lohnzuschüsse: »Damit der Lohn nicht auf das Niveau der Sozialhilfe sinkt, muss der Arbeitnehmer aus der Steuerkasse oder der Arbeitslosenversicherung einen Zuschuss erhalten« (*APW* vom 20.11.1996: 1). Der Vermittlungsausschuss konnte in seiner Sitzung am 5. Dezember indes keinen Kompromiss zwischen Regierung und Bundesratsmehrheit erreichen, sondern beschloss mit SPD-Mehrheit weitreichende Änderungen am AFRG (Zohlnhöfer 2001: 306).

Eine Woche später wurden diese Vorschläge im Bundestag abgelehnt. Damit war das Vermittlungsverfahren gescheitert. Bereits vor dem Scheitern begann der Bundestagsausschuss für Arbeit und Sozialordnung die neuerliche Beratung über das AFRG, das nun zustimmungsfrei gestaltet werden sollte.

Die meisten Bestimmungen des AFRG konnten auch ohne die Zustimmung des Bundesrates in Kraft treten. Verzichten musste die Bundesregierung auf die ursprünglich geplante Abschaffung der originären Arbeitslosenhilfe (*Handelsblatt* vom 30.01.1997: 4). Auch Änderungen im Recht der Selbstverwaltung der BA und bei der Struktur der Landesarbeitsämter mussten fallen gelassen werden (Zohlnhöfer 2001: 307). Die zweite und dritte Lesung sowie die Annahme des Gesetzes fanden am 31. Januar 1997 statt. Am 20. März schließlich wurde der Einspruch des Bundesrates mit 339 zu 320 Stimmen überstimmt, so dass Teile des Gesetzes bereits am 1. April 1997, der Rest der Regelungen am 1. Januar 1998 in Kraft treten konnten (ebd.).

Die Verschiebepolitik Mitte der neunziger Jahre

Die wirtschaftlichen und politischen Folgen der deutschen Einheit zeichneten sich in einer Vielzahl von Entwicklungen ab. Zu ihnen gehörten die Neuorientierung der deutschen Unternehmen, der Kampf der Bundesregierung um eine Begrenzung der Verschuldung, der neue Realismus in den Reihen führender Politiker beider Volksparteien, eine zunehmend kontrovers geführte Diskussion über die Zukunft des Wohlfahrtsstaates innerhalb der Parteien, die Etablierung der ostdeutschen Länderinteressen als einer neuen Kraft in der deutschen Politik und die sich zuspitzende kommunale Finanzkrise. Es mehrten sich die Forderungen, dass Arbeitsmarktpolitik wieder mehr Arbeitslose zurück in den Arbeitsmarkt bringen müsste anstatt ihn weiter stillzulegen.

Mitte der neunziger Jahre war von einer aktivierenden Arbeitsmarktpolitik jedoch noch nichts zu spüren. Vielmehr versuchte die Bundesregierung vor allem aus fiskalischen Gründen mehrfach, Transferleistungen für Langzeitarbeitslose zu kürzen. Weder die Befristung der Arbeitslosenhilfe auf zwei Jahre (und später auf fünf Jahre), noch die Angleichung der Vermögensanrechnung an die Sozialhilfe waren politisch durchsetzbar. Auch die Kürzung der Sozialhilfe wurde nach unionsinterner Kritik nicht weiter verfolgt. Als nichtintendierter Nebeneffekt der schrittweisen Absenkung der Arbeitslosenhilfe (auch als Folge der ansteigenden Lohnnebenkosten) und der weiteren Öffnung der arbeitsmarktpolitischen Instrumente für die Sozialhilfe-Empfänger verstärkte sich der Verschiebebahnhof zwischen Arbeitsämtern und Sozialämtern. Mit der Einführung des AFRG änderte sich das Bild leicht. Obgleich strukturelle Veränderungen ausblieben, stellt insbesondere die Verschärfung der Zumutbarkeitskriterien mit der Abschaffung des Berufsschutzes eine Abkehr von der vollständigen Status- und Lebensstandardabsicherung der alten Arbeitslosenversicherung dar. In die gleiche Richtung gingen die Anrechnung von Abfindungen auf den Bezug von Arbeitslosengeld, die Herabstufung der Bemessungsgrundlage und die Bezuschussung von ABM. Allein 1996 sanken die Mittel für aktive Arbeitsmarktpolitik von 46,8 auf 37 Milliarden DM.

Ein Tabubruch war das jedoch nicht. Zur Reform der Arbeitslosenhilfe und dem AFRG der Kohl-Regierung gab es aus Gewerkschaftskreisen folgende Einschätzung: »Das haben wir ja selbst mitgemacht, wir wollten ja die Verschärfung. Wir haben es für nötig empfunden, denn wir wollten den Missbrauch mit ABM nicht fördern. Es gab keine große Auseinandersetzung. Es gab zwar die ein oder andere kleine Kritik, aber der Kohl hat da nichts grundsätzlich kaputt gemacht« (Experteninterview am 29.10.2007). Auf weitaus größere Kritik der Gewerkschaften stieß 1996 die Absenkung der Lohnfortzahlung im Krankheitsfall: »Bis hin zum Eklat, als Kohl den Tabubruch beging und die Lohnfortzahlung im Krankheitsfall anging, da war sein Ende mit den Arbeitnehmern besiegelt« (ebd.).

Trotz – oder vielleicht auch gerade aufgrund – der politischen Blockade im Bundesrat fanden ernste politische Kontroversen zunehmend innerhalb der beiden großen Parteien und nicht zwischen ihnen statt. Während die wirtschaftsorientierten SPD-Politiker die Notwendigkeit von Kürzungen im Sozialbereich zunehmend eingestanden, gab es in der Union Gegenwehr gegen eine Abschaffung der Arbeitslosenhilfe durch die ostdeutschen Landesregierungen, die kommunalen Spitzenverbände und die CDA.

Auch bei den Sozialpartnern gab es zunehmend Kontroversen sowohl zwischen Gewerkschaften und Arbeitgeberverbänden als auch innerhalb beider Lager. Bei der Frage nach dem Erhalt der Arbeitslosenversicherung zum Beispiel und bei der Anrechnung von Abfindungen standen Arbeitgeberverbände und Gewerkschaften Seite an Seite. In Bezug auf andere Themen – etwa die Höhe der Lohnersatzleistungen und der Lohnfortzahlung im Krankheitsfall – mehrten sich dagegen die Konflikte. Zudem brauchte sich auch im Lager der Sozialpartner der Vorrat an gemeinsamen Interessen langsam auf.

Die folgenden drei Kapitel verlassen die Oberfläche der offiziellen politischen Debatten und schürfen tiefer nach den bestimmenden Konflikten in den für die Arbeitsmarktpolitik maßgeblichen Arenen. Im Bereich der Wirtschaft beschritten Unternehmen, Betriebsräte und Gewerkschaften neue Wege. Im Bereich der Parteien und Verbände formierten sich die Interessenlagen zwischen und innerhalb der Parteien und der Interessengruppen neu. Im Bereich des Föderalismus entstanden neue fiskalische Zwänge und mit den ostdeutschen Bundesländern neue Akteure mit ganz eigenen Interessen. Am Ende der Dekade waren zwar die Argumente in den Diskussionen über die deutsche Arbeitsmarktpolitik oft noch die Gleichen. Die Einschätzung vieler unmittelbar Beteiligter über Ursache und Wirkung war jedoch eine gänzlich andere.

Diese nachhaltig wirkenden Entwicklungen führten zu einer kompletten, jedoch weitgehend verborgenen und daher zunächst nicht wahrgenommenen Neuformation der sozial- und arbeitsmarktpolitischen Interessen der politischen Akteure zum Ende der neunziger Jahre. Während Beobachter wie Roman Herzog 1999 noch vom Reformstau in der deutschen Politik sprachen und sich in der Arbeitsmarktpolitik auch in der Praxis noch nicht viel geändert hatte, waren in Wirklichkeit die Weichen für tiefgreifende Veränderungen politisch bereits gestellt. Der wirtschaftliche Einbruch verursacht durch den Kollaps der New Economy, die Restriktionen des Stabilitäts- und Wachstumspakts im Anschluss an die Rezession und die Eichelsche Steuerreform sowie die massive Verschuldung der Kommunen bauten schließlich genügend Handlungsdruck auf die neue rot-grüne Bundesregierung auf.

Kapitel 5
Die Transformation der Deutschland AG

Die Arbeitsmarktpolitik war nie nur allein Aufgabe der staatlichen Akteure, sondern seit ihrer Gründung 1927 durch das *Gesetz über die Arbeitsvermittlung und Arbeitslosenversicherung* (AVAVG) ein gemeinschaftlich von Verbänden und Staat verwaltetes Politikfeld in Form einer selbstverwalteten Bundesanstalt. Die Konstruktion und Legitimation der Beteiligung der Verbände erfolgte dabei über das Versicherungsprinzip. Da die Mittel der Arbeitsmarktpolitik im Wesentlichen aus paritätisch geleisteten Versicherungsbeiträgen von Arbeitgebern und Arbeitnehmern stammten, waren beide Seiten zu gleichen Teilen an den Verwaltungsgremien der BA beteiligt. Die Sozialpartner waren in die Politikformulierung und die Entscheidungen in der Arbeitsmarktpolitik über ihre Funktionen in der BA direkt einbezogen. Im Vergleich zu vielen entwickelten Industrienationen ist die organisierte Kooperation zwischen im Wettbewerb stehenden Unternehmen, vermittelt über umfassend regulierte Verbände, das wahrscheinlich am stärksten herausstechende Kennzeichen der deutschen Marktwirtschaft (Streeck 1995: 11).

Das vorherrschende politische Entscheidungsmuster in der Arbeitsmarktpolitik wurde von Christine Trampusch treffend charakterisiert:

Unternehmen und Betriebsräte überlegten sich pfiffige Lösungen, wie sie mit Hilfe des Sozial- und Arbeitsförderungsrechts vorübergehenden Arbeitsausfall, Rationalisierungen und Stilllegungen sozialverträglich abwickeln können und Sozialpolitiker, die praktische und berufliche Erfahrungen in der Mitbestimmung und Gewerkschaftsarbeit hatten, die die Sozialversicherung stärken wollten und Gesetze ›mit‹-bestimmten, passten das Sozial- und Betriebsverfassungsrecht im Parlament an die so verstandene soziale Wirklichkeit in den Betrieben an. Die aktive Mitwirkung der Betriebsräte wurde dabei 1972 durch die Reform des Betriebsverfassungsgesetzes institutionell abgesichert: Sozialpläne zur Frühverrentung und Kurzarbeiteranträge bedurften seither der expliziten Zustimmung des Betriebsrates (Trampusch 2002: 13).

Es bestand folglich eine enge Verbindung zwischen den betrieblichen Interessen der Sozialpartner und den Instrumenten der Arbeitsmarktpolitik. Die Stilllegungspolitik auf dem Arbeitsmarkt wurde von den Sozialpartnern unterstützt und in vielen Fällen sogar initiiert. In der Nachkriegszeit hatten sowohl die Arbeitgeber als auch die Gewerkschaften in den wirtschaftsstarken Sektoren ein großes Interesse an einer umfassenden Absicherung der Arbeitslosen einschließlich der Langzeitarbeitslosen. Die sozialverträgliche Abwicklung von Arbeitsplätzen diente dabei allen Beteiligten. In den Betrieben führten die Einführung neuer Technologien und konjunkturelle Schwankungen nicht mehr automatisch zu großen Konflikten zwischen Betriebsleitung und Betriebsrat. Der umfangreiche Schutz gegen Arbeitslosigkeit durch einen starken Kündigungsschutz und die umfassende Arbeitslosenversicherung erlaubten es den Arbeitnehmern, in sehr spezifische Qualifikationen zu investieren. Sie konnten davon ausgehen, ihr Leben lang in einem Betrieb oder zumindest in ihrem erlernten Beruf tätig zu bleiben. Die Betriebe wiederum lebten von der hohen Produktivität hoch qualifizierter Mitarbeiter. Die Tarifparteien konnten ihre Tarifpolitik unabhängig von den Arbeitsplatzverlusten in der Industrie verfolgen und die Sozialpolitiker in den Parteien und Parlamenten konnten an den Bedürfnissen der Betriebsparteien orientierte Programme auflegen, die von den Betroffenen weitgehend geschätzt wurden. Die Arbeitsmarktpolitik genoss daher eine hohe Akzeptanz in Politik und Wirtschaft.

Wenn dieses Bild die Rolle der Sozialpartner in der Arbeitsmarktpolitik der Nachkriegszeit zutreffend beschreibt, dann stellt sich die Frage, inwieweit sich die Situation ab Mitte der neunziger Jahre verändert hat. Haben sich die betrieblichen Interessen im Laufe der Zeit geändert? Sind neue Akteure oder Interessen hinzu gekommen? Was genau waren die Positionen von Betriebsräten, Gewerkschaften, Unternehmen und Arbeitgeberverbänden?

Die Antworten auf diese Fragen lassen sich im Wesentlichen in der Transformation der wirtschaftlichen und politischen Grundlagen der sozialen Marktwirtschaft in Deutschland in den neunziger Jahren finden, die zu einer Ausdifferenzierung der Interessen in der Arbeitsmarktpolitik geführt hat.

Die starke Verbindung zwischen betrieblichen Interessen und den bestehenden Programmen in der Arbeitsmarktpolitik löste sich dabei in mehreren Schritten auf: erstens durch die zunehmende Verbreitung der betrieblichen Bündnisse für Wettbewerbsfähigkeit und Beschäftigung, die langjährige Beschäftigungsgarantien für die Belegschaften abgaben. Zweitens erlaubte der graduelle Übergang von der Frühverrentung zur Arbeitslosenversicherung zur tarifpolitisch regulierten Altersteilzeit ein Abrücken von der Absicherung der Langzeitarbeitslosen. Drittens führten die betriebliche Standortsicherung und die Restrukturierung der großen Unternehmen zunehmend zu Spannungen im Arbeitgeberlager, die durch verbalradikale Forderungen zum Ausdruck kamen. Und viertens brachen innerhalb der Gewerkschaften ideologische und interessenpolitische Konflikte auf. Beide Gruppen der Sozialpartner hatten Probleme, ihre Handlungsfähigkeit angesichts der Spannungen in ihrer Mitgliedschaft und unter den Funktionären aufrecht zu erhalten. Diese Aspekte wollen wir nun nacheinander beleuchten.

Seit Mitte der neunziger Jahre begann bei den Akteuren in den Betrieben und Verbänden ein Prozess des Umdenkens. Die bislang nur leise geäußerte Kritik an den Strukturen der Arbeitsmarktpolitik wurde lauter. Insbesondere die Bundesvereinigung der Arbeitgeberverbände griff stärker in die Reformdebatten ein, wenn auch anfangs gebremst durch ihre sektoralen Mitgliedsverbände. Die Gewerkschaften waren in ihren Positionen ambivalenter. Insbesondere die Industriegewerkschaften, deren betriebliche Interessen stark vertreten waren, hatten keine eindeutigen sozial- und arbeitsmarktpolitischen Positionen. Einerseits bemängelten auch sie den Zustand der Arbeitsvermittlung und waren gegen den Missbrauch von Frühverrentung und der Instrumente aktiver Arbeitsmarktpolitik. Andererseits gab es eine große Kluft zwischen konzeptionellen Vorschlägen und betrieblicher und tariflicher Realität. Diese Kluft hatte zudem einen politisch-ideologischen Hintergrund, der zunehmend unter den Funktionären der Gewerkschaften ausgetragen wurden. Insbesondere durch die IG Metall ging ein tiefer Riss.

Sozialverträglicher Arbeitsplatzabbau

Anfang der neunziger Jahre waren die Arbeitgeberverbände keine treibende Kraft in Richtung einer generellen Liberalisierung der Arbeitsmarktpolitik. Allerdings wäre es auch falsch anzunehmen, die Arbeitgeberverbände hätten die Arbeitsmarktpolitik bis dato enthusiastisch unterstützt. Vielmehr hatten die Arbeitgeberverbände schon immer sehr spezifische Interessen in der Arbeitsmarktpolitik. Grundsätzlich kann man die Interessenlage der Verbände bis Ende der achtziger Jahre folgendermaßen zusammenfassen:

Das Hauptanliegen der Arbeitgeber war die Absicherung langjähriger Beschäftigter und damit der Erhalt des Äquivalenzprinzips. Wer über lange Jahre in die Arbeitslosenversicherung eingezahlt hatte, sollte im Fall der Arbeitslosigkeit auch bessere Leistungen erhalten und wer höhere Beiträge einzahlte, sollte auch höhere Leistungen beziehen. Dies galt sowohl im Hinblick auf die Dauer als auch auf die Höhe der Leistung.

In dem Maße, wie die Arbeitslosenversicherung in den Dienst des sozialverträglichen Abbaus von Arbeitsplätzen gestellt werden konnte, hatten die Arbeitgeber ein großes Interesse an der Fortführung dieser Politik und der Subventionierung der Frühverrentungsprogramme durch den BA-Haushalt. Die Frühverrentung erlaubte es den großen Unternehmen, Personal in großem Maße sozialverträglich abzubauen, indem die Älteren in den vorgezogenen Ruhestand geschickt wurden. Diese Form des Personalabbaus war sowohl bei den Betriebsräten als auch bei den Beschäftigten beliebt.[1]

Die Arbeitgeber hatten jedoch ein weitaus geringeres Interesse an der Absicherung der Langzeitarbeitslosen, insbesondere der gering qualifizierten Langzeitarbeitslosen. Vielmehr standen für sie traditionell die Frage der Arbeitsanreize und der Lohnuntergrenzen im Vordergrund.

---

1 Eine selbstkritische Einschätzung aus den Gewerkschaften bestätigt dies:»Das war ja gleichzeitig mit den Beschäftigungsproblemen dann der Anlass für die Gewerkschaften, einen großen Teil ihrer Tarifpolitik, Betriebspolitik und auch die Politik gegenüber dem Gesetzgeber auf die Frühverrentung auszurichten. Als dann die hohe Arbeitslosigkeit da war, dies auch aus Gründen der Bekämpfung zu tun. Ich glaube, es war ein Fehler damit Arbeitslosigkeit bekämpfen zu wollen« (Experteninterview vom 29.10.2007).

Wie viele Ökonomen gingen auch die Arbeitgeberverbände davon aus, dass eine großzügige Absicherung niedrig qualifizierter Langzeitarbeitsloser zu einem impliziten Mindestlohn (Reservationslohn) führt und die Löhne für niedrig qualifizierte Arbeitnehmer in die Höhe treibt. Ähnliches galt für Arbeitsbeschaffungsprogramme und die aktive Arbeitsmarktpolitik. Ihnen standen die Arbeitgeberverbände skeptisch gegenüber. Während Qualifizierungsprogramme in den achtziger Jahren noch mit Unterstützung der Arbeitgeber von der damaligen Bundesanstalt für Arbeit aufgebaut werden konnten, stand dies unter dem Vorbehalt der Beitragsstabilität. Weitergehende Arbeitsbeschaffungsmaßnahmen wurden vom Handwerk stark kritisiert, das darin eine Wettbewerbsverzerrung sah. Von den anderen Arbeitgebern wurden Arbeitsbeschaffungsmaßnahmen als Geldverschwendung abgelehnt. Der Grund dafür lag auf der Hand: Je mehr Arbeitslose in öffentlich geförderten Qualifizierungs- und Beschäftigungsprogrammen untergebracht wurden, desto weniger waren sie bereit, für geringere Löhne auf dem ersten Arbeitsmarkt freie Arbeitsstellen anzunehmen. Das Arbeitsangebot wurde künstlich verknappt.

In den achtziger Jahren waren die Arbeitgeberverbände jedoch gewillt, sowohl die Ausgaben für die aktive Arbeitsmarktpolitik als auch lange Bezugsdauern der Arbeitslosenhilfe zu akzeptieren, solange durch den BA-Haushalt im Bereich der Arbeitslosenversicherung Möglichkeiten der subventionierten Frühverrentung zur Verfügung gestellt wurden. Die Interessenunterschiede zwischen der eher ordnungspolitisch motivierten Ablehnung aktiver Arbeitsmarktpolitik der BDA und der stark an der Frühverrentung interessierten Unternehmen und Arbeitgeberverbände der Exportindustrie wurden intern ausgehandelt. Letztere, insbesondere die Arbeitgeberverbände der Metall- und Chemieindustrie, bremsten die BDA in ihren Forderungen der Rückführung der Ausgaben für die aktive Arbeitsmarktpolitik. Im Verwaltungsrat der Bundesanstalt für Arbeit wurden Kompromisse zwischen den Vertretern der Arbeitgeberverbände, der Gewerkschaften und der Bundesregierung gefunden, die diesem Interessenmix Rechnung trugen.

Die Arbeitsmarktpolitik unmittelbar nach der deutschen Einheit wurde von allen Beteiligten einschließlich der Arbeitgeberverbände getragen. 1991 notierte der Jahresbericht der BDA dazu folgendes: »Die Arbeitgeber haben einen offensiven Kurs der Arbeitsmarktpolitik von

Anfang an mit initiiert, unterstützt und weitergeführt« (BDA 1991: 62), und konkret heißt es weiter:»Die Arbeitgeber haben auch die zusätzlichen Mittel und Möglichkeiten, etwa für Arbeitsbeschaffungsmaßnahmen, im Rahmen des Gemeinschaftswerkes der Bundesregierung angeregt und begrüßt« (ebd.). Zudem führt der Bericht lobend aus, dass»die quantitativen Erfolge der Arbeitsmarktpolitik für sich gesehen [überwältigend sind] und sehr viel schneller eingetreten, als zunächst erwartet« (ebd.). Diese Unterstützung für eine expansive und explizit aktive Arbeitsmarktpolitik muss jedoch im Kontext der gewaltigen politischen Unwägbarkeiten der deutschen Einheit gesehen werden. Den Arbeitgeberverbänden und Unternehmen war sehr schnell bewusst geworden, dass von den Arbeitsplätzen in Ostdeutschland nur ein sehr kleiner Teil wettbewerbsfähig war und die Privatisierung überleben würde.

Die über 48 oder 50 waren, die wurden erst mal in die Rente geschickt mit der Möglichkeit zurückzukehren, wenn's mal besser wird. Und den anderen hat man gesagt, was machen wir denn mit euch? Es waren ja noch immer Hunderttausende übrig. Da haben wir gesagt, bevor hier die Revolution ausbricht, geben wir den Leuten etwas, womit sie morgens bis nachmittags etwas zu tun haben.[...]Das war wirklich eine Notoperation« (Expertengespräch am 28.03.2008).

Auf Gewerkschaftsseite wurden viele Positionen der Arbeitgeber geteilt. Auch hier lag der Schwerpunkt auf dem Schutz der langjährigen Beitragszahler im Falle eines Arbeitsplatzabbaus. Allerdings hatten die Gewerkschaften weitergehende Ansprüche an die Arbeitsmarktpolitik. Zwar war man sich auch in Gewerkschaftskreisen darüber einig, dass die Arbeitsmarktpolitik keine Arbeitsplätze schaffen kann. Man sah sie jedoch stärker in der Pflicht, Arbeitslosen auch über einen längeren Zeitraum eine finanzielle und arbeitsmarktorientierte Perspektive zu bieten. Daher waren für die Gewerkschaften ABM und SAM wichtige Instrumente zur Beruhigung des Arbeitsmarktes. Insbesondere infolge der deutschen Einheit und der großen Arbeitsplatzverluste sollte auf eine aktive Arbeitsmarktpolitik nicht verzichtet werden. Ob die Instrumente der aktiven Arbeitsmarktpolitik tatsächlich ihr Ziel erreichten, wurde durchaus skeptisch betrachtet. Während zum Teil die SAM als ein potentielles Mittel zur nachhaltigen Sicherung von Wirtschaftsstrukturen angesehen wurden, war man sich der hohen und steigenden Kosten und des zunehmenden Legitimationsdrucks durchaus bewusst (Expertengespräch am 4.09.2008).

Die Sicherung der einkommensbezogenen Lohnersatzleistungen wurde von den Gewerkschaften auch unter tarifpolitischen Gesichtspunkten gesehen: sie schwächte den Druck auf die unteren Lohngruppen und half somit, das Lohnniveau zu stabilisieren.

Die größte gemeinsame Forderung der Sozialpartner gegen Mitte der neunziger Jahre war die Forderung nach einer zusätzlichen Steuerfinanzierung der Arbeitsmarktpolitik. Beide Seiten sahen die Finanzierung der deutschen Einheit über die Sozialkassen kritisch und forderten die Bundesregierung auf, mehr finanzielle Mittel aus dem Bundeshaushalt zur Verfügung zu stellen. Während die Sozialpartner bereit waren, die passiven Leistungen weiterhin aus Versicherungsbeiträgen zu finanzieren, forderten sie einen Bundeszuschuss insbesondere für die aktive Arbeitsmarktpolitik. Während die Arbeitgeber damit ihre Kritik an der aktiven Arbeitsmarktpolitik zum Ausdruck brachten, indem sie sie nicht weiter aus Versicherungsleistungen finanzieren wollten, hofften die Gewerkschaften auf eine Stabilisierung des BA Haushaltes und den langfristigen Erhalt der aktiven Arbeitsmarktpolitik.

Anfang 1995 betonten BDA und DGB erneut ihre gemeinsamen Vorstellungen zur Arbeitsmarktpolitik. Ebenso wie der DGB, befürwortete auch Josef Siegers, Mitglied der BDA-Hauptgeschäftsführung, die Einführung eines regelgebundenen Bundeszuschusses, der prozentual an die Gesamtausgaben der BA gekoppelt werden sollte (*Handelsblatt* vom 17.01.1995: 5). Dissens bestand allenfalls beim Umfang des Zuschusses. Während Ursula Engelen-Kefer 40 Prozent der Gesamtausgaben der BA für Arbeitsmarktpolitik fixieren und durch Steuern finanziert sehen wollte, hielt Siegers einen geringeren Anteil von ungefähr einem Drittel für angemessen. Dies beruhte darauf, dass die Arbeitgeber das Kurzarbeitergeld zu den Beitragsleistungen rechneten. Auch bei produktiven Lohnkosten- und Einarbeitungszuschüssen könne die Grenze zwischen fiskalischer und Versicherungsleistung nicht haarscharf gezogen werden, so Siegers. Anders sei dies hingegen bei Arbeitsbeschaffungs- und Qualifizierungsmaßnahmen, deren Wirksamkeit skeptischer zu beurteilen sei. Im Wesentlichen sollten daher nur die

Ausgaben für ABM, Fortbildungen und Umschulungen in die Steuerfinanzierung einbezogen werden (ebd.). In den neunziger Jahren verschoben sich die Interessenkonstellationen in den Reihen der Sozialpartner langsam aber sicher. Während die großen exportorientierten Industrieunternehmen weiterhin die Möglichkeiten der Frühverrentung in Anspruch nahmen, gab es gleichzeitig zunehmend mehr Unternehmen, die die negativen Seiten dieser Politik spürten. Die deutsche Einheit und die hohen Folgekosten für die Arbeitsmarktpolitik belasteten einen Teil der privaten Arbeitgeber stark. Insbesondere kleinere Unternehmen und solche in personalintensiven Branchen litten unter der hohen Belastung durch Lohnnebenkosten, die sich auf ihre Arbeitskosten durchschlugen. Sie wandten sich gegen eine Fortsetzung der Frühverrentungspolitik und versuchten dies in den Arbeitgeberverbänden durchzusetzen.

Gleichzeitig mehrte sich die Kritik an der Frühverrentung auch von Seiten der Bundesregierung. Arbeitsminister Blüm versuchte, die Kosten der Frühverrentung auf diejenigen Unternehmen abzuwälzen, die davon am Stärksten profitierten. Je mehr sich jedoch der fiskalische Spielraum im Bereich des Vorruhestands und der Arbeitslosenversicherung einschränkte, desto stärker versuchten die Unternehmen der verarbeitenden Industrie, diese Verluste über tarifvertragliche Regelungen aufzufangen. Gleichzeitig waren Unternehmen und Arbeitgeberverbände immer weniger bereit, im Gegenzug eine aktive Arbeitsmarktpolitik und eine großzügige Absicherung der Langzeitarbeitslosen zu unterstützen. Zudem sahen sie im Hinblick auf die Effekte der deutschen Einheit und der zunehmenden Probleme der Beschäftigung Geringqualifizierter nur die Aktivierung von Langzeitarbeitslosen über den Markt anstatt über Beschäftigungsprogramme als zielführend an. Im Laufe der neunziger Jahre verlagerte sich der Fokus der Interessenpolitik der Arbeitgeberverbände von einer generellen Akzeptanz der verschiedenen Formen der Stilllegung des Arbeitsmarktes, die großzügig mit Mitteln des Bundeshaushaltes subventioniert wurde, hin zu einer enger definierten Politik der Aktivierung der Langzeitarbeitslosen. Die Zusammenlegung von Arbeitslosen- und Sozialhilfe und die damit verbundene Absenkung der Absicherung für Langzeitarbeitslose, die auf Arbeitgeberseite schon in den achtziger Jahren thematisiert aber nicht weiter betrieben worden war, erhielt neues Gewicht.

Diese Verschiebung der Interessen der Arbeitgeberverbände war auch eine Folge der Veränderungen der Situation in den Betrieben und der Tarifpolitik, die seit der Rezession 1992 von betrieblichen Verhandlungen zur Standort- und Beschäftigungssicherung geprägt war. Je mehr auf die Sicherung von Arbeitsplätzen in den Unternehmen Wert gelegt wurde und je geringer die Möglichkeit der subventionierten Frühverrentung, desto geringer wurde das Interesse der Betriebe an einer umfassenden Arbeitslosenversicherung. Gleichzeitig orientierten sich die Verbände auf beiden Seiten in ihren Vorstellungen stärker ordnungspolitisch. Während die Arbeitgeberverbände nun die Aktivierung, die fiskalische Belastung und Arbeitsanreize in den Vordergrund stellten, verteidigte ein Teil der Gewerkschaften aus ordnungs- und tarifpolitischen Gesichtspunkten die bestehende Arbeitsmarktpolitik, die auf einer hohen Transferleistung für Arbeitslose, einem ausgebauten zweiten Arbeitsmarkt und einem starken Kündigungsschutz beruhte.

Betriebliche Bündnisse für Arbeit

Der Wirtschaftsboom der deutschen Einheit endete 1992 in einer Tarifrunde mit außergewöhnlich hohen Lohnsteigerungen. Parallel dazu wurden in Ostdeutschland die Löhne durch Stufentarifverträge schnell auf westdeutsches Niveau angehoben. An die deutschen Unternehmen gab es von Seiten der Politik die deutliche Erwartung, in Ostdeutschland zu investieren. Hinzu kam eine neue Wettbewerbssituation deutscher Unternehmen auf dem Weltmarkt. Insbesondere japanische Firmen setzten zu Beginn der neunziger Jahre deutsche Exportunternehmen stark unter Druck. Die deutsche Exportindustrie lief Gefahr, ihre Führungsposition zu verlieren. Japanische und andere ostasiatische Konkurrenten hatten gelernt, qualitativ hochwertige Produkte zu produzieren, die tendenziell günstiger waren als die deutschen. Der so entstandene Kostendruck wurde noch durch die hohe Bewertung der D-Mark im europäischen Währungssystem erhöht.

Weiter verstärkt wurde der Druck auf die Unternehmen durch die Rezession, die 1992 einsetzte und die zum stärksten Einbruch der Wirtschaftsleistung seit dem zweiten Weltkrieg führte. In Winter des Jahres

1992 gingen knapp eine halbe Million Arbeitsplätze im produzierenden Sektor verloren (Hassel/Rehder 2001). Was nun folgte war ein tiefgreifender Umbau der deutschen Unternehmen. Die Exportunternehmen mussten radikal ihre Kosten senken. Da die deutschen Unternehmen im Unterschied zu ihren Konkurrenten im angelsächsischen Ausland ihren Arbeitnehmer nicht einfach kündigen und Einkommen kürzen konnten, mussten sie andere Wege finden. Die Instrumente der Arbeitsmarktpolitik waren ein wichtiger Bestandteil dieser betrieblichen Restrukturierung und wurden auch in Anspruch genommen. Allerdings entwickelten die Unternehmen auch andere Anpassungsstrategien, die sie tendenziell von den passiven Leistungen der Arbeitslosenversicherung abkoppelten.

Um den Arbeitsplatzabbau und die Restrukturierung ohne große Konflikte bewerkstelligen zu können, griffen Unternehmen und Betriebsräte zu einem neuen Instrument, das in den späten achtziger Jahren bereits von einzelnen Unternehmen eingesetzt worden war. Unternehmensleitungen und Betriebsräte schlossen betriebliche Bündnisse für Arbeit, um die Wettbewerbsfähigkeit eines Standortes beziehungsweise Unternehmens zu verbessern und gleichzeitig Beschäftigung zu sichern (Seifert 2002; Berthold u.a. 2003; Rehder 2003; Massa-Wirth/Seifert 2004).

Zur Erreichung dieser Ziele waren beide Seiten bereit, Kompromisse einzugehen. Die Arbeitnehmerseite machte Zugeständnisse in den Bereichen Einkommen, Arbeitszeit und Betriebsabläufe, während die Betriebe ihrerseits auf betriebsbedingte Kündigungen verzichteten oder den Erhalt des Standortes und die dafür notwendigen Investitionen garantierten.

Im Unterschied zu Konzessionsverhandlungen in US-amerikanischen Unternehmen, in denen es im Wesentlichen um die Senkung der Lohnkosten ging, waren die betrieblichen Bündnisse für Arbeit breiter angelegt. So wurde über Maßnahmen zur Infrastrukturverbesserung und zur Qualifizierung sowie über die Nähe zu den Absatzmärkten, die Kosten, die Produktivität und die technische Ausstattung im Rahmen der Investitionsentscheidungen verhandelt. Durch das Benchmarking mehrerer Standorte wurden die Belegschaften aufgefordert, gemeinsam mit ihren Betriebsleitungen das beste Angebot an die Konzernzentrale abzugeben und um Investitionen zu konkurrieren. Die Unternehmensleitungen versuchten, Lohnsenkungen durch produktivitätssteigernde Maßnahmen und Reorganisationen zu vermeiden. Sie machten Versprechen über den Erhalt von Standorten und Arbeitsplätzen, die zwar nicht einklagbar, deren Einhaltung jedoch für die Betriebsabläufe im Alltag von erheblicher Bedeutung war.

Ein weiteres Instrument zur Kostensenkung war die Unterscheidung zwischen Kern- und Randbelegschaft in den Betrieben. Einzelne Teile der Produktionskette wurden zunehmend ausgelagert – entweder ins Ausland oder in kurzfristige Beschäftigungsverhältnisse. Die Flexibilisierung des Arbeitsrechts im Hinblick auf die Befristung von Arbeitsverträgen und die Liberalisierung der Zeitarbeit machten dies möglich. Fluktuationen und konjunkturelle Schwankungen konnten durch temporäre Beschäftigungsverhältnisse abgefedert werden.

Die neuen Instrumente breiteten sich rasant aus. Bis 2005 hatten etwa ein Drittel der Betriebe im verarbeitenden Gewerbe eine Standortsicherungsvereinbarung abgeschlossen. Auch in anderen Branchen außerhalb des produzierenden Gewerbes hielten sie Einzug. Zum Beispiel handelten die ehemals staatlichen Infrastrukturunternehmen regelmäßig betriebliche Pakte aus, um die Kosten im Prozess der Privatisierung zu senken. Auch in Dienstleistungsunternehmen und sogar im öffentlichen Dienst findet man betriebliche Bündnisse für Arbeit (Rehder 2005: 67).

Diese Entwicklungen hatten direkte Auswirkungen auf das Interesse der Betriebsparteien an der Arbeitsmarktpolitik: Durch die Standortsicherungsvereinbarungen wie auch durch die Ausweitung der befristeten Beschäftigung in großen Betrieben wurde die Kernbelegschaft dieser Betriebe während der Laufzeit der Standortsicherungsverträge nahezu unkündbar. Diese Entwicklung zeichnete sich schon länger in den Tarifverträgen des produzierenden Gewerbes ab. Ähnlich wie im Öffentlichen Dienst hatten die Tarifvertragsparteien abhängig von der Betriebszugehörigkeit Klauseln zur Unkündbarkeit der Belegschaft vereinbart. Die Standortsicherungsvereinbarungen weiteten diese Unkündbarkeit auf die gesamte Kernbelegschaft aus. Nach Ablauf einer Vereinbarung bestand die Tendenz, eine neue mit ähnlichen Konditionen abzuschließen.

Betriebsbedingte Kündigungen finden in der Zeit, in der sie die Tarifnormen abgesenkt haben, nicht statt. Das ist ein todsicheres Geschäft. Wo der eine sagt, ich bin bereit, auf 10 Prozent Wohlstand zu verzichten (entweder in Form von Geld oder ich arbeite ein bisschen länger) und diese 10 Prozent bin ich gern bereit, weil ich weiß, dass für diese zwei Jahre oder drei Jahre, wo ich dieses Zugeständnis gemacht habe, nicht entlassen werden kann (Experteninterview am 28.03.2008).

Für die Betriebsräte dieser Unternehmen bedeutete dies, dass ihr Augenmerk mehr und mehr auf dem Erhalt bestehender Arbeitsplätze lag und die Absicherung im Falle der Arbeitslosigkeit in den Hintergrund rückte.»In diesem Modell landen sie [Anmerkung der Autoren: die Arbeitnehmer in den Betrieben der verarbeitenden Industrie] eigentlich nie in der Arbeitslosigkeit« (Experteninterview am 28.03.2008). Eine zweite wichtige Konsequenz der betrieblichen Bündnisse für Arbeit war, dass sie die Kooperation zwischen Management und Betriebsräten intensivierten und den Betriebsräten dabei mehr Mitspracherechte einräumten, als diese nach dem Gesetz haben. Zum Beispiel wurden im Gegensatz zu traditionellen Betriebsvereinbarungen oftmals auch Themen verhandelt, die nach dem Betriebsverfassungsgesetz nicht der Mitbestimmung unterliegen, sondern dem Direktionsrecht des Managements oder der Regulierung der Tarifparteien (Rehder 2005: 67). Dieser Zwang zur Kooperation hatte nachhaltige Wirkungen auf das Arbeitgeberlager, wie noch zu sehen sein wird.

Von der Frühverrentung zur Altersteilzeit

Eine zweite Entwicklung, die das Kalkül der betrieblichen Interessen an der Arbeitsmarktpolitik veränderte, war der Übergang von der klassischen Frühverrentung über die Rente wegen Arbeitslosigkeit zur Altersteilzeit. In allen Lagern gab es zunehmende Kritik am Vorruhestand. Im Arbeitgeberlager wurden die Frühverrentung und die Kostenübernahme schon länger kritisch gesehen.

Unzufriedenheit mit den hohen Kosten der Frühverrentung gab es nicht nur auf Seite der kleineren Unternehmen sondern auch in der Bundesregierung. Auch Arbeitsminister Blüm beurteilte den Frührentungsprozess zunehmend kritisch. Wie bereits ausgeführt, distanzierte sich der Minister von früheren Vorstellungen und warnte die

Unternehmer davor, Personalprobleme durch Frühverrentung lösen zu wollen. Allerdings wollten die Betriebsräte und Unternehmen dieses Instrument nicht missen. Welche Weiterentwicklungspotentiale gab es also? Auf Gewerkschaftsseite wurden neue Konzepte zur Finanzierung der Frühverrentung entwickelt. Auf der einen Seite schlug Walter Riester im Rahmen von Spitzengesprächen mit Gesamtmetall im Oktober 1996 vor, die Einrichtung eines Tariffonds auf Branchenebene verbindlich vorzuschreiben. Dieser von den Tarifvertragspartnern gemeinsam verwaltete und aus Anteilen des Weihnachts- und Urlaubsgeldes, aus Lohnerhöhungen und Mitteln der BA finanzierte Fonds sollte innerhalb von fünf Jahren Kapital ansammeln, das die Tarifpartner zum Ausgleich von Einkommensverlusten bei Frühverrentung verwenden konnten. Die Rentenversicherungsbeiträge sollten vollständig aus dem Fonds entrichtet werden, um so spätere Abschläge bei der Rentenzahlung zu vermeiden (Trampusch 2006: 97). Parallel dazu hatte die IG BCE 1996 bereits einen Tarifvertrag zur Altersteilzeit abgeschlossen. Dies entsprang einer längeren Tradition der Chemiegewerkschaft, Tarifverträge auch verstärkt zu sozialpolitischen Themen abzuschließen.

Während der Tariffonds in der IG Metall zunächst auf heftigen Widerstand stieß, führte das Chemiemodell zum Umbau der Frühverrentung in das Modell Altersteilzeit. In mehreren Stufen (1996, 1999 und 2000) wurde eine neue Form der Frühverrentung über die Altersteilzeit eingeführt, die zum Ziel hatte, ältere Arbeitnehmer zumindest potentiell als Teilzeitbeschäftigte im Betrieb zu lassen und so zumindest einen Teil der Kosten auf diejenigen abzuwälzen, die am stärksten davon profitierten. Mit diesem Ziel wurden Abschläge bei vorzeitigem Rentenbezug eingeführt, Altersgrenzen für die verlängerte Bezugsdauer des Arbeitslosengeldes angehoben, Abfindungen auf das Arbeitslosengeld angerechnet und Sperrzeiten verlängert.

Die Bundesregierung führte zudem sogenannte Tarifvorbehalte ein, welche die Tarifpartner in die Pflicht nahmen, den Abschlag beim vorzeitigen Rentenzugang durch Tarifverträge über Altersteilzeit und Altersvorsorge auszugleichen. Vorbild für diese Entwicklungen waren »Tarifverhandlungen in der chemischen Industrie, die jeweils im Vorfeld der Reformen bereits tarifpolitische Pakete über Altersteilzeit und Entgeltumwandlung geschnürt hatten« (Trampusch 2002: 23). Die Tarifvorbehalte setzten auch andere Branchen wie die Metallwirtschaft und den Öffentlichen Dienst unter Druck, ähnliche Angebote in ihre Tarifpolitik aufzunehmen.

Auch die neue Altersteilzeit griff auf Subventionen aus dem Haushalt der BA zurück. Nach den Regelungen zur Altersteilzeit arbeiteten die Arbeitnehmer 50 Prozent, bekamen aber 70 Prozent ihres Entgelts. Wenn die dadurch freiwerdende Stelle durch einen jungen Arbeitnehmer oder einen Arbeitslosen besetzt wurde, wurden die 20 Prozent Differenz durch die BA ersetzt.[2]

Im Unterschied zum früheren Modell der Frühverrentung führte das neue Modell mehrere Einschränkungen im Hinblick auf die vorgeschaltete Phase der Arbeitslosigkeit vor dem Renteneintritt ein und erschwerte damit den Rückgriff auf die Arbeitslosenversicherung. Das Instrumentarium des Arbeitsförderungsrechts gab damit den Betrieben noch immer Möglichkeiten zum sozialverträglichen Personalabbau an die Hand, jedoch weniger über die Absicherung im Falle der Arbeitslosigkeit. Die Betriebsparteien, Betriebsleitungen und Betriebsräte hatten zunehmend Möglichkeiten für den Schutz der Kernbelegschaft geschaffen, die weniger über den Weg der Arbeitslosenversicherung als über die Instrumente Kurzarbeit, Altersteilzeit und Verzicht auf Kündigungen abgewickelt wurden.

In der Folge verlor die Frage der Lohnersatzleistung für Langzeitarbeitslose für die Betriebsparteien an Bedeutung. »Mir ist damals schon aufgefallen, so bei den Rückmeldungen aus den Betrieben, dass da die Bereitschaft bei den Betrieben, sich für höhere Lohnersatzleistungen einzusetzen eher gering war« (Experteninterview am 5.09.2008). Für die Betriebsparteien hatte das System der passiven Leistungen keine Priorität mehr.

---

2 Diese Rückerstattung wurde zunächst von der Bundesregierung verlängert, lief jedoch endgültig zum Jahresende 2009 aus.

Konfliktunfähigkeit und verbaler Radikalismus der Arbeitgeber

Diese Veränderungen schlugen sich auch in den Positionen der Arbeitgeberverbände nieder. Eine Folge der Ausbreitung der betrieblichen Bündnisse für Wettbewerbsfähigkeit und Standortsicherung bestand darin, dass eine intensive betriebliche Kooperation zwischen den Betriebsparteien der großen Unternehmen entstand. Dies führte in den neunziger Jahren zu einer zunehmenden Unfähigkeit der Arbeitgeberverbände, Konflikte mit den Gewerkschaften erfolgreich auszutragen. Die Arbeitgeberverbände waren in einem Maße auf die Betriebsräte der großen Unternehmen angewiesen, dass sie keinen Konflikt mehr gewinnen konnten (Thelen 2000). Beispiele dafür sind der Streik in der bayerischen Metall- und Elektroindustrie 1995 sowie die Reaktion der Verbände auf den Vorschlag, die Lohnfortzahlung im Krankheitsfalle zu kürzen.

Im Fall des Bayernstreiks hatte der Arbeitgeberverband Gesamtmetall ursprünglich eine Aussperrung befürwortet und vorbereitet. Diese Strategie wurde jedoch in kürzester Zeit von den großen Unternehmen konterkariert. Nach zwei Wochen Streik gaben die Arbeitgeber den Forderungen der IG Metall nach. Bei dem zweiten Beispiel der Kürzung der Lohnfortzahlung im Krankheitsfall ging der Vorschlag sogar auf die Arbeitgeberverbände selbst zurück, nämlich als Teil der sozialpolitischen Agenda der BDA, vorgetragen von ihrem Präsidenten Klaus Murmann. Als die Bundesregierung diesen Vorschlag 1996 aufgriff, regten sich auf der betrieblichen Ebene sofort die Proteste. Die Gewerkschaften erwiderten, dass sie die Lohnfortzahlung im Falle einer gesetzlichen Änderung über die Tarifverträge wieder herstellen würden und übten entsprechenden Druck auf die Unternehmen aus. Nach nur wenigen Tagen mussten die Arbeitgeberverbände wie auch die Bundesregierung einsehen, dass sich auf diesem Wege die hohen Kosten für das Krankengeld nur marginal reduzieren lassen. Die Kosten wurden lediglich vom Bundeshaushalt auf die Arbeitgeber übertragen. Der Konflikt in der ostdeutschen Stahlindustrie (1998) und die Lohnrunde 1999 gingen ähnlich aus.

Scheinbar paradox nahm mit der Konfliktunfähigkeit und dem Kooperationszwang der großen Unternehmen die verbale Radikalität der Arbeitgeberverbände tendenziell zu. So forderten die Arbeitgeberverbände zwei Tage nach der Wahl 1994 den Umbau des Sozialstaates. »Die Soziallast wird uns erdrücken, wenn wir untätig bleiben« sagte Murmann. In seiner *Denkschrift* forderte er die Absenkung des Rentenniveaus, die Reduktion der Lohnfortzahlungen im Krankheitsfall, die Beteiligung der Bürger an den Arztkosten und die Finanzierung arbeitsmarktpolitischer Leistungen aus Steuermitteln (*taz* vom 20.10.1994: 1). Unterstützung erhielt Murmann dabei vom Präsidenten des Bundesverbandes der Deutschen Industrie (BDI), Tyll Necker, der einen »Umdenkungsprozess bei den Gewerkschaften« forderte (ebd.). All dies war den betrieblichen Aushandlungsprozessen nicht gerade dienlich und wurde von den Gewerkschaften nicht begrüßt. Gleichzeitig knickten die Arbeitgeber im Fall von Konflikten mit den Gewerkschaften wie im Fall der Lohnfortzahlung und des Bayernstreiks mehrfach ein. Wie konnte das sein?

Die Tarifpolitik und die betrieblichen Bündnisse für Wettbewerbsfähigkeit und Standortsicherung wurden in den neunziger Jahren zu einer Belastungsprobe für die Arbeitgeberverbände. Während einerseits in der Tarifpolitik uniforme Tarifabschlüsse für alle Mitgliedsunternehmen vereinbart wurden und damit trotz Rezession und deutscher Einheit an einer flächendeckenden Regulierung von Löhnen und somit Arbeitskosten festgehalten wurde, wurden gleichzeitig die Betriebe über Standortsicherungsvereinbarungen umgebaut. Die Produktivität der Betriebe wurde erhöht; Einkommen – zumeist im übertariflichen Bereich – abgebaut und die Unternehmen flexibilisiert. Gleichsam wurde jedoch ein Teil des Kostendrucks der Unternehmen an Zuliefererunternehmen abgewälzt, indem diesen genaue Vorgaben über Preise gemacht wurden. Die Zulieferer, soweit sie in Deutschland ansässig waren, waren jedoch in der Regel Mitglied im gleichen Arbeitgeberverband und damit Teil des gleichen Tarifvertrags. Da sie kleiner waren, konnten sie die Instrumente der BA, insbesondere die Frühverrentung, kaum in Anspruch nehmen.

Damit waren die kleineren Zuliefererbetriebe gleich in doppelter Weise in der Kostenreduzierungsstrategie der Großen gefangen. Aufgrund der Konfliktunfähigkeit der großen Betriebe konnten sie keinen

Tarifstreit mit der Gewerkschaft mehr gewinnen. Gleichzeitig wurden sie von den Abnehmerunternehmen unter hohen Druck gesetzt, ihre eigenen Kosten zu senken. Die Unternehmen, große wie kleine, begannen verstärkt, Komponenten der Produktion in Länder mit günstigeren Arbeitskosten auszulagern. Aber unter den kleinen Unternehmen regte sich der Widerstand:

Wir [hatten] im Verband auch immer eine kleine Diskussion am Rande, aber viel stärker bei der BDA, wo das Handwerk und die Metall- und Chemieindustrie (also Metall und Chemie auf der einen Seite, Handwerk auf der anderen Seite) immer auf einander losgegangen sind in den achtziger Jahren und dann in den frühen neunziger Jahren. Sie haben gesagt, hier findet ein Prozess statt, wo die Kleinen für die Großen zahlen. (Expertengespräch am 28.03.2008)

Die sektoralen Arbeitgeberverbände spürten den Druck innerhalb des Verbandes unmittelbar.[3] Sie scheuten jedoch gleichzeitig eine weitere Auseinandersetzung mit den Betriebsräten und Gewerkschaften. Eine Antwort auf dieses Dilemma war die Einrichtung von Ohne-Tarif-(OT)-Verbänden. OT-Verbände sind angegliederte sektorale Arbeitgeberverbände, bei denen die Mitgliedschaft nicht unmittelbar zur Tarifbindung führt. Kritische und unzufriedene Unternehmen, die nicht länger die Bestimmung des Tarifvertrages in ihren Betrieben anwenden wollten, sollten eine Möglichkeit erhalten, weiterhin im Verband bleiben zu können. Von der OT-Option machen überwiegend kleine und mittlere Betriebe mit durchschnittlich 100 Beschäftigten Gebrauch (Helmut Hauschildt, *Handelsblatt* vom 29.9.2004, zitiert von Rehder/Streeck 2005). Damit wurde der Kritik innerhalb der Verbände die Spitze genommen.

Eine weitere Strategie, mit der Unzufriedenheit des Mittelstands umzugehen, bestand in einer stärkeren Einbeziehung von Mittelständlern in die Führungsspitze der Arbeitgeberverbände, die seit Mitte der neunziger Jahre verstärkt repräsentiert wurden. Das galt sowohl auf der sekt-

---

3 Die Unzufriedenheit der kleineren Unternehmen mit der Tarifpolitik in der metallverarbeitenden Industrie lässt sich bereits in den achtziger Jahren erkennen. Der Tarifabschluss zur 35-Stundenwoche belastete die kleinen Unternehmen überproportional und brachte ihnen nur wenige Flexibilitätsgewinne (Silvia 1994). Schon länger gab es deshalb Auseinandersetzungen innerhalb des Arbeitgeberverbandes Gesamtmetall.

oralen als auch auf der gesamtwirtschaftlichen Ebene. Mit der stärkeren Einbeziehung des Mittelstands in die Arbeitgeberverbände wurde die Positionierung gegenüber den traditionell konsensorientierten Politikfeldern wie der Sozial- und Arbeitsmarktpolitik insbesondere in der BDA kritischer.

Auf die *Denkschrift* 1994 folgte das Kombilohnkonzept, das bereits die Etablierung eines breiten Niedriglohnsegments vorsah. Auch die Zusammenlegung von Arbeitslosen- und Sozialhilfe wurde thematisiert.[4] Ab Mitte der neunziger Jahre finden sich so in den Publikationen der BDA radikalere Vorschläge zur Liberalisierung des deutschen Sozialstaates, während die Arbeitgeber in der Tarifpolitik den Gewerkschaften kaum etwas entgegensetzen konnten. Anstatt einer direkten Konfrontation mit den Gewerkschaften, die die großen Unternehmen zunehmend nicht mehr gewinnen konnten, suchten die sektoralen Arbeitgeberverbände nun stattdessen die Auseinandersetzung auf der Ebene der Ideen und der politischen Einflussnahme. Ein besonders illustratives Beispiel dafür ist die Initiative *Neue Soziale Marktwirtschaft*, die von den Arbeitgeberverbänden Gesamtmetall und BDA gemeinsam mit dem BDI im Oktober 2000 aus der Taufe gehoben wurde.[5] Oberflächlich betrachtet war der Sinn und Zweck der Kampagne, neue Ideen zur Deregulierung und Liberalisierung der Wirtschaft zu mobilisieren und in der Öffentlichkeit bekannt zu machen. Tatsächlich war ihre Funktion jedoch, die Kritik des weiterhin unzufriedenen Mittelstandes an der großbetrieblich orientierten Tarifpolitik der Verbände abzuwehren. Die in der Kampagne diskutierten Vorschläge kompensierten somit die Handlungsunfähigkeit der Verbände und suchten einen verstärkten Kontakt mit politischen Entscheidungsträgern, die unter Beibehaltung des Prinzips der betrieblichen Kooperation die deutsche Wirtschaft liberalisieren sollten.

Wie schon am Beispiel der Lohnfortzahlung im Krankheitsfall deutlich wurde, war dabei nicht immer klar, welche der Ideen die Arbeitgeber wirklich in die Tat umsetzen wollten, beziehungsweise welche Arbeitgeberinteressen sich letztendlich durchsetzen sollten. Vielmehr ging

---

4 Siehe dazu Kapitel 8.

5 Gesamtmetall, der Arbeitgeberverband mit den stärksten Kritikern zur Tarifpolitik in den eigenen Reihen, finanziert die Kampagne mit 10 Millionen Euro pro Jahr (Speth 2004).

es auch hier vorrangig darum, ein Forum zu schaffen, in dem liberalere Ideen als die wirtschaftliche Praxis es zuließ zumindest diskutiert werden konnten. Dass die rot-grüne Bundesregierung einige dieser Vorschläge dann tatsächlich ernst nahm und zur Grundlage ihrer Reformpolitik machte, konnte vor dem Hintergrund der langjährigen Kontinuität der Arbeitsmarktpolitik von den Beteiligten nicht vorausgesehen werden.

Zerrissene Gewerkschaften

Auch auf Gewerkschaftsseite gab es zunehmend interne Konflikte, die sogar einige Parallelen zu den Arbeitgeberverbänden aufweisen. Auch hier liegt das Gravitationsfeld in der Metall- und Elektroindustrie und die beiden Flügel können mit pragmatisch versus ideologisch bezeichnet werden. Es gibt auch hier einen Konflikt zwischen großen und kleinen Unternehmen, beziehungsweise deren Beschäftigten und eine zunehmende Handlungsunfähigkeit der Organisation als solcher. Gleichwohl unterscheiden sich die Konflikte von denen der Arbeitgeber grundsätzlich.

Die für die Arbeitsmarktpolitik so relevanten betrieblichen Interessen basierten auf dem

Mainstream der Deutschland-AG. Das waren ja die großen Konzerne mit den großen Betriebsräten mit den großen Gewerkschaften – vor allem IG Metall und IG BCE ... Das waren Machtgebilde, und die haben sich gegenseitig bis in die Politik hinein unterstützt. Die IG BCE beispielsweise hat immer sehr gute Verbindungen zu jedem Kanzler, der Bergbau lebt ja von Subventionen (Experteninterview am 29.10.2007).

Die IG BCE hatte jedoch nicht nur gute Beziehungen zum Kanzleramt sondern auch seit den siebziger Jahren eine eigenständig betriebene, betrieblich orientierte und tariflich abgesicherte Sozialpolitik. Nach der für die damalige IG CPK traumatische Streikerfahrung im Jahr 1971, bei der die Gewerkschaft eingestehen musste, dass sie nicht streikfähig war, hatten die Sozialpartner der chemischen Industrie einen eigenen Branchenkorporatismus mit Tarifrentenmodellen und einem eigenen Unterstützungsverein der Chemischen Industrie (UCI) entwickelt. »Der UCI wird von den Arbeitgebern finanziert, von Gewerkschaften und Arbeitgebern gemeinsam verwaltet und dient der materiellen Unterstützung von arbeitslosen Chemiearbeitern, denen Zuschüsse zum Arbeitslosengeld gezahlt werden. Er wurde auf Grundlage des *Krefelder Abkommens* eingerichtet« (Trampusch 2002: 15). Auf dieser Grundlage entwickelte die IG BCE in den neunziger Jahren auch ihre eigenen Vorstellungen zur Rentenpolitik und Altersteilzeit. Die Voraussetzung für diese pragmatische Form der tariflichen Sozialpolitik war jedoch, dass die Betriebe der Großchemie zu den produktivsten und profitabelsten und ihre Beschäftigten damit zu den am höchsten bezahlten Arbeitnehmern der deutschen Wirtschaft gehörten.

Es gab jedoch noch eine andere Seite der gewerkschaftlichen Arbeitsmarktpolitik, die einen breiteren gesamtwirtschaftlichen Ansatz hatte und dem Branchenkorporatismus mit Distanz gegenüberstand:

Ich war da viel zu kritisch, weil ich gesagt habe, wir haben zunehmende Gruppen von Menschen, die nicht von der Deutschland-AG profitieren, die aber das Ganze über ihre Steuern und Sozialversicherungsbeiträge mitfinanzieren müssen. Ganz viele haben nie die Chance, in den Genuss zu kommen, zum Beispiel in den Kleinbetrieben, die hatten nie eine Altersteilzeit oder eine gute Vorruhestandsregelung, da hat sich auch keiner drum gekümmert. Und deren Zahl wird ja bis heute immer größer, und für die habe ich mich im Grunde immer eingesetzt (Experteninterview am 29.10.2007).

Damit ist das Spannungsfeld zwischen den Betrieben und Beschäftigten in den großen Betrieben der Exportindustrie und den Kleinbetrieben derselben und anderer Branchen ähnlich beschrieben wie bei den Arbeitgeberverbänden. Auch in den Gewerkschaften wurde von einem Teil der Funktionäre ab Mitte der neunziger Jahre die Ausrichtung der Arbeitsmarktpolitik an den Bedürfnissen der großen Unternehmen als zunehmend problematisch eingeschätzt.

Es gab jedoch zwei wesentliche Unterschiede zu der Situation der Arbeitgeberverbände. Erstens waren die Beschäftigten am Rand der Deutschland AG viel weniger in der Lage, ihre Interessen zu artikulieren, als der Mittelstand in den Arbeitgeberverbänden. Zweitens gab es ein starkes Eigenleben der Funktionäre in den Gewerkschaften, das in erster Linie über politisch-ideologische Auseinandersetzungen angefeuert wurde und das sich in den Arbeitgeberverbänden nicht so stark ausbildete.

In den Gewerkschaften im Kern der Deutschland AG waren im Wesentlichen die Mitarbeiter der großen Betriebe stark organisiert, während die Organisationsgrade der Arbeitnehmer mittelständischer Unternehmen erheblich geringer waren. Die Gewerkschaften in den Dienstleistungssektoren hingegen waren – außerhalb des Öffentlichen Dienstes – schon an sich kleiner und tarifpolitisch schwächer.

In den neunziger Jahren war es in den Reihen des DGB ein offenes Geheimnis, dass die beiden Industriegewerkschaften IG Metall und IG BCE den Ton angaben und der Rest der Gewerkschaften hoffte, an deren politischer und wirtschaftlicher Macht mittelbar partizipieren zu können. Erst mit der Gründung der vereinten Dienstleistungsgewerkschaft (ver.di) im Jahr 2001 änderte sich diese Konstellation etwas. Jetzt war zumindest gemessen an der Zahl der Mitglieder der IG Metall ein ebenbürtiger Konkurrent entstanden, wenn auch nicht an tarifpolitischer Schlagkraft. Ver.di war jedoch zugleich mit allerlei Startproblemen behaftet: die Gemengelage aus unterschiedlichen Arbeitnehmerinteressen in öffentlichen und privaten Dienstleistungssektoren war nur schwer zu integrieren, die Gewerkschaft war von Beginn an überschuldet und sie hatte mit Frank Bsirske ausgerechnet ein Mitglied der Grünen zum Vorsitzenden gewählt, was ihre politische Einflussnahme nicht gerade stärkte.

Die Gewerkschaft, in der die zwei sozialpolitischen Perspektiven auf die Deutschland AG unmittelbar aufeinander trafen, war die IG Metall. Wie auch für Gesamtmetall galt für sie, dass die Metall- und Elektroindustrie sowohl klein- wie auch großbetriebliche Strukturen aufwies und nicht jedes ihrer Mitglieder von den Privilegien der großen Betriebe profitierte. Allerdings waren auch in der IG Metall die Machtstrukturen unmittelbar auf die Interessen der Betriebsräte der großen Unternehmen ausgerichtet. Durch die betrieblichen Bündnisse für Arbeit stieg die Bedeutung der Betriebsräte der großen Unternehmen weiter, da ihre Standortsicherungsverträge die verbandliche Tarifpolitik prägten.

Gleichwohl stand die IG Metall politisch wie auch tarifpolitisch unter Druck. Politisch wurden die Gewerkschaften nach den ersten Kanzlergesprächen im Rahmen der deutschen Einheit von der Bundesregierung zunehmend ignoriert. Tarifpolitisch drohten die Debatten über

Öffnungsklauseln und die rapide Verbreitung der Standortsicherungsverträge dem Verband das Heft aus der Hand zu nehmen. In der Sozial-
und Arbeitsmarktpolitik drohte ihnen die IG BCE mit ihren tariflichen
Weiterentwicklungen den Rang abzulaufen. »Die Gewerkschaften befinden sich in einer schwierigen Situation. Nicht nur, dass der Druck
von Außen immer stärker zunimmt. Hinzu kommt, dass zwischen und
mitunter auch innerhalb der Gewerkschaften ein Strategiekonflikt
schwelt« (Urban 2003: 33).

Das Hauptproblem der IG Metall war ein internes, nämlich ein Führungskonflikt zwischen eher links-traditionalistisch politisch orientierten
Funktionären und stärker pragmatischen.[6] Beide Flügel standen der betrieblichen Interessenpolitik nahe und waren bemüht, die Stärke der Ta-
rif- und Betriebspolitik der IG Metall in den Vordergrund zu stellen und
als ihre autonome Machtbasis zu stärken. Die Betriebsräte waren daher
im Führungskonflikt eher agnostisch, da sie mit beiden Varianten recht
gut leben konnten. Auch wurde über die Tarifpolitik nur verhalten kontrovers diskutiert, da diese maßgeblich von den Betriebsräten bestimmt
wurde. Die Betriebsräte fürchteten jedoch eine offene Diskussion über
die Möglichkeiten und Grenzen der betrieblichen Bündnisse für Arbeit.
Im Rahmen der Bündnisgespräche wurden nämlich oftmals Kernthe-
men der Gewerkschaften wie zum Beispiel die 35-Stunden-Woche für
Angestellte wegverhandelt, ohne dass dies jemals offen ausgesprochen
wurde.

Da die Tarifpolitik und die Standortsicherungsverträge sich für eine
grundsätzliche Auseinandersetzung nicht eigneten, bewegte sich die
inhaltliche Auseinandersetzung zwischen den Flügeln auf dem Feld der
Sozial- und Arbeitsmarktpolitik. Hier hatten die Betriebsräte kaum
grundsätzliche Befürchtungen, dass die Gewerkschaftsspitze ihren
Handlungsspielraum einengen könnte. Zudem war die Abteilung Sozial-

---

6 Die Ursprünge der Flügelkämpfe in der IG Metall gehen bis in die frühen siebziger
Jahre zurück, als politisch motivierte Aktivisten aus der Studentenbewegung die Gewerkschaften als politisches Betätigungsfeld entdeckten. Wie in der Linken üblich,
zerfaserten die politischen Strömungen und formten verschiedene Untergruppen. Im
Unterschied zur IG Chemie hat sich die Führung der IG Metall jedoch nie massiv
gegen eine Inbesitznahme ihres Funktionärskörpers durch diesen Flügel gewehrt,
auch wenn es immer wieder politisch motivierte Ausschlüsse aus der Gewerkschaft
gab.

politik schon seit langem fest in der Hand des traditionalistischen Funktionärsflügels unter dem Vorstandsmitglied Horst Schmitthenner. Dieser erregte zunehmend den Unmut der stärker politisch- pragmatisch orientierten Vorstandsmitglieder.

Da gibt es eine Schlüsselentscheidung [...], wo der Walter Riester sich ein Herz nahm und sagte, ich erdulde das nicht mehr, dass dieser Schmitthenner in der Lage ist, die ganzen großen alten Sozialstaatsdebatten zum Kern der IG Metallpolitik zu erklären. Er ist dann in den Vorstand gegangen mit einem ganz anderen Rentenkonzept. Und diese Debatte hat der Walter Riester vor laufenden Kameras verloren. Da standen zwei Konzepte nebeneinander und dann war der Zwickel in der Mitte und der sagte, ich weiß jetzt auch nicht, was wir machen sollen. Dann muss derjenige, der dafür zuständig ist, weiterhin die Kompetenz für sich beanspruchen dürfen, sonst jagen wir unseren ganzen Laden in die Luft« (Experteninterview am 5.09.2008).

Im Unterschied zu den sozialpolitischen Experimenten der IG BCE, aber auch zu den Positionen des zweiten Vorsitzenden der IG Metall Walter Riester, war die sozialpolitische Abteilung der IG Metall in dieser Zeit stark an den traditionellen Prinzipien der Arbeitsmarktpolitik ausgerichtet und sah auch keinen Grund, davon abzurücken. Dazu gehörte eine Arbeitsmarktpolitik, die erstens möglichst hohe Lohnersatzleistungen finanziert, zweitens viele am Normalarbeitsverhältnis orientierte ABM – Stellen bereitstellt und die drittens die Qualifikation des Facharbeiters schützt. Letztlich argumentierte die Abteilung, dass es keinen Zusammenhang zwischen Lohnhöhe und Beschäftigung gebe und alle Arbeitnehmer grundsätzlich qualifizierbar sind. Die Arbeitsmarktpolitik habe ein Einnahmeproblem, kein Ausgabenproblem (ebd.).

Solange die Arbeitsmarktpolitik zwar die Interessen der großen Betriebe vorrangig bediente, gleichzeitig jedoch auch die Beschäftigten an den Rändern des Arbeitsmarktes umfassend absicherte, ergänzten sich beide Perspektiven gegenseitig. Der Vorruhestand baute auf langen Phasen großzügig alimentierter Arbeitslosigkeit auf, die zugleich auch allen Langzeitarbeitslosen zugute kamen. Die aktive Arbeitsmarktpolitik in Form von ABM und SAM zu Tariflöhnen festigte die Lohnuntergrenze in schwach organisierten Kleinbetrieben. Die vergleichsweise hohen Arbeitslosenhilfezahlungen und die Begrenzung der Zumutbarkeit ließen zudem keinen Niedriglohnsektor entstehen.

Als sich jedoch ab Mitte der neunziger Jahre abzeichnete, dass neue Wege beschritten werden würden und zumindest ein Abbau der Transferleistungen – wenn nicht sogar ein Umbau des gesamten Systems – bevorstand, war gerade das Feld der Sozial- und Arbeitsmarktpolitik in der IG Metall ideologisch paralysiert.

Das Ergebnis war eine Kakophonie der Positionen, die ab der zweiten Hälfte der neunziger Jahre unkoordiniert nebeneinander standen und den Grabenkämpfen in der Organisation eine neue Plattform gaben, obwohl sie eigentlich zum Ziel hatten, eine gemeinsame Haltung zur Sozialpolitik zu entwickeln.[7] Zunächst verkündete Klaus Zwickel auf dem Gewerkschaftstag 1995 die Initiative zum Bündnis für Arbeit. Diese Initiative sah vor, dass die IG Metall zur Lohnrückhaltung bereit sei, wenn die Arbeitgeber die Beschäftigung sichern und die Regierung keine weiteren Kürzungen im sozialen Bereich vornehmen würden. Der Vorschlag überraschte die Delegierten des Gewerkschaftstages völlig. Wenig später, im Oktober 1996, gab Walter Riester seine Vorstellungen zur Rentenreform und dem Tariffonds bekannt, die ebenfalls intern nicht abgestimmt waren (ebd.).

Beide Vorstöße zielten darauf ab, der IG Metall eine moderne Agenda zu verleihen und innerhalb der IG Metall und im Gewerkschaftslager ihre Meinungsführerschaft zu verteidigen. Sie führten jedoch lediglich zu einer Intensivierung der innergewerkschaftlichen Auseinandersetzungen.

Zum Zustand der IG Metall unmittelbar vor den Hartz-Reformen führte ein Vertreter aus:»Die Organisation war komplett mit sich selbst befasst[...]. Es war klar, die Zwickel-Ära geht zu Ende und Berthold Huber steht ante portas und das Ansinnen des links-traditionalistischen Flügels war es, alles darauf zu setzen zu verhindern, dass Berthold Huber dort Vorsitzender werden kann« (Experteninterview am 5.09.2008).

Auf den ersten Vorsitzenden Klaus Zwickel folgte 2003 ein neues Führungsduo, bestehend aus dem ersten Vorsitzenden Jürgen Peters, der stärker dem traditionalistischen Lager zugerechnet wurde, und dem pragmatischen Berthold Huber als zweiten Vorsitzenden. Damit wurde auch ein Stabwechsel von den Traditionalisten zu den Pragmatikern in der Abteilung Sozialpolitik vollzogen.

---

7 Siehe zum Überblick über die Debatte in der IG Metall Beerhorst und Berger (2003).

Im politischen Raum war der DGB aufgrund der ungleichen Macht-
verteilung nicht in der Lage, die unterschiedlichen Interessen und Konflikte zwischen und innerhalb der Gewerkschaften auf einen gemeinsamen Nenner zu bringen. Vielmehr signalisierten verschiedene Gewerkschaften unterschiedliche Positionen. Die Vertreterin des DGB für
Sozialpolitik, Ursula Engelen-Kefer, wurde dabei von der sozialpolitischen Abteilung der IG Metall von links kritisiert und von der IG BCE
aufgrund der guten Kontakte zum Bundeskanzler ignoriert. Auch das
Verhältnis zum restlichen DGB-Vorstand war eher angespannt. Engelen-Kefer hatte daher keine Chance, eine vermittelnde Position der
Gewerkschaften selbst im Ansatz zu formulieren oder in den Prozess
einzubringen.

Zusammenfassend kann man sagen, dass zwei große Entwicklungen
die Bereitschaft der Sozialpartner bestimmten, das Feld der Arbeitsmarktpolitik für politische Experimente zu öffnen: die betrieblichen
Akteure hatten neue Instrumente gefunden, mit der Restrukturierung
und deren sozialverträglicher Finanzierung umzugehen und verloren
damit das Interesse an der zuvor starken arbeitsmarktpolitischen Flankierung. Der große Arbeitsplatzbau in der verarbeitenden Industrie war
Mitte der neunziger Jahre abgeschlossen, die Belegschaft verjüngt und
die Finanzquelle BA weitgehend erschöpft.

Auf der Ebene der Verbände führte die Entwicklung der betrieblichen Restrukturierung zu großen Organisationsproblemen. Beide Seiten
hatten hohe Mitgliederverluste zu verkraften sowie wachsende innere
Konflikte zwischen einzelnen Branchen und Unternehmen. In den Arbeitgeberverbänden gewann der Mittelstand die ordnungspolitische
Deutungshoheit und forderte verstärkt die Zurückdrängung wohlfahrtsstaatlicher Leistungen. Die Gewerkschaften verloren sich in einem Führungskonflikt und in ideologischen Debatten. Sie versäumten es somit,
neue konzeptionelle Antworten auf die Verbetrieblichung der Tarifpolitik
und die anstehende Zurückdrängung der expansiven Arbeitsmarktpolitik zu geben, die über die Beharrung auf dem Status Quo hinausgingen.
Als die Bundesregierung Mitte der neunziger Jahre begann, verzweifelt
neue konzeptionelle Antworten auf den zunehmenden fiskalischen und
wirtschaftlichen Druck zu suchen, gab es auf Seite der Gewerkschaften
eine Sammelsurium der verschiedensten Positionen. Der zuvor so ge-

feierte Konsens der Verbände in der Arbeitsmarktpolitik hatte sich gegen Ende der neunziger Jahre weitgehend aufgelöst.

Kapitel 6
Umbruch im Parteienwettbewerb

Ebenso wie das Lager der Sozialpartner war das deutsche Parteiensystem über eine längere Zeit ein institutioneller Garant für die Stabilität der Arbeitsmarktpolitik in Deutschland. Ein Dreiparteiensystem,[1] in dem die beiden großen Sozialstaatsparteien über 80 Prozent der Stimmen und Sitze in den Parlamenten auf sich vereinten und die politischen Differenzen im Bereich der Sozial- und Arbeitsmarktpolitik sehr begrenzt waren, ermöglichte eine inkrementelle und stabile Expansion wohlfahrtsstaatlicher Leistungen.

In den ersten drei Jahrzehnten nach dem zweiten Weltkrieg blieb die Arbeitsmarktpolitik weitgehend aus dem Parteienkonflikt ausgeklammert. In Deutschland gab es vor allem einen Parteienwettbewerb zwischen den beiden Volksparteien, die sich regelmäßig als politische Lager präsentierten und den kleinen Parteien, denen die Rolle der Mehrheitsbeschaffer zugewiesen wurde (Lehmbruch 2000). Da die FDP – mit Ausnahme der Zeit der Großen Koalition – fortwährend in Regierungsbündnisse eingebunden war, konnte auch sie keinen grundsätzlichen Kurswechsel auf die politische Agenda bringen. Diese kurze Zeit des sozialpolitischen Konsenses kam jedoch spätestens ab den neunziger Jahren an ein Ende. Die sich mit der Wiedervereinigung dramatisch zuspitzenden sozio-ökonomischen Rahmenbedingungen führten im Parteiensystem zur dauerhaften Etablierung eines Mehrparteiensystems. Auch nahmen die parteiinternen Konflikte insbesondere in den Volksparteien stark zu.

---

1 CDU/CSU werden hier bundespolitisch zunächst als eine Partei betrachtet, obwohl zwischen beiden Parteien auch zunehmende Differenzen in der Sozialpolitik beobachtet werden können.

Der Konsens in der Sozialpolitik wurde insbesondere über die Verschränkung zwischen Parteien und Verbänden gestärkt. Beide große Volksparteien hatten einen Arbeitnehmerflügel – die Union über die Christlich-demokratische Arbeitnehmerschaft bei der CDU (CDA) und die Christlichen Sozialausschüsse (CSA), die SPD über die Arbeitsgemeinschaft für Arbeitnehmerfragen (AfA). Darüber hinaus gab es über Doppelmitgliedschaften des Führungspersonals und der parteipolitischen Orientierung der DGB-Gewerkschaften an der SPD enge Verflechtungen der Sozialdemokratie mit den Gewerkschaften, die sich in einer sehr hohen Quote von SPD-Mitgliedern unter den Gewerkschaftsvorständen widerspiegelte. Die CDU hatte hingegen traditionell engere Verbindungen zu den Arbeitgeberverbänden. Diese Verschränkungen erzeugten eine zusätzliche Status-Quo-Orientierung der Parteien, die sowohl den Regierungswechsel 1982 als auch die Deutsche Einheit überdauerte. Die Verschränkung zwischen Volksparteien und Verbänden glich jedoch zusehends einer Einkapselung, die eine Anpassung an die neuen sozio-ökonomischen Rahmenbedingungen unmöglich machte. Diese Einkapselung der traditionellen Arbeitsmarktpolitik beleuchten wir im dritten Abschnitt dieses Kapitels.

Der Bruch der Agenda 2010 mit dieser traditionellen Arbeitsmarktpolitik durch eine SPD-geführte Bundesregierung kam für viele Beobachter überraschend. Im nächsten Abschnitt dieses Kapitels beschäftigen wir uns daher mit der veränderten Dynamik des Parteienwettbewerbs, der aus der Ausdifferenzierung des Parteiensystems bei gleichzeitigem Fortbestehen der Lagerorientierung der Parteien resultierte. Für die SPD ergab sich daraus eine Reihe von Herausforderungen. Insbesondere die Herausforderung, die Partei stärker für die bürgerliche Mitte zu öffnen, während gleichzeitig die Führungsstruktur der Partei fragil war und die Unterorganisationen der Partei diesen Kurs ablehnten, führten im Ergebnis zu der Befürwortung einer übermäßig starken Liberalisierungspolitik durch den Bundeskanzler.

Neue Dynamik im Parteienwettbewerb

Nach dem zweiten Weltkrieg konzentrierte sich das deutsche Parteien-system zunächst auf zwei große Volksparteien. 1976 vereinten CDU/CSU und SPD über 90 Prozent der Stimmen auf sich. Beide großen Parteien polarisierten sowohl entlang sozio-ökonomischer Inte-ressen (obwohl sie im Bereich der Sozialpolitik im Vergleich zu anderen Parteiensystemen nie sehr weit voneinander entfernt waren) wie auch im Bereich grundsätzlicher Wertorientierungen. Die FDP der siebziger Jahre kombinierte dabei bürgerrechtlich-orientierte Wertorientierungen mit sozio-ökonomischen marktwirtschaftlichen Einstellungen und war daher zwischen beiden Volksparteien angesiedelt. Die Scharnierfunktion der FDP als Mehrheitsbeschaffer und die große Koalition der sechziger Jahre waren weder innerhalb der Parteien noch in der Öffentlichkeit hoch angesehen. Lagerwechsel wie 1969 und 1982 führten zu hohen Verlusten in der Wählerwertschätzung. Alle Beteiligten hatten eine La-germentalität, die sich am britischen Westminstermodell[2] orientierte und trotz der grundverschiedenen Wahlsysteme eine Stabilität der politi-schen Entscheidungen durch große Massenparteien anstrebte (Lehm-bruch 1998: 38−47). Auch die Öffentlichkeit empfand einen Wechsel in Koalitionsaussagen eher als ein Umfallen denn als einen Ausdruck einer notwendigen Flexibilität der Parteien. Die FDP zog aus der Entschei-dung im Jahr 1982, die Koalition mit der SPD aufzukündigen, die Lehre, dass Koalitionsaussagen und inhaltliche Positionen in jedem Fall durch-zuhalten seien, um ihre Glaubwürdigkeit zu erhöhen. Dies galt selbst dann, wenn es die Partei das Regierungsmandat kosten könnte. Sie legte sich langfristig auf ein Bündnis mit der CDU/CSU fest.

Mit den sich verändernden sozio-ökonomischen Rahmenbedingun-gen ab den siebziger Jahren begann sich das Parteiensystem erneut lang-sam auszudifferenzieren. Die Regierungsverantwortung der SPD wäh-rend der Weltwirtschaftskrise der siebziger Jahre führte zu heftigen Auseinandersetzungen mit den Gewerkschaften. Hinzu kam, dass die Wachstumspolitik der westlichen Industrieländer der fünfziger und sechziger Jahre zunehmend kritisch gesehen wurde. Die Kosten des

---

2 Das Westminstermodell basiert auf dem Mehrheitswahlrecht, das ein Zweiparteien-system mit starken Regierungsmehrheiten privilegiert.

Wachstums für die Umwelt wurden erkannt. Der Rüstungswettlauf mit den Ländern des Ostblocks und die nukleare Bedrohung in Europa und besonders in Deutschland waren der jüngeren Generation nur noch schwer zu vermitteln. Die SPD reagierte jedoch auf die Proteste vor allem junger Menschen und die entsprechenden alternativen politischen Forderungen mit Unverständnis. In der Nische der Wachstumskritik und der Einforderung einer stärker bürgerrechtlich orientierten Politik konnten sich ab Mitte der siebziger Jahre die Grünen formieren, zunächst noch als Bewegung und später als Partei.

Die Entscheidung der FDP, die sozialliberale Koalition aufzukündigen und die sozio-ökonomischen Positionen höher zu bewerten als ihre bürgerrechtlichen Prinzipien, begünstigte den Aufstieg der Grünen als Partei, die 1980 erstmals für den Bundestag kandidierten. In der Folge entstanden im Laufe der Wahlen der achtziger Jahre zwei feste Konstellationen: eine bürgerlich-liberale, bestehend aus CDU/CSU und FDP sowie eine sozialdemokratisch-grüne, bestehend aus SPD und Grünen. Die Neugründung der Grünen bestärkte somit vorerst die Lagerorientierung der deutschen Parteien, anstatt ihre Koalitionsfähigkeit zu vergrößern. Mit der Besetzung klassisch liberaler bürgerrechtlicher Themen trugen die Grünen auch dazu bei, dass die FDP sich noch stärker wirtschaftsliberal orientierte und damit für eine Koalition mit der SPD dauerhaft ausfiel.

Dennoch war zunächst in den achtziger Jahre an eine Rückkehr der SPD in die Regierungsverantwortung in einer Koalition mit den Grünen nicht zu denken. Die Grünen wurden auf der Bundesebene, ähnlich wie heute die Partei Die Linke, lange als nicht regierungsfähig angesehen. Im Laufe der achtziger Jahre wurden rot-grüne Koalitionen auf Länderebene mühsam ausprobiert. Dies begann mit der schwierigen Tolerierung einer sozialdemokratischen Minderheitsregierung in Hessen durch die Grünen (1982−1985), gefolgt von einer rot-grünen Koalition (1985−1987). Erst in den neunziger Jahren etablierte sich rot-grün auf Länderebene dauerhaft als eine Alternative zu christlich-liberalen Koalitionen (Lehmbruch 1998: 50). Auf Länderebene gab es nun bis auf wenige Ausnahmen überwiegend schwarz-gelbe und rot-grüne, vereinzelt − wie zum Beispiel in Rheinland-Pfalz (1991−1996) − auch noch sozialliberale Koalitionen. Diese Option wurde aber bei beiden Seiten zunehmend unbeliebter.

Die deutsche Einheit versetzte auch dem Parteiensystem einen Schock. In den ostdeutschen Ländern waren nach 40 Jahren Sozialismus die Parteidifferenzen anders ausgeprägt als im Westen. Obwohl die Wende von Bürgerrechtlern mit herbeigeführt worden war, war der Wählerzuspruch für Bürgerrechtsparteien im Parteienwettbewerb erheblich schwächer ausgeprägt. Sowohl die FDP als auch Bündnis90/Die Grünen erhielten nur geringen Zuspruch in den neuen Bundesländern. Gleichzeitig versuchten die etablierten Parteien, die eingeübte Parteiarithmetik und Dynamik der alten Bundesländer mit mehr oder weniger großem Erfolg auch auf die ostdeutschen Länder zu übertragen.

Die Nachfolgeorganisation der SED – die PDS – repräsentierte ein traditionell sozio-ökonomisch linkes und wertkonservatives Wählerprofil. Sie war in Ostdeutschland auf Länderebene von großer Bedeutung, konnte jedoch auf Bundesebene in den Wahlen 1990 und 1994 die 5-Prozent-Hürde[3] nicht überspringen (Tabelle 4). Gleichwohl stellte die PDS zumindest in Ostdeutschland als Partei einen Vergleichspunkt dar, an dem die SPD sich als Arbeiterpartei messen lassen musste. Alte Forderungen der Gewerkschaften aus den siebziger Jahren stießen hier auf Resonanz. Die Konflikte, die die SPD in den achtziger Jahren mit den Gewerkschaften nicht weiter hatte austragen müssen, da sie nicht mehr in der Regierungsverantwortung war, wurden nun wieder neu belebt.

Die Bundestagswahl 1990 markierte den Höhepunkt der SPD als Oppositionspartei. Die Positionierung des Kanzlerkandidaten Oskar Lafontaine als Vertreter traditioneller sozialdemokratischer Positionen ging eindeutig an der Erwartungshaltung der Wähler vorbei. Oskar Lafontaine hatte nicht erkannt, dass die deutsche Einheit eine nationale Herausforderung darstellte, deren wirtschafts- und sozialpolitische Folgen nicht zum Wahlkampf taugten. Kritik am wirtschaftspolitischen Einigungskurs der Bundesregierung wurde von den Wählern als Skepsis

---

3 Nichtsdestotrotz zog sie 1990 mit 17 Abgeordneten in den Bundestag ein, da der Einigungsvertrag eine getrennte Fünf-Prozent-Hürde für das ehemalige Bundesgebiet und die ehemalige DDR vorsah. 1994 erreichte sie vier Direktmandate und zog mit 30 Abgeordneten in Gruppenstärke in den deutschen Bundestag ein. Vgl. hierzu: http://de.wikipedia.org/wiki/Partei_des_Demokratischen_Sozialismus (Stand 7.07.2010).

Tabelle 4:   Ergebnisse der Bundestagswahlen, Zweitstimmen als
Anteil der abgegebenen Wählerstimmen, 1980–2009

	1980	1983	1987	1990	1994	1998	2002	2005	2009
CDU	34,24	38,15	34,45	36,71	34,16	28,4	29,52	27,78	27,27
CSU	10,30	10,63	9,81	7,11	7,28	6,74	8,99	7,39	6,53
CDU/ CSU	44,54	48,79	44,26	43,82	41,43	35,14	38,51	35,17	33,80
SPD	42,86	38,18	37,04	33,46	36,39	40,93	38,52	34,25	23,03
FDP	10,62	6,95	9,09	11,03	6,92	6,25	7,37	9,83	14,56
Grüne	1,50	5,57	8,26	5,05	7,27	6,70	8,56	8,12	10,71
PDS/ Linke				2,43	4,39	5,10	3,99	8,71	11,89
LINKES LAGER	44,36	43,75	45,3	40,94	48,05	52,73	51,07	51,08	45,63
RECHTES LAGER		55,74	53,35	54,85	48,35	41,39	45,88	45,00	48,36

Quelle: http://de.wikipedia.org/wiki/Ergebnisse_der_Bundestagswahlen.

an der deutschen Einheit an sich interpretiert und von der überwiegenden Mehrheit der Wähler abgelehnt. Die SPD erzielte ihr schlechtestes Wahlergebnis seit 1961.

Vor dem Hintergrund der Etablierung rot-grüner Koalitionen in westdeutschen Landesparlamenten, dem aus der Sicht der SPD katastrophalen Ergebnis der Bundestagswahl 1990 und der Ermüdung der Regierung Kohl, war die Bundestagswahl 1994 ein Test für die Rückeroberung von Regierungschancen. Die christlich-liberale Koalition war seit zwölf Jahren an der Regierung und ihre Vereinigungspolitik war umstritten. Der Vereinigungsbonus für Kanzler Kohl war verbraucht und die Regierung wirkte ideenlos. Um eine Regierungsperspektive jenseits einer großen Koalition und innerhalb des in Westdeutschland mittlerweile etablierten rot-grünen Lagers zu eröffnen, musste die SPD jedoch weitere Stimmen aus dem Bürgertum gewinnen. Das Wählerreservoir der PDS, die von vielen Experten als vorübergehendes Phänomen angesehen wurde bis sich die ostdeutschen Wählerpräferenzen den westdeutschen angenähert hätten, reichte für den Machterwerb nicht aus. Für die SPD Spitze war daher klar, dass dies nur mit einer Profilierung der Partei in Richtung Bürgertum gelingen konnte. Parteienforscher hatten die SPD Führung bereits seit den achtziger Jahren darauf aufmerksam gemacht, dass ihre Stimmenzuwächse bei den Wechselwählern von der Union zu holen seien (Falter 1999; zitiert in Gohr 2003: 53).

Im Unterschied zum Kanzlerkandidaten der Wahl 1990, Oskar Lafontaine, konnte der Ministerpräsident von Rheinland-Pfalz, Rudolf Scharping, der in Rheinland-Pfalz eine sozial-liberale Koalition anführte, eine bürgerliche Politik glaubwürdiger repräsentieren. Er war jedoch, wie wir in den nächsten Abschnitten noch zeigen werden, ein Kompromisskandidat mit wenig Charisma und nur deshalb als Kandidat geeignet, weil er zwischen den eher traditionell-links orientierten Unterorganisationen der Partei und dem sich als zunehmend wirtschaftsnah abzeichnenden Mitbewerber Gerhard Schröder angesiedelt war. Seine Wahl als Parteivorsitzender erfolgte nur ein Jahr vor der Bundestagswahl 1994 und er hatte denkbar wenig Zeit, die Partei neu auszurichten.

Auch das Ergebnis bei der Bundestagswahl 1994 war für die SPD ernüchternd, obwohl sie gegenüber 1990 Stimmen hinzugewinnen konnte. Im Resultat gab es zum ersten Mal in der deutschen Nachkriegszeit eine Stimmengleichheit zwischen linkem und rechtem Lager, wenn man die Stimmen für die PDS mit einbezog (Tabelle 4). Im Sinne einer Maximierung aller Stimmen für das linke Lager konnte man die Wahl somit als Erfolg ansehen (Kitschelt 1999). Gleichwohl schnitt die SPD noch unter den Ergebnissen der Wahlen der achtziger Jahre ab, während sowohl die Grünen als auch die PDS zulegten. Die elektoralen Kosten einer Öffnung zur Mitte waren damit unmittelbar zu beobachten. Gleichzeitig wurden die Stimmengewinne für das linke Lager für die Parteianhänger der SPD nicht als solche wahrgenommen (ebd.).

Die zaghaften Schritte in Richtung einer Öffnung der Wirtschafts- und Sozialpolitik wurden jedoch mit einer Kampfabstimmung durch Oskar Lafontaine gegen Rudolf Scharping um den Parteivorsitz 1995 beendet. Oskar Lafontaine symbolisierte als Parteivorsitzender der SPD eine Rückkehr zu den traditionellen sozialdemokratischen Positionen. Allerdings machte Lafontaine Gerhard Schröder zum wirtschaftspolitischen Sprecher der Partei, um zumindest vordergründig die seit den 90er Jahren heftiger werdenden Flügelkämpfe zu beenden und so eine größtmögliche Geschlossenheit zu erreichen.

Das Wahlprogramm 1998 versuchte dementsprechend einen Spagat zwischen sozialdemokratischer Tradition (Gerechtigkeit) und wirtschaftspolitischer Moderne (Innovation).[4] Egle und Ostheim bezeichnen die programmatische Orientierung als »eklektisches Nebeneinander unterschiedlicher Ziele und Vorhaben« und als »elektoral erfolgreich – programmatisch leer«. »Während Schröder auf dem Programmparteitag in Leipzig die Angebotsseite dahingehend konkretisierte, dass er die Senkung von Unternehmenssteuern auf einen einheitlichen Steuersatz von 35 Prozent ankündigte, hob Lafontaine die im Programm genannten klassisch-sozialdemokratischen Maßnahmen in der Sozial- und Arbeitsmarktpolitik hervor. Schröder spielte somit die Rolle des wirtschaftsfreundlichen ›Modernisierers‹, während Lafontaine für die ›traditionellen‹ Bestände sozialdemokratischer Politik eintrat« (Egle u.a.: 73).

Im Wahlkampf konkretisierte sich die Doppelstrategie der Parteispitze. Während offen Wahlversprechen in Richtung Gewerkschaften ausgesprochen wurden und die Gewerkschaften dies auch mit einer unmittelbaren Wahlaufforderung zugunsten von rot-grün dankten, garantierten sowohl der Kanzlerkandidat Schröder als auch sein Schattenkabinett eine gemäßigte Wirtschafts- und Sozialpolitik. Personell versuchte Gerhard Schröder mit der Nominierung von Jost Stollmann als Kandidat für das Wirtschaftsministerium der SPD im Wahlkampf ein wirtschaftsnahes Profil zu geben. Der Wahlkampf 1998 war ein traditionell westdeutsch geprägter Lagerwahlkampf, bei dem keine andere Koalitionsoption als rot-grün versus schwarz-gelb möglich erschien.

Diese Strategie zahlte sich für die SPD aus: Bei der Bundestagswahl von 1998 erzielte sie ihr bestes Ergebnis seit 1980. Das rot-grüne Lager erreichte einen Vorsprung von über fünf Prozentpunkten gegenüber der christlich-liberalen Koalition. Alle drei Parteien der bisherigen Regierungskoalition verloren an Wählerstimmen, während alle Parteien des linken Lagers zulegten.

In dieser Konstellation – fest eingebunden in ein rot-grünes Lager und in der Auseinandersetzung mit einer christlich-liberalen Alternative – festigten sich die Wahlstrategien auf beiden Seiten. Die rot-grüne Bundesregierung absolvierte während ihrer ersten Legislaturperiode ein

---

4 Das spiegelt sich auch im Titel des Wahlprogramms *Arbeit, Gerechtigkeit und Innovation* wider. http://www.april1998.spd-parteitag.de/programm/index.htm.

Regierungsprogramm, das bürgerrechtliche Projekte im Bereich der Einwanderung und Energiepolitik sowie eingetragene Partnerschaften für homosexuelle Paare umsetzte, während im Hinblick auf Themen der sozio-ökonomischen Dimension eine traditionell arbeitnehmerfreundliche Haltung überwog.

Gleichwohl überschattete die ökonomische Realität der Rezession zum Jahrtausendwechsel die Arbeitsmarktbilanz der ersten beiden Jahre. Die Arbeitslosenzahlen kletterten erneut über die Vier-Millionen-Marke, die Zahl also, die Helmut Kohls Regierung die erdrutschartige Niederlage zwei Jahre zuvor eingebracht hatte. Auch sah sich die traditionelle Arbeitsmarkt- und Sozialpolitik den gleichen Kritikpunkten ausgesetzt wie in der Endphase der Kohl-Regierung. Es war daher nur folgerichtig, dass die SPD-geführte Regierung nach neuen Antworten in der Arbeitsmarkt- und Sozialpolitik suchte. Wie in Kapitel 4 ausgeführt gab es in den neunziger Jahren allenfalls zaghafte Reformvorhaben am Arbeitsmarkt, die zudem nur halbherzig umgesetzt wurden. Es stellt sich also die Frage, warum gerade die SPD, die Partei der Arbeitnehmer und der sozialen Gerechtigkeit, mit diesem Reformmuster brach.

Wie wir nun zeigen werden, liegen die Gründe für die Repositionierung der SPD-geführten Bundesregierung in einem veränderten sozioökonomischen Kontext, der die Konstellation des Parteienwettbewerbs in Deutschland nach der deutschen Einheit nachhaltig veränderte. Insbesondere die SPD war gezwungen, sich neu zu orientieren. Diese Herausforderung zur Neuorientierung ist nicht spezifisch deutsch, sondern betrifft alle sozialdemokratischen Parteien in Europa. Dabei stehen sozialdemokratische Parteien vor einer Reihe Dilemmata, die wir im Folgenden näher beschreiben wollen.

Sozialdemokratische Dilemmata

Seit Beginn der siebziger Jahre, als die Ölkrise das Ende des goldenen Zeitalters der Nachkriegsjahre einleitete, stellte sich für alle Parteien links der Mitte das zentrale Problem, wie in ökonomisch schwierigeren Zeiten die erreichten Leistungen des Wohlfahrtsstaates verteidigt werden können. Sollten sozialdemokratische Parteien den Wohlfahrtsstaat reformieren, um ihn zu erhalten? Oder war bereits die Diskussion über die Notwendigkeit einer solchen Reform ein Zugeständnis an den neoliberalen Zeitgeist? Unbestritten ist, dass sich der wirtschaftliche und soziale Kontext moderner Wohlfahrtsstaaten in den letzten vier Jahrzehnten tiefgreifend verändert hat. Die Wachstumsraten entwickelter Volkswirtschaften halbierten sich, während sich die Arbeitslosenzahlen verdoppelten. Statt der traditionellen Dominanz der OECD Länder in der Weltwirtschaft haben heute Schwellenländer einen zunehmenden Anteil am Welthandel. Ein Großteil der Güter, die in den reichen Ländern konsumiert werden, wird heute in Entwicklungsländern hergestellt. Viele Arbeitsplätze, die von der Produktion dieser Güter abhängen, sind ins Ausland abgewandert. Der Anteil der Industriearbeitsplätze hat sich in den letzten drei Jahrzehnten halbiert und liegt in Deutschland heute bei unter 20 Prozent.[5] Neue Arbeitsplätze werden fast ausschließlich in den Dienstleistungssektoren geschaffen. Gleichzeitig hat sich der Arbeitsmarkt stark verändert. Heute sind mehr als die Hälfte der Arbeitnehmer Frauen, die Arbeitszeiten haben sich ausdifferenziert und viele Arbeitsplätze sind nicht mehr auf Dauer angelegt.

Sozialdemokratische Parteien, deren erklärtes Ziel der letzten 100 Jahre es war, die ökonomischen Interessen der arbeitenden Bevölkerung zu vertreten und soziale Schutzmechanismen aufzubauen und zu verteidigen, sahen sich zunehmend der Frage ausgesetzt, wie sie dieses Ziel im 21. Jahrhundert noch verfolgen konnten. Die Antwort auf diese Frage war nicht leicht zu finden, da auch ein Stillstand in der Sozialpolitik durchaus Rückschritte in der Absicherung großer Teile der Bevölkerung bedeuten konnte. Die anhaltende Krise auf dem Arbeitsmarkt drohte zunehmend die sozialen Sicherungssysteme zu unterminieren. Solange nicht mehr Menschen in die sozialen Sicherungssysteme einzahlten, war ihre Zukunft ungewiss. Wenn sich soziale Risiken und wirtschaftliche Strukturen veränderten, mussten soziale Sicherungssysteme neu justiert werden. Die Frage war wie.

In diesem Kontext hat der deutsch-amerikanische Politikwissenschaftler Herbert Kitschelt bereits 1999 die Herausforderungen an sozi-

---

5 Siehe Daten zur Struktur der Beschäftigung den Tabellenanhang in Scharpf und Schmid (2000).

aldemokratische Parteien in Europa benannt (Kitschelt 1999: 322 ff.).
Er identifiziert drei Dilemmata für die Parteien links der Mitte. Sie bestehen aus der Bedeutung und der strategischen Ausrichtung der Parteien an den wirtschaftspolitischen Problemen, der Ausfächerung der
wahlstrategischen Dimensionen in einer postmaterialistischen Gesellschaft sowie der Frage der organisatorischen Verfassung großer Volksparteien.

Die Dilemmata lassen sich folgendermaßen umreißen:

- Das polit-ökonomische Dilemma: In modernen Dienstleistungsökonomien ist eine marktliberalisierende Politik nicht zu vermeiden, um
neue Beschäftigung zu schaffen und zu sichern. Sozialdemokraten
geben sich der Illusion hin, dass sie in der Lage sind, die Wirtschaft
zu liberalisieren und gleichzeitig die Verlierer einer solchen Politik zu
beschützen. Entweder verweigern sich sozialdemokratische Parteien
einer Liberalisierungspolitik und sie bleiben Oppositionspartei (weil
sie mit einer Verweigerungspolitik weder mehrheits- noch koalitions-
fähig sind). Oder sie verfolgen eine an den Interessen der bürgerlichen Mittelschicht orientierte Modernisierungspolitik, setzen sie als
Regierungspartei um und werden anschließend von ihren Stamm-
wählern an der Wahlurne abgestraft. Das Dilemma besteht in der
Entscheidung der Parteiführung, entweder den Interessen der Arbeitnehmer vorrangig verpflichtet und damit in der Opposition zu
bleiben oder eine Regierungsbeteiligung anzustreben.
- Das wahlstrategische Dilemma: In modernen Demokratien gibt es
nicht nur eine sozio-ökonomische Achse der Wählerpräferenzen von
wirtschaftsliberalen (rechts) versus sozialdemokratischen (links) Positionen. Vielmehr ist der wahlstrategische Raum zweidimensional.
Die zweite Achse besteht aus der Gegenüberstellung von wertkon-
servativen autoritären versus kulturell libertären und bürgerrechtlich
orientierten Positionen. Wenn in einem Parteiensystem eine links-li-
bertäre Partei vertreten ist, dann konkurrieren traditionell sozial-de-
mokratische Parteien entweder mit der links-libertären Partei um
linke Wählerstimmen, oder sie konkurrieren mit wirtschaftsliberalen
Parteien um die sozio-ökonomisch definierte Mitte der Gesellschaft
(Medianwähler) und müssen dabei Stimmen nach links abgeben.

Dabei laufen sie Gefahr, dass sie nach links mehr Stimmen verlieren, als sie in der Mitte gewinnen können.

– Das Dilemma der Parteiorganisation: Etablierte Volksparteien haben eine große Mitgliederbasis und sind in der Positionierung schwerfällig. Die Mitgliederbasis ist in der Regel am Status Quo orientiert und besteht in der Mehrheit aus der traditionellen Kernklientel. Eine strategische Ausrichtung der Partei an neuen Bedingungen ist daher schwierig. Entweder entscheidet die Parteiführung sich für strategische Kontinuität und akzeptiert daher programmatische Immobilität, oder sie optiert für eine Öffnung der Partei gegenüber neuen Wählergruppen und Ideen und riskiert eine größere Volatilität und mangelnde Akzeptanz ihrer Entscheidungen durch die Parteibasis.

Die beiden ersten Dilemmata implizieren, dass sozialdemokratische Parteien, die sich hauptsächlich entlang der Interessen der Arbeiterbewegung definieren, in modernen Dienstleistungsökonomien keine Mehrheit der Stimmen mehr erreichen können. Verbleiben sie fest im Lager links der Mitte, wird das Stimmenreservoir für eine Regierungsbildung innerhalb des linken Lagers nicht ausreichen. Vielmehr werden die linken Parteien untereinander konkurrieren und strukturell in der Minderheit bleiben. Allein die Öffnung sozialdemokratischer Parteien zu den bürgerlichen Wählern kann das linke Lager insgesamt mehrheitsfähig machen. Diese Strategie kann jedoch zugleich den Verlusten an Wählerstimmen für die Partei an sich bedeuten. Während das *linke Lager* neue Mehrheiten findet, verliert die Partei als solche an Zuspruch, da sie Traditionswähler verliert.

Die drei Dilemmata sind zudem miteinander verknüpft. Ob eine Partei sich für bürgerliche Wähler öffnen kann, hängt davon ab, wie unabhängig die Parteiführung von ihrer Mitgliederbasis ist. Oder umgekehrt: Eine Abkopplung der Parteiführung von ihrer Basis kann auch Auswirkungen auf ihre Wahlchancen haben, wenn sich die Basis nicht mehr im Wahlkampf engagiert. Oder: Eine Bewegung in Richtung Mitte eröffnet anderen Parteien erst die Möglichkeit, sich als links-wertkonservative Partei zu etablieren. Die Parteien sehen sich also komplexen Zielkonflikten gegenüber, bei denen eine strategische Platzierung sowohl Vor- als auch Nachteile bedeutet.

Die Dilemmata helfen uns, das Verhalten des Bundeskanzlers und der Parteivorsitzenden der SPD der späten neunziger Jahre besser zu verstehen. Seit Mitte der neunziger Jahre sah die Parteiführung der SPD ihre einzige Chance für einen Wahlerfolg in der Auseinandersetzung mit der CDU und der FDP und einer Annäherung an die gesellschaftliche Mitte. Diese strategische Entscheidung jedoch blieb unter den Funktionären und in der Mitgliedschaft der Partei umstritten. In den Führungszirkeln der Partei war die Neuorientierung der Partei durch die Machtkämpfe zwischen den sogenannten Enkeln Willy Brandts, den jüngeren sozialdemokratischen Ministerpräsidenten Lafontaine, Engholm, Schröder und Scharping, zudem stark beeinträchtigt. Auch waren die wahlstrategischen Konsequenzen einer Hinwendung zur Mitte ungewiss, da es nicht vorhersehbar war, welchen Stimmenanteil die Grünen im Bereich der links-libertären orientierten Wähler an sich binden würden. Nach der Agenda 2010 und der Gründung der WASG wurde die Situation noch brenzliger, da mit der Westausbreitung der PDS und späteren Partei Die Linke auch auf dem traditionell linken polit-ökonomischen Spektrum der SPD Konkurrenz entstand.

Die entscheidende Zwangslage der SPD bestand demnach darin, dass sie entweder in die Mitte rücken konnte, um Regierungsverantwortung übernehmen zu können – dann riskierte sie tendenziell, Wählerstimmen nach links zu verlieren. Oder sie maximierte ihr Wählerpotential innerhalb des Lagers links der Mitte – dann war das linke Lager jedoch möglicherweise nicht mehrheitsfähig. In den neunziger Jahren war die SPD in diesem Zwiespalt gefangen. Sobald die Parteiführung die Partei in die Mitte führen wollte, verlor sie relativ an Wählerstimmen und erregte damit den Widerstand in der Partei. Genau diese Zwangslage wurde von neuen Anwärtern auf das Amt des Vorsitzes oder der Kanzlerkandidatur genutzt, um Rivalen aus führenden Positionen zu drängen.

Vor diesem Hintergrund betrachtet waren der *Neue Mitte Wahlkampf* 1998, die Agenda 2010 und die darin enthaltenen Hartz Reformen ein Versuch Gerhard Schröders, die Ausrichtung der SPD als eine dynamische Reformpartei in der Mitte des Parteienspektrums zu verankern.

Mindestens ebenso wichtig war jedoch der Versuch, mit der Agenda 2010 die schwelenden Machtkämpfe innerhalb der Partei zu entscheiden. Die programmatische Erneuerung wurde bereits Mitte der neunziger Jahre eingeleitet, von den Unterorganisationen der Partei aber durchgängig abgelehnt. Deren beharrliches Pochen auf die traditionellen Positionen der Sozialdemokratie wurde gleichzeitig in anhaltenden Machtkämpfen um Führungspositionen instrumentalisiert. Dass die Agenda 2010 in einem so radikalen Gewand daher kam, lag daher an der wechselseitigen Blockade von innerparteilichem Führungskampf und der Segmentierung sich verselbständigter Gruppierungen.

Die Einkapselung traditioneller Arbeitnehmerpolitik

Traditionell gab es einen engen Schulterschluss zwischen SPD und Gewerkschaften, die gemeinsam in verschiedenen Arenen für die Interessen der Arbeitnehmer eintraten.[6] Die Erfahrung des Nationalsozialismus hatte zu einer weitgehenden Neuorganisation der Gewerkschaften nach dem zweiten Weltkrieg beigetragen. Da die politische Spaltung der Gewerkschaften als Schwäche der Weimarer Republik angesehen wurde, entschieden sich die sozialistischen Gewerkschaften mehrheitlich für die politisch neutrale Einheitsgewerkschaft. Gewerkschaften sollten sich nicht wieder entlang politischer Kriterien spalten lassen. Allerdings bedeutete dies für die Gewerkschaften des DGB keine parteipolitische Enthaltsamkeit, sondern eine zumindest formale politische Offenheit gegenüber anderen Parteien über die Sozialdemokraten hinaus.

Zu diesem Zweck wurden sowohl institutionelle als auch personelle Verschränkungen mit beiden großen Parteien aktiv betrieben. Bis in die späten siebziger Jahre waren alle Vorstandsmitglieder der Gewerkschaften auch Mitglied einer Partei. Während die meisten Vorstandsposten für SPD-Mitglieder bereit gestellt wurden, gab es in jedem Vorstand auch Platz für ein Mitglied der CDU. Auf regionaler Ebene wurden einzelne Verwaltungsstellen in den Industriegewerkschaften für Bevollmächtigte reserviert, die parteipolitisch an die CDU gebunden waren. Analog dazu wurden in den Volksparteien Strukturen zur Vertretung von Arbeitnehmerinteressen geschaffen, die mehrheitlich mit Gewerkschaftern besetzt wurden: die AfA und die CDA. Die SPD-Spitze kon-

---

6 Siehe zum Folgenden (Hassel 2006a und b).

sultiert zudem den Gewerkschaftsrat, der sich aus den Parteimitgliedern unter den DGB-Vorsitzenden zusammensetzt.

Insbesondere in den fünfziger und sechziger Jahren des letzten Jahrhunderts war die intensive Ausbalancierung der parteipolitischen Orientierung der Vorstandsmitglieder von entscheidender Bedeutung. Während die KPD-Sitze dabei allmählich verschwanden, blieb der Anteil der CDU-Mitglieder unter den Vorständen weitgehend stabil. Von 1945 bis 1975 waren knapp 18 Prozent der Vorstandsmitglieder der Gewerkschaften Mitglied der CDU (Jühe 1977: 45).

Im Laufe der Zeit verlor jedoch die parteipolitische Orientierung für die Gewerkschaften massiv an Bedeutung. In vielen Gewerkschaften wurde die Parteizugehörigkeit der Vorstandsmitglieder zur Privatsache. Eine strategische Politik der Gewerkschaften verschiedene politische Lager im Vorstand zu vertreten und systematisch auf die Parteien einzuwirken, ist in vielen Gewerkschaften nicht mehr Priorität.

Insbesondere die Verbindung der Gewerkschaften zur CDU ist deutlich schwächer als früher. Heute liegt der Anteil der CDU-Mitglieder in den Gewerkschaftsvorständen bei 7 Prozent. Es gibt auch keinen Vorsitzenden einer DGB-Gewerkschaft, der CDU-Mitglied ist. Das letzte CDU-Mitglied an der Spitze einer Gewerkschaft war Hermann Lutz, der Vorsitzende der Gewerkschaft der Polizei von 1986 bis 1998.

Zugleich konnte sich keine andere Partei in den Gewerkschaftsvorständen etablieren, beziehungsweise die Gewerkschaften banden keine anderen Parteien in ihre Gremien ein. Die Ausdifferenzierung des deutschen Parteiensystems in den achtziger und neunziger Jahren mit den Wahlerfolgen der Grünen und der PDS schlug sich kaum in den Gewerkschaftsvorständen nieder. Beide Parteien konnten nicht in den Vorständen der Gewerkschaften Fuß fassen, obwohl beide Parteien eindeutig links von der Mitte angesiedelt sind. Die Grüne Parteimitgliedschaft des ver.di-Vorsitzenden Bsirske ist dabei die Ausnahme von der Regel.

Dies führte zu einer paradoxen Situation: Auf der einen Seite sind die DGB-Gewerkschaften heute mehr denn je auf die Sozialdemokratie konzentriert. Die Idee der politischen Einheit der Arbeiterbewegung, die der Einheitsgewerkschaft zugrunde liegt, wich einer politischen Festlegung auf die SPD. Auf der anderen Seite ist auch die Distanz zwischen den Gewerkschaften und den politischen Parteien insgesamt, einschließlich der SPD, in den achtziger und neunziger Jahren deutlich gewachsen. Die Gewerkschaften, die sich in den achtziger Jahren mit der Einführung der 35-Stunden-Woche auf dem Höhepunkt ihrer tarifpolitischen Macht befanden, definierten sich zunehmend als eigenständiger politischer Verband, der eher auf seine eigene tarifpolitische Stärke vertraute als auf die Vermittlung seiner Interessen durch die Parteien. Zugleich wandten sie sich stärker der Friedensbewegung und anderen außerparlamentarischen Gruppierungen zu. Auch heute finden sich ganze Gewerkschaftsorganisationen als Mitglieder der globalisierungskritischen Organisation Attac und als Unterstützer außerparlamentarischer Bewegungen.

Die Entfremdung zwischen SPD und Gewerkschaften war beidseitig und begann nicht erst mit der Diskussion über die Agenda 2010 im Frühjahr 2003. Bereits in den achtziger Jahren wurden die Gewerkschaften wegen ihrer Politik der Arbeitszeitverkürzung mit Lohnausgleich von der SPD-Spitze, insbesondere von Oskar Lafontaine, heftig kritisiert (Lafontaine 1988). Auch der ›Neue Heimat‹-Skandal[7] führte zu einer Distanzierung der SPD von führenden Gewerkschaftern.

Gleichzeitig entfernten sich in den achtziger Jahren auch die Gewerkschaftsspitzen, insbesondere von IG Metall, Gewerkschaft Handel, Banken und Versicherungen (HBV) und IG Medien zunehmend von der SPD. Im Innern hochpolitische Organisationen, vermochten sie ihre Politik nicht mehr einer nach ihrer Wahrnehmung zunehmend konservativen Sozialdemokratie anvertrauen. In einem Vergleich der verschiedenen Generationen von Gewerkschaftsführern befand Hartmut Grewe schon 1988, dass die »traditionell enge Verklammerung von parlamentarischer Arbeit und Verbandspolitik in entsprechenden Personalunion

---

7 Die gemeinwirtschaftlichen Unternehmen der Gewerkschaften hatten sich in den Nachkriegsjahren zu großen Konzernen entwickelt. Das gemeinwirtschaftliche Wohnungsbauunternehmen ›Neue Heimat‹, das in den siebziger Jahren Hunderttausende Wohnungen verwaltete, geriet Anfang der achtziger Jahre in den Verdacht der Misswirtschaft. Die Gewerkschaften versuchten erfolglos, sich der Verantwortung durch den Verkauf des Unternehmens an einen Berliner Bäcker zu entledigen. Dies führte zu einem großen Ansehensverlust aller gemeinwirtschaftlicher Unternehmen, die in der Folge abgewickelt wurden (Hassel 2003).

durch die Spitzenfunktionäre der ›Steinkühler-Hensche‹ –Generation[8] aufgekündigt worden« sei (Grewe 1988: 98). Diese Entwicklung hat sich in den letzten 20 Jahren weiter fortgesetzt mit der Folge, dass die bestehenden Verflechtungen nicht mehr tatsächliche Arbeitnehmerinteressen repräsentieren, sondern in zunehmenden Maß ein von den tatsächlichen Positionen der Gewerkschaften abgekoppeltes Eigenleben führen.

Für die SPD bedeutete dies, dass die wesentlichen Verbindungsorganisationen zu den Gewerkschaften – der Gewerkschaftsrat und die Arbeitsgemeinschaft für Arbeitnehmerfragen[9] –, die früher eine Vetoposition in der Partei hatten, in den Augen der Parteiführung zu einem Traditionsverein verkamen. Aus dem »lebenswichtigen Organ der SPD, gleichzeitig Auge, Ohr und Herzkammer der Partei« (Herbert Wehner) wurde eine Unterorganisation der Partei, die zwar sicherstellen konnte, dass die Programmarbeit der SPD die Werte der sozialen Gerechtigkeit hochhielt, jedoch nicht in der Lage oder willens war, eine Öffnung der Partei mitzutragen.

Der Machtkampf der Enkel und die Führungsschwäche der SPD

Die Führungskrise der SPD begann mit dem Rücktritt Willy Brandts im März 1987. Willy Brandt wollte mit Margarita Mathiopoulos eine parteilose (und von ihrem Hintergrund her parteikritische) Frau zur Sprecherin der SPD machen und stieß damit auf großen Widerstand im Parteivorstand. Er war daraufhin nicht mehr bereit, sein Amt weiter auszuüben.

Willy Brandt selbst versuchte seine Nachfolge durch Kontakte und Gespräche mit der sogenannten *Enkel*-Generation der Partei zu regeln und damit die Generation der Söhne (um bei diesem Bild zu bleiben) zu

---

8 Franz Steinkühler war Vorsitzender der IG Metall von 1986 bis 1993; Detlef Hensche Vorsitzender der IG Medien bis zur Gründung der Dienstleistungsgewerkschaft ver.di im Jahr 2001.

9 Der Vorsitzende der AfA, Ottmar Schreiner, hat in der Auseinandersetzung zur Agenda 2010 das Mitgliederbegehren organisiert. Siehe dazu Kapitel 9.

überspringen (Micus 2005: 12). Der Versuch misslang jedoch aufgrund der Weigerung Oskar Lafontaines, sich bereits zu diesem Zeitpunkt um den Parteivorsitz zu bewerben. Zu den *Enkeln* Willy Brandts zählen die – politisch im Nachkriegsdeutschland sozialisierten – westdeutschen sozialdemokratischen Ministerpräsidenten der neunziger Jahre. Dazu gehörten insbesondere Björn Engholm, Rudolf Scharping, Oskar Lafontaine und Gerhard Schröder.[10] Sie übernahmen nacheinander den Parteivorsitz und gaben ihn alle unter spektakulären Umständen nach wenigen Jahren wieder ab. Björn Engholm, der auf den Interimsvorsitzenden Hans-Jochen Vogel folgte, musste zurücktreten, weil er in die Barschel-Affäre um die Staatskanzlei in Schleswig-Holstein tiefer verstrickt war, als er zugegeben hatte. Sein durch einen Mitgliederentscheid gekrönter Nachfolger Rudolf Scharping wurde nach nur anderthalb Jahren von Oskar Lafontaine aus dem Amt geputscht. Lafontaine selbst gab das Amt nach vier Jahren aus Protest gegen die Regierungspolitik von Gerhard Schröder ab. Gerhard Schröder wiederum verzichtete auf den Parteivorsitz aufgrund der anhaltenden Kritik an der Agenda 2010. Keiner der Vorsitzenden der Enkelgeneration war in der Lage, die Partei zu führen oder inhaltlich zu positionieren. Warum?

Zunächst einmal ist es wichtig zu betonen, dass sich alle Enkel nach der desaströs verlorenen Bundestagswahl 1990 der Notwendigkeit der Öffnung der Partei zur Mitte der Gesellschaft bewusst waren. In den achtziger Jahren hatten die Enkel sich nach dem Regierungswechsel 1982 zunächst kritisch mit der Bilanz Helmut Schmidts auseinandergesetzt und die Partei nach links gerückt. Gleichwohl trugen sie alle in den neunziger Jahren auf Landesebene Regierungsverantwortung und waren dort bereits mit den engeren Spielräumen in der Realpolitik konfrontiert worden.

Selbst Oskar Lafontaine gab sich in den achtziger und neunziger Jahren zwar als Linker, jedoch gleichwohl als Modernisierer der parlamentarischen Linken, der sich mit den traditionellen Positionen der Gewerkschaften in Fragen der Arbeitszeitverkürzung kritisch auseinander-

---

10 Man kann auch Heidemarie Wieczorek-Zeul und Herta Däubler-Gmelin hinzuzählen, die zwar Bundesministerinnen wurden, sich jedoch im innerparteilichen Machtkampf nicht bis in die obersten Positionen durchkämpfen konnten.

setzte.[11] Rudolf Scharping und Gerhard Schröder hingegen trennte in ihren inhaltlichen Positionen nichts Grundlegendes. Björn Engholm war bereits als Staatssekretär im Bildungsministerium in die sozialliberale Koalition Helmut Schmidts integriert worden und mit der Regierungsrealität der Sozialdemokratie vertraut. Als Ministerpräsident von Schleswig-Holstein hatte er in der Staatskanzlei eine Denkfabrik aufgebaut, die gemeinsam mit Unternehmern, Wissenschaftlern und anderen neue Vorschläge für die Regierungspolitik erarbeiten sollte. Nach dem überstürzten Rücktritt Björn Engholms am 3. Mai 1993 standen für den SPD Vorsitz drei Kandidaten zur Verfügung: Rudolf Scharping, Heidemarie Wieczorek-Zeul und Gerhard Schröder. Das neu erfundene Instrument der Mitgliederbefragung wurde vom Bundesvorstand der SPD in erster Linie dazu eingesetzt, den als zu wirtschaftsnah empfundenen Mitkonkurrenten Gerhard Schröder vom Parteivorsitz fernzuhalten (Leif/Raschke 1994: 14).

Die Wochen vom 3. Mai 1993[…] bis zum 13. Juni 1993 (Sieg Scharpings in der Mitgliederbefragung mit 40,3 Prozent der abgegebenen Stimmen) waren bestimmt durch einen Zusammenhang strategisch handelnder Akteure, die bis zum Tag der Ortsvereine vor allem wussten, was sie nicht wollten. Das erste Ziel, darin waren sie sich einig, bestand darin, Gerhard Schröder zu verhindern. (ebd.)

Das Kalkül des Parteivorstands ging auf: Die Mitgliederbefragung, mobilisiert durch kritische Ortsvereine und Parteiaktivisten, führte zur Wahl Rudolf Scharpings, der als traditionsorientierter und parteifreundlicher galt als Gerhard Schröder.

Inhaltlich lagen die Positionen der Konkurrenten jedoch nicht weit auseinander. Auch Scharping wollte die Partei in die Mitte führen. Sein Scheitern im Wahlkampf 1994 führte zu einer Auseinandersetzung mit der SPD. Eine Rede von Rudolf Scharping in Tutzing Ende November 1994 nach der verlorenen Wahl vor Mitgliedern des Seeheimer Kreises[12]

---

11 Allerdings war diese Kritik eine Auseinandersetzung innerhalb des gewerkschaftlich-linken Spektrums. Die Gewerkschaften forderten eine Arbeitszeitverkürzung zum gleichen Lohn, während Lafontaine dafür plädierte, die Arbeit gerechter zu verteilen und die Gehälter entsprechend der Arbeitszeit zu kürzen (Lafontaine 1988).

12 Der Seeheimer Kreis ist ein Zusammenschluss von Bundestagsabgeordneten der SPD. Nach eigenen Angaben verfolgen die Mitglieder des Seeheimer Kreises eine »Sozialdemokratische Politik des Machbaren« (http://www.seeheimer-kreis.de/). In

sorgte für großes Echo. Über »eklatante Schwächen« der Partei lasse sich, sagte Scharping, »nach dem 16. Oktober wesentlich offener reden als zuvor« (*Zeit* 49/1994: 2). Damit sie mehrheitsfähig werde, müsse sich die SPD »strategisch neu ordnen, um für die Mittelschichten attraktiver zu werden« (*WirtschaftsWoche* vom 01.12.1994: 23). Es gehe darum, die ökonomische Kompetenz der Partei zu stärken (*Handelsblatt* vom 28.11.1994: 1). Die neue Wirtschaftspolitik der SPD dürfe in den »Reichen« nicht mehr allein die »Lastesel« der Nation sehen, das Bild einer SPD als »ABM-Partei« sei unzureichend, sagte Scharping weiter (ebd.: 4).

Auf einer Sitzung des SPD-Bundesvorstands wurde Rudolf Scharping daraufhin scharf von Gewerkschaftern, Sozialpolitikern und ostdeutschen Sozialdemokraten kritisiert (Handelsblatt vom 6.12.1994: 1). Auch scheiterte Scharping damit, seine Wunschkandidaten in Schlüsselpositionen zu bringen: Gerd Andres scheiterte beim Versuch parlamentarischer Geschäftsführer zu werden (*Handelsblatt* vom 7.12.1994: 2). Die Nominierung Siegmar Mosdorfs als wirtschaftspolitischer Sprecher mündete in einer Kampfabstimmung und Niederlage gegen den alten Sprecher Uwe Jens (*Handelsblatt* vom 15.12.1994: 4).

Mehr und mehr setzte sich in der SPD die Einsicht durch, dass ein weiterer leistungsrechtlicher Ausbau unrealistisch sei. »Unser Sozialstaat ist nicht mehr finanzierbar«, bilanzierte Joachim Becker, Oberbürgermeister der SPD in Pforzheim (*Focus* vom 5.09.1994: 206). Hans-Ulrich Klose schrieb Mitte Juni 1995 zur Regierungsoption Rot-Grün und zum Zustand der SPD im *Spiegel:* »Es fehlt der SPD derzeit ein überzeugendes Reformprojekt, das als solches von der Öffentlichkeit wahrgenommen wird« (Spiegel vom 19.06.1995: 40). Weiter gebe es »Denkzwänge, die in der SPD häufiger anzutreffen sind und gravierender wirken als die vielzitierten Sachzwänge« (ebd.: 41). Diese Wirklichkeitsverdrängung finde auch im Sozialbereich statt:

Dass soziale Rechte, für die Sozialdemokraten jahrzehntelang gekämpft haben, in Deutschland heute vielfach missbraucht werden, dass es (zum Beispiel in meinem Wahlkreis Hamburg-Harburg) inzwischen Sozialhilfeempfänger in der dritten Generation gibt, dass Sozialhilfe plus Schwarzarbeit den Menschen heute vielfach besser ernährt als ›normale Erwerbsarbeit‹ – auch diese Tatsa-

---

der öffentlichen Wahrnehmung fungiert der Seeheimer Kreis als konservativer Flügel der SPD-Fraktion.

chen lassen sich mit dem Hinweis auf Missbrauch in anderen Bereichen (zum Beispiel bei der Vergabe von Subventionen) bestenfalls relativieren, nicht aber verdrängen. Es bleiben Tatsachen. (ebd.: 43)

Vor diesem Hintergrund waren sich die drei noch verbleibenden potenziellen Kanzlerkandidaten Rudolf Scharping, Oskar Lafontaine und Gerhard Schröder nach der Wahl 1994 und vor dem Parteitag 1995 weitgehend einig, dass die SPD eine neue Parteistrategie in der Wirtschaftspolitik benötigte. Diese sollte auf dem Mannheimer Parteitag, der am 14.11.1995 begann, verabschiedet werden. Oskar Lafontaine und Gerhard Schröder hatten gemeinsam einen Antrag zur Wirtschaftspolitik formuliert, der den Umbau des Sozialstaats durch mehr Flexibilität am Arbeitsplatz und die Möglichkeit des Lohnverzichts als Gegenleistung für die Sicherung des Arbeitsplatzes einleiten sollte.

Allerdings nutzte Oskar Lafontaine die Begründung des Antrages zur Wirtschaftspolitik zu einer Rede, die ihm später die Kampfkandidatur gegen Rudolf Scharping sichern würde. Insbesondere für die SPD kritische Passagen des Antrags zur Wirtschaftspolitik, die vor allem Gerhard Schröder oder Dieter Spöri[13] stark beeinflusst hatten, ließ Lafontaine in seiner Rede außen vor. Dazu gehörte die Erkenntnis, dass die Konsolidierungsanstrengungen verstärkt und die Ansprüche an den Staat zurückgenommen werden müssten. Somit wolle die SPD zukünftig auf eine Doppelstrategie aus Angebots- und Nachfragepolitik setzen: »Wir brauchen gute Standortbedingungen für mehr Investitionen und eine Belebung der gesamtwirtschaftlichen Nachfrage«, sagte Dieter Spöri (*WirtschaftsWoche* vom 23.11.1995: 14). Statt diese Punkte zu erwähnen, sprach Lafontaine davon, dass Deutschland eine »Friedensmacht« werden müsse (*Handelsblatt* vom 17.11.1995: 3). Ursprünglich war im Parteivorstand verabredet worden, eine generelle Diskussion und Festlegung zur Außenpolitik zu vermeiden (*Handelsblatt* vom 14.11.1995: 4). Die folgende Kampfabstimmung gegen Rudolf Scharping um den Parteivorsitz gewann Lafontaine klar mit 321 gegen 190 Stimmen (*Handelsblatt* vom 17.11.1995: 3). Gerhard Schröder wurde, wie bereits erwähnt, wirtschaftspolitischer Sprecher der SPD.

---

13 Zu diesem Zeitpunkt Wirtschaftsminister und stellvertretender Ministerpräsident in Baden-Württemberg.

Die Botschaft, die die Parteitagsdelegierten mit dieser Wahl an die Führung sandten, war der Wunsch, sie von weiteren Zumutungen zu verschonen. Die Delegierten jubelten der traditionellen Sozialdemokratie zu und erteilten den vorsichtigen ersten Schritten zur Umorientierung eine Absage und damit auch allen, die eine solche Umorientierung in der SPD-Führung verankern wollten. Friedensmacht und soziale Sicherung sollten weiterhin die Leitplanken sozialdemokratischer Politik bleiben. Allerdings war der neue Parteivorsitzende Oskar Lafontaine nach der verlorenen Wahl 1990 kein geeigneter Kanzlerkandidat mehr. Die anderen Enkel waren weitgehend verbraucht. Der einzige, der von den verbleibenden SPD Ministerpräsidenten als Kandidat noch in Frage kam, war Gerhard Schröder.

Der hingegen wusste, dass er zwar einerseits als Kanzlerkandidat von der Partei allenfalls geduldet werden würde, andererseits jedoch seine Abhängigkeit von der Partei als Kanzler würde abbauen können. Die relative Position von Oskar Lafontaine und Gerhard Schröder in der Partei, die nach dem Parteitag 1995 noch zugunsten des Parteivorsitzenden Lafontaine ausgerichtet war, schlug in die andere Richtung, sobald Gerhard Schröder die Landtagswahl am 1. März 1998 in Niedersachsen gewann und somit als Kanzlerkandidat für die Bundestagswahl feststand. Von diesem Tag an bestimmte der Kanzlerkandidat zunehmend die Ausrichtung des Regierungsprogramms.

Für den zukünftigen Kanzler Gerhard Schröder war es somit offensichtlich, dass er seine Partei mit der dünnen Machtbasis, die er zu diesem Zeitpunkt besaß, nicht allein durch Überzeugung für die bürgerliche Mitte öffnen konnte. Zwei Ereignisse hatten dies eindrucksvoll demonstriert: Erstens die Erfahrung der Mitgliederbefragung im Jahr 1993, die allein mit dem Ziel abgehalten worden war, ihm den Parteivorsitz zu verwehren. Zweitens die nicht angekündigte Kampfkandidatur von Oskar Lafontaine gegen Rudolf Scharping im Jahr 1995, die nur dadurch gelingen konnte, dass Lafontaine wieder ein traditionell sozialdemokratisches Profil versprach. Beide Ereignisse signalisierten, wie fragil die Führungspositionen innerhalb der SPD waren.

Folglich versuchte Schröder, die Neuausrichtung der SPD durch die Regierungstätigkeit zu erzwingen. Dieser Versuch wurde nach der Regierungsübernahme 1998 über die Debatte des *Dritten Wegs* im Bundeskanzleramt in Angriff genommen.

Das Scheitern des *Dritten Wegs* im Kanzleramt

Im Jahr der Bundestagswahl veröffentliche Anthony Giddens das Buch *Der Dritte Weg. Die Erneuerung der Sozialdemokratie* (Giddens 1998). Das Buch wurde zum wesentlichen Bezugspunkt der britischen *Labour*-Regierung nach 1997 und gab ihr für ihre Regierungstätigkeit den intellektuellen Überbau. Im Gegensatz zur deutschen SPD war die Neuausrichtung der britischen Labour-Partei nämlich bereits vor der Regierungsübernahme abgeschlossen. Das deutsche Pendant zu Anthony Giddens hieß Bodo Hombach. Dieser hatte pünktlich zum Wahlkampf 1998 ein Buch mit dem Titel *Aufbruch. Die Politik der Neuen Mitte* (Hombach 1998) veröffentlicht. In ihm beschrieb der damalige NRW-Minister seinen im Vergleich zu Giddens doch deutlich weniger intellektuellen Programmentwurf für eine neue Sozialdemokratie. Liberale Prinzipien und die Grundwerte der Sozialdemokratie wollte er zu einer schlagkräftigen Synthese verbinden. Das Buch an sich spielte im weiteren Verlauf keine größere Rolle, außer dass es im Konzert der europäischen Sozialdemokratie signalisierte, dass sich auch die Deutschen im Aufbruch befanden. Allerdings fand sich im Nachwort des Buches von Gerhard Schröder der Satz: »Es gibt keine linke oder rechte Wirtschaftspolitik, sondern nur noch eine richtige oder falsche!«

Nach der gewonnenen Bundestagswahl wurde Bodo Hombach von Gerhard Schröder zum Chef des Bundeskanzleramts befördert und hatte den Auftrag, von hier aus die Neuausrichtung der SPD voran zu treiben. Es wurde eine Planungsabteilung im Bundeskanzleramt eingerichtet, deren Abteilungsleiter Wolfgang Nowak wurde. Auch Wolfgang Nowak hatte seine Laufbahn in der Landesregierung NRW begonnen und wurde von Bodo Hombach damit betraut, intellektuellen Input in das Kanzleramt zu organisieren.

Auf politischer Ebene wurde in Anbetracht der Übereinstimmung der allgemeinen Reformüberlegungen in London und Bonn von beiden Seiten ein konzeptionelles Papier mit dem Büro des Premierministers der britischen Regierung vorbereitet. Das ›Schröder-Blair-Papier‹ wurde im Juni 1999 als ein Vorschlag für den »Weg nach vorne für Europas Sozialdemokraten« vorgestellt (Schröder/Blair 1999). Gleichzeitig fand in Berlin eine internationale Konferenz sozialdemokratischer Regierungschefs unter dem Motto *Progressive Governance for the 21st Century* in

Berlin statt. Sie war Teil eines Progressive Governance-Netzwerks, das von den damaligen Regierungschefs Bill Clinton, Tony Blair, Gerhard Schröder, Wim Kok und Massimo D'Alema gegründet worden war, um Kooperation und Verbindungen zwischen den Schlüsselfiguren progressiver Politiker und Wissenschaftler zu ermöglichen.[14] Das ›Schröder-Blair-Papier‹ brach mit vielen traditionellen Überzeugungen der Sozialdemokratie und war radikal in seinen Ansichten.

»Zwar beginnt das Papier mit einer verbalen Verbeugung vor den Werten der sozialen Gerechtigkeit und der Solidarität, auf diese folgt jedoch eine Abrechnung mit der sozialdemokratischen Politik der letzten Jahrzehnte: Diese hätte sich zu sehr an sozialer Gleichheit im Ergebnis statt am Gebot der Chancengleichheit orientiert, die Staatsausgaben und die Steuerlast für Haushalte und Unternehmen seien zu hoch, und ganz generell seien die Schwächen des Marktes über- und seine Stärken unterschätzt worden. Der Staat solle in Zukunft mehr steuern als rudern, weniger kontrollieren als herausfordern. Unter dem Titel einer ›angebotsorientierten Agenda für die Linke‹ wird zwar einem neoliberalen laisser-faire eine Absage erteilt, aber auch einer kreditfinanzierten Finanzpolitik und staatlichen Interventionen in die Wirtschaft. Die Produkt-, Kapital- und Arbeitsmärkte sollten allesamt dereguliert und flexibler werden. Für niedrig Qualifizierte brauche man einen Niedriglohnsektor, und die Systeme der sozialen Sicherung müssten so reformiert werden, dass sie eine Arbeitsaufnahme nicht behinderten (Egle u.a.: 77).

Das Papier hatte nahezu keine Anknüpfungspunkte zur Programmdiskussion innerhalb der SPD. Es wäre aber falsch anzunehmen, dass das Schröder-Blair-Papier den Planungsstand der konzeptionellen Überlegungen insbesondere in der SPD-Spitze reflektierte. Dafür war die Auswahl der an der Erarbeitung des Papiers beteiligten Personen von deutscher Seite viel zu willkürlich. Auch war die Reformdebatte in Deutschland sowohl in wissenschaftlichen wie auch politischen Kreisen zu diesem Zeitpunkt nicht besonders fortgeschritten.

Trotz der heftigen Kritik aus der Partei heraus hatte das Papier jedoch den Effekt, die innerparteiliche Programmdebatte voranzutreiben. Die drei linksorientierten Arbeitsgemeinschaften Jusos, AfAs und ASF veröffentlichten eine ›Berliner Erklärung‹ in der sie klarstellten, dass »eine Sozialdemokratie, die Weltmarktorientierung, Marktliberalisierung

---

14 http://www.policy-network.net/aboutus/index.aspx?id=58.

und Sozialstaatsprivatisierung zum Maßstab nimmt, an ihren selbstge-
setzten Ansprüchen scheitern« müsse (Dreßler u.a. 1999, zitiert nach
Egle u.a. 2003: 77).

Auf dem Parteitag im Dezember 1999 wurde der wirtschaftspolitische Leitantrag des Parteivorstandes mit großer Mehrheit angenommen.
Dem Parteitag waren mehrere Regionalkonferenzen vorausgegangen,
auf denen der neue Bundeskanzler für seinen neuen Kurs warb. Die
Delegierten waren davon jedoch nicht wirklich überzeugt. Sie begleite-
ten den Beschluss des Parteitages, unter Beibehaltung der bisherigen
Grundwerte das Grundsatzprogramm der SPD zu überarbeiten und neu
zu formulieren, mit zahlreichen Anträgen. Diese enthielten viel Kritik
am ›Schröder-Blair-Papier‹ und eine Warnung vor einer Revision sozialdemokratischer Ziele und Werte (ebd.).

Letztlich war der Ausflug zu neuen programmatischen Ufern ein
kurzer und der anvisierte programmatische Aufbruch kam in der Parteiorganisation nicht an. Bodo Hombach verließ das Bundeskanzleramt
bereits im Juli 1999. Wolfgang Nowaks Planungsabteilung überlebte die
Bundestagswahl 2002 nicht. Bodo Hombach wurde EU-Sonderkoordi-
nator des Stabilitätspaktes für Südosteuropa in Brüssel; Wolfgang Nowak Sprecher der Geschäftsführung der Alfred-Herrhausen-Stiftung. Im
Rahmen der internationalen *Progressive Governance*-Konferenzen waren die
Deutschen schon bald keine tragenden Akteure mehr. Der neue Kanzleramtsminister hieß Frank-Walter Steinmeier und setzte von Beginn an
auf praktische Reformpolitik anstelle von programmatischer Umorientierung. Der *Dritte Weg* als programmatische Erneuerung war von der
Partei ausgesessen worden.

Der schwierige Weg in die *Neue Mitte*

Während die Positionierung der SPD als reformorientierte Partei vis-à-
vis dem bürgerlichen Lager aus wahlstrategischen Gründen eine zunehmend wichtigere Rolle spielte, gab es in der Partei große Schwierigkeiten
mit einem Kurswechsel in Richtung der bürgerlichen Mitte. Wie Herbert
Kitschelt erkannte und durch die Charakterisierung des dritten Dilem-
mas treffend beschrieb, befand sich die SPD vor allem in einem Organi-

sationsdilemma. Die potenziellen Wahlerfolge und Regierungschancen lagen in der Öffnung der Partei zur Mitte. Die Mitgliederbasis und die Unterorganisationen der Jungsozialisten, der AfA, der Arbeitsgemeinschaft sozialdemokratischer Frauen (ASF) sowie der Bezirksvorsitzenden verknüpften jedoch ihre politische Identität mit der Verteidigung, wenn nicht sogar dem Ausbau des Wohlfahrtsstaates. Gleichzeitig war aus der traditionellen Verflechtung der SPD mit den Gewerkschaften eine eingekapselte Glaubensgemeinschaft geworden, die nicht bereit war, über eine Öffnung der Programmatik überhaupt nur nachzudenken. Wesentliche Träger der Unterorganisationen der Partei waren jederzeit bereit, der Führung ihre Gefolgschaft zu versagen, wenn diese eine andere Richtung einschlagen sollte. Auch der Umstand, dass die SPD-Fraktion von verschiedenen Flügeln beherrscht wurde, die sich gegenseitig in Schach hielten, führte zu einer starken Orientierung an traditionellen Politikmustern.

Zu guter Letzt wurde die Auseinandersetzung über einen Kurswechsel in der SPD in der Form eines Machtkampfs um die Führung der SPD ausgetragen, der seit dem Rücktritt Willy Brandts vom Parteivorsitz 1987 schwelte. Dieser Machtkampf zwischen den sogenannten *Enkeln* Willy Brandts trug dazu bei, dass konzeptionelle Meinungsverschiedenheiten in ideologische Auseinandersetzungen überhöht und die Lagerhaltung innerhalb der Partei zementiert wurden. Seit dem erfolgreichen Putsch Oskar Lafontaines gegen Rudolf Scharping waren die Vorsitzenden und Kanzlerkandidaten der SPD vorrangig damit beschäftigt, ihre eigene Position zu festigen und mussten konzeptionelle Überlegungen ihrem Machterhalt unterordnen.

Die Kombination dieser Faktoren verhinderte eine sinnvolle Vorbereitung der politischen Planung sowohl während der Oppositionsphase als auch später in der Regierungsverantwortung. Sie trug entscheidend zu einem Politikstil der ad-hoc Ankündigungen und nachgeschobenen Begründungen in der Regierung bei.[15] Jeder programmatische Neuan-

---

15 Dieses Problem ist nicht auf die Sozialdemokratie beschränkt, sondern betrifft in ähnlicher Weise auch die anderen Parteien. Allerdings war in den anderen Parteien die Notwendigkeit der programmatischen Erneuerung schwächer ausgeprägt als in der SPD. Für christliche und konservative Parteien ist die Positionierung im sozioökonomischen Bereich im Unterschied zu den sozialdemokratischen Parteien nicht wahlentscheidend. Mit anderen Worten, die christdemokratischen Wähler reagieren

fang konnte potentiell zum Anlass genommen werden, die Führungsfrage neu zu stellen. In der Zwangslage gefangen, die Partei dennoch aus wahlstrategischen und regierungspragmatischen Gründen programmatisch weiter öffnen zu müssen, optierten der Kanzler und das Kanzleramt für eine radikale Abkehr von den traditionellen Positionen der SPD. Die Agenda 2010 war ein Versuch, über ein großes Reformvorhaben das innerparteiliche Koordinatensystem zu verrücken. Einmal politisch umgesetzt und mit positiven Ergebnissen, so war die Hoffnung, würde sich die Partei mit der neuen Programmatik abfinden. Das Kalkül war, dass sich die Strategie langfristig durch erheblich gestiegene Chancen für Regierungsbeteiligungen auszahlen würde. Dieser Versuch muss heute als gescheitert betrachtet werden.

---

auf einen Kurswechsel in der Wirtschafts- und Sozialpolitik erheblich gelassener als die Wähler der SPD (Kitschelt 1999).

Kapitel 7
Der Fiskalföderalismus

Regierungen im vereinten Deutschland sind nicht nur mit einer sich schleichend wandelnden Interessenlage im Lager der Sozialpartner und einem sich langsam verändernden Wettbewerb zwischen den politischen Parteien konfrontiert. Sie begegnen auch einer Reihe neuer fiskalischer Sachzwänge, die sich aus der Arbeitsweise des deutschen Föderalismus ergeben. Im Vergleich zu einer Vielzahl anderer föderal verfasster Staaten wie beispielsweise den USA wirkt sich der deutsche Föderalismus nämlich nicht etwa bremsend auf die Sozialausgaben aus, sondern im Gegenteil ausgabensteigernd. Seine spezifischen Strukturen und Mechanismen wollen wir im ersten Abschnitt dieses Kapitels genauer betrachten.

Die politischen und fiskalischen Folgen der Wiedervereinigung führten auch hier zu wichtigen Veränderungen. Zunächst traten mit den neuen Bundesländern zusätzliche Akteure auf die Bühne des Föderalismus, die mit einer Reihe fiskalischer Sonderinteressen die föderalen Entscheidungsprozesse zusätzlich erschwerten. Gleichzeitig traten aber auch die Folgen der traditionellen Kostenverschiebungspolitik ab Mitte der neunziger Jahre insbesondere in einer Reihe westdeutscher Großstädte immer deutlicher zutage. Diese Veränderungen wollen wir in den folgenden Abschnitten näher beleuchten.

Gleich zwei föderal zusammengesetzte Regierungskommissionen beschäftigen sich im Spätsommer 2003 mit der Reform des deutschen Föderalismus: die *Kommission zur Reform der Gemeindefinanzen* und die *Kommission von Bundestag und Bundesrat zur Modernisierung der bundesstaatlichen Ordnung*. Beide Reformkommissionen beendeten ihre Arbeit insbesondere in Bezug auf die föderalen Finanzbeziehungen ergebnislos. Auch der Neuversuch einer Föderalismusreform im Sommer 2006 muss – gemessen an den Erwartungen einer gesteigerten Problemlösungsfähigkeit von Bund und Ländern – als weiterer Fehlschlag gewertet werden (Scharpf 2009).

Die Struktur des Fiskalföderalismus in Deutschland

Der Föderalismus in Deutschland bietet Anreize zu einer Ausgabensteigerungspolitik insbesondere in der Sozialpolitik. Normalerweise erwarten Sozialwissenschaftler, dass der Föderalismus bremsend auf das soziale Ausgabenniveau wirkt. Zwei unterschiedliche Erklärungsansätze stützen diese Erwartung. Erstens weisen föderale Systeme mehr Vetospieler als unitarische Staaten auf. Vetospieler sind im politischen Entscheidungsprozess diejenigen Akteure, deren Zustimmung erforderlich ist, um zu substantiellen politischen Veränderungen zu kommen. Je mehr Akteure über eine solche Vetoposition verfügen, desto unwahrscheinlicher wird eine Entscheidung. Dies erhöht die Wahrscheinlichkeit, dass die Gruppen, die gegen soziale Ausgabensteigerungen sind, erfolgreich Einfluss auf das Gesetzgebungsverfahren nehmen können (siehe zum Beispiel Tsebelis 1995). Zweitens wird mit der These des Wettbewerbsföderalismus in ähnlicher Richtung argumentiert. Fiskalischer Umverteilung sind in föderalen Ländern enge Grenzen gesetzt, da sich ansonsten das föderale System gewissermaßen selbst austrickst. Während nämlich Bezieher von hohen Einkommen damit drohen können, stark redistributive Regionen zugunsten weniger egalitärer Regionen zu verlassen (Weingast 1993, 1995; Brennan/Buchanan 1988), können sich umgekehrt stark redistributive Körperschaften zu »Sozialstaatsmagneten« (Peterson/Rom 1990) entwickeln. Beide negativen Anreize verhindern eine verstärkte Umverteilung und somit steigende Sozialausgaben im Föderalismus.

Tatsächlich gilt dieses Urteil über die ausgabenbremsende Wirkung des Föderalismus aber nicht pauschal, sondern es hängt vor allem von der spezifischen Form des Föderalismus und dem jeweiligen Parteienwettbewerb ab (Manow 2005).

Für die spezifische deutsche Form des Verbundföderalismus jedenfalls gilt eher das Gegenteil der proklamierten bremsenden Ausgabenlogik. Im Gegensatz zu anderen föderal verfassten Staaten in der westlichen Welt, herrscht in Deutschland nicht das eigentlich charakteristische Trennprinzip, bei dem Bund und Bundesstaaten ohne wechselseitige Einflussnahme für jeweils bestimmte Politikfelder ihre eigene Gesetzgebung durch eigene Verwaltungsbehörden vollziehen und durch eigene Gerichte anwenden lassen. Zwar kommt dieses Prinzip auch in anderen westlichen Ländern nicht mehr in Reinkultur zum Tragen, aber nirgendwo sonst ist die gegenseitige Abhängigkeit und die Entscheidungsverflechtung zwischen den staatlichen Ebenen so ausgeprägt wie in Deutschland (Scharpf 2009: 7). Nahezu jedes Politikfeld wird in Deutschland durch Bundesgesetze geregelt. Durchgeführt werden diese Gesetze jedoch fast immer von den Ländern mit eigenen Mitteln. Gleichzeitig ist die finanzielle Einnahmeseite der Länder fast durchweg von der Gesetzgebung des Bundes abhängig. Selbst bei den reinen Landessteuern regeln Bundesgesetze deren Ausgestaltung. Insbesondere das Ziel der Gleichwertigkeit der Lebensverhältnisse[1] dominiert die Regeln der Finanzverfassung (Halsch 2006: 5). Diesem Ziel dient ein vertikaler und horizontaler Finanzausgleich, der die Unterschiede in der Finanzkraft der Länder minimiert.[2] Umgekehrt ist der Bund für fast alle wichtigen Gesetze auf die Zustimmung der Länder angewiesen. Darüber hinaus werden wichtige Landesaufgaben von Bund und Ländern gemeinsam finanziert (Scharpf 2009: 7). Mit den Worten von Fritz Scharpf: »Bund und Länder sind funktional voneinander abhängig, und sie können in wichtigen Fragen [...] nur im Konsens handeln« (ebd.). Die Logik der These des Wettbewerbsföderalismus lässt sich daher im deutschen Fall nicht anwenden.

Da weder Aufgabenverantwortung noch Finanzierungsverantwortung im deutschen Föderalismus trennscharf abgegrenzt sind, entsteht

---

1 Da die Länder Bundesgesetze mit eigenen Mitteln vollziehen, ergibt sich neben der politisch-normativen Präferenz der »Gleichwertigkeit der Lebensverhältnisse« auch eine funktionale Begründung des Finanzausgleichs, nämlich die, dass Länder auch die notwendige Finanzausstattung zur Durchführung der Bundesgesetze benötigen (Scharpf 2009: 144).

2 Anknüpfungspunkt für den Finanzausgleich sind die Pro-Kopf-Einnahmen aus eigenen Steuern und aus Länderanteilen an den Verbundsteuern. Diese werden durch Zuweisungen aus dem vertikalen Finanzausgleich, durch Ausgleichzahlungen im horizontalen Finanzausgleich und durch Ergänzungszuweisungen des Bundes auf ein (fast) bundeseinheitliches Niveau angehoben beziehungsweise abgesenkt (Scharpf 2009: 145).

ein Anreiz für politische Intransparenz und resultierend daraus für fiskalische Verantwortungslosigkeit. So können Politiker auf Landes- wie auf Bundesebene relativ problemlos neue Ausgaben politisch für sich reklamieren und gleichzeitig aufgrund der weitgehend unklaren Zuständigkeiten vermeiden, politisch für steigende Schulden oder Steuern in Haftung genommen zu werden (Manow 2005: 224). Jüngst hat Jonathan A. Rodden (2006) die Wirkungen des deutschen Fiskalföderalismus in Bezug auf die Verschuldung der Landeshaushalte empirisch untersucht. Die Ergebnisse bestätigen die These der Anreizwirkung zu fiskalischer Verantwortungslosigkeit im deutschen Föderalismus. Seiner Untersuchung zufolge besteht im deutschen Fiskalföderalismus ein starker Zusammenhang zwischen einem vermehrten Bezug von Ausgleichszahlungen aus dem Finanzausgleich und höheren Ausgaben und Schulden der Länder. Obgleich die Länder nur über eine geringe Autonomie bei den Steuereinnahmen verfügen, sind sie, was ihre Ausgaben und die Schuldenaufnahme anbelangt, vergleichsweise frei. Insbesondere bei den kleineren Bundesländern ist der Zusammenhang zwischen dem steigenden Bezug von Ausgleichzahlungen und steigenden Ausgaben und Schulden besonders groß. Dies liegt daran, dass deren finanzielle Situation einfacher vom Bund auszugleichen ist und ihre Stimmen im Bundesrat in der Regel überproportional viel Gewicht haben. Ebenfalls Unterstützung fand die These, dass Länderregierungen die Verschuldung kurz vor Wahlen in die Höhe treiben. Schließlich sind Defizite in den Landeshaushalten systematisch größer in Ländern, in denen die SPD regiert (Rodden 2006: 185).

Schon in den siebziger Jahren charakterisierten Fritz Scharpf, Bernd Reissert und Fritz Schnabel das Zusammenspiel zwischen Bund und Ländern als in der ›Politkverflechtungsfalle‹ gefangen (Scharpf u.a. 1976). Einigungen zwischen Bund und Ländern sind gemäß ihrer Analyse nur zu erwarten, sofern alle – Bund und Länder – finanziell besser abschneiden als im Status quo. Wenn jedoch einige Beteiligte Verzicht leisten müssen, oder wenn es gar statt um Verteilung von finanziellen Zuwächsen nur um die Verteilung von Verlusten geht, ist dies bereits nicht mehr zu erwarten. Noch schwieriger gestalten sich die Verhandlungen zwischen Bund und Ländern, wenn es statt um Geld auch um qualitative Ziele geht, die entweder erreicht oder verfehlt werden sollen. Hier scheidet eine Einigung bereits dann aus, wenn es um unvereinbare politische Ziele und Wertvorstellungen geht, die man sich nicht abkaufen oder verrechnen lassen kann. Und schließlich können Verhandlungslösungen dadurch erschwert werden, dass sich die beteiligten Akteure nicht von egoistisch-rationalen Interessen, sondern von Wettbewerbsorientierungen leiten lassen (Scharpf 2009: 30). Die Folge des deutschen kooperativen Föderalismus sieht Scharpf somit in seiner mangelnden Problemlösungsfähigkeit, die sich in mangelnder Effektivität, mangelnder Handlungsfähigkeit der Bundespolitik und mangelnder Autonomie der Landespolitik niederschlägt (ebd.).

Es gibt für den Bund jedoch einen Ausweg aus der Politikverflechtungsfalle, zumindest was die Vermeidung beziehungsweise vorübergehende Lösung des finanzpolitischen Interessenkonflikts mit den Ländern angeht. Für die Lösung von Finanzierungskonflikten zwischen Bund und Ländern steht dem Bund nämlich mit dem in Kapitel 3 näher beschriebenen Kostenverschiebungsmechanismus zwischen Bund und Sozialversicherungen eine Möglichkeit zur Verfügung, neue Aufgaben auch ohne Zustimmung der Länder zu finanzieren. Das Phänomen des Verschiebebahnhofs zwischen Bundeshaushalt und Sozialversicherungen ist dabei nicht neu. Im Gegenteil, bereits zu Zeiten der Regierung Adenauer erfreute sich diese Praxis größter Beliebtheit. Die Zugriffe des Bundes auf das angesammelte Vermögen der Rentenversicherung beispielsweise waren schon ab den fünfziger Jahren notorisch und wurden in den folgenden Jahren weiter perfektioniert. Frank Nullmeier illustriert diese frühe Verschiebebahnhofpolitik an einigen Beispielen. Obgleich der Bundeszuschuss zur Rentenversicherung bereits seit 1957 an eine Dynamisierungsregel gebunden war – also sich an die wirtschaftliche Gesamtentwicklung anpassen sollte –, fanden fast im jährlichen Rhythmus einseitig vom Bund verkündete Kürzungen gegenüber der Regelleistungen statt, die sich bis 1987 auf die abenteuerliche Summe von 15,2 Milliarden DM beliefen (Nullmeier 1992: 156). Auch der 1969 eingeführte Finanzausgleich zwischen der Rentenversicherung der Arbeiter und der Rentenversicherung der Angestellten diente vor allem der Vermeidung einer ansonsten fälligen dauernden Defizitdeckung der Rentenversicherung der Arbeiter durch den Bund (ebd.).

Den Höhepunkt dieser Praxis stellte die Finanzierung der deutschen Einheit dar. Die Spielräume des Bundes, vermehrt die Sozialversicherungskassen zur Finanzierung neuer Aufgaben heranzuziehen, verringerten sich, wie bereits in Kapitel 4 detailliert beschrieben, jedoch in den folgenden Jahren aufgrund steigender Haushaltsdefizite der Sozialkassen. Der Anteil der Sozialausgaben an den Gesamtausgaben des Staates hatte sich durch die Kostenverschiebungspraxis im Jahr 2004 auf insgesamt 60 Prozent dramatisch hochgeschraubt. Damit ist Deutschland in Europa einsamer Spitzenreiter und liegt auch weit vor den folgenden Nordischen Ländern wie Norwegen (56,1 Prozent) und Finnland (56 Prozent) sowie weit über dem europäischen Mittelwert von 49,1 Prozent (Wagschal/Wenzelburger 2008: 192). Auch auf der Einnahmeseite lässt sich dieser Trend ablesen. Während der Steueranteil am BIP in den Jahren zwischen 1965 und 2005 mit etwa 22 bis 23 Prozent annähernd konstant blieb, verdoppelte sich der Anteil der Sozialabgaben von 9,8 Prozent des BIP 1965 auf seinen Höchststand von 18,1 Prozent im Jahr 1997. Seitdem ging er leicht auf 16,7 Prozent im Jahr 2005 zurück (Scharpf 2009: 143).

Neben den negativen Effekten auf die Arbeitskosten hat diese Finanzierungsmethode außerdem den Nachteil, dass eingebaute dynamische Elemente in der Sozialversicherung zu weiteren Kostensteigerungen (zum Beispiel in der Rentenversicherung) führen. Das führt dazu, dass Deutschland weltweit bei der Höhe der öffentlichen Standardrente eine Spitzenposition einnimmt. Betrachtet man die (Netto-)Lohnersatzquote für einen Standardrentner wird der sehr hohe deutsche Wert von 72 Prozent im Jahr 2002 lediglich von Österreich (85 Prozent) und Italien (93 Prozent) übertroffen. Die meisten nordischen Länder kommen dagegen auf deutlich geringere Werte. Den höchsten Wert weist hier Finnland (63 Prozent) und den niedrigsten Dänemark (52 Prozent) auf (Scruggs 2007: 148). Das Bild ändert sich allerdings schlagartig, wenn man sich die Ersatzquote für Personen ohne (stete) Erwerbsbiographie anschaut. Hier belegt Deutschland mit weitem Abstand den letzten Platz und rangiert mit 18 Prozent weit hinter Ländern der skandinavischen Sozialstaatsgruppe mit einem Durchschnitt von 41 Prozent als auch hinter Ländern der liberalen Sozialstaatsgruppe mit 35 Prozent (ebd.: 146). Selbst in Kontinentaleuropa ist ein solch niedriger Wert ohne Beispiel, wie der Durchschnittswert von 36 Prozent zeigt (ebd.). Dieser Umstand wird zusätzlich dadurch erschwert, dass es sich bei Sozialversicherungsleistungen oft um verbriefte Rechte des Versicherten handelt, die nicht einfach zu ändern sind. Unter dem Strich führt also auch der Ausweg des Bundes, Aufgaben über die Verschiebung von Kosten auf die Sozialversicherungshaushalte zu finanzieren, im Ergebnis zu erheblichen sozialen Ausgabensteigerungen. Auch der Parteienwettbewerb in Deutschland begünstigte in der Vergangenheit traditionell eher Ausgabensteigerungen im sozialen Bereich als Ausgabensenkungen. Entgegen der zentralen Prämissen der Vetospieler-Theorie, war der Abstand in den politischen Präferenzen zwischen den Volksparteien CDU und SPD in Fragen der Sozialpolitik nie sonderlich groß oder bedeutungsvoll (Budge u.a. 2001). Beide Parteien verstanden sich traditionell als Sozialstaatsparteien und verabschiedeten Ausgabensteigerungen insbesondere im Sozialversicherungsbereich größtenteils in großer Einmütigkeit. Wie im vorangegangenen Kapitel jedoch deutlich wurde, begannen sich in beiden Parteien die sozialstaatlichen Grundüberzeugungen, zusätzlich angefeuert durch die finanzielle Auswirkungen der Wiedervereinigung, langsam aber grundlegend zu verändern.

Die neuen Bundesländer

Die Wiedervereinigung hatte direkte Auswirkungen auf die politischen Entscheidungsprozesse im Bund. Nach der Wiedervereinigung traten nämlich mit den fünf neuen Bundesländern zusätzliche Akteure auf die Bühne des politischen Föderalismus, die ein weitgehend gleichgerichtetes Interesse an der Verhinderung des Abbaus (sozial)-staatlicher Leistungen hatten. Diese neue Interessenlage lässt sich sowohl auf der Ebene der Präferenzen ostdeutscher Bundestagsabgeordneter wie auch in der Mitwirkung der ostdeutschen Länderexekutiven an der Gesetzgebung über den Bundesrat ausmachen. Dies wollen wir im nun folgenden Abschnitt näher beleuchten.

Inwieweit unterscheiden sich die Interessen der neuen Bundesländer von denen der alten? Einige erste Zahlen geben bereits eine Vorstellung davon, wie unterschiedlich die wirtschaftliche Ausgangslage der neuen Bundesländer im Gegensatz zu der der alten Bundesländer ist.

Betrachtet man beispielsweise das Steueraufkommen der deutschen Flächenländer vor Verteilung der Umsatzsteuer und vor dem Finanzausgleich, rangieren alle fünf neuen Bundesländer mit weitem Abstand hinter den alten Bundesländern. So kommt das ostdeutsche Bundesland mit dem höchsten Steueraufkommen je Einwohner, das Land Brandenburg, im Jahr 2008 gerade einmal auf gut 56 Prozent des Bundesdurchschnitts, während das schwächste westdeutsche Flächenland, das Saarland, immerhin noch auf gut 82 Prozent kommt. Wie extrem die Unterschiede sind, zeigt das zweite Beispiel. Während Mecklenburg-Vorpommern mit 44 Prozent des Bundesdurchschnitts auf dem letzten Platz rangiert, erreicht Hessen mit 132 Prozent nahezu den dreifachen Wert (Bundesministerium der Finanzen 2009). Die Zahlungen des Bundes an die Länder sind dementsprechend mehr als doppelt so hoch. Insgesamt machen Zahlungen aus dem Finanzausgleich[3] einen vielfach größeren Teil der eigenen Einnahmen aus als in den alten Bundesländern. So betrug im Jahr 2002 der Anteil des Finanzausgleichs an den Gesamteinahmen der Bundesländer mehr als ein Drittel, wobei Brandenburg den geringsten Ausgleichsbedarf mit 34 Prozent aufwies und Thüringen mit 39 Prozent den höchsten. Lediglich die Stadtstaaten Berlin (32 Prozent) und Bremen (29 Prozent) kommen auf vergleichbar hohe Werte. Zum Vergleich, das finanzschwächste westdeutsche Flächenland, das Saarland, kam auf gerade mal 18 Prozent (Bräuer 2005: 360). Die Finanzminister der neuen Bundesländer sind also auch 20 Jahre nach dem Mauerfall in weitaus größerem Maße von Ausgleichszahlungen des Bundes abhängig als ihre Länderkollegen in den westlichen Flächenländern.

Auch die Arbeitslosigkeit ist in Ost- und Westdeutschland höchst unterschiedlich verteilt. In Westdeutschland lag die Arbeitslosenquote im Februar 2010 bei 7,4 Prozent (2,4 Millionen Arbeitslose), während sie in Ostdeutschland fast doppelt so hoch war, nämlich 13,7 Prozent (1,1 Millionen Arbeitslose).[4] Das Verhältnis zwischen Kurzzeit- und Langzeitarbeitslosen hält sich in beiden Regionen Deutschlands die Waage. Sowohl in West- wie in Ostdeutschland gibt es heute doppelt so

---

3 Die hier zitierten Zahlen des Finanzausgleichs umfassen den Umsatzsteuervorabausgleich, den Länderfinanzausgleich, Bundesergänzungszuweisungen, das Investitionsförderungsgesetz *Aufbau Ost* sowie Zuschüsse zum Fonds *Deutsche Einheit* (Bräuer 2005: 360).
4 Vgl. http://statistik.arbeitsagentur.de/statistik/index.php?id=WO Stand: 4.02.2010.

viele Hartz-IV-Empfänger wie Arbeitslosengeldempfänger. Jedoch bezogen Langzeitarbeitslose in Ostdeutschland vor der Zusammenlegung von Arbeitslosen- und Sozialhilfe oft unterschiedliche Leistungen. In Westdeutschland waren vor der Hartz-Reform Langzeitarbeitslose oftmals im Sozialhilfebezug. Ihr Anteil an der Gesamtbevölkerung im Jahr 2000 in Westdeutschland war mit nahezu 3 Prozent höher als der in Ostdeutschland mit 2,5 Prozent (Arbeitsgruppe *Arbeitslosenhilfe/Sozialhilfe der Kommission zur Reform der Gemeindefinanzen* 2003: A 65). Noch deutlichere Unterschiede zwischen Ost- und Westdeutschland ergaben sich beim Bezug von Arbeitslosenhilfe. Während in den westdeutschen Flächenländern der Anteil der Arbeitslosenhilfeempfänger im Schnitt bei 1,4 Prozent lag, war dieser mit 5 Prozent in den ostdeutschen Bundesländern im Durchschnitt mehr als dreimal so hoch (ebd.: A 137; eigene Berechnungen).

Bei Sozialstaatsreformen nahmen die ostdeutschen Ministerpräsidenten somit oft eine Sonderposition ein, zumal sie hier regelmäßig einen weiteren Kaufkraftverlust in ihren Regionen fürchten müssen.

Die besondere Interessenlage ostdeutscher Politiker bei Strukturreformen in Deutschland zeigte sich in der Vergangenheit bei einer Reihe von Reformen. Einige Beispiele genügen zur Illustration. Das Arbeitsförderungsreformgesetz stellte einen ersten, wenn auch zaghaften strukturellen Reformversuch in der Arbeitsmarktpolitik dar (siehe Kapitel 4).Wie bereits im vorangegangen Kapitel detailliert dargestellt, gelang es bereits Mitte der neunziger Jahre dem Arbeitnehmerflügel der CDU nicht mehr, bei wichtigen Fragen der Ausgestaltung der Arbeitsmarktreform seine Vorstellungen durchzusetzen. Sowohl bei der Frage der Finanzreform im AFG, als auch bei der Verschärfung der Zumutbarkeitskriterien oder der Anrechnung von Abfindungen konnte sich die CDA nicht durchsetzen (Zohlnhöfer 2001: 308). Auf der anderen Seite machten sowohl ostdeutsche Bundestagsabgeordnete als auch die ostdeutschen Ministerpräsidenten deutlich, dass sie wichtige Teile des Gesetzes nicht mittragen würden (ebd.: 303). In den Beratungen gelang es den ostdeutschen Bundestagsabgeordneten schließlich, Änderungen bei den geplanten Kürzungen der Bezuschussung von Arbeitsbeschaffungsmaßnahmen durchzusetzen. Außerdem erreichten die Abgeordneten den Einstieg in die Subventionierung von Löhnen in Ostdeutschland (ebd.: 308). Danach sollte die Einstellung von bis zu zehn Arbeitnehmern in gewerblichen Unternehmen in Höhe der durchschnittlichen Arbeitslosenunterstützung gefördert werden, wobei die Zahl der geförderten Arbeitnehmer 10 Prozent des seit mindestens sechs Monaten nicht verringerten Personalbestands nicht übersteigen durfte. Der Zuschuss sollte für ein Jahr gewährt werden (ebd.: 304). Bereits bei den Beratungen zum 1. SKWPG waren es die ostdeutschen Ministerpräsidenten gewesen, die wesentliche Sozialkürzungen bei der Arbeitslosenhilfe verhinderten (ebd.: 235).

Umgekehrt stimmten 1992 die beiden SPD-(mit-)geführten Bundesländer Berlin und Brandenburg trotz eines negativen Votums des Parteivorsitzenden Björn Engholm für eine von der Bundesregierung vorgeschlagene Mehrwertsteuererhöhung, da beide Länder die zusätzlichen finanziellen Mittel dringend benötigten (ebd.: 36).

Es wäre übertrieben zu behaupten, dass mit den neuen Bundesländern ein neuer Akteur in der deutschen Politik entstanden ist, der relativ homogene Interessen vertritt. Zum einen reichen die Stimmen der neuen Bundesländer allein im Bundesrat nicht zur Blockade von Reformen aus. Zum anderen ist ein einheitliches Abstimmungsverhalten oder gar eine Organisation ostdeutscher Interessen ebenfalls nicht auszumachen. Gleichwohl ist unübersehbar, dass die spezielle Interessenlage der neuen Bundesländer eine Reformpolitik, die mit erheblichen Ausgabensenkungen verbunden ist, in der Regel erschwert. Besonders schwierig waren Verhandlungsprozesse daher vor allem dann, wenn die jeweilige von der Neuregelung betroffene Ausgangslage in Ost und West besonders unterschiedlich war und daher die neuen Bundesländer in besonderem Maße trafen. Dies war auch bei der Abschaffung der Arbeitslosenhilfe im Kontext der Hartz-IV-Reform der Fall. Hiervon waren die neuen Bundesländer weitaus stärker betroffen als die alten Bundesländer. Auf die Effekte der Sonderinteressen der ostdeutschen Länder werden wir in Kapitel 10 noch einmal zurückkommen.

Die Haushaltskrise der westdeutschen Städte und Kommunen[5]

Neben dem bekannten Verschiebebahnhof zwischen Bundeshauhalt und Sozialversicherungen und Sondervermögen existiert jedoch noch ein weiterer Verschiebebahnhof, der in der Analyse föderaler Entscheidungsprozesse in Deutschland bislang entweder ausgeblendet oder für vernachlässigbar gehalten wurde. Hierbei handelt es sich um den Verschiebebahnhof zwischen Bundesebene und kommunaler Ebene. Der Grund für die geringe Aufmerksamkeit liegt darin, dass die Verschiebungen in diesem Bereich einerseits weit weniger augenfällig sind und andererseits oftmals weniger spektakulär ausfallen als beim Verschiebebahnhof zwischen Bundeshaushalt und Sozialversicherungen. Außerdem fehlen dem Bund in diesem Bereich im Gegensatz zu den Sozialversicherungshaushalten direkte Zugriffsmöglichkeiten (Nullmeier 1992: 157), da es grundsätzlich verfassungsrechtlich keine direkten Finanzbeziehungen zwischen dem Bund und den Gemeinden gibt, sondern lediglich zwischen Bund und Ländern sowie zwischen Ländern und Gemeinden.

Nichtsdestotrotz haben Kostenverschiebungen zwischen Bund und Gemeinden insbesondere in den neunziger Jahren erheblich an Bedeutung gewonnen. Dies demonstrieren wir im Folgenden, indem wir nacheinander die Ausgaben- und die Einnahmeseite der Gemeinden in Deutschland in den Blick nehmen.

Auf der Ausgabenseite befinden sich insbesondere die westdeutschen Kommunen schon seit den achtziger Jahren in der Sozialhilfefalle. Bernd Reissert beschrieb diesen Teufelskreis einmal folgendermaßen:

Hohe Arbeitslosigkeit führt zu hohen Sozialhilfeausgaben und niedrigen Steuereinnahmen und damit zu erheblichen Engpässen in den kommunalen Haushalten; diese Haushaltengpässe veranlassen die Kommunen, ihre Investitionsausgaben (die am leichtesten zu variierenden Posten ihrer Haushalte) einzuschränken; Einschränkungen der öffentlichen Investitionen behindern die regionale Beschäftigungsentwicklung und führen damit tendenziell zu noch höherer regionaler Arbeitslosigkeit (Reissert 1998: 204).

---

5 Teile des folgenden Abschnittes basieren auf Hassel/Schiller (2010).

Zwar gibt es bei der Sozialhilfe durch den Länderfinanzausgleich einen ähnlichen regionalen Ausgleichs- und Stabilisierungseffekt wie durch die zentral finanzierte Arbeitslosenunterstützung; das Ausgleichsvolumen des Länderfinanzausgleichs ist jedoch als deutlich geringer als das der zentral finanzierten Arbeitslosenunterstützung einzuschätzen (ebd.: 1998: 204; 2001). Insbesondere die (Groß-)Städte sind überproportional von diesem Phänomen betroffen. Die Bezugsquote für laufende Hilfen zum Lebensunterhalt ist hier mit 5,5 Prozent im Schnitt um zwei Drittel höher als im Rest des Landes (3,3 Prozent) (Jungfer 2005 : 43).

Abbildung 10: Empfänger von Sozialhilfe, 1990–2004

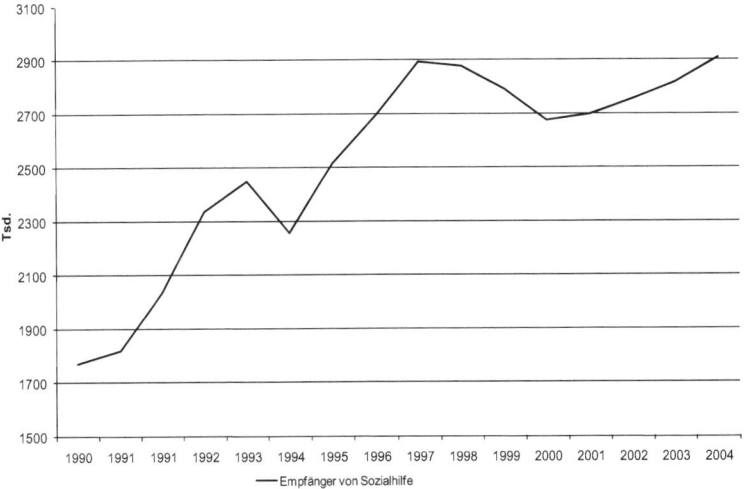

Quelle: BMAS (2006, Tabelle 8.14), eigene Darstellung.

Konfrontiert mit dem Problem rasant steigender Zahlen von Sozialhilfeempfängern fand eine Reihe von Städten neue Wege, um der Sozialhilfefalle zu entkommen (siehe Abbildung 10). Mitte der neunziger Jahre gründeten Städte wie Leipzig, Frankfurt oder Lübeck Beschäftigungsgesellschaften. Allen erwerbsfähigen Sozialhilfeempfängern wurde eine auf ein Jahr befristete gemeinnützige sozialversicherungspflichtige Beschäftigung angeboten. Bei Ablehnung wurde die Sozialhilfe gekürzt und anschließend ganz gestrichen (Feist/Schöb 1999: 2). Im Anschluss an die einjährige Tätigkeit hatten die Sozialhilfeempfänger zunächst Anspruch auf Arbeitslosengeld und anschließend auf Arbeitslosenhilfe. Sie wurden somit in die zentral finanzierte Arbeitslosenunterstützung verschoben und entlasteten den kommunalen Haushalt.

Die Möglichkeiten auf diese Weise größere Einsparvolumina zu erzielen war jedoch begrenzt, da der zahlenmäßige Effekt dieser Programme stark von Mitteln der BA und den Ländern abhing und diese in den folgenden Jahren mehr und mehr reduziert wurden. Schätzungen beziffern die Kofinanzierungsanteile der Länder und der BA für Eingliederungleistungen auf knapp 50 Prozent. Im Jahre 2002 betrug die Kofinanzierung 0,9 Milliarden Euro. Davon entfielen 0,2 Milliarden Euro auf die Länder, 0,3 Milliarden Euro auf Mittel des Europäischen Sozialfonds und 0,4 Milliarden Euro auf Mittel der BA. Die Ausgaben der Kommunen wurden auf 1,2 Milliarden Euro beziffert (Arbeitsgruppe *Arbeitslosenhilfe/Sozialhilfe der Kommission zur Reform der Gemeindefinanzen* 2003: 3). In Düsseldorf beispielsweise reduzierte das Land NRW die Zuweisungen zu einem arbeitsmarktpolitischen Sonderprogramm von 2 Millionen DM im Jahr 1996 auf 450.000 DM im Jahr 1997. Auch die Zuschüsse der BA zum lokalen Arbeitslosenzentrum halbierten sich nahezu von 500.000 DM (1991) auf 288.000 DM im Jahr 1995, da aufgrund der schlechten Haushaltssituation die Stadt Düsseldorf die geforderten Lohnkostenanteile nicht in dem Maße aufbringen konnte (Treutner 1998: 194). Ab 2001 stieg daher die Zahl der Sozialhilfeempfänger erneut rasant an.

Dies wurde auch durch eine Reihe von Sparentscheidungen auf Bundesebene verursacht und so zu einem strukturellen Problem. Monika Kuban spricht mit Blick auf diese Kostenabwälzungen von einem »passiven Finanzausgleich« zu Lasten der Kommunen (zitiert nach Treutner 1998: 189).

Schon Anfang der achtziger Jahre hatte die Verschärfung der Zugangskriterien (insbesondere der Anwartschaft) beim Arbeitslosengeld[6] und der originären Arbeitslosenhilfe[7] zu einem Zuwachs neuer Sozial-

---

6 1982 wurde im Zuge des Arbeitsförderungs-Konsolidierungsgesetzes (AFKG) der Anwartschaftszeitraum für das Arbeitslosengeld von sechs auf zwölf Monate sozialversicherungspflichtige Beschäftigung erhöht (Steffen 2006b: 9).

7 Hier wurden die Anwartschaftsvoraussetzungen 1982 im Zuge des AFKG von bisher 70 auf 150 Kalendertage erhöht (Steffen 2006b: 9).

hilfeempfängergruppen geführt. Die Begrenzung (1994) und Abschaffung (2000) der originären Arbeitslosenhilfe verschärfte dies. Die Leistungskürzungen beim Arbeitslosengeld und der Arbeitslosenhilfe in den Jahren 1983 und vor allem 1993 sowie die Einführung der jährlichen Absenkung der Arbeitslosenhilfe um 3 Prozentpunkte im Jahr 1996 erhöhte zudem die Zahl der Doppelbezieher. Dies sind Personen, die aufgrund der geringen Höhe ihrer Lohnersatzleistung zusätzlich Sozialhilfe in Anspruch nehmen. Die Gemeindefinanzreformkommission schätzte, dass im Dezember 2001 immerhin 132.000 Personen Arbeitslosenhilfeempfänger, 44.000 Arbeitslosengeldempfänger sowie 53.000 Personen mit sonstigem SGB III-Bezug, insgesamt also 229.000 Personen, aufstockende Sozialhilfe in Anspruch nahmen (berechnet aus Arbeitsgruppe *Arbeitslosenhilfe/Sozialhilfe der Kommission zur Reform der Gemeindefinanzen* 2003: 16). Ein Viertel aller geschätzten erwerbsfähigen Sozialhilfeempfänger (919.000 Personen) hatte somit 2001 eine zu geringe Lohnersatzleistung.

Obgleich der Bund auf die explodierenden Sozialhilfekosten beispielsweise mit der Einführung des Asylbewerberleistungsgesetzes[8] im Jahr 1993 und mit der Einführung der sozialen Pflegeversicherung im Jahr 1995 reagierte, hielten diese Entlastungsmaßnahmen entweder nicht Schritt mit dem Kostenanstieg bei der kommunalen Sozialhilfe oder sie kamen in Form von Koppelgeschäften mit neuen Aufgaben daher. In Folge der neu geschaffenen Leistungen nach dem Asylbewer-

---

8 Seit 1993 gelten für Asylbewerber, Bürgerkriegsflüchtlinge, Ausländer mit Duldung und deren Ehepartner und Kinder die Leistungen des Asylbewerberleistungsgesetzes. Die Leistungen weichen erheblich von der Sozialhilfe ab: Der Lebensunterhalt wird grundsätzlich durch Sachleistungen, das heißt durch Verpflegung in Erstaufnahmeeinrichtungen und Gemeinschaftsunterkünften sowie durch Bekleidungsausgabe erbracht. Die Geldleistungen sind deutlich geringer als bei der Sozialhilfe. Sie betragen nur 184 Euro für den Haushaltsvorstand (Bäcker u.a. 2008: 335). Zusätzlich zu diesen Leistungen erhalten Hilfeempfänger ein monatliches Taschengeld von 41 Euro beziehungsweise 20,50 Euro (für Haushaltsangehörige unter 15 Jahren). Zusammengenommen liegt dieser Betrag, der seit 1993 unverändert geblieben ist, um 25 Prozent unterhalb des Regelsatzes der Sozialhilfe. Einkommens- und Vermögensfreibeträge gibt es nicht. Grundsätzlich gibt es diese abgesenkte Leistung für drei Jahre. Danach erhält diese Personengruppe Sozialhilfe. Vor dem Hintergrund zurückgehender Asylanträge sind die Empfängerzahlen stark rückläufig und haben sich von 490.000 Personen (1996) auf 230.000 (2004) mehr als halbiert (Bäcker u.a. 2008: 336).

berleistungsgesetz sank beispielsweise der Bruttoaufwand für die Hilfe zum Lebensunterhalt um 5,9 Prozent von 9,2 Milliarden Euro im Jahr 1993 auf 8,6 im Jahr 1994. Trotzdem stiegen die Sozialhilfekosten im gleichen Zeitraum um 1,7 Prozent von 25 auf 25,4 Milliarden Euro, da nicht zuletzt die Kosten für die Hilfe in besonderen Lebenslagen um 6,1 Prozent von 15,8 auf 16,7 Milliarden Euro angestiegen waren (Statistisches Bundesamt 2006b: Tab. B4).

Mit der sozialen Pflegeversicherung wurden die Kommunen nun insbesondere bei den Kosten der Hilfe zur Pflege außerhalb von Einrichtungen – eine Hilfe, die unter die Hilfen in besonderen Lebenslagen fällt – erheblich entlastet. Im Zeitraum von 1994 bis 1999 sank hier die Zahl der Hilfeempfänger von 189.254 auf 56.616. Seit 1999 steigen die Zahlen allerdings wieder an (Bundesministerium für Gesundheit 2004). In den Jahren 1996 und 1997 kam es daher zu einer erheblichen Entlastung der Kommunen bei den Kosten der Sozialhilfe. 1996 betrug diese rund 4,5 Prozent und im Jahr 1997 10,5 Prozent, was einer Gesamtentlastung von fast 4 Milliarden Euro entspricht: von 26,6 Milliarden Euro (1995) auf 22,7 Milliarden Euro (1997) (Statistisches Bundesamt 2006b: Tab. B4). Aufgezehrt wurden diese Entlastungen jedoch durch neue Belastungen, die aus dem 1996 in Kraft getretenen Rechtsanspruch auf einen Kindergartenplatz für alle Drei- bis Sechsjährigen entstanden (Treutner 1998: 193).

Seit Jahrzehnten stecken Gemeinden in Deutschland somit im Finanzierungsdefizit. Nach 1981 (-5 Milliarden Euro) und 1992 (-8,2 Milliarden Euro) wurde 2003 mit einem Defizit von 8,4 Milliarden Euro ein neuer Defizitrekord beim kommunalen Finanzierungssaldo aufgestellt (siehe Abbildung 11).

Da der kommunale Finanzierungssaldo auch die kommunalen Investitionen umfasst, verdeckt er jedoch zu einem guten Teil die tatsächliche kommunale Finanzkrise. Nimmt man die laufenden Ein- und Ausgaben des fiktiven Gesamtverwaltungshaushalts aller Gemeinden in den Blick, wird deutlich, dass 2003 erstmals die laufenden Einnahmen nicht mehr die laufenden Ausgaben deckten. Seit 2001 konnte der Verwaltungshaushalt keinen Überschuss mehr erwirtschaften, der – wie von den Haushaltsordnungen vorgeschrieben – zumindest die im Vermögenshaushalt gebuchten Tilgungslasten ausgleichen konnte (siehe Abbildung 12).

Abbildung 11:   Kommunale Finanzierungssalden, 1978–2006

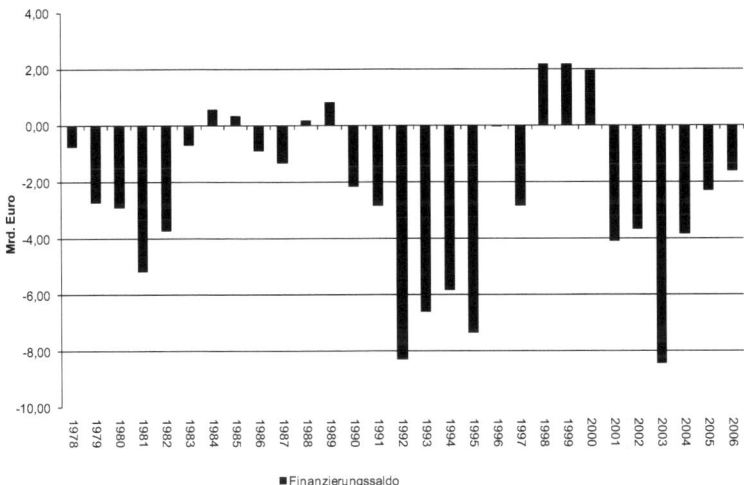

Quelle: Deutscher Städtetag, Gemeindefinanzberichte 1983,1990,1995,2003, Tabelle 1a,
Einnahmen und Ausgaben der Gemeinden.

Abbildung 12:   Finanzierungssalden in den Verwaltungshaushalten,
1978–2003

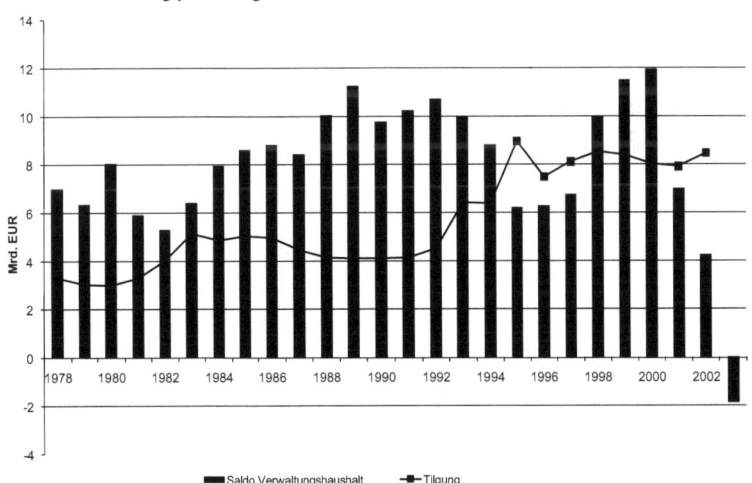

Quelle: Deutscher Städtetag: Gemeindefinanzberichte 1983,1990,1995,2003, Tabelle 1a,
Einnahmen und Ausgaben der Gemeinden.

Für die 137 größten Stadtgemeinden errechnete der Städtetag zudem bereits 1993 ein Defizit von 1,6 Milliarden Euro, das sich innerhalb von zehn Jahren auf Fehlbeträge in Höhe von 8,7 Milliarden Euro (2003) summierte (Jungfer 2005:26). Da der Nettokreditaufnahme in Gemeinden – im Gegensatz zu Bund und Ländern – engere Grenzen gesetzt sind, bedienen sich Gemeinden sogenannter Kassen(-verstärkungs)-kredite, die ursprünglich lediglich zur Überbrückung kurzfristiger Liquiditätsengpässe gedacht waren. Allerdings stieg die Kassenkreditschuld von 1,7 Milliarden Euro 1993 auf 10,7 Milliarden in 2002 und 2006 auf die abenteuerliche Summe von 27,8 Mrd. an (Statistisches Bundesamt 2006a: Tab. 1.5) (siehe Abbildung 13). Im gleichen Zeitraum sanken die Sachinvestitionen von 32,2 auf 19 Milliarden Euro (Deutscher Städtetag 2007: 73). Die Personalausgaben und der laufende Sachaufwand blieben in diesem Zeitraum nahezu unverändert, was einer Ausgabenkürzung jeweils in Höhe der jährlichen Inflationsrate und Tarifsteigerungen entspricht.

Die Inanspruchnahme von Kassenkrediten ist regional jedoch unterschiedlich verteilt. In besonders starkem Maße sind Gemeinden und Städte in Westdeutschland betroffen. Hier wurden Kassenkredite weit über dem Durchschnitt der Flächenländer, der bei 376 Euro pro Einwohner liegt, beansprucht. Im Jahr 2007 wurde die Liste der Länder mit der höchsten Pro-Kopf-Inanspruchnahme von Kassenkrediten vom Saarland mit 1.115 Euro, Rheinland-Pfalz (811 Euro) und NRW (763 Euro) angeführt. Mit einigem Abstand folgten Niedersachsen (521 Euro) und Hessen (515 Euro). Im Rest der alten Republik sah die finanzielle Situation erheblich besser aus. In Baden-Württemberg (9 Euro), Bayern (16 Euro) und Schleswig-Holstein (175 Euro) war die Inanspruchnahme von Kassenkrediten vergleichsweise gering. In Ostdeutschland war die Situation unterschiedlich. Während Gemeinden in Brandenburg (301 Euro), Sachsen-Anhalt (400 Euro) und Mecklenburg-Vorpommern (324 Euro) überdurchschnittlich stark Kassenkredite in Anspruch nehmen mussten, war dies in Sachsen (26 Euro) und Thüringen (48 Euro) nicht der Fall (Junkernheinrich/Micosatt 2008: 65).

Abbildung 13: Kommunale Kassenkreditschulden, 1978–2006

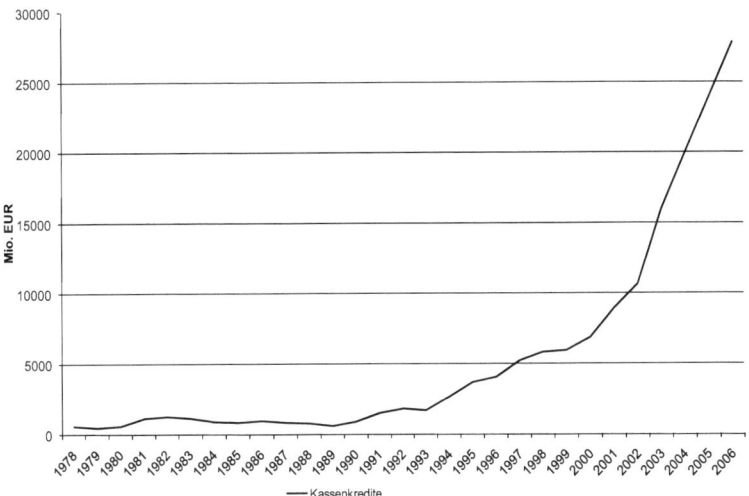

Quelle: Statistisches Bundesamt 2006.

Abbildung 14: Kommunales Steueraufkommen nach Art der Steuer, 1980–2006

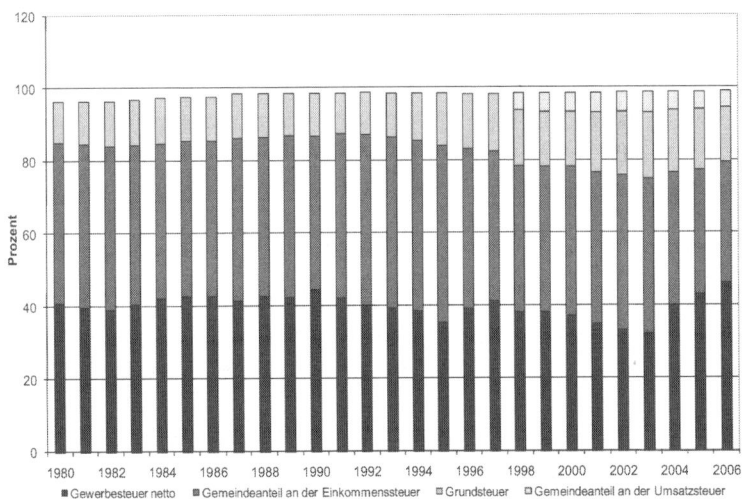

Quelle: Deutscher Städtetag: Gemeindefinanzberichte 1990, 2003, 2007, Tabellen 4a, 6a Entwicklung der Gemeindesteuereinnahmen, Zahlen ab 1992 für Gesamtdeutschland.

Wie bei den Kosten der Sozialleistungen auf der Ausgabenseite, hängen Gemeinden auch auf der Einnahmeseite in hohem Maße von Entscheidungen auf Bundesebene und/oder Landesebene ab. Zwar stehen den Gemeinden mit der Gewerbe- und Grundsteuer zwei eigene Steuern und damit verbunden ein Hebesatzrecht[9] zu, die Bedeutung dieser Steuern als Einnahmequelle wurde jedoch sowohl durch bewusste Entscheidungen als auch durch die Untätigkeit des Gesetzgebers immer weiter geschmälert.

Letzteres lässt sich am Beispiel der Grundsteuer illustrieren. Einst die größte Einnahmequelle deutscher Gemeinden sowie zugleich ihre krisensicherste, erfuhr die Grundsteuer im Laufe der Jahrzehnte einen rapiden Bedeutungsverlust. Der Grund dieses Bedeutungsverlusts liegt vor allem in der seit 1964 unveränderten Berechnungsmethode. Die Bemessungsgrundlage orientiert sich an im Jahr 1964 (vor allem aus erzielbaren Mieteinnahmen) errechneten Einheitswerten und damit vollkommen unabhängig von aktuellen Verkehrswerten (Jungfer 2005: 172).

Auch die Gewerbesteuer, die neben dem Anteil an der Einkommenssteuer die wichtigste kommunale Einnahmequelle darstellt, war ursprünglich eine relativ krisensichere und kalkulierbare Einnahmequelle (siehe Abbildung 14). Durch Entscheidungen des Gesetzgebers wurde sie jedoch nach und nach auf ertragsabhängige Komponenten verengt, was vor allem eine hohe Konjunkturabhängigkeit zur Folge hatte. Von ursprünglich drei Elementen der Gewerbesteuer – nämlich Lohnsummensteuer (1979 abgeschafft), Gewerbekapitalsteuer (1998 abgeschafft) und Gewerbeertragssteuer – war ab 1998 nur noch die Gewerbeertragssteuer übrig. Neben zahlreichen Veränderungen der Bemessungsgrundlage zuungunsten der Gemeinden wurde so erstens die Möglichkeit abgeschafft, eine Steuer mit separatem Hebesatz auf die Bruttolohnsumme zu erheben[10] (Lohnsummen); zweitens wurde die Zurechnung der Dauerschuldzinsen ab 1990 halbiert (Gewerbeertrag) und drittens die

---

9 Durch das Hebesatzrecht wird den Städten und Gemeinden gestattet, anhand eines Prozentsatzes die jeweiligen Messbeträge der genannten Steuer zu vervielfältigen (vgl. hierzu Arbeit/Friedrich 2003). Beträgt ein Hebesatz beispielsweise 450 Prozent, so wird der Steuermessbetrag mit 4,5 multipliziert.

10 Davon machte 1980 immerhin noch ein Drittel aller Städte und Gemeinden Gebrauch (Jarass 2003: 9).

Möglichkeit gestrichen, den Ertrag des Eigen- und Fremdkapitals zu besteuern (Gewerbekapital) (Jarras 2003: 8). In Folge großzügiger Freibetragsregelungen – 24.500 Euro in 2003 – und Messbetragsstaffelungen erfasst die verbleibende Gewerbeertragssteuer nur sehr selektiv ertragsstarke Personengesellschaften und Kapitalgesellschaften. Zudem sind die freien Berufe und die Landwirtschaft nicht von der Steuer erfasst (Arbeit/Friedrich 2003: 13).

Der massive Einbruch der Gewerbesteuer ab dem Haushaltsjahr 2001 war neben der schlechten konjunkturellen Entwicklung wieder einmal die Folge weiterer rechtlicher Eingriffe des Gesetzgebers in die Gewerbesteuer. Insbesondere die im Juli 2000 verabschiedete Steuerreform der rot-grünen Bundesregierung wirkte sich negativ auf die kommunalen Steuereinnahmen aus. Im Zuge des Steuersenkungsgesetzes konnten Personenunternehmen – um eine Belastungsgleichheit zwischen Personenunternehmen und Kapitalgesellschaften herzustellen – die Gewerbesteuer auf die Einkommensteuerschuld anrechnen. Zur Gegenfinanzierung wurden vor allem die Abschaffung der Tarifbegrenzung für gewerbliche Einkünfte sowie die Abschreibungsmodalitäten verändert. Da der Bund aufgrund dieser Maßnahmen mit erheblichen kommunalen Mehreinnahmen vor allem bei der Gewerbesteuer rechnete, sollten diese mit einer Anhebung der Gewerbesteuerumlage entsprechend abgeschöpft werden (Hofmann/Scherf 2001:101).

Tatsächlich waren die Gemeinden in den Jahren 2000 bis 2003 jedoch mit einem Rückgang der Einkommenssteuer von 21,3 auf 19,8 Milliarden Euro und einem Einbruch der Gewerbesteuer von 19,3 auf 15,2 Milliarden Euro konfrontiert (siehe Abbildung 15). Insgesamt verminderten sich die laufenden Einnahmen des Gesamtgemeindehaushalts innerhalb von nur drei Jahren von 128,1 auf 122,7 Milliarden Euro um mehr als 5 Milliarden Euro. Gleichzeitig stiegen die laufenden Ausgaben allein für die sozialen Leistungen in diesem Zeitraum um mehr als 4 Milliarden Euro von 26,2 Milliarden Euro auf 30,3 Milliarden Euro stark an (Deutscher Städtetag 2007: 73).

Im Januar des Jahres 2003 beklagten die kommunalen Spitzenverbände die »schwerste Finanzkrise seit Bestehen der Bundesrepublik« (*Welt* vom 3.01.2003; *Frankfurter Rundschau* vom 28.01.2003;). Allein in Nordrhein-Westfalen waren mehr als 90 Prozent der Gemeinden nicht

Abbildung 15: Kommunale Einnahmen aus der Gewerbesteuer, 1980–2006

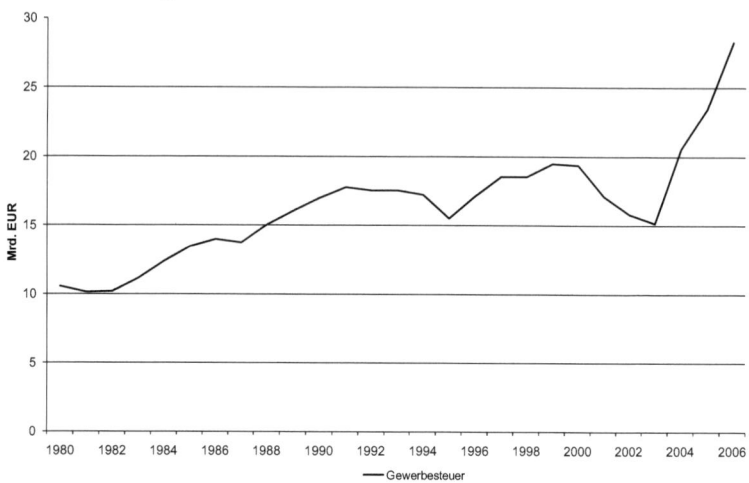

Quelle: Deutscher Städtetag: Gemeindefinanzberichte 1990, 2003, 2007, Tabellen 4a, 6a
Entwicklung der Gemeindesteuereinnahmen, Zahlen ab 1992 für Gesamtdeutschland.

mehr in der Lage, ihre Ausgaben aus den regulären Einnahmen zu bestreiten (*General-Anzeiger* vom 26.02.2003).

Die Praxis der Kostenverschiebungen hatte somit nicht nur – wie
bereits detailliert geschildert – eine erhebliche Steigerung der Lohnnebenkosten zur Folge, sondern auch den virtuellen Bankrott der meisten
Großstädte in Westdeutschland. Bereits seit den neunziger Jahren war-
nen die Interessenvertretungen der Städte und Gemeinden – der Städtetag und der Städte- und Gemeindebund – unabhängig von der Parteizugehörigkeit vor dem Kartell des »passiven Finanzausgleichs« (Treutner
1998: 189) von Bund und Ländern zu ihren Lasten. Gerade vor dem
Hintergrund bevorstehender Landtagswahlkämpfe und der wirtschaftlichen Rezession im Jahr 2003 wogen die kritischen Stimmen der Bür-
germeister und der parteipolitischen Basis angesichts der dramatisch
gebeutelten Gemeindehaushalte besonders schwer und erhöhten den
Druck auf die Bundesregierung, zu substantiellen Entlastungen zu kommen.

Wie aktuell die kommunale Finanzkrise nach wie vor ist, zeigt die
jüngst wieder entflammte Debatte um die Zukunft der Gemeindefinan-

zen. Acht Jahre nach dem ersten Versuch einer Strukturreform der Kommunalfinanzen im Jahr 2002 hat auch die amtierende christlich-liberale Bundesregierung eine Kommission mit Lösung der finanziellen Strukturprobleme der Gemeinden in Deutschland beauftragt (*Handelsblatt* vom 4.03.2010). Wie sich die Bilder gleichen: »Pleite und gelähmt« titelte jüngst die *Zeit* zur Situation vieler westdeutscher Großstädte. Weit über die Hälfte der Gemeinden in NRW wird laut *Zeit*-Artikel dieses Jahr nur noch mit einem Nothaushalt agieren. Exemplarisch für viele Städte im Ruhrgebiet ist das Schicksal der Stadt Waltrop. Nahm Waltrop im Jahr 1991 noch umgerechnet 16 Euro Kassenkredit pro Einwohner in Anspruch, so waren es im Jahr 2007 bereits 2.326 Euro (*Zeit* vom 4.03.2010: 20).

Dieses und die vorangegangenen zwei Kapitel haben deutlich gezeigt, dass sich sowohl das Feld der Akteure wie auch der Kontext der Arbeitsmarktpolitik, in dem sie agieren, seit der Wiedervereinigung dramatisch verändert hat. Im folgenden dritten Teil unseres Buches wollen wir nun die Entstehungsgeschichte der Hartz-IV-Reform im Detail nachzeichnen.

Kapitel 8
Der Weg zur Reform

Hartz IV ist auch das Ergebnis des Zusammentreffens dreier ursprünglich getrennt voneinander stattfindender Debatten zum Umbau des Sozialstaates, die trotz unterschiedlicher Ursprünge, Voraussetzungen und Handlungslogiken alle eins gemeinsam haben: Ihnen liegt eine neue und liberalere Grundphilosophie des Verhältnisses zwischen Bürger und (Sozial)-Staat zugrunde. Alle drei Debatten befürworten eine wachsende Unabhängigkeit des Einzelnen vom Staat und seinen Leistungen. Nicht mehr der fürsorgende- oder versorgende Sozialstaat, sondern der vorsorgende und aktivierende Staat liegt diesen Konzepten zugrunde.

Die erste Debatte ist die um eine soziale Grundsicherung beziehungsweise ein Grundeinkommen. Während Verfechter der Grundsicherung in erster Linie die Bekämpfung der Armut im Blick haben, betonen die Verfechter des Grundeinkommens stärker die Abstimmung des Transfer- und Steuersystems und – verbunden damit – die Möglichkeit besserer Arbeitsanreize. Im Kern beider Ansätze steht jedoch eine stärkere Entkoppelung sozialpolitischer Leistungen von der Erwerbsarbeit.

Zweitens handelt es sich um die Aktivierungsdebatte, die in allen europäischen Ländern ab den neunziger Jahren – wenngleich in unterschiedlicher Intensität – aufkam und die Möglichkeiten diskutierte, größere Personengruppen in den Arbeitsmarkt zu integrieren. Zu unterscheiden ist hier zwischen einer klassischen Aktivierungsstrategie, die vermehrt auf die Verschärfung der Zugangskriterien zu passiven Leistungen, Arbeitsanreizen und Sanktionen setzt und einer stärker universalistischen Variante, die darüber hinaus auch Bildungs- und Weiterbildungsmaßnahmen einbezieht. Erstere wird oftmals negativ als *workfare* bezeichnet und stammt aus den liberalen angelsächsischen Ländern, während die zweite Variante in den skandinavischen Ländern praktiziert wird.

Drittens und verbunden mit der Aktivierungsdebatte werden die Möglichkeiten thematisiert, ressortübergreifende Koordination in Verwaltungseinheiten zu organisieren (Dingeldey 2006: 5). Neben den komplexen Programmen zur Aktivierung hatten vor allem die in der Vergangenheit am Label des *New Public Management* orientierten Reformen des öffentlichen Sektors zu erheblichen Fragmentierungstendenzen geführt, die die Frage der strategischen Gesamtsteuerung neu aufwarfen. Bezogen auf die Arbeitsmarktpolitik kam insbesondere den *Hilfen aus einer Hand* große Bedeutung zu.

Die Reform von Arbeitslosenhilfe und Sozialhilfe bot also inhaltlich eine Reihe von unterschiedlichen Anknüpfungsmöglichkeiten und Berührungspunkten mit bereits vorhandenen Debatten. Rückblickend werden die einzelnen Beiträge der unterschiedlichen Debatten zur Ausgestaltung von Hartz IV sichtbar: die Pauschalierung und Vereinheitlichung der Geldleistungen entstammt der Debatte um eine Grundsicherung; die verschärften Zumutbarkeitskriterien, Sanktionen und Kombilohnelemente entstammen der Aktivierungsdebatte und die Job-Center-Konzeption zweifelsohne der Debatte über Verwaltungsreformen.

Gleichzeitig boten sich damit auch neue Möglichkeiten für Interessenkoalitionen jenseits klassischer politischer Lager, insbesondere zwischen Grundsicherungs- und Aktivierungsanhängern, die bis zu diesem Zeitpunkt undenkbar schienen.

Die Idee bekommt erste Konturen

Die Reform der Arbeitslosen- und Sozialhilfe wurde bereits ab Mitte der neunziger Jahre von Wirtschaftsforschungsinstituten immer wieder in die Diskussion eingebracht. Die Formulierung der Vorschläge in jener Zeit – wie beispielsweise Zusammenführen, Anpassung oder Integration – waren jedoch sehr vage und ließen wichtige Fragen wie die nach der Ausgestaltung dieser Bündelung, ihrer Finanzierung und Durchführung unbeantwortet.

Im Vorfeld der Bundestagswahl 1998 fand die Idee zum ersten Mal auch Eingang in die politische Debatte. So hatten sich die Grünen schon sehr früh für die Zusammenlegung der Arbeitslosen- und Sozialhilfe ausgesprochen und sich mit ihrem Modell der sozialen Grundsicherung im Gegensatz zur SPD auch bereits auf ein entsprechendes Konzept festgelegt. Erste Konturen hatte die Diskussion um eine soziale Grundsicherung, die in den achtziger Jahren vor allem von den Wohlfahrtsverbänden, den Grünen und Sozialhilfeinitiativen angeführt wurde, vor der Bundestagswahl 1994 bekommen. Alle drei Oppositionsparteien – SPD, Grüne und PDS – entwickelten zu diesem Zeitpunkt erste Vorstellungen zu den Grundzügen einer solchen Grundsicherung. Auf Details konnte man sich parteiintern jedoch noch nicht verständigen. Die Finanzierungsverantwortung zumindest sahen alle drei Parteien beim Bund (*taz* vom 28.01.1994: 3). Einig waren sich zudem alle Befürworter, dass die neue Leistung deutlich über dem jeweiligen Sozialhilfe-Regelsatz liegen sollte. Als Richtschnur für die Höhe galt hier die von der EU verwendete Armutsgrenze von 1994, die bei 50 Prozent des durchschnittlichen Nettoeinkommens lag. Zum damaligen Zeitpunkt waren dies 1.250 DM. Dazu sollte die Übernahme der Warmmiete kommen (ebd.).

Meinungsunterschiede gab es beim berechtigten Personenkreis und bei Fragen der Subsidiarität. Während die SPD die Grundsicherung zunächst auf Arbeitslose, Invalide und Rentner beschränken wollte, wollten die Grünen die Grundsicherung für Arbeitslosenhilfe- und Sozialhilfeempfänger einführen (ebd.). Zudem wollte die SPD die Familiensubsidiarität und Familienhaftung nicht antasten, Grüne und PDS waren hingegen dafür, diese einzuschränken. Das heißt, erwachsene Kinder sollten nicht mehr wie bisher vom Sozialamt für den Unterhalt ihrer Eltern herangezogen werden können (ebd.). Einzige Auflage für den Bezug der Grundsicherung war die Verfügbarkeit auf dem Arbeitsmarkt – soweit nicht Erwerbsunfähigkeit oder Alter dagegen sprachen. Nach anfänglichem Widerstand, war dies auch bei den Grünen nicht mehr umstritten. Nach ihrer Vorstellung sollte die Grundsicherung in arbeitsmarktpolitische Projekte und Initiativen eingebracht werden und soziale und ökologisch nützliche Arbeit außerhalb des Erwerbssektors sichern. Strittig war bei den Grünen die Höhe der Leistung: während die Vertreter der *Globalinitiative* auf 50 Prozent des Nettoeinkommens – also

1.250 DM – bestanden, wollte sich der Bundesvorstand lediglich »dafür einsetzen, dass dieses Ziel (50 Prozent) möglichst bald erreicht wird« (ebd.). Auch im christlich-liberalen Regierungslager wurde zu diesem Zeitpunkt bereits über eine stärkere Entkoppelung von Erwerbsarbeit und Existenzsicherung nachgedacht. Das hier diskutierte Konzept hieß *Bürgergeld* und war an die Idee der negativen Einkommenssteuer gekoppelt (ebd.). Die FDP beispielsweise setzte sich für ein solches Grundeinkommen in Höhe von 550 DM monatlich ohne Mietzuschüsse ein. Durch eine geringere Anrechnung des Arbeitseinkommens auf die Sozialhilfe sollte so ein Anreiz zur Aufnahme von Arbeit entstehen (*taz* vom 1.08.1994: 1).

Berührungspunkte zwischen dem Konzept der Grünen und dem Regierungslager gab es bei der Frage, ob Sozialhilfeempfängern ein Anreiz zur Arbeitsaufnahme geboten werden sollte. Nach dem Konzept der CDU sollte bei Arbeitsaufnahme das Einkommen mit einem Grenzsteuersatz von nur 50 Prozent versteuert werden; bei den Grünen sollten 20 Prozent anrechnungsfrei bleiben (*taz* vom 28.01.1994: 3).

Anfang Oktober 1996 stellte die sozialpolitische Sprecherin der Grünen, Andrea Fischer, erstmals Details einer sozialen Grundsicherung vor. Nach dem Diskussionspapier sollten Alleinstehende, die ihren Lebensunterhalt nicht allein bestreiten können, einen Pauschalbetrag von 1.200 DM (in Ostdeutschland 1.000 DM) erhalten. Die laufenden Hilfe zum Lebensunterhalt der Sozialhilfe sollte damit ebenso hinfällig werden wie die Arbeitslosenhilfe. Zudem sollten die gegenseitigen Unterhaltspflichten auf Ehepaare, nicht-eheliche Lebensgemeinschaften sowie deren minderjährige Kinder beschränkt bleiben. Eltern von erwachsenen Hilfebeziehern sollten dementsprechend nicht mehr herangezogen werden können. Außerdem sollte die Grundsicherung bei der Ablehnung zumutbarer Beschäftigung vermindert werden (*taz* vom 2.10.1996: 1). Die entstehenden Mehrausgaben bezifferte Andrea Fischer auf 10 Milliarden DM. Diese Kosten sollten durch ein erhöhtes Aufkommen aus der Erbschafts- und Vermögenssteuer gedeckt werden (ebd.).

Ein Jahr später – Mitte November 1997 – verabschiedeten die Grünen auf ihrem Bundesparteitag in Kassel das Konzept der sozialen Grundsicherung. Sie sollte sowohl die Hilfe zum Lebensunterhalt im

Rahmen der Sozialhilfe, die Arbeitslosenhilfe und die Leistungen für Asylbewerber ersetzen. Vorgesehen war eine Pauschale von jetzt nur noch 800 DM pro Person sowie 560 DM für jede weitere Person in einem gemeinsamen Haushalt. Für Behinderte und ältere Menschen wurde ein um 10 Prozent höherer Satz beschlossen. Zudem war eine an den Kosten vor Ort orientierte Wohnpauschale vorgesehen. Das Lohnabstandsgebot, nach dem Sozialleistungen unterhalb der Einkommen der untersten Lohngruppen angesiedelt werden müssen, sollte entfallen. Dagegen sollte eigenes Erwerbseinkommen nur zu 80 Prozent auf die Leistung angerechnet werden. Einkommen bis zur Höhe von 25 Prozent des Grundeinkommens sollten frei verfügbar bleiben. Die geltende Zumutbarkeitsregelung, wonach bei Ablehnung zumutbarer Arbeit die Leistungen gekürzt wurden, lehnten die Grünen nun ab. Darüber hinaus sah das Konzept vor, dass sämtliche Leistungsempfänger auch Zugang zur Arbeitsförderung erhalten sollten. Für die Finanzierung rechneten die Grünen mit Zusatzkosten in Höhe von 12 Milliarden DM, die durch eine höhere Erbschaftssteuer und die Wiedereinführung der Vermögenssteuer ausgeglichen werden sollten (*Süddeutsche Zeitung* vom 17.11.1997).

Auch die Arbeitgeber legten im Jahr vor der Bundestagswahl ein Konzept zur Zusammenlegung vor, das jedoch stärker den Aktivierungsgedanken betonte. Das im Sommer 1997 von der BDA präsentierte ›Kombi-Einkommen-Modell‹ zielte im Kern auf die Schaffung eines neuen Niedriglohnbereichs. Erhebliches Beschäftigungspotential gäbe es hier nach Ansicht der Arbeitgeber vor allem im Dienstleistungsbereich, jedoch waren ihrer Ansicht nach die Arbeitskosten zu hoch. Sie forderten daher einen neuen Niedriglohnbereich zwischen 20 Prozent und 30 Prozent unterhalb der unteren Tarifgruppen zu schaffen. Bei einer Senkung um 30 Prozent würden die Bruttolöhne laut BDA-Angaben dann je nach Branche 1.300 bis 2.300 DM betragen. Um eine Beschäftigung im Niedriglohnbereich attraktiver zu gestalten, sollte die Anrechnung auf die Sozialhilfe jeweils auf 70 bis 90 Prozent abgesenkt werden. Zudem sollten je nach Familiengröße gestaffelte Freibeträge eingeführt werden. Hier schlug die BDA 80 DM für Ledige, 150 DM für Ehepaare und weitere 50 DM je Kind vor. Zugleich sollte laut *Kombi-Einkommen-Modell* die Bezugsdauer des Arbeitslosengeldes von 32 auf 12 Monate verkürzt werden. Dies würde die BA laut BDA-Schätzungen um rund 10 Milliarden DM entlasten. Die Arbeitslosenhilfe wollte die BDA mit der Sozialhilfe verzahnen und mittelfristig ganz streichen. Weiterhin forderten die Arbeitgeber, die Sozialhilfesätze einzufrieren und die neu geschaffenen Sanktionsmöglichkeiten voll auszuschöpfen. Sozial- und Arbeitsämter sollten zu Bürgerämtern verschmelzen, um den Verschiebebahnhof zu beenden (*Handelsblatt* vom 19.06.1997: 4). Das Echo auf den Vorstoß der Arbeitgeber von Seiten der SPD, CDU-Arbeitnehmer und Gewerkschaften war geteilt. Der DGB-Vorsitzende Dieter Schulte bezeichnete die Vorschläge in Leipzig als »unsozial und völlig unakzeptabel«. Eine solche »Dauersubventionierung der Arbeit« führe nur zu einer »gnadenlosen Verdrängung« der regulären Arbeit (*Süddeutsche Zeitung* vom 21.06.1997: 1). Den Vorschlag des Kombilohns bezeichnete der stellvertretende SPD-Fraktionsvorsitzende Schreiner dagegen als bedenkenswert. Die SPD fordere schon lange bessere Vorschriften, mit denen Erwerbseinkommen auf die Sozialhilfe angerechnet werden könnten (ebd.). Auch der damalige ÖTV-Vorsitzende Herbert Mai bezeichnete Hundts Ansatz als »erwägenswert«, knüpfte den Vorschlag eines Kombilohns jedoch an Bedingungen: »[Er] muss begrenzt bleiben auf den Einstieg von Langzeitarbeitslosen, auf die Chance von gering Qualifizierten, in den Arbeitsmarkt hineinzukommen« (*APW* – German vom 19.06.1997: 1).

Einig waren sich SPD und Gewerkschaften in ihrer Ablehnung der von der BDA vorgeschlagenen kürzeren Bezugsdauer des Arbeitslosengeldes auf zwölf Monate (Süddeutsche Zeitung vom 21.06.1997: 1). Peter Keller, der stellvertretende CDA-Vorsitzende, warf den Arbeitgebern vor, sie verschärften mit ihren Vorschlägen die Spaltung auf dem Arbeitsmarkt: »Die Wirtschaft soll endlich die vorhandenen Gesetze nutzen, statt immer neue Katastrophengesänge anzustimmen. Erst kneifen sie bei den Ausbildungsplätzen, dann entlassen sie qualifizierte Arbeitnehmer und nutzen, wie die letzte Steuerschätzung zeigt, jedes Schlupfloch, um ihr Schäflein am Fiskus vorbei ins Trockene zu bringen« (*APW* – German vom 19.06.1997: 1).

Unterdessen signalisierte die IG BCE Zustimmung für einen befristeten Kombilohn, der für eine Übergangszeit während eines Strukturwandels eingesetzt werden könne. Insbesondere bei Arbeitsplätzen, die von der Konkurrenz durch Niedriglohnstandorte vor allem in Mittel- und Osteuropa bedroht seien, solle die Übergangsphase durch die Einführung eines Kombilohns aus Sozialtransfers und Lohnzahlung der Unternehmen gesichert werden – so der IG BCE-Vorsitzende Hubertus Schmoldt (*Handelsblatt* vom 30.06.1997: 4). Auch die IG Metall lehnte den Vorschlag der BDA nicht grundsätzlich ab. Der IG Metall-Vize Walter Riester setzte sich dafür ein, Niedrigverdiener von Sozialabgaben zu befreien und ihre Mindestrentenansprüche aus Steuermitteln zu finanzieren (*Handelsblatt* vom 28.08.1997: 4). Auch der DGB-Vorsitzende Dieter Schulte rückte indessen – nach einem USA-Besuch – von seinem strikten Nein zum Kombilohnvorschlag ab und wollte »zielstrebig« mit den Arbeitgebern darüber sprechen: »Ich könnte mir vorstellen, dass eine intelligente Form des Kombilohns für eine Versuchsphase in Tarifverträge aufgenommen wird« (*taz* vom 11.09.1997: 1). DGB-Vorstandsmitglied Ursula Engelen-Kefer schloss sich angesichts dramatisch steigender Sozialhilfezahlen vor allem der Forderung an, höhere Freibeträge für Zuverdienste von Sozialhilfeempfängern aufzunehmen (*APW* – German vom 16.09.1997: 1).

Kurze Zeit später verabschiedete der SPD-Vorstand den wirtschaftspolitischen Leitantrag *Innovationen für Deutschland*, der maßgeblich von Gerhard Schröder unter Mitwirkung von Anke Fuchs und Reinhard Höppner entwickelt wurde. Eine zentrale Forderung des Antrages war die Bekämpfung der Massenarbeitslosigkeit durch subventionierte Niedriglohnarbeitsplätze. Der Leitantrag sah zum einen eine Reform des Flächentarifvertrages vor, die es ermöglichen sollte, eine »beschäftigungsorientierte Differenzierung« vorzunehmen. Zum anderen sollten einfache Arbeitsplätze mit niedrigen Stundenlöhnen von Sozialversicherungsbeträgen entlastet werden. Außerdem hieß es zu den Anreizen zur Arbeitsaufnahme von Sozialhilfeempfängern:

> Wie bei der Arbeitslosenhilfe sollte der Grundsatz gelten, dass vom erzielten Einkommen die Hälfte beim Sozialhilfeempfänger verbleibt und nur die andere Hälfte auf die Sozialhilfe angerechnet wird. Im Gegensatz zu diesem positivem Anreiz für eine Arbeitsaufnahme werden wir die gesetzlichen Möglichkeiten anwenden, die sicherstellen, dass Sozialhilfeempfänger angebotene Arbeitsplätze auch annehmen« (*Handelsblatt* vom 16.09.1997: 8).

Im Dezember 1997 legte Gesundheitsminister Seehofer einen ersten Verordnungsentwurf vor, der eine Erhöhung der Hinzuverdienstgrenzen bei Sozialhilfeempfängern vorsah (*APW* – German vom 18.12.1997: 1).

Am 27. September 1998 kam es erstmals nach einer Bundestagswahl in Deutschland zu einem vollständigen Austausch der Regierungsparteien: SPD und Grüne lösten die seit 16 Jahren ununterbrochen regierende CDU/CSU/FDP-Regierung ab. Allerdings hatte die rot-grüne Bundesregierung schon im Februar 1999, nach weniger als einem halben Jahr im Amt, keine eigene Mehrheit im Bundesrat mehr. Drei Jahre später nach der Landtagswahl in Sachsen-Anhalt im April 2002 hatten CDU- und CDU/FDP-geführte Landesregierungen in dieser Kammer wieder eine Mehrheit (Merkel 2003: 170).

Unter den Arbeitsministern der Länder herrschte allerdings zu diesem Zeitpunkt breites Einvernehmen über die Notwendigkeit einer Zusammenlegung beider Hilfesysteme. Auch die Bundes-CDU hatte in ihrem Wahlprogramm 1998 die Zusammenlegung von Arbeitslosen- und Sozialhilfe gefordert und tat dies nach der verlorenen Bundestagswahl umso vehementer.

Auf der Ebene der Länder wurde – unabhängig von der parteipolitischen Zugehörigkeit – an Konzepten zur Zusammenlegung und Reform der Arbeitslosen- und Sozialhilfe gearbeitet. Insbesondere die organisatorische Ausgestaltung der Zusammenlegung nahm in diesen Debatten großen Raum ein. Bereits am 26. Oktober 2000 verabschiedeten die Länderarbeitsminister auf Antrag der SPD-regierten Länder (A-Länder)[1] Schleswig-Holstein und NRW im Kieler Schloss einstimmig einen Leitantrag zur Sozialhilfe (*Konzertierte Aktion zur Überwindung von Sozialhilfebedürftigkeit*), in dem sie an den Bundesarbeitsminister appellierten, »gemeinsam mit den Ländern die notwendigen grundlegenden Reformen zur Zusammenführung von Arbeitslosehilfe und Sozialhilfe in Angriff zu nehmen« (Arbeits- und Sozialministerkonferenz 2000).

Entsprechend stellten Abgeordnete der PDS dazu im Bundestag eine kleine Anfrage, ob die Bundesregierung beabsichtige, Arbeitslosenhilfe und Sozialhilfe zusammenzulegen. In der Antwort hob die Bundesregierung hervor, dass es zwar zu diesem Zeitpunkt keinen Beschluss gebe, Arbeitslosenhilfe und Sozialhilfe zusammenzuführen. Allerdings prüfe eine hierzu eingesetzte Bund-Länder-Arbeitsgruppe im Moment, wie

---

1 Die Bundesländer werden in A- und B-Länder unterteilt. In A-Ländern hat die SPD die Regierungsmehrheit, während in B-Ländern die CDU den Ministerpräsidenten stellt.

»beide Leistungen besser verzahnt werden können« (Bundestag 2000: 1). Diese Prüfung solle auch die von der Bundesregierung geförderten MoZArT-Projekte berücksichtigen. Erst nach Abschluss eines umfassenden Diskussionsprozesses und nachdem die Ergebnisse der Modellprojekte vorlägen, solle dann über eine mögliche Reform entschieden werden (Bundestag 2000: 1).

Im April 2001 fiel der Startschuss für die (MoZArT-Projekte). In der Pressemitteilung des Bundesministeriums für Arbeit (BMA) hieß es dazu: »MoZArT soll verallgemeinerungsfähige Wege zur effektiven und nachhaltigen Zusammenarbeit von Arbeits-und Sozialämtern liefern« (BMA 2001a). Mit einer Gesamtsumme von 30 Millionen DM wurden insgesamt 28 Modellprojekte über einen Zeitraum von zwei Jahren gefördert. In den Modellprojekten wurden dabei unterschiedliche Formen der Zusammenarbeit getestet. Während die Ämter in Hamburg, Hanau, Pirmasens und Wiesbaden eine gemeinsame Anlaufstelle für alle Arbeitslosen- und Sozialhilfeempfänger einrichteten, erprobten Zwickau und Neumünster die Verbesserung des Datenaustauschs (ebd.). Zwei Jahre später, als die Gesetzesberatungen zu Hartz IV bereits in vollem Gange waren, wurden die Ergebnisse der wissenschaftlichen Begleitforschung vorgestellt. Mit Blick auf diese Ergebnisse hob der damals zuständige Referent im Referat Arbeitslosenhilfe des Bundesministeriums für Wirtschaft und Arbeit (BMWA) Marc Heinrich hervor, dass der Vermittlungserfolg der Modell-Ämter direkt »vom Grad der Zusammenarbeit der beiden Systeme der sozialen Sicherung [abhängt]: je intensiver die Zusammenarbeit und der Grad der Verzahnung, desto höher der Erfolg« (Heinrich 2003: 5). Vor dem Hintergrund der Gesetzesberatungen zu Hartz IV, hieß es weiter: »Diese Ergebnisse rechtfertigen die derzeit laufenden Gesetzesvorhaben zur Zusammenführung von Arbeitslosenhilfe und Sozialhilfe« (ebd.: 7).

Aus den Ländern verstärkte sich im Frühjahr 2001 weiter der Druck auf die Bundesregierung, die Zusammenlegung von Arbeitslosen- und Sozialhilfe zügig auf den Weg zu bringen. Der sächsische Wirtschaftsminister, Kajo Schommer, beispielsweise stellte im März 2001 eine entsprechende Initiative (*Konvergenzvorschlag*) vor, die die Etablierung von *Ämtern für Soziales und Arbeit* auf kommunaler Ebene vorsah. Er schlug vor, in Zukunft nur noch danach zu entscheiden, ob Leistungsempfänger arbeitsfähig seien oder nicht. Letztere sollten ein Sozialgeld erhalten, das in etwa mit der damaligen Sozialhilfe vergleichbar sein sollte. Wer hingegen arbeitsfähig war, sollte ein Sozialeinkommen beziehen, das monatlich um 150 DM unter dem Sozialgeld liegt. Durch persönlichen Einsatz konnte der Betroffene jedoch den Grundbetrag um bis zu 300 DM erhöhen (*Welt* vom 10.03.2001).

Auf ein größeres mediales Echo stieß der Vorschlag des hessischen Ministerpräsidenten Roland Koch, zu einer Sozialhilfereform nach dem Modell des US-Bundesstaates Wisconsin Anfang August des gleichen Jahres (*AFP* vom 6.08.2001). Koch hatte argumentiert, mit Hilfe einer Experimentierklausel arbeitsunwillige Sozialhilfeempfänger mit stärkeren Sanktionen und Hilfsangeboten zur Arbeitsaufnahme bewegen zu wollen und so die Fallzahlen in Hessen um die Hälfte zu reduzieren (*Handelsblatt* vom 8.08.2001).

Auf der jährlichen Arbeits- und Sozialministerkonferenz (ASMK) Anfang November 2001 konkretisierten die Arbeitsminister der Länder ihre Forderung an die Bundesregierung zur Modernisierung der Sozialhilfe weiter. Wie ein Jahr zuvor forderten sie unter anderem aktivierende Hilfen in den Vordergrund zu stellen, *Hilfen aus einer Hand* zu organisieren und passive Hilfen zu pauschalieren. Darüber hinaus erneuerten sie ihre Forderung, die notwendigen grundlegenden Reformen zur Zusammenführung von Arbeitslosen- und Sozialhilfe gleich zu Beginn der nächsten Legislaturperiode in Angriff zu nehmen. Auch mahnten sie an, dass dadurch keine zusätzlichen finanziellen Belastungen für die Kommunen entstehen dürften. Einzig das SPD-geführte Land Mecklenburg-Vorpommern gab eine abweichende Stellungnahme zu Protokoll, indem es nachdrücklich darauf hinwies, dass es alle Reformen, die geeignet seien, die Arbeitslosenhilfe abzuschaffen, ablehnen würde (Arbeits- und Sozialministerkonferenz 2001). Bei dieser abweichenden Stellungnahme ist jedoch zu beachten, dass Mecklenburg-Vorpommern in dieser Zeit von einer SPD-PDS-Regierung regiert wurde und der Arbeitsminister – Helmut Holter – von der PDS gestellt wurde.

Zu Beginn des Bundestagswahljahres 2002 stellte Roland Koch die Details seiner Bundesratsinitiative – des sogenannten *Offensiv-Gesetzes* – vor. Im Kern sollte das Gesetz den Ländern durch eine Experimentierklausel ermöglichen, Sozial- und Arbeitslosenhilfe in Vermittlungsagenturen (Jobcentern) zusammenzuführen, wobei sie Aufgaben- und Organisationsform selbst wählen könnten. Zur Finanzierung sollten bis

zu 30 Prozent der aktiven Arbeitsförderung der BA den Vermittlungsagenturen übertragen werden und die Arbeitslosenhilfe vom Bund entsprechend erstattet werden. Für den Bund und die Kommunen sollten
so keine Mehrkosten entstehen (Bundesrat 2002). Langfristig wollte
Hessen Einsparungen insbesondere durch die verbindliche individuelle
Eingliederungsvereinbarung – den *Hessen-Pakt* – erreichen, das heißt die
Zumutbarkeitsregelungen des SGB III und des BSHG sollten für den
Personenkreis der Langzeitarbeitslosen angeglichen und verschärft werden. Dazu gehörten beispielsweise die Umkehr der Beweislast oder här-
tere Sanktionen bis zum Wegfall der Leistungen. Insbesondere sollten
Widerspruch und Klage gegen Leistungskürzungen nicht mehr wie bisher aufschiebende Wirkung haben. Für Arbeitslosenhilfebezieher sollten
die Zumutbarkeitsregelungen so verändert werden, dass auch Beschäftigungen unterhalb der Arbeitslosenhilfe beziehungsweise gemeinnützige
Tätigkeiten zumutbar wären. Darüber hinaus sah das *Offensiv-Gesetz*
Kombilohn- und Zeitarbeitsmodelle vor (Hessische Landesregierung
2002). Bevor der Vermittlungsskandal den hessischen Vorstoß im Februar des Jahres von der Agenda verdrängte, signalisierten viele Akteure
auf SPD-Seite grundsätzliche Zustimmung. Bundesarbeitsminister Riester erklärte, Kochs Vorschlag enthalte »einige sehr gute Ansätze« (*taz*
vom 25.01.2002). Auch der rheinland-pfälzische Ministerpräsident Kurt
Beck sagte: »Ich habe keinen generellen Widerspruch« (*APW* vom
27.01.2002).

Ende März berichtete der Spiegel über ein »geheimes« SPD-Papier
zu einem Bund-Länder-Treffen, das die schrittweise Abschaffung der
Arbeitslosenhilfe vorsehe (*Spiegel* vom 30.03.2002). Bei diesem Papier
handelte es sich um ein Vorbereitungspapier für die Klausurtagung der
A-Länder-Staatssekretärsrunde vom 6. März 2002 (Projektgruppe SGB
III und Projektgruppe Sozialhilfe (Ländervertreter) 2002). Der Zweck
des Papiers bestand darin, den Meinungsbildungsprozess innerhalb der
A-Länder zu erfassen und mit dem der Hartz-Kommission und der
Gemeindefinanzreformkommission zu verknüpfen. Obgleich das Papier
keine Bewertung beziehungsweise keine Positionierung zu so wichtigen
Parametern wie der Leistungs- und Finanzierungsträgerschaft und der
Größe des Personenkreises vornahm, machte es Vorschläge zur Aus-
gestaltung der Leistungshöhe und den Zugangsvoraussetzungen. Dabei
machte es deutlich, dass Kooperations- und Koordinationsmodelle »nur

als Vorstufe zu einer umfassenden Reform (Zusammenführung beider Systeme) in Betracht gezogen werden sollten« (ebd.: 11).

Mit Blick auf die Unterschiede bei der Leistungshöhe beider Hilfeleistungen machte das Papier deutlich:

Soll ein Reformmodell größere Gerechtigkeit zwischen den beiden Gruppen von Leistungsbeziehern gewährleisten, ist eine Harmonisierung unter anderem der Zugangsvoraussetzungen zu den Leistungen sinnvoll. Da sich die Sozialhilfe am definierten Bedarf des Hilfebedürftigen orientiert, die Arbeitslosenhilfe hingegen am ›Grundanspruch‹, dürfte in den meisten Fällen eine Annäherung der SGBIII-Kriterien an die Ausgestaltung der entsprechenden Regelungen im BSHG die realistischere Variante sein. Einer Absenkung der Leistungshöhe der Arbeitslosenhilfe von jetzt 53 Prozent beziehungsweise 57 Prozent des Leistungsentgelts sind aus sozialpolitischen Gründen allerdings enge Grenzen gesetzt (ebd.: 13).

Im Papier wurde daher vorgeschlagen, die Arbeitslosenhilfe zunächst zeitlich zu befristen. Im Anschluss an den Bezug von Arbeitslosengeld (Stufe 1) hätte jeder Arbeitslose befristet (zum Beispiel für zwei Jahre) Anspruch auf Arbeitslosenhilfe (Stufe 2). Danach würde er zeitlich unbefristet in die Sozialhilfe fallen (Stufe 3). Dabei wäre die Arbeitslosenhilfe armutsfest auszugestalten, um einen Doppelbezug von Arbeitslosenhilfe und Sozialhilfe auszuschließen. Außerdem sollten sowohl die Zumutbarkeitsregelungen des SGB III (Wegfall der abgestuften Mindesthöhe für Einkommen aus einer neuen Beschäftigung bei der Arbeitslosenhilfe) als auch die Sanktionen (Wegfall der Sperrzeiten) an das BSHG angenähert werden (ebd.).

Wengleich also einzelne wichtige Aspekte der Zusammenlegung von Arbeitslosen- und Sozialhilfe weiterhin umstritten blieben, gab es von Seiten der Bundesländer (unabhängig von ihrer politischen Zusammensetzung), den Grünen, den Oppositionsparteien CDU und FDP sowie den Arbeitgeberverbänden im Frühjahr 2002 bereits eine breite Unterstützung für die Idee der Zusammenlegung und es lagen erste Konzepte zu ihrer Umsetzung vor.

Zögern im Arbeitsministerium

Dagegen war innerhalb der SPD nach der Regierungsübernahme vollkommen ungeklärt, welche Politik sie mit der erlangten Regierungsmacht verfolgen wollte. Dies schlug sich nicht nur in ihrer ambivalenten arbeitsmarktpolitischen Programmatik[2] nieder, sondern auch in der konkreten Regierungspolitik. Auf dem Gebiet des Arbeitsrechts kam es zwischen 1998 und 2001 – wie im Wahlkampf versprochen – zunächst zu einer Reihe von Reregulierungsmaßnahmen, wie zum Beispiel in den Bereichen Sozialversicherungspflicht für geringfügig Beschäftigte, Teilzeit- und Befristungsregelungen und beim Betriebsverfassungsgesetz (Rose 2003). Auch in der Arbeitsmarktpolitik selbst kam es – wenngleich nur sehr punktuell und kleinflächig – nach der Regierungsübernahme zu geringfügigen Rücknahmen von Reformen der Vorgängerregierung. Im Juli 1999 wurden so beispielsweise der erleichterte Zugang von älteren Arbeitslosen zu Eingliederungszuschüssen, eine stärkere Wiedereröffnung von ABM in Bezug auf Teilnehmer und Träger und eine Ausweitung von SAM beschlossen (Heinelt 2003: 127).

Ein konsensfähiges arbeitsmarktpolitisches Konzept gab es lange Zeit nicht:»Am Arbeitsmarkt war ich relativ schlecht vorbereitet, wie die ganze Regierung« – so der damalige Arbeitsminister Walter Riester (Experteninterview mit Walter Riester am 22.09.2008). Mit der Zielrichtung, Mittel zur Bekämpfung der Arbeitslosigkeit aus einer Hand anbieten zu wollen sowie Kombilohn-Modelle zu erproben, wurde auf Wunsch der SPD zunächst zwar die Zuständigkeit für die Sozialhilfe vom Gesundheitsministerium (hierfür waren die Grünen zuständig) auf das Arbeitsministerium unter Führung des damaligen stellvertretenden IG Metall-Vorsitzenden Walter Riester übertragen (*Süddeutsche Zeitung* vom 24.10.1998: 1). Auch schlug kurze Zeit später – Ende März 1999 – der neue Arbeitsminister vor, die Zusammenführung von Arbeitslosenhilfe und Sozialhilfe in zwei oder drei Bundesländern zu erproben (*Welt*

---

2 Neben Passagen zur Rücknahme der Reformen der Vorgängerregierung, Arbeitszeitverkürzung, Überstundenabbau und der Erhaltung des zweiten Arbeitsmarktes, forderten andere Passagen unter anderem eine Absage an kreditfinanzierte Konjunkturprogramme sowie den Ausbau von Zeitarbeit und befristete Arbeitsverhältnissen (Gohr 2003: 43).

vom 27.03.1999: 1). Forderungen allerdings, wie beispielsweise die des Wirtschaftsweisen Horst Siebert, die Arbeitslosenhilfe ganz abzuschaffen und das Arbeitslosengeld auf zwölf Monate zu begrenzen, wurden vom Arbeitsministerium zu diesem Zeitpunkt vehement abgelehnt (*Hamburger Abendblatt* vom 20.04.2000: 1). Bei Arbeitgeberverbänden, CDU und anderen Wirtschaftswissenschaftlern stießen diese Vorschläge weitgehend auf Zustimmung.

Innerhalb der SPD-Fraktion kritisierten unterdessen einige Abgeordnete unverhohlen den Reformstau in der Arbeitsmarktpolitik. Der Wirtschaftsexperte und SPD-Fraktionsvize Ernst Schwanhold sprach in einem sechsseitigen Papier zum Thema aktivierender Sozialstaat von »Justierungsbedarf« und Reformstau: »Eine Überprüfung der Arbeitsmarktinstrumente erscheint angebracht« (*Spiegel* vom 21.01.2000: 84). Auch der stellvertretende SPD-Vorsitzende und Verteidigungsminister Rudolf Scharping sprach sich für eine Zusammenlegung von Arbeits- und Sozialhilfe aus (*Berliner Zeitung* vom 29.12.2000). Der Vorsitzende der AfA, Ottmar Schreiner, war jedoch vehement gegen die Zusammenlegung (*Berliner Zeitung* vom 5.04.2001: 1).

Arbeitsminister Walter Riester wiederholte unterdessen seine Pläne, Arbeitslosenhilfe und Sozialhilfe »zu verzahnen« (*APW* – German vom 10.12.2000). Dabei machte er jedoch deutlich, dass zunächst die bis Ende 2002 geförderten 28 MoZArT-Projekte abgewartet werden sollten, bis weitere Schlüsse gezogen werden könnten (*Welt* vom 10.03.2001:11). Vor dem Hintergrund der von Bundeskanzler Schröder im Frühjahr 2001 angestoßenen *Faulenzerdebatte* kündigte Riester dann an, Arbeitslosen- und Sozialhilfe bis 2006 auf dem Niveau der Sozialhilfe zusammenzuführen (*Handelsblatt* vom 25.04.2001: 6). »Jeder der sagt, es geht schneller, weiß um die Sache nicht« (*APW* vom 24.04.2001), so Riester mit Blick auf das wenig ambitionierte anvisierte Datum. Er verwies auf die 10 der 25 Milliarden DM Bundesausgaben für die Arbeitslosenhilfekosten, die als Beiträge an die Sozialversicherungen flossen: »Auf dieses Geld können Renten-, Kranken und Pflegeversicherung nicht von jetzt auf gleich verzichten.« Auch dürfe die Zusammenlegung von Arbeitsämtern und Sozialämtern nicht dazu führen, dass Städte und Gemeinden auf den Kosten der Langzeitarbeitslosigkeit sitzen blieben (*Handelsblatt* vom 25.04.2001: 6). Nach starker Kritik der Gewerkschaften und des Städtetags, betonte Riester, dass die Zusammenlegung nicht zwangsläufig die Abschaffung des einen oder anderen Systems bedeuten müsse (*AFP* vom 19.05.2001). Der Druck auf den Minister aus den Reihen der SPD erhöhte sich daraufhin weiter.

Kurze Zeit später lancierten Mitarbeiter des SPD-geführten Finanzministeriums (BMF) eine internationale Vergleichsstudie des Deutschen Instituts für Wirtschaftsforschung (DIW) an die Presse. Die Studie, deren Hauptautor Klaus Zimmermann war, kritisierte die bisherige Arbeitsmarktpolitik stark. Insbesondere die aufgeblähten ABM seien durch Lohnsubventionierung und Qualifizierung zu ersetzen (*Handelsblatt* vom 9.07.2001: 4). Auch Bundeswirtschaftsminister Müller (parteilos) forderte zur gleichen Zeit in seinem aktuellen Wirtschaftsbericht 2001 für Arbeitslose »mehr Arbeitsanreize durch Leistungskürzungen« (*WirtschaftsWoche* vom 19.07.2001: 13).

Noch konkreter wurde der rheinland-pfälzische Sozialminister Florian Gerster (SPD): »Das Arbeitslosengeld sollte auf zwölf Monate begrenzt und nur länger gezahlt werden, wenn der Betreffende in einer Weiterbildungsmaßnahme ist.« Und: »Vor dem Hintergrund einer sinnvollen Zusammenlegung von Arbeitslosen- und Sozialhilfe hat die Arbeitslosenhilfe keine Berechtigung mehr« (ebd.).

Zudem verstärkten die Grünen und das Wirtschaftsministerium den Druck bei der Schaffung weiterer Instrumente im Niedriglohnsektor und bei Kombilöhnen (*Berliner Zeitung* vom 19.12.2001; *Spiegel* vom 22.12.2001). Walter Riester blieb jedoch bei seiner rigorosen Ablehnung, auch weil er damit seine eigene 630 DM-Regelung konterkariert hätte. Wiederholt verwies Riester auf die vielfältigen Modellprojekte im Kombilohn-Bereich, die er selbst jedoch äußerst kritisch sah: »Dieses *Mainzer Modell* zum Beispiel, da war mir völlig klar, dass es Schiffbruch erleiden würde. Ich habe mir auch gesagt: wir müssen das praktisch sehen, dass wir aus der Ideologiedebatte herauskommen, und aufzeigen, dass es nicht klappt« (Experteninterview mit Walter Riester am 22.09.2008).

Statt ein Konzept für die Zusammenlegung von Arbeitslosen- und Sozialhilfe, die Einführung eines Kombilohns oder einer Grundsicherung vorzulegen, verabschiedete die Koalition Anfang November im Bundestag das sogenannte Job-AQTIV-Gesetz (*Aktivieren, Qualifizieren, Trainieren, Investieren, Vermitteln*), das im Wesentlichen zum Ziel hatte, die Arbeitsvermittlung nach den Prinzip *Fördern und Fordern* zu verbessern (*APW* vom 9.11.2001). Im Rahmen einer Chancenprognose sollte das

Bewerberprofil des Arbeitslosen ermittelt werden (*profiling*). Anschließend würden die Schritte der Wiedereingliederung einschließlich der Eigenbemühungen des Arbeitslosen in einer Eingliederungsvereinbarung festgehalten werden. Nach sechsmonatiger Arbeitslosigkeit wurde dem Arbeitssuchenden zudem ein Rechtsanspruch auf die Einschaltung eines privaten Vermittlers gegeben. Eingeführt wurde außerdem das Instrument der Job-Rotation[3] und die Zeitarbeit wurde ebenso erleichtert wie die ehrenamtliche Arbeit trotz Leistungsbezug (BMA 2001b).

In der Frage des Kombilohns lenkte Walter Riester erst nach heftiger Kritik aus den eigenen Reihen im Januar 2002 ein und stimmte der Ausweitung des *Mainzer Modells* auf das gesamte Bundesgebiet zu (*Handelsblatt* vom 14.01.2002). Ursprünglich wurde das Modell im Norden von Rheinland-Pfalz und in Brandenburg erprobt. Am 6. Februar beschloss dann das Bundeskabinett die bundesweite Ausdehnung des Mainzer Modells ab dem 1. März 2002 (Kaltenborn 2002: 4). Auch wurden die Regelungen der Sozialhilfe und Arbeitslosenhilfe bei der Vermögensanrechnung deutlich angenähert. Dies war eine wichtige Voraussetzung für die Zusammenlegung von Arbeitslosen- und Sozialhilfe. Im Geleitzug des Job-AQTIV-Gesetzespakets wurde so eine neue Arbeitslosenhilfe-Verordnung verabschiedet, die erstmals einen einheitlichen Vermögensfreibetrag in Höhe von 520 Euro pro Lebensjahr und eine Obergrenze von 33.800 Euro bei der Arbeitslosenhilfe vorsah.

Wenngleich eine Umsetzung der Zusammenlegung von Arbeitslosen- und Sozialhilfe bereits im Sommer 2001 in greifbare Nähe zu rücken begann, wurde der damalige Arbeitsminister jedoch zunehmend zögerlicher, dieses komplexe Reformprojekt anzupacken. Nur kurze Zeit vorher – im Mai 2001 – hatte Riester nach monatelangem Tauziehen mit Gewerkschaften und Opposition eine Strukturreform in der Rentenpolitik auf den Weg gebracht, die eine schrittweise Reduktion des Rentenniveaus und mehr private Vorsorge vorsah. Sie hatte heftige öffentliche Kontroversen ausgelöst. Im Kanzleramt wurde dem Arbeitsminister daraufhin nicht mehr zugetraut, auch diese Reform umzu-

---

3 Betriebe, die einen beschäftigten Arbeitnehmer eine berufliche Weiterbildung ermöglichen und für diese Zeit einen Arbeitslosen als Vertreter einstellen, können einen Zuschuss in Höhe von 50 bis 100 Prozent des Arbeitsentgelts des Vertreters erhalten (BMA 2001b).

setzen. Mit Blick auf die anstehenden Reformen in der Arbeitsmarktpolitik fiel die Einschätzung im Kanzleramt entsprechend pessimistisch
aus: »Nur die Erfahrung war, er [Riester] hat sich das im Kleinen ange-
guckt, und da ist nie was Großes draus geworden. Das war immer bei
Riester so und spätestens im Sommer 2001 waren wir dann sehr ernüch-
tert [...]« (Experteninterview am 14.09.2007). Eine ähnliche Einschätzung zu Riester kam auch aus seinem eigenen Haus, dem Arbeitsministerium selbst:

Das Problem war, dass Riester mit Arbeitsmarktpolitik eigentlich nichts zu tun
haben wollte. Sein Lieblingskind war die Rente. Um die hatte er sich gekümmert, die hatte er auch gemacht. Das führte auch dazu, dass er im Jahr davor
mit dem Job-AQTIV-Gesetz nichts mehr zu tun haben wollte. Und dass Walter
eigentlich ziemlich wundgerieben war. Das kann man so sagen (Experteninterview am 24.09.2008).

Die Benchmarking-Studie im Bündnis für Arbeit

Das Job-AQTIV-Gesetz war das Ergebnis quälender Verhandlungen
zwischen Bundesregierung, Gewerkschaften und Arbeitgebern im
›Bündnis für Arbeit, Ausbildung und Wettbewerbsfähigkeit‹ (im Folgenden: *Bündnis für Arbeit*). Noch im Wahlkampf 1998 hatte die SPD mit
der Ankündigung einer Neuauflage des Bündnisses für Arbeit gegenüber
der amtierenden Regierung punkten können, deren Bündnis gerade gescheitert war. Das *Bündnis für Arbeit* war eines der bedeutendsten Wahl-
kampfthemen der SPD im Jahr 1998. Das im Herbst 1998 aufgelegte
zweite *Bündnis für Arbeit* war daher in erster Linie ein Bündnis zwischen
Sozialdemokratie und Gewerkschaften für den Regierungswechsel. Gerhard Schröder erhoffte sich zudem, durch die Einbindung der Verbände
in ein tripartistisches Gremium die traditionalistischen Flügel in der
SPD zu befrieden und Kritik an der Regierung zu minimieren.
    Die Zielsetzung der Belebung des Arbeitsmarktes war für die Bünd-
nispartner jedoch der Verfolgung eigener Ziele untergeordnet. Der
Handlungsdruck auf die Regierung war in den Jahren 1998 bis 2000
zudem auch vergleichsweise gering, da sich in den Jahren 1998 und 2000

die Konjunktur im Zuge des New Economy-Booms fast von ganz alleine belebte. Der Konjunkturaufschwung 1997 bis 2000 führte zu höheren Wachstumsraten und ermöglichte drei Senkungen der Sozialversicherungsbeiträge in Folge von 42,1 Prozent im Jahr 1998 auf 40,9 Prozent im Jahr 2001 (Hassel/Trampusch 2006: 5). Ein Jahr später verkündete Gerhard Schröder sogar die ›Politik der ruhigen Hand‹, als ob man unterstreichen wolle, dass allenfalls marginale Veränderungen zur Stützung der Konjunktur nötig seien (Streeck 2003: 8).

Gleichzeitig stärkte der im Wahlkampf 1998 deutlich dokumentierte Schulterschluss zwischen Gewerkschaften und Sozialdemokratie zweifelsohne die Ansprüche der Gewerkschaften gegenüber der Bundesregierung. Die Forderungen der Gewerkschaften zur Rücknahme verschiedener Reformen der Kohl-Regierung wie beispielsweise der Kürzung der Lohnfortzahlung im Krankheitsfall, der Neuregelung zum Kündigungsschutz, der Rücknahme des demographischen Faktors in der Rente oder der Gesundheitsreform wurden daher auch nie im Bündnis verhandelt, sondern nach der Regierungsübernahme einfach umgesetzt. Das führte dazu, dass auch die Lieblingsprojekte der Wirtschaft nicht im Bündnis verhandelt wurden. Es kam also nie zu Paketverhandlungen wie in den Bündnissen anderer europäischer Länder üblich, bei der eine Seite hätte geben müssen, um nehmen zu können (ebd.: 6).

Nichtsdestotrotz wurde das *Bündnis für Arbeit* im Dezember 1998 wie geplant ins Leben gerufen und mit großem Aufwand organisiert. Den Spitzengesprächen mit einer Runde von insgesamt 14 Ministern und Verbandsvorsitzenden wurde eine Steuerungsgruppe auf der Ebene der Geschäftsführer beziehungsweise Staatssekretäre zur Seite gestellt, welche die Themenwahl und die Positionsfindung vorbereiten sollte. Die Struktur der teilnehmenden politischen Akteure war streng tripartistisch: jeweils vier Vertreter kamen von den Gewerkschaften und den Industrie- und Arbeitgeberverbänden; sechs stellte die Bundesregierung. Für die thematische Zuarbeit wurden Arbeitsgruppen unter der Federführung einzelner Ministerien ins Leben gerufen.

Den Vorschlag des Bundeskanzlers, das Bündnis doch organisatorisch beim Arbeitsministerium anzusiedeln, lehnten die Gewerkschaften ab. Sie forderten direkte Verhandlungen auf gleicher Augenhöhe mit dem Bundeskanzler. Sowohl der DGB-Vorsitzende Dieter Schulte als auch der IG Metall-Vorsitzende Klaus Zwickel wollten nicht mit ihrem ehemaligen Kollegen (und Stellvertreter) Walter Riester verhandeln (Experteninterview mit Walter Riester am 22.09.2008). Daraufhin dele-gierte Gerhard Schröder das *Bündnis für Arbeit* an seinen Kanzleramts-minister Bodo Hombach, der als parteipolitischer Erneuerer und Autor des Schröder-Blair-Papiers jedoch nicht das Vertrauen der Gewerk-schaften hatte. Ein wichtiger Effekt der Zuständigkeit Hombachs war jedoch auch, dass die Reformen, die im Arbeitsministerium ausgearbei-tet wurden, aus den Bündnisgesprächen weitgehend ausgeklammert blieben (Streeck 2003: 7).

In der Gemeinsamen Erklärung des Bündnisses vom 7. Dezember 1998 wurde die Einrichtung einer ›Arbeitsgruppe Benchmarking‹ ver-einbart. Diese erhielt am 6. Juli 1999 vom Bündnis den Auftrag, einen Bericht *Benchmarking Deutschland* zu erarbeiten, der alle für den Arbeits-markt relevanten Daten zum Wirtschafts- und Sozialstandort Deutsch-land im internationalen Vergleich erfassen und eine gemeinsame Daten-basis und Diskussionsgrundlage für die Bündnispartner schaffen sollte. Dabei wurde die Arbeitsgruppe Benchmarking nach Absprache mit dem Bundeskanzleramt von der Bertelsmann Stiftung finanziell unterstützt.

Die Zusammensetzung der ›Arbeitsgruppe Benchmarking‹ hat sich im Laufe der Jahre ihrer Arbeit mehrfach geändert. Ende 1999 ent-schied die Steuerungsgruppe des *Bündnisses für Arbeit*, dass die Arbeits-gruppe aus den Mitgliedern ihrer früheren Wissenschaftlergruppe beste-hen sollte. Dabei handelte es sich um Rolf G. Heinze von der Ruhr-Universität Bochum und Wolfgang Streeck vom Max-Planck-Institut für Gesellschaftsforschung Köln (MPIfG), sowie um Gerhard Fels vom Institut der deutschen Wirtschaft Köln (IW) und Heide Pfarr vom Wirt-schafts- und Sozialwissenschaftlichen Institut (WSI) der Hans-Böckler-Stiftung in Düsseldorf. Rolf Heinze hatte engen Kontakt zum damaligen Kanzleramtsminister Bodo Hombach. Für diesen war die Einrichtung der Wissenschaftlergruppe nach Aussage eines Beteiligten »ein Herzens-anliegen« (Experteninterview am 30.04.2007).

Später kam auf Anregung des Bundeskanzleramtes als weiterer Wis-senschaftler Günther Schmid vom Wissenschaftszentrum Berlin für Sozialforschung (WZB), hinzu. Für die wissenschaftliche Erarbeitung der Benchmarking-Studie richtete die Bertelsmann Stiftung ein Projekt-büro ein, dem zunächst Werner Eichhorst und Stefan Profit angehörten.

Die Beteiligten des *Bündnisses für Arbeit* formulierten in der gemeinsamen Erklärung vom Dezember 1998 ihre Agenda für die nächsten Jahre. Das Bündnis sollte ursprünglich eine ganze Reihe von Punkten angehen. Dazu gehörten:

- eine dauerhafte Senkung der Lohnnebenkosten,
- eine Strukturreform der Sozialversicherung,
- beschäftigungsfördernde Arbeitsverteilung,
- flexible Arbeitszeiten zum Abbau von Überstunden,
- die Förderung der Teilzeitarbeit,
- die Verbesserung der Innovations- und Wettbewerbsfähigkeit der Unternehmen,
- die Umsetzung der Unternehmenssteuerreform,
- der Abbau struktureller Hemmnisse für die Gründung und das Wachstum von Unternehmen,
- die Verbesserung des Zugangs kleiner und mittlerer Unternehmen zu Chancenkapital,
- eine flexiblere Möglichkeiten zum vorzeitigen Ausscheiden aus dem Erwerbsleben,
- eine Tarifpolitik, die den Beschäftigungsaufbau unterstützt,
- die Erschließung neuer Beschäftigungsfelder,
- die Verbesserung der Ausbildungsmöglichkeiten für gering qualifizierte Arbeitnehmer und
- der Ausbau der arbeitsmarktpolitischen Instrumente zur Bekämpfung von Jugend- und Langzeitarbeitslosigkeit (*Bündnis für Arbeit* 1998).

Die aufgeführte Themenliste war nur zum Teil handlungsleitend für die Benchmarking-Gruppe, die in ihrer Vorgehensweise wie auch ihrer Themenwahl eigene Schwerpunkte setzte. So betonte der Benchmarking-Bericht im Wesentlichen Fragen der Tarifpolitik, der Regulierung (von Arbeits- und Produktmarkt), der Arbeitszeit sowie der Abgabenstruktur (Steuern und Versicherungen) sowie in einem Kapitel die Arbeitsmarktpolitik.

Die Schwerpunktsetzung der Benchmarking-Gruppe wurde in zwei Sondergutachten deutlich, einem zur Errichtung eines Niedriglohnsektors und einem zur aktivierenden Arbeitsmarktpolitik. Bereits im November 1999 erschien ein Bericht der Wissenschaftlergruppe der ›Arbeitsgruppe Benchmarking« über »Möglichkeiten zur Verbesserung der Beschäftigungschancen gering qualifizierter Arbeitnehmer«. In dem Bericht berief sich die Gruppe auf den Auftrag der Wissenschaftler, Wege zur »Erschließung neuer Beschäftigungsfelder und Ausbildungsmöglichkeiten für gering qualifizierte Arbeitnehmer unter Erprobung und Einsatz neuer Instrumente« (*Bündnis für Arbeit* 1998) beziehungsweise »Optionen für eine Verbesserung der Erwerbschancen von Geringqualifizierten« aufzuzeigen (ebd.).

Der Bericht diskutierte eine Reihe von Möglichkeiten, um sich dann auf Vorschläge zu konzentrieren, »die die Kosten gering qualifizierter Arbeit durch vollständige bzw. degressive Entlastung niedriger Einkommen von Sozialversicherungsbeiträgen senken« (Fels u.a. 1999). Ziel dieser Vorschläge war es, die Angebotsbedingungen von Unternehmen und Sektoren zu verbessern, die überwiegend gering qualifizierte Arbeitnehmer einstellen. Dabei widmete die Wissenschaftlergruppe einem Vorschlag besondere Aufmerksamkeit. Dieser sah vor, in Anlehnung an Überlegungen der Friedrich-Ebert-Stiftung, den bereits beschlossenen nächsten Schritt zur partiellen Umfinanzierung der sozialen Sicherung von einer beitragsfinanzierten Sozialversicherung zu einer steuerfinanzierten Sozialpolitik mit dem Ziel einer Senkung der gesetzlichen Lohnnebenkosten nicht linear, sondern asymmetrisch zugunsten der Bezieher niedriger Einkommen auszugestalten. Dies bedeutete, dass innerhalb der Sozialversicherung Freibeträge und eine progressive Beitragsstruktur eingeführt werden sollten, die die niedrig bezahlten Beschäftigungsverhältnisse weitgehend beitragsfrei halten würden.

Daneben hatte die Wissenschaftlergruppe eine Reihe von ebenfalls bei den gesetzlichen Lohnnebenkosten ansetzenden, jedoch weniger umfassend ausgelegten Modellen betrachtet, und zwar insbesondere das Modell der Gemeinschaftsinitiative Saar, das *Mainzer Modell*, einen an dieses angelehnten Vorschlag des Arbeitsministeriums (›Teilzeitmodell‹) sowie weitere, auf der Ebene einzelner Bundesländer (NRW, Schleswig-Holstein) entwickelte Vorschläge.

Der Bericht erläuterte die Logik einer allgemeinen Beitragsentlastung niedriger Einkommen und schlug Grundprinzipien für die Konstruktion partieller Lösungen vor. Im Kern diskutierte der Bericht verschiedene Modelle zur Reduzierung der Versicherungsbeiträge zur Kostenentlastung von Beschäftigungsverhältnissen im niedrig qualifizierten Bereich, enthielt sich aber konkreter Vorschläge.

Die Kernideen des Berichts zum Niedriglohnsektor wurden bereits Ende April 1999 der Politik vorgelegt. Der *Spiegel* berichtete am 10.5.1999 über die Grundzüge des Papiers. Die finanzielle Entlastung und damit Subventionierung niedrig entlohnter Arbeit stieß jedoch sofort auf den erbitterten Widerstand der Gewerkschaften – auch wenn Heide Pfarr als Vertreterin der Gewerkschaften in der Benchmarking-Gruppe den Bericht mit verfasst hatte (Heinze/Streeck 2003). Als eine Konsequenz scheiterte bereits im August 1999 das *Bündnis für Arbeit* in NRW (*Welt am Sonntag* vom 29.8.1999). Die frühzeitige Veröffentlichung der Vorschläge durch Rolf Heinze und Wolfgang Streeck im *Spiegel* im Mai 1999 belastete zudem das Vertrauensverhältnis zwischen der Benchmarking-Gruppe und den Gewerkschaften nachhaltig. Die IG Metall kritisierte die Vorschläge in einer Stellungnahme vom 19.5.1999 scharf (IG Metall 1999).

In den darauf folgenden Monaten kam die Entwicklung neuer Konzepte zur Schaffung von Beschäftigungsmöglichkeiten für Geringqualifizierte kaum voran. Das von der ›Arbeitsgruppe Benchmarking‹ entwickelte Modell einer Bezuschussung von Sozialversicherungsbeiträgen für gering entlohnte Arbeit wurde nicht flächendeckend eingeführt. Es wurde vielmehr in Form von Modellprojekten in einigen Arbeitsamtsbezirken befristet erprobt. Eine dauerhafte Senkung der Lohnnebenkosten und eine strukturelle Reform der Sozialversicherung wurden nicht erreicht. Zwar konnte der Beitragssatz für die Rentenversicherung dank der Einführung der Ökosteuer gesenkt werden, doch war dies weder im Bündnis verabredet worden, noch kann es als durchgreifende strukturelle Reform der Sozialversicherung bezeichnet werden.

Nachdem der weitreichende Vorstoß der Benchmarking-Gruppe zur Förderung der Beschäftigung im Niedriglohnbereich politisch im Keim erstickt worden war, wurde im *Bündnis für Arbeit* ein Prüfauftrag zur aktiven Arbeitsmarktpolitik vergeben, für den eine entsprechende Arbeitsgruppe im *Bündnis für Arbeit* geschaffen wurde. Der Prüfauftrag führte wiederum zu einem Bericht der Benchmarking-Gruppe unter Mitarbeit von Günther Schmid, der von einigen Beteiligten als der Durchbruch des Konzeptes der aktivierenden Arbeitsmarktpolitik angesehen wurde (Experteninterview 14.3.2007).

Der Bericht zur Aktivierung der Arbeitsmarktpolitik erschien im Juni 2000 und plädierte für

- eine konsequente Ausrichtung der Arbeitsmarktpolitik an der Eingliederung in den regulären Arbeitsmarkt,
- eine stärkere Verbindung von Rechten und Pflichten der Stellensuchenden gemäß dem Prinzip *Fördern und Fordern*,
- die Kombination von Eingliederungsplänen beziehungsweise Arbeitssuchverträgen zwischen Arbeitsverwaltung und Stellensuchenden mit bedarfsgerechten beruflichen Qualifizierungsangeboten und
- eine dezentralisierte Arbeitsmarktpolitik unter Einbeziehung privater Akteure (Schmid u.a. 2001).

Zur Frage der Zusammenlegung von Arbeitslosen- und Sozialhilfe äußerte sich der Bericht zurückhaltend. Zwar argumentierten die Wissenschaftler, dass aus Gründen der fiskalischen Kongruenz und der teilweisen Überlappung der Zielgruppen (Arbeitslosenhilfe- und Sozialhilfeempfänger) die Koordination zwischen kommunaler Beschäftigungspolitik und öffentlicher Arbeitsmarktpolitik dringend verbessert werden müsse. Die häufig praktizierte Verschiebung der Verantwortung zwischen Arbeitsamt und Kommunen sei ebenso wie die Verdoppelung der Verwaltungsstruktur ineffizient. Sie betonten jedoch: »Ob und inwieweit eine Zusammenlegung von Arbeitslosenhilfe und Sozialhilfe sinnvoll ist, bedarf weiterer Prüfung.« (ebd.: 18). Gerade zur Beantwortung dieser Fragen seien weitere Prüfungen und internationale Vergleiche erforderlich.

Die Empfehlungen der ›Arbeitsgruppe Benchmarking‹ für eine aktivierende Arbeitsmarktpolitik fanden sich in der gemeinsamen Erklärung vom März 2001 wieder und flossen in das Job-AQTIV-Gesetz ein, welches Anfang 2002 in Kraft trat.

Allerdings wurde der aktiven Arbeitsmarktpolitik im Vergleich zu den strukturellen Faktoren am Arbeitsmarkt von den Wissenschaftlern nur eine begrenzte Bedeutung zugemessen: »Aktive Arbeitsmarktpolitik allein kann Arbeitslosigkeit in großem Stil nicht beseitigen. Ihr Erfolg hängt ganz wesentlich vom gesamtwirtschaftlich begründeten Angebot an Arbeitsplätzen ab, das wiederum von der Regulierung der Arbeitsmärkte, vom Steuer- Abgaben- und Transfersystem sowie konjunkturellen und strukturellen Faktoren bestimmt wird« (Eichhorst u.a. 2001: 223).

Im Laufe der Zeit wuchs der politische Widerstand gegen die Ergebnisse der Benchmarking-Gruppe. Die von der Bundesregierung in Auftrag gegebene Studie *Benchmarking Deutschland* wurde nicht mehr offiziell vom Kanzleramt entgegengenommen. Gleichwohl war es der *Benchmarking*-Gruppe zu verdanken, dass die im europäischen Raum bereits etablierte Diskussion über die Notwendigkeit von Aktivierung statt Stilllegung für den Arbeitsmarkt in Deutschland auf die politische Agenda gesetzt wurde. Der Benchmarking-Bericht gelangte somit zwar nicht auf die politische Agenda der Bundesregierung; die sozial- und arbeitsmarktpolitische Debatte prägte er aber dennoch, da nun von Reformen die Rede war und nicht mehr von sozialpolitischer Expansion. Obgleich einzelne Maßnahmen später mit dem Job-AQTIV-Gesetz auch tatsächlich umgesetzt wurden, war damit für die Beteiligten das »Ende der Fahnenstange« erreicht.

Auch in anderen Bereichen kam das *Bündnis für Arbeit* schleppend bis gar nicht voran. In einzelnen Fragen der Aus- und Weiterbildung wurden Lösungsansätze gefunden. Das Sofortprogramm ›Jump‹ zur besseren Integration von Jugendlichen in den Arbeitsmarkt wurde zwar nicht im Bündnis entwickelt, das Bündnis formulierte jedoch im Juli 1999 einen Ausbildungskonsens, wonach das Angebot an Ausbildungsplätzen seitens der Wirtschaft bedarfsgerecht ausgeweitet, neue Berufsbilder geschaffen und die Ausbildung in IT-Berufen intensiviert werden sollte (Eichhorst/Hassel 2002: 10). Für die berufliche Weiterbildung wurde in der Erklärung vom Juli 2000 unter anderem eine investive Arbeitszeitpolitik mit Arbeitszeitkonten empfohlen, ohne dass diese jedoch umgesetzt worden wäre.

Auch eine beschäftigungsfördernde Arbeitsverteilung und flexible Arbeitszeiten zum Abbau von Überstunden oder die Förderung der Teilzeitarbeit wurde vom Bündnis trotz der entsprechenden Absichtserklärungen in den Spitzengesprächen nicht effektiv vorangetrieben (ebd.: 10).

Die Schaffung flexiblerer und besserer Möglichkeiten zum vorzeitigen Ausscheiden aus dem Erwerbsleben war dagegen anfangs einer der Hauptpunkte der Bündnisverhandlungen. Das von der IG Metall im Jahr 1999 favorisierte Modell eines generellen Anspruchs auf eine ›Rente

ab 60‹ wurde wegen des Widerstandes der Arbeitgeber und der Bundesregierung nicht beschlossen. Allerdings kam es nach der gemeinsamen
Erklärung vom Januar 2000 auf der Basis gesetzlicher und tarifvertragli-
cher Änderungen zu einer erweiterten Lösung bei der Altersteilzeit. In
der gemeinsamen Erklärung vom März 2001 wurde jedoch, in Abkehr
von der Politik des vorgezogenen Ausscheidens aus dem Erwerbsleben,
ein Paradigmenwechsel zur Verbesserung der Beschäftigungschancen
älterer Arbeitnehmer angekündigt, der sich in verbesserten Förde-
rungsmöglichkeiten für ältere Arbeitskräfte nach dem Job-AQTIV-Gesetz niedergeschlagen hat (ebd.: 11).

Ein wesentlicher Effekt des *Bündnisses für Arbeit* lag in der Tarifpolitik, die Gegenstand mehrerer Spitzengespräche war. Dies ist umso
erstaunlicher, als dass die Einbeziehung der Tarifpolitik zwischen
Gewerkschaften und Arbeitgebern immer umstritten war. Die Gewerkschaften bestanden darauf, dass die Tarifpolitik keinen Platz in den
Bündnisgesprächen habe: Der Vorsitzende der IG Metall betonte mehrfach öffentlich, dass sich die Gewerkschaften nicht an Lohn- und Ge-
haltsabsprachen im Bündnis beteiligen würden (Hassel 2001). Trotzdem
wurden die Bündnisverhandlungen zu zwei Zeitpunkten unmittelbar vor
Tarifrunden politisch interessant: Das erste Mal im Herbst 1999, als im
Vorfeld der Tarifrunde 2000 die IG Metall die Forderung nach einer
Rente ab 60 aufstellte und die Arbeitgeber auf eine moderaten Lohnab-
schluss drängten. Die Forderung der IG Metall wurde durch Abspra-
chen zwischen den Verbänden in der chemischen Industrie unterlaufen,
die zum einen dem Kanzler eine moderate Lohnrunde versprachen,
dafür aber zum anderen eine Weiterentwicklung ihrer stark chemiespezi-
fischen Altersvorsorge im Rahmen der Reform der Altersteilzeit in Aussicht gestellt bekamen. Diese Strategie der Arbeitgeberverbände in Koalition mit der IG BCE wurde nicht in den Bündnisverhandlungen im
Dezember 1999 besprochen.

Allerdings war dies das Forum, das der Kanzler benutzte, als er den
Gewerkschaften empfahl, eine tarifliche Regelung für die *Rente ab 60* zu
finden. Die chemische Industrie preschte mit einem Tarifabschluss vor
und zwang damit die IG Metall ihre weitergehenden politischen Forderungen aufzugeben. Nachdem DGB und BDA im Juli 1999 eine gemeinsame Erklärung abgegeben hatten, die eine »mittel- und langfristig
verlässliche Tarifpolitik« unter Wahrung der Tarifautonomie als erfor-

derlich bezeichnete und größere betriebliche Spielräume eröffnen sollte, erreichten die Bündnispartner in ihrer gemeinsamen Erklärung vom Januar 2000 eine Verständigung darüber, »eine beschäftigungsorientierte und längerfristige Tarifpolitik« zu empfehlen (Eichhorst/Hassel 2002: 12). Damit waren Tarifabschlüsse gemeint, die sich an der Produktivitätsentwicklung orientierten und nicht darüber hinaus gingen. Eine ähnliche Dynamik entfaltete sich im Januar 2002. Auch hier drängten die Arbeitgeberverbände den Kanzler, in den Bündnisgesprächen eine Aussage zur kommenden Tarifrunde zu machen. Die Arbeitgeber forderten in einem Positionspapier die Einbeziehung der Tarifrunde in die Bündnisgespräche sowie eine Reihe von Maßnahmen zur Deregulierung des Arbeitsmarktes. Die Gewerkschaften fühlten sich schon allein durch das Positionspapier über Gebühr provoziert und sprachen von gezielten Angriffen der Arbeitgeber auf das Bündnis insgesamt. Die Gewerkschaften waren ohne eigene Position in das Spitzentreffen gegangen. Sie lehnten die Verbindung von Spitzengesprächen mit Tarifpolitik ab, klagten über die fehlenden Erfolge auf dem Arbeitsmarkt – insbesondere im Hinblick auf die hohe Zahl der Überstunden – und drohten wieder mit dem Ausstieg aus den Bündnisgesprächen. Aufgrund der gegensätzlichen Auffassungen über die zu besprechenden Themen blieb diese Spitzenrunde ganz ohne Ergebnis. Noch nicht einmal eine allgemein gehaltene gemeinsame Erklärung der Tarifparteien konnte verabschiedet werden. Die Tarifrunde wurde erneut von einem moderaten Tarifabschluss der chemischen Industrie dominiert (ebd.: 13).

Die gesamte Bilanz des *Bündnisses für Arbeit* fiel sehr bescheiden aus. Auf der Habenseite standen lediglich neue Aus- und Weiterbildungsinitiativen, die gemäßigte Lohnpolitik und die zaghafte Umsetzung der Empfehlungen der Benchmarking-Gruppe. Schuldig blieb das Bündnis wesentliche Beschlüsse zur Förderung der Unternehmenstätigkeit oder strukturelle Reformen der Sozialsysteme (ebd.). Wichtige Reformvorhaben wurden aus den Bündnisgesprächen ausgeklammert und in anderen Arenen verhandelt und verabschiedet.

Im Jahr 2001 traf sich die Bündnisrunde nur ein einziges Mal, am 4. März. Und auch im Jahr 2002 fand nur ein Treffen am 25. Januar 2002 statt. Im Wahlkampf 2002 spielte das Bündnis keine Rolle mehr. Die in den Bündnisrunden erfolgten quälenden Verhandlungen hatten jedoch bewirkt, dass das Klima zwischen Bundeskanzleramt und Gewerkschaften so stark gestört war, dass diesem Forum keinerlei Bedeutung für die Bewältigung der anstehenden Aufgaben beigemessen wurde. Spätestens im Winter 2001 waren damit alle Versuche gescheitert, im Rahmen eines tripartistischen Bündnisses zu einer Belebung des Arbeitsmarktes zu kommen. Eine Arbeitsmarktreform im Konsens mit den Gewerkschaften wurde zu diesem Zeitpunkt im Regierungslager für nicht mehr möglich gehalten. Damit verlor das Bündnis auch seine Funktion, Rückenwind für Wahlerfolge im Bund zu geben. Indes nutzte die Opposition die Unentschiedenheit der Regierung in der Frage der Arbeitsmarktpolitik für gezielte Angriffe. Angesichts des drohenden wirtschaftlichen Abschwungs und steigender Arbeitslosenzahlen, wurden Zweifel an der wirtschafts- und arbeitsmarktpolitischen Kompetenz der Bundesregierung jedoch auch regierungsintern immer lauter.

Die Stunde der Reformer

Bereits zum Jahreswechsel 2001/2002 wurde dem Bundesarbeitsministerium ein Bericht des Bundesrechnungshofes (BRH) zu fehlerhaften Vermittlungsstatistiken der BA zugeleitet. Der Bundesrechnungshof hatte in den fünf Arbeitsämtern Bremerhaven, Dortmund, Halle, Frankfurt/Oder und Neuwied die von den Arbeitsvermittlern im Oktober 2001 gebuchten Vermittlungen geprüft. Von 4.487 geprüften Vermittlungen waren 640 nicht überprüfbar und 3.008 falsch verbucht (71,2 Prozent). So wurden beispielsweise 654 Fälle als Vermittlung gebucht, obwohl tatsächlich kein Bewerber eingestellt wurde, 397 Fälle wurden als Vermittlung gebucht, obwohl das Unternehmen den Bewerber selbst gesucht hatte und 315 Fälle wurden als Vermittlung gebucht, obwohl der Bewerber die Stelle in Eigenregie gefunden hatte. Im Arbeitsministerium stießen der Bericht und insbesondere das Ausmaß der darnieder liegenden Vermittlungstätigkeit der Arbeitsämter zunächst auf ungläubiges Entsetzen. Der rasch einbestellte BA-Präsident Bernhard Jagoda und Staatssekretär Werner Tegtmeier versicherten daraufhin, dass diese Vorwürfe abwegig seien. Walter Riester erinnert sich an das Gespräch folgendermaßen: »Das war kein Schauspiel; die waren geplättet. Und mir ist erst da langsam klar geworden, dass sich hier etwas in der Arbeitsweise in dieser Bundesagentur für Arbeit, oder Bundesanstalt für Arbeit hieß es damals noch, entwickelt hat, […], das überhaupt nicht mehr kritisch reflektiert wurde« (Experteninterview mit Walter Riester am 22.09.2008).

Das kurze Zeit später informierte Kanzleramt hielt die Vorwürfe dagegen für allzu plausibel und drängte auf rasche Reformen. Unterdessen bestätigte die Innenrevision der BA noch im Februar durch eine eigene Untersuchung in 15 Arbeitsämtern die Ergebnisse des Bundesrechnungshofes. Nach den Ergebnissen der Innenrevision fand in 36,5 Prozent der geprüften Fälle keine Vermittlung statt und in 32,9 Prozent der geprüften Fälle waren die geprüften Vermittlungen zumindest diskussionswürdig (Trampusch 2002: 5).

Anfang Februar 2002 – mitten im Wahlkampfjahr – rückten die fehlerhaften Vermittlungsstatistiken nun auch in das Zentrum der öffentlichen Debatte und in der Tagespresse erschienen täglich neue Berichte zum Vermittlungsskandal (ebd.). Friedrich Merz forderte den Rücktritt des BA-Präsident Bernhard Jagoda und Bundesfinanzminister Hans Eichel nannte die Bundesanstalt einen »selbstzufriedenen Apparat« (zitiert nach ebd.). Der Vorstand der BA sprach dem Präsidenten unterdessen sein Vertrauen aus. In einer Pressemitteilung vom 21. Februar 2002 warnte der DGB davor,»die Bundesanstalt für Arbeit zu zerschlagen« (DGB 2002: 1). So plädierte der DGB dafür, die Reformprozesse des Arbeitsamt 2000 und des Projektes IT 2000 konsequent weiterzuführen, räumte aber ein, dass»diese Reformprozesse nicht ausreichen und weitergehende Reformen notwendig sind« (ebd.).

Zu diesem Zeitpunkt gab es bereits einen Kern verantwortlicher Politiker und Beamter, die die Probleme am Arbeitsmarkt in ähnlicher Weise interpretierten und die den Vermittlungsskandal nutzen wollten, um ihre Reformvorschläge durchzusetzen. Dazu gehörten neben dem Kanzler selbst, dessen Engagement in der Frage eher undeutlich blieb, ohne den dieser Prozess jedoch kaum hätte voranschreiten können, als tragende Akteure in erster Linie der damalige Chef des Bundeskanzleramts Frank-Walter Steinmeier sowie der Staatssekretär im BMAS Gerd Andres. Später stießen noch Florian Gerster und Wolfgang Clement dazu.

Insbesondere Gerd Andres war bei der Regierungsübernahme in der Sozial- und Arbeitsmarktpolitik von zentraler Bedeutung für den im parlamentarischen Geschäft eher unerfahrenen Minister Walter Riester. Walter Riester setzte sich zudem vorrangig für die Reform der gesetzlichen Rentenversicherung ein. Gerd Andres sorgte dafür, dass die zuständige Abteilung II im BMA mit dem von ihm gewählten Abteilungsleiter Bernd Buchheit besetzt wurde, der bereits ab 1997 in der SPD-Bundestagsfraktion versucht hatte, eine aktivierende Arbeitsmarktpolitik stärker thematisch zu vertreten. Bernd Buchheit wiederum erreichte, dass in der Reorganisation der Ministerien dem BMAS die Zuständigkeit für die Sozialhilfe zugesprochen wurde und aus der Zuständigkeit des BMGS herausgelöst wurde. Er holte sich später als Unterstützer Rolf Schmachtenberg aus dem brandenburgischen Arbeitsministerium als Unterabteilungsleiter.

In Vorbereitung einer Strukturreform in der Arbeitsmarktpolitik versicherte sich Bernd Buchheit bereits kurze Zeit nach der Bundestagswahl 1998 weiterer Unterstützung durch die Bertelsmann Stiftung für die Durchführung eines Arbeitskreises. Dieses Forum war von großer Bedeutung, um eine gemeinsame Sichtweise der beteiligten Fachpolitiker und Fachbeamten herzustellen. Ein wesentliches Ergebnis des Bertelsmann-Arbeitskreises war somit die Bildung einer reformorientierten Gruppe aus dem BMAS, den Ländern, den Kommunen und der BA, die später insbesondere bei der Politikformulierung an zentraler Stelle immer wieder beteiligt wurde.

Der Arbeitskreis mit dem Namen *Reform der Arbeitslosen- und Sozialhilfe* wurde im Anschluss an ein Gespräch von Mitarbeitern der Bertelsmann Stiftung mit dem zuständigen Abteilungsleiter im BMA bei einer Veranstaltung des damaligen Bundespräsidenten Roman Herzog zur kommunalen Beschäftigungsförderung im Jahr 1999 ins Leben gerufen. Die Arbeitsgruppe wurde bewusst nicht beim BMA angesiedelt, sondern bei der Bertelsmann Stiftung. Den Grund hierfür verdeutlicht folgende Einschätzung aus dem Arbeitsministerium: »Wenn wir als [...] BMA einen Gesprächskreis institutionalisieren und dazu einladen, die Leute von den Ländern, den kommunalen Spitzenverbände, vom Finanzminister – dann kommen die alle mit ihren institutionellen Hüten und wir kriegen keine Debatte« (Experteninterview am 27.09.2007).

Die Themen und Mitglieder des Arbeitskreises wurden jedoch eng mit dem Arbeitsministerium abgestimmt. Der Minister und der zuständige parlamentarische Staatssekretär waren über die Gespräche in der Arbeitsgruppe informiert.

Die Arbeitsgruppe bestand aus Vertretern des Arbeitsministeriums, verschiedener Länderarbeitsministerien, der BA, des DGB, der BDA sowie Vertretern der Landesarbeitsämter, Arbeitsämter, der kommunalen Spitzenverbände und zahlreichen Vertretern von Städten und Gemeinden.[4] Die politischen Parteien und Bundestagsabgeordnete waren im Arbeitskreis nicht vertreten. Nach der Einschätzung eines Beteiligten hatte sich in den Parteien in dieser Frage niemand profiliert (Experteninterview am 27.09.2007).

Wesentliche Spielregel des Arbeitskreises war, dass alle Mitglieder »nur als Person« (ebd.) und nicht als Vertreter einer Institution auftraten. Eine Voraussetzung dafür war, dass keine Einzelheiten oder Ergebnisse der Besprechungen publik werden sollten. Ein anderer Teilnehmer des Arbeitskreises erinnert sich: »Hier konnte man als Privatmann sprechen« (Experteninterview am 14.03.2007).

Die Auswahlkriterien für den Teilnehmerkreis waren zum einen die Kenntnis der Probleme in der Arbeitsverwaltung und zum anderen die individuelle Bereitschaft, über institutionelle Reformen nachzudenken. Trotz unterschiedlicher institutioneller Interessenlagen waren alle Teilnehmer dafür bekannt, offen für Kompromisse und neue Ideen zu sein.

Da es sich bei dem Arbeitskreis um einen geschlossenen Kreis handelte, bei dem Sitzungen weder dokumentiert noch publik gemacht wurden, konnten Kompromisse über Parteigrenzen und institutionelle Restriktionen hinweg ermöglicht werden. Die Bertelsmann Stiftung stellte dafür die (finanziellen) Projektressourcen und die wissenschaftli-

---

4 Die wichtigsten Mitglieder waren: Bernd Buchheit (Abteilungsleiter BMA), Marc Heinrich (später Marc Nellen, Referatsleiter BMA), Susanne Hoffmann (Referatsleiterin BMA), Karlheinz Hupfer (Referatsleiter BMA), Stefan Ramge (Referatsleiter, Bundeskanzleramt), Rolf Schmachtenberg (Abteilungsleiter im Ministerium für Arbeit, Soziales, Frauen und Familie Brandenburg), Benedikt Siebenhaar (Gruppenleiter im Ministerium für Arbeit, Gesundheit und Soziales, NRW), Rainer Lubk (Sächsisches Staatsministerium für Wirtschaft und Arbeit), Heinrich Alt (Vizepräsident der Bundesanstalt für Arbeit), Wilhelm Adamy (Abteilungsleiter des DGB), Martin Kannegießer (Präsident des Arbeitgeberverbands Gesamtmetall).

che Expertise zur Verfügung und organisierte Studienreisen. Die Initiative sowie die Themensetzung kamen jedoch aus dem BMA in Person von Bernd Buchheit, dem Abteilungsleiter der Abteilung II Arbeitsmarktpolitik.

Vor der Einsetzung des Arbeitskreises der Bertelsmann Stiftung hatte es unter den Mitgliedern des Arbeitskreises allenfalls rudimentäre Vorstellungen zu den Einzelheiten einer möglichen Zusammenlegung gegeben. Ähnlich wie im öffentlichen Diskurs wurde im Arbeitskreis anfangs auch die Alternative der rechtlichen Harmonisierung der Hilfesysteme diskutiert. Hierzu gab es auch bereits Überlegungen im zuständigen Referat für Arbeitslosenhilfe. Auf der Ebene der Staatsekretäre wurde die Arbeit des Arbeitskreises zwar ausdrücklich gebilligt, gleichzeitig aber auch skeptisch-amüsiert verfolgt: »Das wird doch sowieso nichts. Das kriegt ihr doch nie durch. Irgendeine Spielwiese müsst ihr ja haben« (Experteninterview am 27.09.2007).

Der Arbeitskreis traf sich für Workshops an abgelegenen Orten und führte dort offene Debatten über die Fehlwirkungen der Arbeitsmarktpolitik. Ziel war in erster Linie, zunächst ein praktisches Bild von den Vermittlungsprozessen von Arbeits- und Sozialämtern zu erhalten. Diese Vermittlungsprozesse wurden zum Teil mit Schauspielern nachgestellt, um die Ineffizienz der herrschenden Praxis allen Teilnehmern klar vor Augen zu führen. Zusätzlich organisierte die Bertelsmann Stiftung Studienreisen nach Holland und Großbritannien um *best practice*-Beispiele zu analysieren.

Bei diesen Betrachtungen sei allen Beteiligten sehr schnell klar geworden, dass Harmonisierungsbestrebungen zwischen beiden Systemen an ihr Ende geraten seien. Dies wurde noch bestärkt durch den Umstand, dass datenschutzrechtliche Bedenken weitere Harmonisierungsmöglichkeiten nicht weiter zuließen. Die Zusammenlegung erschien so als die einzig gangbare Lösung in der Arbeitsmarktpolitik.

Der Vertreter des DGB, Wilhelm Adamy, lehnte jedoch die Empfehlungen des Arbeitskreises in Richtung Zusammenlegung ab. Der DGB ging zu diesem Zeitpunkt davon aus, dass die Diskussionen über die Zusammenlegung zur Verbesserung der Vermittlung nur ein vorgeschobener Grund seien, die Arbeitslosenhilfeleistungen zu reduzieren. Er konnte allerdings den bestehenden Trend im Arbeitskreis nicht aufhalten oder umkehren (Experteninterview am 29.10.2007). Auch der

Vertreter des Bundeskanzleramtes wollte eine politische Zuschreibung der Empfehlungen zur Bundesregierung vermeiden und lehnte die Unterzeichnung des Dokumentes ab.

Neben der Einigung auf die Zusammenlegung als einzig mögliche Problemlösung begannen sich in der Gruppe dann auch Lösungen zu wichtigen Details der Reform abzuzeichnen. Es wurden Lösungsvorschläge entwickelt, die allerdings so sensible Themen wie die konkrete organisatorische Umsetzung oder die Finanzierung bewusst ausklammerten. Indem die strittigsten Themen vermieden wurden, konnte neben dem Konsens über die Zusammenlegung der Hilfesysteme auch eine Übereinkunft zur konkreten Ausgestaltung der Anspruchsberechtigung (Definition Erwerbsfähigkeit), Sanktionen, Sozialversicherung und interner Steuerung erzielt werden. Zur Erwerbsfähigkeit enthielt das abschließende Eckpunktepapier eine weite Definition: »In das neue Hilfesystem sind alle Personen einzubeziehen, die derzeit einen Anspruch auf Arbeitslosenhilfe und Sozialhilfe haben, die derzeit bedürftig im Sinne des Sozialhilferechts (HLU) sind, die nicht dauerhaft voll erwerbsgemindert sind und die zwischen dem Ende der Schulpflicht und dem Alter von 65 Jahren sind« (Bertelsmann Stiftung 2002a: 2).

Sanktionen sollten bis zum kompletten Wegfall des Anspruchs möglich sein. Die Empfänger der neuen Leistung sollten in die Sozialversicherung einbezogen werden. Allerdings unterliege die Einbeziehung in die Rentenversicherung einem Prüfungsvorbehalt. Für die interne Steuerung schlug das Eckpunktepapier unterschiedliche Instrumente wie Benchmarking, Finanzbudgets oder Leistungsverträge je nach organisatorischer Ausgestaltung vor (ebd.: 6).

Etwa zur gleichen Zeit wie die Arbeitsgruppe *Reform der Arbeitslosen- und Sozialhilfe* initiierte die Bertelsmann Stiftung ein weiteres Projekt mit dem Namen *Beschäftigungsförderung in Kommunen* (BiK). In dessen Beirat waren Heinrich Alt für die BA, Ursula Friedrich für den Landkreistag, Ludwig Fuchs für den Städtetag, Uwe Lübking für den Städte- und Gemeindebund und Hans-Peter Klös für das arbeitgebernahe Institut der deutschen Wirtschaft. Hinzu kamen Vertreter der Bertelsmann Stiftung und Wissenschaftler (Walter Hanesch und Stefan Sell) (Bertelsmann Stiftung 2002b).

Das Projekt hatte zum Ziel, eine gemeinsame Strategie für die kommunale Beschäftigungsförderung von Kommunen zu erreichen. Beschäftigungspolitisch erfolgreiche Kommunen konnten sich um die Teilnahme am Netzwerk bewerben. Als Schwerpunkte gab es schließlich vier Projektfelder: die Steuerung der Arbeitsmarkt- und Beschäftigungspolitik, die Kooperation von Kommune und Arbeitsverwaltung, die Entwicklung ganzheitlicher Maßnahmen und Instrumente zur Beschäftigungsförderung sowie die Entwicklung ganzheitlicher Maßnahmen und Instrumente zur Beschäftigungsförderung aus Sicht der Landkreise (Hackenberg 2003: 27–29).

Das Projekt baute auf Versuchen in den achtziger Jahren auf, als einzelne Kommunen begannen, die Arbeitsvermittlung durch Sozialämter aktiv zu verbessern. Dazu gehörten zum Beispiel Offenbach und Saarbrücken. Durch entsprechende Reformen in den neunziger Jahren in den USA und europäischen Nachbarländern wie den Niederlanden und Großbritannien kam die Diskussion insbesondere in wissenschaftlichen Kreisen in Schwung. Das Beispiel Wisconsin – für das sich Roland Koch schon damals sehr interessierte – wurde bereits 1996 von wissenschaftlicher Seite als *best-practice* angeführt (Experteninterview am 5.03.2007).

Obwohl das BiK-Konzept sowohl kompatibel mit dem bestehenden als auch mit dem potentiell reformierten System sein sollte, kristallisierte sich auch in diesem Projekt immer mehr die Zusammenlegung der Hilfesysteme als beste Lösung heraus. Das war unabhängig von der Frage, ob dies in alleiniger kommunaler Trägerschaft oder in anderer Form geschehen sollte. Insbesondere der Städtetag sprach sich gegen die kommunale Trägerschaft aus. Insgesamt waren das BiK-Projekt und die Arbeitsgruppe der Bertelsmann Stiftung eng miteinander verkoppelt. Die Sitzungen wurden zum Beispiel immer gemeinschaftlich vorbereitet. Später erstellte die Projektleiterin, Helga Hackenberg, zusammen mit Ina Wietheger (Roland Berger), Heinrich Alt und Jan Ahlrichs (con_sens) eine Jobcenter-Konzeption, die im März 2003 veröffentlicht wurde (Experteninterview am 5.03.2007).

Der Vermittlungsskandal unterbrach die Arbeit der beiden Bertelsmannprojekte abrupt. Nachdem die BA ins Zentrum des politischen Interesses gerückt war, gab es wenig Spielraum für weitere konzeptionelle Arbeit. Im Juni 2002 legte der Arbeitskreis *Reform der Arbeitslosen- und Sozialhilfe* noch sein Eckpunktepapier vor und stellte dann im April

2003 offiziell seine Arbeit ein.[5] Wenig später, im September 2003, endete auch das BiK-Projekt.

Die Hartz-Kommission

Als Reaktion auf den Vermittlungsskandal verkündete die Bundesregierung am 22. Februar ihren »Zweistufenplan für kunden- und wettbewerbsorientierte Dienstleistungen am Arbeitsmarkt« (*APW* vom 22.02.2002). Der Zweistufenplan wurde nicht im Ministerium erdacht, sondern kam aus dem Bundeskanzleramt.

Also, ich glaube, im BMA kam es zu Erkenntnissen erst, nachdem Staatssekretär Steinmeier, damals Chef des Bundeskanzleramtes, mit Minister Riester geredet hat. Als dabei Steinmeier auch schon gesagt hat, wie man jetzt strategisch weiter machen sollte, mit dem Zweistufenplan: Wir müssen eine Kommission einrichten, und wir müssen den BA-Präsidenten Jagoda ersetzen. Von diesem Moment an wird sich auch Walter Riester ein Stück weit gerührt haben[6] (Experteninterview am 7.07.2009).

Die erste Stufe (Sofortmaßnahmen) sah vor, den Marktzugang für private Vermittler deutlich zu erleichtern. Erstens wurde die Verpflichtung für private Vermittler, eine Erlaubnis zur Vermittlungstätigkeit von der BA einzuholen, aufgehoben und privaten Vermittlern erlaubt, von Arbeitsuchenden für ihre Vermittlungsleistung Honorare zu verlangen. Zweitens wurde statt dem bisherigen drittelparitätisch besetzten Vorstand der BA nun ein hauptamtlicher dreiköpfiger Vorstand installiert. Der Verwaltungsrat wurde von 51 auf 21 Mitglieder verkleinert und bekam einen neuen Aufgabenzuschnitt. Diese Schwächung der tripar-

---

5 Experteninterviews am 27.02.2007 und 5.03.2007. Der Grund für die Einstellung des Projekts war nach Aussagen von Beteiligten, dass das Präsidium der Bertelsmann Stiftung kein Interesse an seiner Fortführung gehabt habe.

6 Nach Einschätzung von Walter Riester hatte Chef BK Frank Walter Steinmeier sofort die Implikationen des Vermittlungsskandals erkannt und ihm seine Einschätzung zu verstehen gegeben: »Walter, wir müssen das eigentlich mit einem massiven eigenen Schlag lösen. Wir stehen jetzt vor der Bundestagswahl. Und seine erste Vorstellung war, McKinsey einzusetzen« (Experteninterview mit Walter Riester am 22.09.2008).

tistischen Entscheidungsstrukturen wurde mit dem Hartz-III-Gesetz später noch weiter konkretisiert. Die Zugehörigkeit der Sozialpartner zum Vorstand wurde durch die Installation eines hauptamtlichen Vorstands abgeschafft. Zudem musste sich die Selbstverwaltung aus dem operativen Geschäft zurückziehen, das heißt ihr Einfluss auf den Vorstand wurde deutlich geschmälert. Das Recht des Verwaltungsrats, Anordnungen zu erlassen, verlor deutlich an Bedeutung, genauso wie die Möglichkeit, Einfluss auf einzelne Haushaltstitel zu nehmen. Im Bereich des SGB II fehlten dem Verwaltungsrat jegliche Entscheidungs- und Informationsrechte. Während die Selbstverwaltung in den Regionaldirektionen ganz abgeschafft wurde, verloren die lokalen Verwaltungsausschüsse die Möglichkeit, Einfluss auf die Gestaltung der jeweiligen Eingliederungstitel zu nehmen (Bender u.a. 2006: 232).

Die zweite Stufe (Strukturreformen) sah die Einsetzung der Kommission ›Moderne Dienstleistungen am Arbeitsmarkt‹ unter der Führung von Peter Hartz – besser bekannt als Hartz-Kommission – vor.

Kurze Zeit später – am 27. März – wurde der ehemalige rheinland-pfälzische Arbeits- und Sozialminister Florian Gerster von Gerhard Schröder mit den Worten »Ich schicke meinen besten Mann auf meine wichtigste Baustelle« (Schütz 2003) offiziell zum neuen ersten Vorstandsvorsitzenden der BA ernannt. Kurze Zeit vorher hatte das Kabinett die bundesweite Ausdehnung von Florian Gersters *Mainzer Modell* beschlossen.

Kaum im Amt, erneuerte Gerster als Vorstandsvorsitzender der BA seine Forderungen zur Verkürzung des Arbeitslosengeldes auf zwölf Monate und zur Zusammenlegung von Arbeitslosen- und Sozialhilfe auf Sozialhilfeniveau. Außerdem sprach er sich für mehr Anstrengungen in den Bereichen Teilzeitstellen, befristete Arbeitsverhältnisse, Zeitarbeit sowie niedrig entlohnte Tätigkeit aus. Zudem habe er den Posten unter der Bedingung angetreten, dass er die Arbeitsmarktpolitik aktiv mitbestimmen könne. Er werde sich zukünftig »auf gleicher Augenhöhe« mit Arbeitsminister Riester befinden (*APW* vom 3.03.2002).

Damit begannen unmittelbar nach Amtseintritt von Florian Gerster die Konflikte zwischen BMA und BA-Führung, wie auch mit Teilen der SPD. Das Arbeitsministerium erklärte, dass die Forderungen des BA-Vorsitzenden nicht die Position der Regierung darstellten. Der AfA-Vorsitzende Ottmar Schreiner warf Gerster parteischädigendes Verhalten vor (ebd.). Unterstützung für Gersters Forderungen kam unterdessen vom nordrhein-westfälischen Ministerpräsidenten Wolfgang Clement (*Handelsblatt* vom 11.03.2002: 2). Einen Tag später schloss Arbeitsminister Walter Riester eine Abschaffung der Arbeitslosenhilfe jedoch nicht mehr grundsätzlich aus (*APW* vom 14.03.2002). Die Gewerkschaften (*Welt am Sonntag* vom 7.04.2002; *DPA* vom 7.04.2002) und die SPD-Linke (*taz* vom 25.03.2002) reagierten unterdessen heftig auf im *Spiegel* veröffentlichte angebliche Pläne der Bundesregierung, die Arbeitslosenhilfe abzuschaffen.

Von den im Zweistufenplan vorgesehenen Maßnahmen kam mit Blick auf die bevorstehende Bundestagswahl im September 2002 insbesondere der Einsetzung der Hartz-Kommission am 22. Februar eine zentrale wahlstrategische Rolle zu. Im Januar 2002 hatte nämlich die BA nach der kurzen wirtschaftlichen Erholung im Jahr 2000 wieder die Überschreitung der 4-Millionen-Marke bei den Arbeitslosenzahlen verkündet. Insofern erhofften sich insbesondere das Kanzleramt und die SPD-Spitze von der Einsetzung der sehr schnell einberufenen und mit einer noch kürzeren Frist beauftragten Kommission rechtzeitig vor der Wahl neue Vorschläge beziehungsweise neue Weichenstellungen am Arbeitsmarkt.

Im Kanzleramt selbst hatte es dazu bereits vor dem Vermittlungsskandal eine intensive Auseinandersetzung zwischen den Abteilungen Wirtschaftspolitik und Sozialpolitik über die richtige Richtung in der Arbeitsmarktpolitik gegeben. Auch die Zusammenlegung von Arbeitslosen- und Sozialhilfe war im Kanzleramt bereits 2001 diskutiert worden, wenngleich noch als Randnotiz.[7] Nach dem Vermittlungsskandal zog die sozialpolitische Abteilung im Kanzleramt unter Leitung von Heinrich Tiemann die Steuerung des Prozesses und die Koordinierung der

---

7 Im Verlauf des Jahres 2001 wurde im Bundeskanzleramt ein internes Strategiepapier entwickelt. »Ich weiß noch genau, dass eine der Grundüberlegungen da war schon von uns also wirklich ernst zu machen mit der Zusammenlegung Arbeitslosen- und Sozialhilfe, [...] aus dem Wissen heraus, das kann nicht sein, dass so viele Millionen Menschen in der Sozialhilfe keine arbeitsmarktpolitische Förderung bekommen. Das ging nie darum, irgendwie den Menschen weniger Geld zu geben oder so was, oder an dieser Stelle Geld zu sparen, sondern es ging darum, wie kriegen wir dazu, dass die Leute, dass denen was angeboten wird und dann allerdings auch immer mit dem, dass sie dann auch mehr gefordert werden« (Experteninterview am 14.09.2007).

Arbeit der Hartz-Kommission an sich (Experteninterview am 14.09.2007).

Die Ernennung von Peter Hartz zum Vorsitzenden der Kommission war zwischen Kanzleramt und Arbeitsministerium nicht kontrovers, sondern wurde von beiden Häusern befürwortet. In der SPD war Peter Hartz kein Unbekannter. Spätestens seit seinem Amtsantritt als Arbeitsdirektor bei Volkswagen (VW) in Wolfsburg war er auch auf der politischen Bühne eine wesentliche Figur. Die Vorschläge der Hartz-Kommission beruhten zu einem nicht geringen Teil auf Überlegungen und Konzeptionen, die Peter Hartz bereits für die Stadt Wolfsburg vorgeschlagen und umgesetzt hatte. Zusammen mit Peter Kraljic hatte Peter Hartz das Konzept der Wolfsburg AG, einem 1999 gegründeten Gemeinschaftsunternehmen der Stadt Wolfsburg und der Volkswagen AG, zu der später auch die sogenannte ›Auto 5000 GmbH‹ gehörte, entworfen. Er hatte zwei Jahre zuvor bei einem Adventsgespräch der damaligen Wolfsburger Oberbürgermeisterin Ingrid Eckel die Halbierung der Arbeitslosigkeit in Aussicht gestellt.

Am 11. Juli 1997 erfolgte die Übergabe des Konzepts ›Autovision‹, das zusammen mit Peter Kraljic und McKinsey erarbeitet worden war. Zur Umsetzung des Konzepts wurde dann die Wolfsburg AG gegründet, an der die Stadt Wolfsburg und VW je zur Hälfte beteiligt waren. Die Kapitalausstattung wurde 1999 auf ca. 10 Millionen Euro erhöht. Zur Gegenfinanzierung wurde die Idee der *Personal-Service-Agentur* ins Leben gerufen, die Arbeitnehmer unter dem üblichen VW-Haustarif entleihen konnte (Hartz/Klöpfer 2007: 135). Zwischen Januar 1998 bis zum März 2005 wurden so 7811 unbefristete Arbeitsplätze geschaffen, was laut Hartz eine Halbierung der Arbeitslosigkeit in Wolfsburg bedeutete (ebd.: 138).

Insbesondere die Gründung der ›Auto 5000-GmbH‹ im Jahr 2001, die auf einem gleichnamigen Konzeptpapier von Peter Hartz aus dem Herbst 1999 aufbaute (ebd.: 127), hatte hieran einen großen Anteil. Die Idee des entsprechenden VW-Projekts *5000 x 5000* war die Schaffung 5000 neuer Arbeitsplätze zu einem monatlichen Lohn von damals 5000 DM. Im November 2002 startete die Fertigung des neuen VW-Modells Touran in der weitgehend selbstständigen Unternehmenseinheit ›Auto 5000 GmbH‹. Die Bedingungen des VW-Konzerns enthielten damals einen 20-prozentigen Lohnverzicht gegenüber dem VW-Haustarifvertrag, eine von 28 auf 35 Stunden verlängerte Regelarbeitszeit, eine höhere Zeitflexibilität und insbesondere eine Pflicht zur Programmerfüllung. Damit lag das Lohnniveau jedoch noch auf dem Niveau des Flächentarifvertrags für Niedersachsen (Schumann u.a. 2005: 3). Im Gegenzug sollten ausschließlich Arbeitslose rekrutiert werden und innovative arbeits- und betriebsorganisatorische Konzepte Anwendung finden. Ergebnisse der wissenschaftlichen Begleitforschung durch das Soziologische Forschungsinstitut Göttingen (SOFI) belegten im Jahr 2005 in einer Zwischenbilanz die erfolgreiche Umsetzung. So wurden 3720 neue Beschäftigte eingestellt, die sich zum überwiegenden Teil, nämlich 89 Prozent tatsächlich aus ehemaligen Arbeitslosen rekrutierten (ebd.: 4). Ähnlich positiv fiel die Annahme der neuen Organisationsformen durch die Belegschaft aus (ebd.: 9). Im Dezember 2006 beschäftigte die ›Auto 5000 GmbH‹ insgesamt 3900 Mitarbeiter.[8]

Wenngleich das Bundeskanzleramt und das Bundesarbeitsministerium bei der Auswahl der Mitglieder der Hartz-Kommission formal gleichberechtigt waren, hatte das Bundesarbeitsministerium nach Aussage eines Kommissionsmitglieds im Verlauf der Kommissionsarbeit »das Heft nicht mehr in der Hand« (Experteninterview am 22.12.2006). Bei den Mitgliedern der Hartz-Kommission handelte es sich um vom Kanzleramt bzw. von Heinrich Tiemann und Frank-Walter Steinmeier ausgewählte Personen. Dabei war der Regierung wichtig, dass Gewerkschaften und Arbeitgeberverbände kein Vorschlagsrecht bei der Besetzung der Kommission hatten. Zu den Mitgliedern zählten Norbert Bensel (Deutsche Bahn), Jobst Fiedler (Roland Berger), Heinz Fischer (Deutsche Bank), Peter Gasse (IG Metall), Isolde Kunkel-Weber (ver.di), Wilhelm Schickler (Landesarbeitsamt Hessen), Hanns-Eberhard Schleyer (Zentralverband Deutsches Handwerk), Eggert Voscherau (BASF) und Harald Schartau (Arbeitsminister NRW). Bei Peter Gasse als Gewerkschaftsvertreter handelte es sich nach Aussagen von Gewerkschaften um einen Abweichler (Experteninterview am 22.12.2006), der zu dieser Zeit Arbeitsdirektor bei der Hüttenwerke Krupp Mannesmann GmbH in Duisburg war.

Auf Wunsch von Walter Riester wurde Wolfgang Tiefensee (damaliger Oberbürgermeister von Leipzig) als Vertreter für die neuen Bun-

8 vgl. hierzu http://www.auto5000.de/content.asp?LNG=DE&NAV=43, 18.06.2007.

desländer berufen (Hartz/Klöpfer 2007: 208). Auf speziellen Wunsch von Peter Hartz wurden zudem noch Klaus Luft (damals Goldmann Sachs) und Peter Kraljic (McKinsey) angefragt (ebd.). Als Wissenschaftler kamen Werner Jann (Universität Potsdam) und Günther Schmid (WZB) dazu. Zudem nahmen Vertreter der BA[9], des Finanzministeriums (Abteilungsleiter Peters), das BMAS (Andres) und ein Vertreter der Bundesrechnungshof als Gäste ohne Stimmrecht an den Beratungen teil (Experteninterview am 22.12.2006).

Die Arbeit der Hartz-Kommission und die Vorschläge zu immer neuen arbeitsmarktpolitischen Instrumenten wurden vom Arbeitsministerium äußerst skeptisch begleitet. Mehrfach versuchte das Arbeitsministerium, die Aufnahme einzelner als untauglich empfundener Instrumente zu verhindern. Das Kanzleramt lehnte jedoch jegliche Interventionen ab.

In Bezug auf die Zusammenlegung der Hilfesysteme konnte die Hartz-Kommission jedoch bereits auf dem in der Bertelsmann-Arbeitsgruppe erzielten Konsens einer Zusammenlegung der Hilfesysteme aufbauen. Daher bestand auch unter den Mitgliedern der Hartz-Kommission schnell Einigkeit darüber, dass es zu einer Zusammenlegung der Hilfesysteme keine Alternative gebe (Experteninterview am 22.12.2006). Zudem versuchte das Arbeitsministerium die gewonnene Expertise aus der Bertelsmann-Arbeitsgruppe nach und nach in die Arbeit des entsprechenden Teilprojekts der Hartz-Kommission einzuspeisen. Fast alle Vorschläge zur Zusammenlegung kamen aus dem BMA. Zumindest das allgemeine Konzept der Zusammenlegung sollte unbedingt im Abschlussbericht der Hartz-Kommission stehen: »Wir haben das als Kuckucksei der Hartz-Kommission untergeschoben.« Die Zusammenlegung musste unbedingt in den Abschlussbericht hinein, sonst »haben wir [das BMA; Anmerkung der Autoren] in der nächsten Legislaturperiode keine Chance. Das war schon Absicht« (Experteninterview am 27.09.2007).

Im Vordergrund der Arbeit der Hartz-Kommission stand jedoch ausdrücklich nicht die Beratungtätigkeit zur Zusammenlegung der Hilfesysteme, sondern die Schaffung wirksamerer arbeitsmarktpoliti-

---

9 Für die BA waren das Florian Gerster, Heinrich Alt, Frank-Jürgen Weise, Eberhard Einsiedler.

scher Instrumente und die Verbesserung der Vermittlungstätigkeit durch die Umstrukturierung der BA. Im Kommissionsauftrag heißt es entsprechend:

Die Bundesregierung beabsichtigt in der nächsten Legislaturperiode, die Arbeitslosenhilfe und die Sozialhilfe für die erwerbsfähigen Sozialhilfebezieher zusammenzuführen. Die Kommission ›Moderne Dienstleistungen am Arbeitsmarkt‹ soll dieser Reform nicht vorgreifen. Sie hat jedoch den Auftrag, schon jetzt Organisationsmodelle vorzulegen, die eine wirksame Zusammenführung in den Strukturen moderner Arbeitsmarktdienstleister ermöglichen. Dabei ist anzustreben, dass für alle arbeitsuchenden Menschen die erforderlichen Beratungs-, Vermittlungs- und Arbeitsförderungsleistungen sowie die Leistungen zur Sicherstellung des Lebensunterhalts im Rahmen eines *one-stop-center* gebündelt erbracht werden (Kommission ›Moderne Dienstleistungen am Arbeitsmarkt‹ 2002: 16).

Trotz dieses relativ stark limitierten Beratungsauftrags gab es im zuständigen Teilprojekt II ›Lohnersatzleistungen und Sozialhilfe; Kindergeld‹ der Hartz-Kommission, dem neben den Kommissionsmitgliedern Wolfgang Tiefensee, Harald Schartau und Isolde Kunkel-Weber das Arbeitsministerium in Person von Bernd Buchheit und die BA in Person von Florian Gerster angehörten, Bestrebungen, weitergehende Vorschläge zu machen.

Außerdem präsentierten Frank Frick und Eric Thode von der Bertelsmann Stiftung ihre Vorschläge. Als Ergebnis verzeichnete der Berichtsentwurf des Teilprojekts II, der von Mitarbeitern des BMA ausgearbeitet wurde, am 7. Juni 2002 folgendes:

Unter den im Teilprojekt mitarbeitenden Kommissionsmitgliedern bestand darüber Einigkeit, dass sich die Arbeit des Teilprojekts nicht darauf beschränken kann, ein reines Organisationsmodell für die Zusammenführung bzw. Neuorganisation von Arbeitslosen- und Sozialhilfe im Sinne einer Beschreibung der die Leistungen erbringenden Stelle zu entwerfen. Vielmehr wurden auch Vorschläge erarbeitet, die inhaltlich Position beziehen, ohne den Auftrag der Kommission zu überschreiten. Die Arbeit des Teilprojekts begegnete jedoch der Schwierigkeit, dass losgelöst von einer inhaltlichen Positionierung ein Organisationsmodell, das in diese Rahmenbedingungen einzubetten ist, schlechterdings nicht möglich ist. Daher sollten unter Berücksichtigung der bisher diskutierten Ansätze Alternativen aufgezeigt und Hinweise für die weitere Arbeit gegeben werden. In Anbetracht der Kürze der zur Verfügung stehenden Zeit und der Arbeit der Kommission zur Gemeindefinanzreform sollten jedoch keine Lösungen, sondern nur Hinweise formuliert werden, um die endgültigen Ergebnisse nicht zu präjudizieren (Geschäftsstelle der Kommission ›Moderne Dienstleistungen am Arbeitsmarkt‹ 2002: 5).

Die konkreten Handlungsempfehlungen, die im Berichtsentwurf des Teilprojekts enthalten waren, legen jedoch den Schluss nahe, dass entsprechende Lösungen schon sehr weit vorangeschritten waren. Zum Beispiel wurde im Entwurf dafür plädiert, das Arbeitslosengeld auf eine maximale Bezugsdauer von zwölf Monaten zu befristen, die Zumutbarkeitsregelungen neu zu definieren und Sanktionsmöglichkeiten angelehnt an das BSHG (bis zum möglichen Wegfall) effektiver zu nutzen. Angesichts der diskutierten Lösungen zur Zusammenlegung beider Leistungen – nämlich (1) Streichung der Arbeitslosenhilfe oder (2) Streichung der Sozialhilfe – plädierte das Teilprojekt für eine neue, steuerfinanzierte Leistung, die armutsfest sein sollte. Der anspruchsberechtigte Personenkreis wurde weit definiert. Er sollte alle umfassen, die nicht dauerhaft voll erwerbsgemindert sind (Erwerbsfähigkeit). Zur Leistungshöhe schlug der Entwurf das Sozialhilfeniveau vor und führte aus:

Das – degressiv ausgestaltete – Eingliederungsgeld soll daher eine bedarfsdeckende Gesamtpauschale sein, die aus einer einheitlichen ›armutsfesten‹ Geldleistung in Höhe der Hilfe zum Lebensunterhalt nach dem BSHG für den Erwerbslosen und seine Bedarfsgemeinschaft plus einem individuellen Qualifizierungszuschlag besteht« (ebd.: 55).

Zudem sollten alle Empfänger der neuen Leistung in die Sozialversicherung einbezogen werden, wobei die Einbeziehung in die Rentenversicherung zu prüfen sei. Bezüglich der Leistungsträgerschaft sollte zunächst in einer ersten Stufe mit der Harmonisierung der bestehenden Systeme begonnen werden, wobei zum einen die Fortführung der MoZArT-Projekte mit der Angleichung aktiver Leistungen (Kooperationsmodell) sowie die Angleichungen passiver Leistungen (Koordinationsmodell) in Betracht kämen. In einer zweiten Stufe empfahl das Teilprojekt, die Durchführung der neuen Leistung im Arbeits- und Sozialservice durch die Länder beziehungsweise Kommunen im Auftrag des Bundes (Bundesauftragsverwaltung). Zur Begründung führte der Entwurf weiter aus:

Durch die organisatorische Trennung von der BA würde auch verdeutlicht, dass es sich bei den (langzeitarbeitslosen) Empfängern von Eingliederungsgeld um eine Klientel handelt, die besonderen Beratungs- und Betreuungsaufwand erfordert. Voraussetzung ist allerdings, dass die kommunalen Einrichtungen personell von qualifizierten Mitarbeitern der BA – beispielsweise in Form von längerfristigen Abordnungen – unterstützt werden. Dies wäre auch gerechtfertigt, weil sich die Arbeitsämter bei dieser Option auf die ›leichten Fälle‹ und die Beratung der Arbeitgeber konzentrieren könnten. Dies ist vor dem Hintergrund der aktuellen Diskussion um die Vermittlungsdienstleistungen der BA auch sinnvoll, um die BA von ihrem negativen Image, insbesondere bei den Arbeitgebern, zu befreien (ebd.: 53).

Zur Finanzierung schlug der Bericht vor, dass der Bund im zweiten und die Kommunen dann ab dem dritten Jahr der Arbeitslosigkeit die Finanzierung übernehmen sollte (ebd.: 58).

Im Juni 2002 drangen erste Überlegungen zur Zusammenlegung von Arbeitslosen- und Sozialhilfe aus der Hartz-Kommission an die Presse. Diesen Berichten zufolge war geplant, das Arbeitslosengeld höchstens für ein Jahr und die Arbeitslosenhilfe höchstens für zwei Jahre zu gewähren und anschließend auf Sozialhilfeniveau zu senken (*AFP* vom 22.06.2002; *Welt* vom 22.06.2002). Der SPD-Fraktionsvorsitzende Peter Struck hob daraufhin hervor:»Es wird keinen sozialen Kahlschlag geben.« Beim Arbeitslosengeld sehe er nicht,»dass es dort Einschnitte geben wird«(*AFP* vom 25.06.2002).

Einige Tage später verwies auch Bundeskanzler Schröder darauf, dass es bei den Hartz-Vorschlägen nicht um lineare Kürzungen von Arbeitslosengeld oder Arbeitslosenhilfe gehe (AFP vom 5.07.2002). Demgegenüber plädierten der BA-Vorstandsvorsitzende Florian Gerster und Handwerks-Generalsekretär Schleyer nochmals vehement für eine zeitliche Befristung der Lohnersatzleistungen im Sinne des diskutierten *zwei Mal zwölf Monate*-Modells, also ein Jahr Arbeitslosengeld und ein Jahr Arbeitslosenhilfe. Für dieses Modell hätten sie in der Kommission eine Mehrheit ausgemacht (*Welt* vom 11.07.2002; *Handelsblatt* vom 11.07.2002). Wenige Tage später erklärte Harald Schartau, SPD-Arbeitsminister aus NRW und Mitglied der Hartz-Kommission:»Diese Pläne sind vom Tisch« und Peter Hartz selbst sagte:»Wir sind eine Gestaltungskommission, keine Kürzungskommission«(*Handelsblatt* vom 17.07.2002: 5; *Welt* vom 17.07.2002: 12). Ein anderes Mitglied der Hartz-Kommission, der Leipziger SPD-Oberbürgermeister Wolfgang Tiefensee erläuterte, dass das bis zu 32 Monate gewährte Arbeitslosengeld bestehen bleiben solle und die Arbeitslosenhilfebezieher und erwerbsfähigen Sozialhilfeempfänger zukünftig ein zweites Arbeitslosengeld, das sich in der Höhe an der Arbeitslosenhilfe orientiere, erhalten sollten (*Handelsblatt* vom 18.07.2002: 5).

Als die Hartz-Kommission am 16. August 2002 ihren Abschlussbericht im Berliner Dom präsentierte, waren somit alle oben beschriebenen Erwägungen der Teilarbeitsgruppe nicht mehr im Bericht enthalten oder erheblich verändert.[10] Insbesondere die Gewerkschaftsvertreterin in der Kommission, Isolde Kunkel-Weber, hatte massiv bei Peter Hartz interveniert, der, bemüht um ein einstimmiges Abstimmungsergebnis, diese Punkte streichen ließ. Allerdings blieben einige Kommissionsvertreter, wie Eberhard Schleyer, der letzten Sitzung fern.

Der Fokus des Endberichts lag – wie von der Bundesregierung ursprünglich auch im Auftrag an die Kommission formuliert – einzig auf der Vermittlungstätigkeit und der Umstrukturierung der BA. Auch wurde im Abschlussbericht zum Beispiel empfohlen, das Arbeitslosengeld (jetzt Arbeitslosengeld I) in Höhe und Dauer des bisherigen Regelwerks zu belassen. Zu Fragen der Zumutbarkeits- und Sanktionsregelungen sowie zur Anspruchsberechtigung fanden sich im Bericht keinerlei klare Empfehlungen. Die neue steuerfinanzierte Leistung – Arbeitslosengeld II – sollte der Sicherung des Lebensunterhalts dienen. Über die genaue Leistungshöhe schwieg sich der Bericht jedoch aus. Einzig die Einbeziehung in die Sozialversicherung fand sich wieder – allerdings auch mit einem Prüfvorbehalt bei der Einbeziehung in die Rentenversicherung. Die Leistungsträgerschaft lag nun bei der BA. Auch zur Finanzierung sagte der Bericht nichts, sondern notierte lediglich: »Regelungen zur Aufteilungen der Lasten zwischen Bund, Ländern und Kommunen bleiben der Kommission zur Gemeindefinanzkommis-

---

10 Nach Einschätzung des BMA war der Grund für die Streichung der Punkte des Untergruppenberichts im Abschlussbericht, dass Peter Hartz die BMA Geschäftsstelle weitgehend lahm gelegt hatte, nachdem er gemerkt hatte, dass es hier eigenständige Vorschläge gab. Peter Ochs, ein Mitarbeiter von Peter Hartz, hatte den Abschlussbericht ohne Beteiligung des BMA geschrieben. Problematische Punkte wurden dann von Peter Hartz auf Wunsch einzelner Kommissionsmitglieder rausgestrichen. Isolde Kunkel-Weber war gegen alle Punkte des Untergruppenberichts; Florian Gerster gegen die Definition der Erwerbsfähigkeit (Experteninterview vom 27.09.2007).

sion vorbehalten« (Kommission *Moderne Dienstleistungen am Arbeitsmarkt* 2002: 128). Ihre wahlstrategische Funktion jedoch hatte die Hartz-Kommission erreicht. Einen Monat vor der Bundestagswahl im September war die Zusammenlegung beider Hilfesysteme nun endgültig auf der Regierungsagenda angelangt, und die Bundesregierung konnte mit dem Versprechen, die Vorschläge rasch eins zu eins umsetzen und so die Arbeitslosigkeit innerhalb von drei Jahren halbieren zu wollen, politische Handlungsfähigkeit demonstrieren. Die Opposition reagierte unterdessen größtenteils überrascht, unvorbereitet und unabgestimmt auf die Pläne der Bundesregierung. Der FDP-Vorsitzende Guido Westerwelle bezeichnete den Endbericht der Hartz-Kommission als »viel Lärm um nichts« (*APW* vom 16.08.2002). Sein Vize Rainer Brüderle hatte dagegen tags zuvor verkündet, das Hartz-Papier enthalte »einige Aspekte, die lohnend sind« (*AFP*-German vom 12.08.2002).

Obgleich es zwischen dem Alternativpapier der Union – dem sogenannten Stoiber-Späth-Plan – und den Hartz-Vorschlägen eine ganze Reihe inhaltlicher Übereinstimmungen gab wie beispielsweise beim Ausbau der Zeitarbeit, bei den Zumutbarkeitsregelungen zur Arbeitsaufnahme, bei der Förderung haushaltsnaher Dienstleistungen, dem Abbau von ABM und der Zusammenlegung von Arbeitslosen- und Sozialhilfe, tat der Kanzlerkandidat der Union, Edmund Stoiber, die Pläne der Hartz-Kommission als »Hartz-Gequatsche« ab (*Handelsblatt* vom 8.08.2002: 6; *Handelsblatt* vom 16.08.2002: 4). Mit der Elbe-Hochwasserkatastrophe und dem bevorstehenden militärischen Konflikt im Irak im Rücken gelang es der Regierung durch eine klare Linie zu diesen Fragen letztlich, die zögerliche Haltung und interne Zerrissenheit der Opposition offenzulegen und gewinnbringend für sich zu nutzen.

Nach der äußerst knapp gewonnenen Bundestagswahl tauschte Bundeskanzler Schröder Anfang Oktober 2002 Walter Riester als Arbeitsminister durch Wolfgang Clement aus. Zugleich wurde das Wirtschafts- mit dem Arbeitsministerium zusammengelegt. Außerdem wurde Wolfgang Clement die Federführung für die geplante Zusammenlegung von Arbeitslosen- und Sozialhilfe (*AFP* vom 24.10.2002) übertragen. Zentral war auch, dass die Zuständigkeit für erwerbsfähige Sozialhilfeempfänger im neuen Ministerium verblieb und nicht zurück in den Ressortbereich von Gesundheitsministerin Ulla Schmidt wanderte.

Unterdessen war das von Finanzminister Eichel ursprünglich geplante Haushaltsdefizit von 10 Mrd. Euro um 4,2 auf 14,2 Milliarden Euro angestiegen (*AFP* vom 11.10.2002). Ein Einsparvolumen von insgesamt 6,3 Milliarden Euro sollte im nächsten Jahr allein im Bereich der Arbeitsförderung erzielt werden. Davon sollten 4 Milliarden Euro im BA-Haushalt eingespart werden und 2,3 Milliarden Euro bei der Arbeitslosenhilfe (*Welt* vom 16.10.2002).

In einem Papier der Koalition waren Abstriche beim Unterhaltsgeld zur beruflichen Weiterbildung, reduzierte Krankenkassenbeiträge und eine Reduktion der Vermögensfreibeträge für Arbeitslose vorgesehen. Auch wurde vorgeschlagen, die Arbeitslosenhilfe stufenweise auf maximal vier Jahre zu reduzieren (*DPA* vom 16.10.2002; *Welt* vom 26.10.2002). Zur geplanten Zusammenlegung von Arbeitslosen- und Sozialhilfe wurden Finanzminister Eichel und andere Koalitionspolitiker mit den Worten zitiert, dass wegen der schlechten Finanzlage die Arbeitslosenhilfe »nicht viel höher als Sozialhilfe« sein könne (*AFP* vom 24.10.2002; *Welt* vom 25.10.2002).

Zwischenzeitlich wurde Zeitungsberichten zufolge im Ministerium erwogen, das Arbeitslosengeld für Arbeitslose mit Kindern von 67 auf 65 Prozent im Jahr 2003 sowie auf 63 Prozent im Jahr 2004 zu senken. Die Arbeitslosenhilfe sollte entsprechend von 57 auf 55 Prozent (2003) sowie auf 54 Prozent (2004) sinken. Außerdem sollten die Vermögensfreibeträge drastisch gekürzt werden: die bestehende Obergrenze etwa von 33.800 auf 13.000 Euro (*AFP* vom 30.10.2002). Während die Angleichung der Vermögensfreibeträge an die Sozialhilfe so vorgenommen wurde, wurden die pauschalen Kürzungen von Arbeitslosengeld und Arbeitslosenhilfe für Arbeitslose mit Kindern fallengelassen (*DPA* vom 31.10.2002). Ebenfalls verabschiedet wurde der Wegfall der inflationsbedingten Anpassung des Arbeitslosengeldes und der Arbeitslosenhilfe (Berliner Morgenpost vom 12.01.2003: 1). Kurze Zeit später kündigte Wolfgang Clement eine Senkung der Arbeitslosenhilfe auf »leicht oberhalb« der Sozialhilfe an (*APW* vom 29.01.2003; *AFP* vom 29.01.2003).

Kapitel 9
Die Konzeption der Reform

Spätestens mit der Einsetzung Wolfgang Clements als neuer Wirtschafts- und Arbeitsminister im Herbst 2002 wurde zumindest personell der Weg für eine rasche Umsetzung der Idee der Zusammenlegung von Arbeitslosen- und Sozialhilfe geebnet. Inhaltlich war freilich im Spätsommer 2002 noch vollkommen unklar, wie die Idee schließlich umgesetzt werden sollte. Die Hartz-Kommission hatte es nicht vermocht, ein umsetzungsreifes Konzept für die Zusammenlegung von Arbeitslosen- und Sozialhilfe vorzulegen. Die wichtigsten Details der Zusammenlegung blieben auch nach der Vorstellung der Arbeit der Hartz-Kommission ungeklärt oder äußerst vage. So verwundert es dann auch kaum, dass selbst der Namensgeber der Hartz-IV-Reform Peter Hartz mit der Reform der Arbeitslosen- und Sozialhilfe, wie sie schließlich konzipiert und umgesetzt wurde, heute nicht mehr in Zusammenhang gebracht werden möchte (Hartz/Kloepfer 2007).

Welche Akteure konzipierten also maßgeblich den Inhalt dessen, was uns heute als Hartz IV bekannt ist? Zu welchem Zeitpunkt war ihre Intervention besonders erfolgversprechend? Was trieb sie an? Wie sich bereits im vorangegangenen Kapitel abzeichnet, kommt dem Arbeitsministerium beziehungsweise späteren Wirtschafts- und Arbeitsministerium und der im Ministerium zuständigen Fachabteilung eine Schlüsselrolle bei der Konzeption der Reform zu. Das ist deshalb interessant, da dieses Faktum nahezu allen gängigen Einschätzungen in Medien und Wissenschaft widerspricht. Bis heute hält sich hartnäckig das Gerücht, die Hartz-IV-Reform sei in Wirklichkeit vom Kanzleramt erdacht und konzipiert worden. Ein Politikwissenschaftler sieht die klassische Ministerialbürokratie während der Politikformulierungsphase gar in der Rolle einer »nachgeordneten« Behörde des Kanzleramts (Goetz 2005: 255). Dass dem mitnichten so war, werden wir auf den kommenden

Seiten näher zeigen. Weder das Kanzleramt noch das Finanzministerium waren für die Reforminhalte von sonderlich großer Bedeutung.

Gleichwohl ist kaum zu übersehen, dass sich der Koordinationsaufwand für das federführende Wirtschafts- und Arbeitsministerium drastisch erhöht hat. Im Vergleich zu der vormals nahezu monopolartigen Politikformulierungsmacht des Ministeriums in enger Abstimmung mit dem entsprechenden Bundestagsausschuss ist die Politikformulierung heute erheblich komplexer. Dies ist jedoch nicht ohne weiteres darauf zurückzuführen, dass Politiker mittlerweile auch auf eigene Expertenstäbe oder Unternehmensberatungen zurückgreifen können, um entweder mit der Expertise des jeweiligen Ministeriums mithalten oder sogar die Expertise anderer an die Stelle des eigentlich federführenden Ressorts zu setzen. Es ist vielmehr der Tatsache geschuldet, dass die Bundesländer über ihre Mitwirkungsrechte im Bundesrat an fast jeder bedeutsamen Reform beteiligt sind. Der Ministerialverwaltung der Länder kommt damit eine nicht zu unterschätzende Rolle auch bei der Politikformulierung im Bund zu – wohlgemerkt nicht den Landesparlamenten.

Nichtsdestotrotz gelang es den Beamten im BMWA ihre konzeptionellen Überlegungen insbesondere zu den leistungsrechtlichen Aspekten der Reform nahezu vollständig durchzusetzen. Versuche von Bundestagsabgeordneten und Interessenverbänden, während der Verhandlungen in der Koalitionsarbeitsgruppe oder der Gesetzesberatungen im Bundestag Veränderungen an den leistungsrechtlichen Aspekten zu erwirken, blieben erfolglos. Auch andere Ressorts wie das Finanzministerium, das Gesundheitsministerium, Behörden und auch die BA scheiterten mit ihren Versuchen, für sie zentrale Punkte durchzusetzen. Wie kam das?

Zunächst einmal ist dies mit dem gewaltigen Informationsvorsprung zu begründen, den das Arbeitsministerium zu dem Zeitpunkt, als es den Arbeitsauftrag bekam ein Gesetz zu formulieren, den anderen Akteuren gegenüber bereits hatte. Konzeptionell konnte der neue Wirtschafts- und Arbeitsminister Clement auf weit vorangeschrittene Überlegungen aus dem eigenen Haus zurückgreifen. Bereits seit einem Jahr tagte hier eine referatsübergreifende Projektarbeitsgruppe unter der Leitung des damaligen Referatsleiters Karlheinz Hupfer in der Abteilung II (Experteninterviews vom 18.10.2007 und vom 15.10.2008). Zu den Mitgliedern der Projektarbeitsgruppe[1] zählten unter anderem Maria-Britta Loskamp, Stefan Profit, Susanne Hoffmann, Hans-Jürgen Stubig, Marc Nellen (früher Marc Heinrich) und Rolf Schmachtenberg. Aufgabe der Projektgruppe war es, ein möglichst konkretes Modell für die Zusammenführung von Arbeitslosen- und Sozialhilfe anhand von Leitungsvorlagen und Handlungsalternativen zu erarbeiten. Kurze Zeit nach Einsetzung der Hartz-Kommission testete der zuständige Abteilungsleiter im Arbeitsministerium, Bernd Buchheit, bei einer Fachtagung der Sozialdemokratischen Gemeinschaft für Kommunalpolitik (SGK) NRW und der SPD-Landtagsfraktion NRW am 18. April 2002 bereits Vorschläge der Projektgruppe. Er schlug vor, eine einheitliche pauschalierte Geldleistung zu schaffen, die »sich am Existenzminimum orientieren« müsse (Bucheit 2002: 22). Hinzukommen könnten Zuschläge, wenn beispielsweise ein Hilfeempfänger an Integrationsleitungen teilnehme. Bei den Fragen der Organisation und Finanzierung blieb Bernd Buchheit in seinem Vortrag dagegen noch weitgehend vage (ebd.).

Bevor die Hartz-Kommission und der Bertelsmann-Arbeitskreis ihre Arbeit im Sommer abschlossen, endete im Juli 2002 auch vorerst die Arbeit dieser hausinternen Projektarbeitsgruppe. In einem Konzeptpapier fassten die Beamten die Ergebnisse ihrer Überlegungen vor der Bundestagswahl noch einmal zusammen.[2] Weit vorangeschritten waren die Überlegungen beispielsweise bei der Frage des erfassten Personenkreises. Dieser wurde weit definiert und umfasste alle Personen, die täglich mindestens drei Stunden arbeiten können sowie deren Bedarfsgemeinschaft. Die Fragen der Zumutbarkeit und der Sanktionen waren ebenfalls bereits weitgehend geklärt und sollten, angelehnt an das BSHG, ausgestaltet werden. Auch über die Organisationsstruktur für die neue Leistung bestand überwiegend Einigkeit. Nach den Plänen der Beamten sollte das neue System organisatorisch im Bereich der umstrukturierten BA – jedoch mit eigener Rechtspersönlichkeit – als bundeseigene Verwaltung angesiedelt werden. Bei anderen Punkten gab es noch keine abschließende Bewertung, und es wurden zunächst Handlungsalternativen zusammengefasst. Zu diesen noch nicht entschiedenen

---

1 Die Zahl der Mitglieder und beteiligten Abteilungen erhöhte sich jedoch im Zeitverlauf (Experteninterviews vom 18.10.2007 und 15.10.2008).

2 Konzeptpapier im BMA vom 5.07.2002.

Punkten zählte die Höhe der neuen Leistung. Eine Variante sah vor, dass die neue Leistung sich aus einer Basisleistung und Zuschlägen zusammensetzen könnte. Zuschläge zur Basisleistung sollten beim Nachweis von Eigenbemühungen gezahlt werden. Die Basisleistung sollte sich analog zur Sozialhilfe am soziokulturellen Existenzminimum orientieren beziehungsweise leicht darunter liegen und weitgehend pauschaliert werden. Bei der Pauschalierung sollten insbesondere die Ergebnisse der geplanten Sozialhilfereform berücksichtigt werden. Eine zweite Variante sah die Ausgestaltung der neuen Leistung als Festbetrag vor, der zwischen dem damaligen durchschnittlich niedrigeren Arbeitslosenhilfezahlbetrag von 970 DM und dem durchschnittlich höheren Sozialhilfezahlbetrag (West: 1.238 DM bzw. 1.095 DM Ost) liegen sollte. Dieser Festbetrag könnte durch Familienzuschläge erhöht werden. Außerdem wurde angedacht, den Festbetrag über das sozio-kulturelle Existenzminimum hinaus aufzustocken, wenn der Hilfebedürftige sich aktiv um Arbeit bemühte. Für den Übergang vom Arbeitslosengeld in die neue Leistung sah das Papier unterschiedliche Möglichkeiten wie degressiv gestaffelte Phasen innerhalb der Arbeitslosenversicherung, ein kombiniertes Zuschlags- und Phasenmodell oder schließlich die Befristung des Arbeitslosengeldes auf ein Jahr und der Arbeitslosenhilfe auf zwei Jahre vor. Ein weiterer wichtiger aber ungeklärter Punkt war die Finanzierung der neuen Leistung. Im Konzeptpapier wurden mehrere Szenarien durchgespielt, um den Bund für die erheblichen Kostenverschiebungen zu kompensieren. Die Neuverteilung von Umsatzsteuerpunkten zwischen Bund und Ländern zuungunsten der Länder wurde zunächst nicht vorgeschlagen, da man sich hier zu geringe Erfolgsaussichten ausrechnete (Experteninterview vom 15.10.2008). Dagegen sah das Papier eine Umverteilung des Gewerbesteueraufkommens und des Einkommenssteueraufkommens vor. Weitere Alternativen, die zum damaligen Zeitpunkt erörtert wurden, waren die Kompensation über einen gesetzlichen Auftrag, eine Grundgesetzänderung mit dem Ziel eine Ausnahme vom Konnexitätsgrundsatz zu ermöglichen[3] sowie die

---

3 Nach dem Konnexitätsprinzip, welches in Artikel 104a des Grundgesetzes verankert ist, muss der auftragende Gesetzgeber (hier der Bund) als Verursacher für den finanziellen Ausgleich der von ihm aufgetragenen Aufgaben sorgen beziehungsweise Bestimmungen zur Kostendeckung erlassen.

Schaffung einer Umlage, die vom Bund und den Kommunen erbracht werden sollte.

Abgesehen von der Leistungshöhe und der Finanzierung des neuen Systems hatte das Arbeitsministerium damit die wichtigsten konzeptionellen Eckpfeiler für eine Gesetzesinitiative zur Zusammenlegung von Arbeitslosen- und Sozialhilfe bereits im Sommer 2002 beisammen. Insbesondere Elemente einer eher klassisch orientierten Aktivierungsstrategie nahmen großen Raum in den Überlegungen ein. Klar war, dass der Personenkreis groß, Sanktionen und die Zumutbarkeit sehr viel restriktiver als bislang und die Höhe der Leistung stärker an die Bereitschaft, Arbeit aufzunehmen, geknüpft sein sollten. Bei den noch nicht abschließend geklärten Fragen erhoffte man sich Erkenntnisse aus der Arbeit der mit Vertretern aus Bund, Ländern und Kommunen besetzten *Gemeindefinanzreformkommission* und den Beratungen zur Reform der Sozialhilfe.

Konzeptionelle Anleihen bei der Sozialhilfe

Obgleich die Diskussion um eine grundlegende Reform der Sozialhilfe bereits im Jahr 2001 neue Nahrung erhalten hatte, erfolgte die eigentliche Reform erst zwei Jahre später und zwar zusammen mit der Hartz-IV-Reform. Dies lag daran, dass sich ab 2002 beide Reformdebatten überlagerten und die Reform von Arbeitslosengeld und der Arbeitslosenhilfe sowie die Reformbestrebungen in Richtung der Zusammenlegung von Arbeitslosen- und Sozialhilfe die eigentliche Reform der Sozialhilfe in den Schatten stellte. Im Gegensatz zur Diskussion über die Absicherung der erwerbsfähigen Langzeitarbeitslosen durch Arbeitslosengeld und Arbeitslosenhilfe hatte es bei der Sozialhilfe bereits seit den neunziger Jahren mehrfach Versuche gegeben, diese stärker aktivierend auszugestalten. Diese Erfahrungen und die neueren Reformüberlegungen zur Sozialhilfe flossen auch in die Konzeption der Hartz-IV-Reform ein. Dabei standen insbesondere die Erfahrungen und Pläne zur Festlegung der Leistungshöhe der Sozialhilfe, zur Pauschalierung passiver Leistungen sowie zur Ausgestaltung von Anreizen zur Arbeitsaufnahme in der Sozialhilfe Pate für die Konzeption der neuen Leistung. Dies soll im Folgenden näher erläutert werden.

Um den Anstieg der Kosten für die Sozialhilfe zu verringern, wurde seit den neunziger Jahren die Berechnungsmethode für die Festsetzung der Regelsätze mehrmals verändert. Bis Ende der achtziger Jahre wurde der Regelsatz nach dem Warenkorb-Modell ermittelt, welches auf verbrauchsstatischen Daten sowie auf normativen Annahmen eines notwendigen Lebensbedarfs beruhte. 1990 wurde dieses Modell vom Statistik-Modell abgelöst. Nach dem Statistik-Modell wurden die Regelsätze anhand der Einkommens- und Verbrauchsstichprobe des Statistischen Bundesamtes bestimmt. Ab 1993 wurden die Regelsätze an die Nettolohn- und Gehaltsentwicklung gekoppelt und ab 1996 dann an die Veränderung des Rentensatzes, welche damals unter der Preisentwicklung lag (Wenzel 2000). Zusätzlich zur Veränderung der Berechnungsmethode wurde die Anpassung der Regelsätze in den 1990er Jahren immer wieder auf einen bestimmten Prozentsatz begrenzt beziehungsweise gedeckelt (Steffen 2008: 5–6). Im jährlichen Vergleich der preisbereinigten Entwicklung der Sozialhilfesätze lässt sich erkennen, dass die verschiedenen Änderungen und Anpassungsbegrenzungen zu einer Senkung des Realeinkommens von Sozialhilfeempfängern führten (Bäcker u.a. 2008: 324–325) (siehe Abbildung 16).

Mit der Sozialhilfereform von 2005 kehrte man nun wieder zum Statistik-Modell zurück, wonach die Höhe der Regelsätze nun durch die Verbrauchsausgaben der untersten 20 Prozent der nach ihrem Nettoeinkommen geschichteten Haushalte bestimmt wird. Die regelmäßige Anpassung der Regelsätze ist jedoch immer noch an die Rentenanpassung gekoppelt (Bäcker u.a. 2008: 324–325).

Mit der zunehmenden Diskussion darüber, ob ein überhöhtes Existenzminimum den Abbau der Arbeitslosigkeit verhindere, wurde auch das Lohnabstandsgebot der Sozialhilfe verstärkt debattiert. Der Lohnabstand begrenzt den Eckregelsatz nach oben hin, um die Sozialhilfe als letztes Sicherungsnetz unter den niedrigsten Löhnen zu halten (ebd.: 325). Diese Regelung ist bereits seit 1962 in der Regelsatzverordnung zum BSHG festgeschrieben. Es hatte aber bis in die achtziger Jahre für die Festsetzung der Regelsätze nur einen geringen Einfluss. Erst 1982 wurde das Lohnabstandsgebot direkt im BSHG festgeschrieben (Steffen 2006a: 4). Seit Anfang der neunziger Jahre wurde es weiter konkretisiert.

Abbildung 16: Entwicklung der Sozialhilferegelsätze, 1990–2006

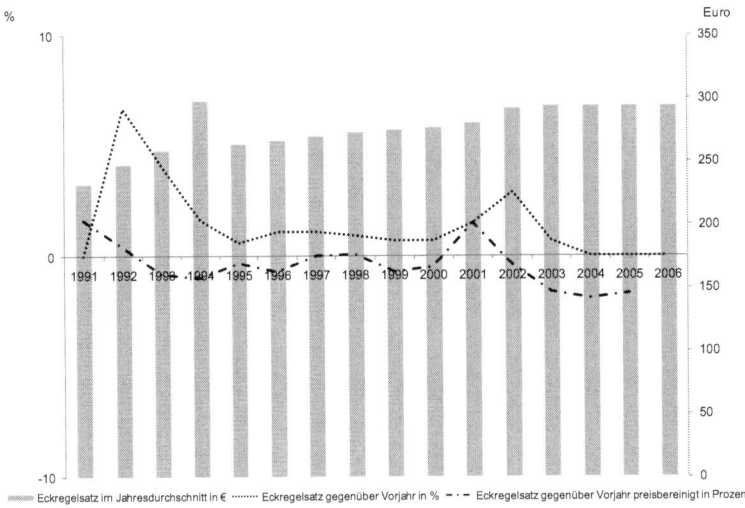

Quelle: Daten aus Bäcker u.a. 2008: 324, eigene Darstellung.

Die Anpassung des Lohnabstands erfolgt dabei durch die Veränderung der Zusammensetzung des Arbeitnehmerhaushaltes, an dem sich die Regelsätze orientieren müssen (ebd.: 7–8). Während 1993 die Sozialhilfe für einen Haushalt mit vier oder mehr Personen inklusive Regelsatz und Leistungen für Wohnung und Heizung (ohne Einmalleistungen) unter den durchschnittlichen Nettoarbeitsentgelten der unteren Lohngruppen (inklusive Kinder- und Wohngeld) liegen musste, muss seit 1999 gewährleistet sein, dass für ein Ehepaar mit drei Kindern der Regelsatz zusammen mit den Durchschnittsbeträgen für Wohnung, Heizung und Einmalleistungen unter den Nettoarbeitsentgelten allein verdienender Vollzeitbeschäftigter (inklusive Einmalzahlungen, Wohn- und Kindergeld) liegt (Steffen 2008: 5–7).

Auch wurde bereits in den neunziger Jahren die Pauschalierung verschiedener Leistungen der Sozialhilfe in vielen Kommunen getestet. Nach Einführung der Experimentierklausel wurden zwischen 2001 und 2003 in verschiedenen Bundesländern insgesamt 29 Modellversuche zur Pauschalierung durchgeführt (Bundestag 2001b: 2). In fast allen teilnehmenden Kommunen wurde dabei über Erfolge berichtet (Institut für Evaluation 2004: 21). Einige Kommunen führten auch eine Pauschale für die Unterkunfts- und Heizkosten ein. Hier waren die Erfahrungen jedoch noch recht unterschiedlich, da der Wohnungsmarkt regional sehr verschieden ist (ebd.: 53–54). Auch durch die Einführung von pauschalisierten Leistungen in der Grundsicherung im Alter konnten die Kommunen bereits seit Januar 2003 Erfahrungen mit der Pauschalierung von Einmalleistungen sammeln.

Mit der Sozialhilfereform 2005 wurden die Regelsätze und die Einmalleistungen erstmals bundeseinheitlich als Pauschale zusammengefasst. Um Einmalleistungen wie zum Beispiel für Bekleidung, Hausrat, die Renovierung der Wohnung und für den laufenden Schulbedarf in der Pauschale mit abzudecken, wurden die für 2004 maßgebenden Regelsätze um 18 Prozent erhöht. Mit der Sozialhilfereform von 2005 wurden weiterhin die Leistungen für Wohnung und Heizung (hier ist eine Pauschalierung durch die Sozialhilfeträger zugelassen), Erstausstattungen für Wohnung und Bekleidung, Weihnachtsbeihilfen, Kosten für mehrtägige Klassenfahrten sowie die Beiträge zu den Sozialversicherungen zusätzlich nach Bedarf bezahlt. Das neue Regelsatzsystem dient heute als Referenzsystem für die Leistungshöhe des Arbeitslosengeld II (Steffen 2008: 8).

Neben der Pauschalierung der passiven Leistungen in der Sozialhilfe wurden in den neunziger Jahren auch bereits eine Reihe von Möglichkeiten zur Aktivierung der Hilfeempfänger eingeführt. In der Regel reduzierte nämlich eigenes Einkommen den sozialhilferechtlichen Bedarf in voller Höhe (Steffen 2006a: 3). Allerdings wurde bis 1993 die Reduzierung des Einkommens durch einen Mehrbedarfszuschlag für Erwerbstätige teilweise ausgeglichen. Das heißt, die Hilfezahlungen wurden durch den Mehrbedarfszuschlag erst erhöht und dann nach der jeweiligen Höhe des anrechenbaren Einkommens wieder gesenkt, so dass erwerbstätige Hilfeempfänger bei einem geringen Einkommen nicht immer die gesamte Sozialhilfe verloren. Laut BSHG sollten die Sozialhilfeträger den Mehrbedarf, der durch die Aufnahme einer Erwerbstätigkeit entstand, durch einen Mehrbedarfszuschlag »in angemessener Höhe« ausgleichen. Mit dem Konsolidierungsprogramm von 1993 wurde dieser für Erwerbstätige durch einen Freibetrag für anrechenbares Einkommen aus Erwerbstätigkeit »in angemessener Höhe« ersetzt. Eine genaue Höhe wurde jedoch nicht festgelegt und lag somit im Ermessen der Sozialhilfeträger (ebd.: 7). 1996 wurde die Anrechnung des Arbeitseinkommens weiter reformiert, so dass sechs Monate nach Aufnahme einer Arbeit noch ein Zuschuss zum Einkommen gewährt wurde. Handelte es sich um eine Vollzeitbeschäftigung wurde im ersten Monat der volle Regelsatz als Zuschuss gezahlt, danach reduzierte er sich monatlich.

Dieser Ansatz der Staffelung von Zuschüssen zum Arbeitseinkommen beziehungsweise von anrechenbarem Einkommen bei der Sozialhilfe wurde bei der Konzeption der Reform aufgegriffen und anhand der Freibeträge bei Erwerbstätigkeit im BSHG konkretisiert (Steffen 2008: 6).

Eine weitere Möglichkeit zur Aktivierung von Sozialhilfeempfängern war durch die Maßnahmen der ›Hilfe zur Arbeit‹ nach dem zweiten Unterabschnitt des BSHG gegeben, die den Kommunen die folgenden Instrumente zur Verfügung stellte: Eingliederungszuschüsse an einen Arbeitgeber, degressive Zuschüsse an den Hilfeempfänger für bis zu sechs Monate (seit 1998 für bis zu zwölf Monate) nach Aufnahme einer Tätigkeit, die Schaffung von Arbeitsgelegenheiten durch den Sozialhilfeträger oder die Unterstützung von Dritten zur Schaffung von Arbeitsgelegenheiten (Bundestag 1998: 7). In der Praxis wurden vor allem die Eingliederungszuschüsse an gewerbliche Arbeitgeber und die Schaffung von kommunalen Beschäftigungsgesellschaften umgesetzt (Feist 2000: 123f.).[4]

Darüber hinaus wurden die Zumutbarkeitsregelungen deutlich verschärft. Bereits seit 1993 mussten junge Hilfeempfänger auch kurzfristige Arbeitsgelegenheiten annehmen. Wer sich weigerte, eine Arbeitsgelegenheit anzunehmen, hatte keinen Anspruch mehr auf Sozialhilfe. 1994 wurde diese Verpflichtung zur Annahme einer Arbeitsgelegenheit auf alle Hilfesuchenden erweitert. Mit der Sozialhilfereform von 1996 wurde festgelegt, dass bei einer Weigerung zur Arbeitsaufnahme die Sozialhilfe um 25 Prozent des Regelsatzes gekürzt wird. Weitere Kürzungen lagen im Ermessen der Sozialhilfeträger (Steffen 2008: 5ff.). Diese Sanktionsregelungen wurden später auch in das SGB II übernommen und weiter verschärft.

---

4 Siehe dazu Kapitel 3, Effekte der Langzeitarbeitslosigkeit auf die Kommunen.

All diese unterschiedlichen Reformschritte, die letztlich zu einer stärkeren Aktivierung der Hilfebedürftigen und somit auch zur finanziellen Entlastung der Kommunen beitragen sollten, kumulierten schließlich in der Debatte über eine Strukturreform der Sozialhilfe. Diese bekam insbesondere durch das Anlaufen der MoZArT-Projekte im Frühjahr 2001 und Roland Kochs Reformvorschlag im Sommer 2001 neuen Auftrieb. In diesem Zeitraum trafen sich auch die beiden A-Länder Projektgruppen ›SGB III‹ und ›Sozialhilfe‹ zu einer Sitzung, um eine gemeinsame Reformstrategie zur erarbeiten (Experteninterview vom 22.11.2007). Bei der Arbeit der Projektgruppen wurde die Vorstellung vertreten, dass zuerst die Sozialhilfe grundlegend reformiert werden sollte und man dann beide Leistungen aneinander angleichen sollte (Ländervertreter der Projektgruppen ›Sozialhilfe‹ und ›SGB III-Reform‹ 2002).

Im November 2001 brachten daraufhin die Fraktionen von SPD und Grünen den Antrag »Fördern und Fordern – Sozialhilfe modern gestalten« (Bundestag 2001a) ein, in dem sie eine Strukturreform der Sozialhilfe in der nächsten Legislaturperiode ankündigten. Der Reformvorschlag beinhaltete eine Neugestaltung der Regelsätze in Form einer Pauschalisierung, eine Verwaltungsvereinfachung, die Stärkung der Selbstverantwortung von Hilfeempfängern, eine Verbesserung der aktivierenden Instrumente und Leistungen der Sozialhilfe, eine bessere Integration der Hilfeempfänger in den Arbeitsmarkt, die Unterstützung von Ländern und Kommunen sowie die Einordnung des BSHG in das SGB. Neben diesem Antrag wurde im Januar 2002 im ›Ausschuss für Arbeit und Sozialordnung‹ auch eine Verlängerung von verschiedenen Übergangsregelungen im BSHG diskutiert. Diese Regelungen betrafen unter anderem Zuschüsse für erwerbstätige Hilfeempfänger (nach der sogenannten Öffnungsklausel und dem *Mainzer Modell*), die Anpassung der Regelsätze anhand der Rentensätze ohne Berücksichtigung des neuen Riester-Faktors, die Nichtanrechnung der Kindergelderhöhung des Jahres 2000 auf das bedarfsmindernde Einkommen sowie die Nichtanrechnung von staatlich geförderten Altersvorsorgebeiträgen.

Bei der öffentlichen Anhörung am 28. Januar 2002 trugen Sozialpartner, Verbände und wissenschaftliche Experten ihre Position zum Koalitionsantrag sowie zu den Übergangsregelungen vor. Der DGB äußerte sich sehr positiv zu den Vorschlägen der Koalition und befürwortete auch eine weitere Verzahnung der beiden Leistungen Sozialhilfe und Arbeitslosenhilfe. »Vorschläge hingegen, die auf die Abschaffung der lohnbezogenen Arbeitslosenhilfe abzielen, werden vom DGB aus sozial-, verfassungs- und verteilungspolitischen Gründen entschieden abgelehnt« (Bundestag 2002: 9). Auch der Deutsche Städtetag und der Deutsche Städte- und Gemeindebund sprachen sich in der Anhörung dagegen aus, dass »Arbeitslosenhilfeempfänger zu Sozialhilfeempfängern« gemacht werden (ebd.: 41), während sie die restlichen Reformvorschläge befürworteten. Aus Sicht der BDA war die Zusammenführung der Transfersysteme Arbeitslosen- und Sozialhilfe das »wichtigste und vordringlichste arbeitsmarktpolitische Gesetzgebungsprojekt« (ebd.: 27). Nach der Anhörung beschloss der Ausschuss, dem Bundestag die Verlängerung der Übergangsregelungen im BSHG als sofortige Maßnahme sowie eine Strukturreform der Sozialhilfe für die nächste Legislaturperiode zu empfehlen. Am 14. März 2002 nahm der Bundestag den Entschließungsantrag *Fördern und Fordern – Sozialhilfe modern gestalten* an und forderte die Bundesregierung auf, eine grundlegende Strukturreform der Sozialhilfe, insbesondere der Hilfe zum Lebensunterhalt, durchzuführen (Bundestag 2003b: 2).

In der neuen Legislaturperiode wurden die Bundestagsausschüsse neu aufgeteilt. Bis September 2002 wurden beide Themen, Sozialhilfe und Arbeitsmarktpolitik, im Ausschuss für Arbeit und Soziales beraten. Danach befasste sich der Ausschuss für Wirtschaft und Arbeit unter dem Vorsitz von Rainer Wend (SPD) mit der Zusammenlegung der Leistungen, während sich der Ausschuss für Gesundheit und Soziale Sicherung (Vorsitzender Klaus Kirschner, SPD) mit der Eingliederung des BSHG in das SGB und der Reform der Sozialhilfe für Nichterwerbsfähige beschäftigte. Die Ausschussmitglieder blieben jedoch überwiegend die gleichen, beziehungsweise es waren ehemalige Mitglieder des Ausschusses für Arbeit und Sozialordnung später auch in beiden relevanten Ausschüssen vertreten.[5] So wurden die Ideen, die bereits am Ende der vorherigen Legislaturperiode für die Sozialhilfe diskutiert worden waren, ab 2002 für die neuzugestaltende Leistung diskutiert.

---

5 Quelle: http://webarchiv.bundestag.de/archive/2007/0108/ausschuesse/, Stand 12.12.2008.

Die A-Länder schlugen unterdessen eine Abkopplung der Sozialhilfereform von der Zusammenlegung von Arbeitslosen- und Sozialhilfe vor, da die Sozialhilfe nicht nur als Grundlage für die neue Grundsicherung dienen sollte, sondern selbst einen hohen Reformbedarf im Hinblick auf eine Aktivierung, eine Verwaltungsmodernisierung, eine neue Bedarfsbemessung und Pauschalisierung der Leistung, die Eingliederungshilfe für Behinderte sowie auf eine systematische Einordnung in das SGB hätte (Ländervertreter der Projektgruppen ›Sozialhilfe‹ und ›SGB III-Reform‹ 2003: 9−10). Diese Punkte fanden sich dann zwar in den folgenden Besprechungen der Reformen wieder, man konnte die Reform der Sozialhilfe allerdings nicht erfolgreich von der Zusammenlegung abkoppeln, da die Sozialhilfe weiterhin als Referenzsystem für alle weiteren Hilfeleistungen gelten sollte. Somit waren grundlegende Festlegungen in der Sozialhilfe vor der Einführung des Arbeitslosengeldes II notwendig (Experteninterveiw am 27.08.2007).

Nach Einschätzungen von beteiligten Parlamentariern stand im Gesetzgebungsprozess die Reform der Sozialhilfe jedoch klar im Schatten der Diskussion um die Zusammenlegung von Arbeitslosen- und Sozialhilfe. Zentrale Punkte, wie zum Beispiel die Regelsatzberechnung und die Zumutbarkeitsregeln wurden gemeinsam vom BMWA und im Bundesministerium für Gesundheit (BMGS) bestimmt und direkt in das neue Arbeitslosengeld II übernommen. Eine detaillierte Reform der Sozialhilfe war dabei nicht möglich (Experteninterview am 7.08.2008). Zwar wurden die beiden Leistungen nun in unterschiedlichen Ausschüssen beraten, letztlich wurden jedoch beide Reformen parallel im Bundestag und im Bundesrat verhandelt und auch zusammen verabschiedet.

Im Dezember 2003 verabschiedete der Bundesrat somit gleichzeitig die drei Gesetze »Viertes Gesetz für moderne Dienstleistungen am Arbeitsmarkt« (Hartz IV), »Gesetz zu Reformen am Arbeitsmarkt« und »Gesetz zur Einordnung des Sozialhilferechts in das Sozialgesetzbuch«.

Das »Gesetz zur Einordnung des Sozialhilferechts in das Sozialgesetzbuch« gliederte nicht nur das vorherige BSHG in das zwölfte SGB ein, sondern reformierte auch die Sozialhilfe in einigen wesentlichen Elementen. Mit der Eingliederung in das SGB XII wurde die Trennung der Leistungen ›Hilfe zum Lebensunterhalt‹ und ›Hilfe in besonderen Lebenslagen‹ aufgehoben. Sozialhilfe erhalten nur noch nicht erwerbsfähige Hilfebedürftige. Personen ab 65 Jahren oder mit dauerhafter

Erwerbsminderung ab 18 Jahren erhalten die Grundsicherung im Alter und bei Erwerbsminderung, die mit der Reform als viertes Kapitel in das SGB XII einging (Steffen 2008: 8). Hilfe zum Lebensunterhalt erhalten nur noch Personen im erwerbsfähigen Alter, für die vorübergehend keine Erwerbsfähigkeit möglich ist, zum Beispiel wegen längerer Krankheit oder Betreuung in einer Einrichtung. Mit der Reform gibt es im Rahmen des SGB XII nun nicht mehr zwei Arten der Sozialhilfe, sondern sieben gleichberechtigte Hilfearten (Bäcker u.a. 2008: 316):

1) Hilfe zum Lebensunterhalt
2) Grundsicherung im Alter und bei Erwerbsminderung
3) Hilfen zur Gesundheit
4) Eingliederungshilfen für behinderte Menschen
5) Hilfe zur Pflege
6) Hilfe zur Überwindung besonderer sozialer Schwierigkeiten
7) Hilfe in anderen Lebenslagen

Neben der oben genannten Pauschalisierung der Regelsätze wurde auch die Hilfe für Behinderte und Pflegebedürftige in Form von persönlichen Budgets pauschalisiert. Aus diesen Budgets können Betreuungsleistungen selbst organisiert werden, so dass der Grundsatz ambulant vor stationär leichter umgesetzt werden kann (Steffen 2008: 8f.).

Insgesamt betrachtet blieb die Sozialhilfereform weit hinter den Erwartungen der Reformbefürworter zurück. Für die Konzeption des neuen Leistungsrechts des Arbeitslosengeld II (SGB II) jedoch waren die Debatten um eine Strukturreform der Sozialhilfe von grundlegender Bedeutung. Vor allem im Hinblick auf die Ausgestaltung der Leistungshöhe, die Zumutbarkeitskriterien, mögliche Sanktionen sowie die Anrechnung von Erwerbseinkommen. Bei diesen Fragen konnten die Beamten aus dem Wirtschafts- und Arbeitsministerium auf entsprechende Vorarbeiten zurückgreifen. Da jedoch in der allgemeinen öffentlichen Wahrnehmung – ähnlich wie in der Wahrnehmung der meisten Bundestagsabgeordneten – die Reform des Systems der Arbeitslosenunterstützung und nicht die Reform der Sozialhilfe das zentrale Reformprojekt der Regierung war, wurden Reformen des Sozialhilferechts kaum öffentlich diskutiert. Auch in den parlamentarischen Beratungen spielten sie eine eher untergeordnete Rolle. Dies hatte zur Folge, dass einzelne Bausteine von den Beamten einfach aus dem Sozialhilfebereich in das

SBG II übernommen werden konnten, ohne dass diese Punkte in diesem Stadium bereits größere Aufmerksamkeit erhalten hätten.

Wer trägt die Verantwortung für die Langzeitarbeitslosen?

Für die Klärung der politischen Gretchenfrage im deutschen Föderalismus, also der Frage der Leistungs- und Finanzierungsverantwortung bei einer Zusammenlegung von Arbeitslosen- und Sozialhilfe, erhoffte sich die Bundesregierung mögliche Kompromisslinien und aussagekräftige Daten zu den unterschiedlichen Leistungssystemen von der föderal zusammengesetzten Gemeindefinanzreformkommission. Diese Expertenkommission wurde einen Monat nach der Hartz-Kommission unter dem Eindruck einbrechender kommunaler Steuereinnahmen im Frühjahr 2002 ins Leben gerufen. Als nämlich die Befürchtungen der Kommunen mit Blick auf die Steuerreform im Jahr 2000 (*Handelsblatt* vom 4.01.2000: 5) durch erste Schätzungen bestätigt wurden (*Handelsblatt* vom 24.01.2001: 4), drohte zu Beginn des Wahljahres der Deutsche Städte- und Gemeindebund mit der Schließung weiterer Einrichtungen wie Kindergärten und Schwimmbädern. Ein Sprecher des Finanzministeriums erklärte damals, dass angesichts der kommunalen Finanzkrise im Laufe des Jahres eine Expertenkommission eingesetzt werden solle. Forderungen, die Erhöhung der Gewerbesteuerumlage zugunsten von Bund und Ländern wieder rückgängig zu machen, wies der Sprecher damals noch zurück (*APW* vom 3.01.2002).

Am 27. März 2002 beschloss die Bundesregierung schließlich die Einberufung der *Kommission zur Reform der Gemeindefinanzen*. Der Auftrag der aus 26 Experten von Bund, Ländern, Gemeinden, Sozialpartnern und BA bestehenden Kommission bestand darin, bis zum Sommer 2003 Lösungsvorschläge für die strukturellen Probleme auf der kommunalen Einnahmen- und Ausgabenseite zu entwickeln. Im Zentrum der Analyse der Einnahmeseite sollte die Zukunft der Gewerbesteuer stehen, während die Lösungsvorschläge zur Ausgabenseite sich auf »die finanziellen Folgen einer effizienteren Gestaltung der unterschiedlichen Transfersysteme Arbeitslosenhilfe und Sozialhilfe für die Gebietskörperschaften« konzentrieren sollten. Für diese beiden Arbeitsschwerpunkte wurde jeweils eine Arbeitsgruppe *Kommunalsteuern*[6] beim BMF und eine Arbeitsgruppe *Arbeitslosenhilfe/Sozialhilfe*[7] beim BMAS beziehungsweise später beim BMWA eingesetzt (Arbeitsgruppe *Arbeitslosenhilfe/Sozialhilfe der Kommission zur Reform der Gemeindefinanzen* 2003: 3). Bei der konstituierenden Sitzung am 23. Mai 2002 versprach Bundesfinanzminister Eichel den Städten und Gemeinden, nichts gegen ihren Willen zu entscheiden. Es müsse ein breiter Konsens gefunden werden. Lastenverschiebungen des Bundes zu Ungunsten der Länder und Kommunen sollten vermieden werden (*APW* vom 23.05.2002).

Die Arbeitsgruppe *Arbeitslosenhilfe/Sozialhilfe* tagte zwischen dem 14. Juni 2002 und dem 17. April 2003 insgesamt acht Mal. Obgleich die Arbeitsgruppe in ihrer dritten Sitzung am 28. November 2002 übereinkam, eine zusammengelegte Leistung aus der Arbeitslosen- und Sozialhilfe anstatt auf der Basis des Harmonisierungsmodells berechnen zu lassen, konnten sich die Kommissionsmitglieder bis zum Ende ihrer Arbeit weder auf wesentliche Parameter der neuen Leistung einigen noch klären, wie die Leistungs- und Finanzierungsverantwortung zu verteilen sei (Arbeitsgruppe *Arbeitslosenhilfe/Sozialhilfe der Kommission zur Reform der Gemeindefinanzen* 2003: 3).

Zu einem der wichtigsten Parameter der neuen Leistung, der Frage der Leistungshöhe, gab es schließlich vier Modelle:

---

6 Diese Arbeitsgruppe setzte sich aus Vertretern des BMF, BMI und BMWA, den Länderministerien, dem Städtetag, dem Deutschen Städte- und Gemeindebund (DStGB), dem Landkreistag, dem BDI, dem Verband der Chemischen Industrie (VCI), dem Zentralverband des deutschen Handwerks, der Deutschen Industrie- und Handelskammer (DIHK) und den Gewerkschaften DGB und ver.di zusammen.

7 Diese Arbeitsgruppe bestand aus Vertretern des BMWA/vorher BMA (Rudolf Anzinger, Rolf Schmachtenberg, Wolf-Dieter Füchsel, Karlheinz Hupfer, Maria Britta Loskamp), dem BMF (Gerd Meißner, Uwe Schröder), dem BMI (Ernst Hüper), dem BMGS (Heinrich Tiemann) der BA (Florian Gerster, Willhelm Schickler, Rembrandt Greiner), dem Städtetag (Stephan Articus, Konrad Deufel), dem Landkreistag (Hans-Günter Henneke, Heinrich Albers), dem Städte- und Gemeindebund (Uwe Lübking, Manfred Uedelhoven), den Gewerkschaften (Ursula Engelen-Kefer, Christian Zahn), den Arbeitgeberverbänden (Alexander Gunkel, Matthias Lefarth), des Bundesrechnungshofes (Ingeborg Noll) sowie verschiedenen Länderministerien. Florian Gerster war nicht Mitglied der Gemeindefinanzreformkommission, nahm aber an den Arbeitsgruppensitzungen mehrmals teil.

– Modell 1, das sogenannte Sozialhilfemodell, sah eine Leistungshöhe analog zur Sozialhilfe vor.

– Modell 2, das sogenannte Stufenmodell, sah einen Zuschlag für ehemalige Arbeitslosengeldempfänger vor. Dieser sollte den Anspruch um bis zu zwei Drittel des Unterschieds zwischen früheren ALG-Anspruch und Sozialhilfe, jedoch maximal um 160 Euro für Alleinstehende und 320 Euro bei Paaren sowie um maximal 60 Euro für jedes Kind erhöhen. Der Zuschlag sollte sich nach einem Jahr halbieren und nach zwei Jahren ganz entfallen.

– Modell 3, das sogenannte Zuschlagsmodell, entsprach dem Stufenmodell, sah aber zusätzlich noch einen allgemeinen Zuschlag in Höhe von 10 Prozent (29 Euro) für alle erwerbsfähigen Hilfeempfänger vor.

– Modell 4, das sogenannte aufwandsneutrale Modell, entsprach weitgehend dem Zuschlagsmodell, sah jedoch keine Obergrenzen vor (Arbeitsgruppe *Arbeitslosenhilfe/Sozialhilfe* der *Kommission zur Reform der Gemeindefinanzen* 2003: 3).

Während die Gewerkschaften das aufwandsneutrale Modell in die Beratungen einbrachten, lehnte das BMF jegliche Erhöhungen des Regelsatzes der Sozialhilfe in einer Stellungnahme vom 11. Dezember 2003 mit folgender Begründung ab: »Wenn alle Bezieher der neuen Leistung eine Leistung über dem Sozialhilfeniveau erhalten, könnte dies Einfluss auf das steuerliche Existenzminimum – mit erheblichen Folgekosten in Form von Steuermindereinnahmen bei der Einkommensteuer – haben« (Arbeitsgruppe *Arbeitslosenhilfe/Sozialhilfe der Kommission zur Reform der Gemeindefinanzen* 2003: 3).

Lange Zeit schien jedoch eine Kombination aus Stufenmodell und Zuschlagsmodell ein möglicher denkbarer Kompromiss zwischen Bundesregierung und Gewerkschaften (ebd.).

Bei der Frage nach der Größe des einbezogenen Personenkreises in die neue Leistung – also der Frage der Definition der Erwerbsfähigkeit – verliefen die Konfliktlinien vor allem zwischen Bund und Ländern. Während sich die Länder, die kommunalen Spitzenverbände und die Gewerkschaften für die Einbeziehung von vorübergehend voll erwerbsgeminderten Personen in die neue Leistung aussprachen, waren die

Bundesregierung, die BA und die Arbeitgeberverbände gegen diese Lösung.

Bezogen auf die Trägerschaft der neuen Leistung herrschte zu diesem Zeitpunkt dagegen überwiegend Einigkeit zwischen Bund und Ländern. So heißt es im Protokoll vom 11. Februar 2003: »Staatssekretär Anzinger stellt zusammenfassend fest, dass eine deutliche Mehrheit der Mitglieder der Arbeitsgruppe für eine Trägerschaft der neuen Leistung bei der BA sei. Weitergehendes Einvernehmen bestehe auch darüber, dass die Kapazitäten der Kommunen bei der Erbringung der neuen Leistung weiterhin genutzt werden sollten.« (ebd.: A36).

Der stärkste Widerstand zu dieser Festlegung kam zum damaligen Zeitpunkt vom neuen Vorstandsvorsitzenden der BA, Florian Gerster. Die BA war nämlich nur bereit, die Trägerschaft zu übernehmen, wenn »die Berechtigten eine gewisse Arbeitsmarktnähe aufweisen. Die BA müsse überdies für den Aufgaben- und Ausgabenzuwachs kompensiert werden. Auf kommunaler Ebene müsse ein sozialpolitisch motivierter ›ehrlicher zweiter Arbeitsmarkt‹ bestehen bleiben« (ebd.: A35).

Die CDU-geführten Länder hatten sich bei der Fragen der Leistungsträgerschaft noch nicht endgültig festgelegt:

Der Vertreter des Innenministeriums SH[8] erklärte, dass die schleswig-holsteinische Landesregierung wie der DLT[9] eine kommunale Trägerschaft präferiere. Der Vertreter des STMAS BY[10] erklärt, dass die grundsätzlichen Anforderungen, die von Seiten der kommunalen Spitzenverbände an die Trägerschaft formuliert worden seien, von den CDU-regierten Ländern (die B-Länder) unterstützt würden. Hinsichtlich der daraus zu ziehenden Schlussfolgerungen für eine Trägerschaft seien die B-Länder bisher nicht festgelegt (ebd.: A36).

Aufgrund der Ablehnung seitens der BA legte das BMWA daraufhin einen Vorschlag zur Differenzierung erwerbsfähiger Hilfebedürftiger anhand des Kriteriums Arbeitsmarktnähe/Arbeitsmarktferne mit entsprechender Arbeitsteilung zwischen BA und Kommunen vor. Dieser Vorschlag stieß auf Kritik insbesondere bei den SPD-geführten Ländern und den Gewerkschaften. Der Deutsche Städtetag begrüßte den Vorschlag im Grundsatz, mahnte aber die entsprechende Finanzierung an.

---

8 Schleswig-Holstein.

9 Deutscher Landkreistag.

10 Bayerisches Staatsministerium für Arbeit und Sozialordnung, Familie und Frauen.

Insbesondere Florian Gerster stimmte dem Vorschlag mit folgender Begründung zu: »Der Vorstand der BA sieht sich außerstande, den gesamten Personenkreis der erwerbsfähigen Hilfebedürftigen – auch im Sinne eines einheitlichen Fallmanagements – zu betreuen« (ebd.: A54). Auch die BDA war für den Vorschlag der Kundensegmentierung.

Im Abschlussbericht kristallisierte sich dann folgendes Meinungsbild heraus:

– Die Leistungsträgerschaft durch die BA wurde vom Städtetag, dem Städte- und Gemeindebund, den Gewerkschaften und von den Ländern Brandenburg, Bremen, Nordrhein-Westfalen und Berlin befürwortet.

– Der Landkreistag, die BDA und die Länder Schleswig-Holstein und Hessen waren für die Leistungsträgerschaft durch die Kommunen (ebd.: 47).

Folgende konkrete Alternativen wurden vorgeschlagen: Erstens, die Trägerschaft durch die BA mit Beteiligung der Kommunen auf vertraglicher Basis; zweitens, eine BA-Trägerschaft mit gesetzlichem Auftrag an die Kommunen und drittens, eine kommunale Trägerschaft. Klar gegen das erste Modell sprachen sich die BA und die BDA aus und plädierten laut Bericht für Alternative 2. Als mögliches Übergangsmodell wurde dies auch von den A-Ländern und Gewerkschaften begrüßt, solange damit nicht die angesprochene Kundensegmentierung umgesetzt würde. Außerdem notierte der Bericht im Hinblick auf die B-Länder abschließend: »Die Vertreter aller unionsgeführten Arbeits- und Sozialressorts sprechen sich unter der Bedingung einer Trägerschaft bei der BA für die erste Alternative aus« (ebd.: 47).

Obgleich lange Zeit eine Einigung bei der Frage Leistungsträgerschaft in der Arbeitsgruppe möglich erschien, konnte sie schließlich nicht erzielt werden. Wie kam das? Im Wesentlichen wurde eine Einigung dadurch verhindert, dass die kommunalen Spitzenverbände in dieser Frage unterschiedliche Standpunkte vertraten. So schlug der Landkreistag in einer Stellungnahme zu den in der Presse durchgesickerten Überlegungen innerhalb der Hartz-Kommission am 10. Juli 2002 vor, dass die 323 Landkreise die Trägerschaft für die neue Leistung übernehmen sollten. Zur Finanzierung wurde eine entsprechende Verfassungsänderung vorgeschlagen, die eine direkte Umsatzsteuerbeteiligung der Landkreise ermöglichen würde. Die aktive Arbeitsförderung sollte weiterhin übergangsweise über die BA erfolgen (Deutscher Landkreistag 2002).[11]

Dies lehnten die anderen beiden kommunalen Spitzenverbände, der Städtetag und der Städte- und Gemeindebund vehement ab und forderten eine Leistungsträgerschaft der BA (Arbeitsgruppe *Arbeitslosenhilfe/Sozialhilfe der Kommission zur Reform der Gemeindefinanzen* 2003: 47). Mit dem Ausscheren des Landkreistages aus der Phalanx der kommunalen Interessenverbände wurde jedoch die Position Hessens und Roland Kochs nachhaltig gestärkt. In den nun folgenden Wochen fand Kochs Vorschlag einer kommunalen Trägerschaft zunehmend auch Anhänger unter den ursprünglich skeptischen CDU-geführten Ländern. Hierzu zählten vor allem die Länder Sachsen-Anhalt, Thüringen, Hamburg und das Saarland (Experteninterview vom 22.11.2007).

Die Versuche der Bundesregierung, im Vorfeld der parlamentarischen Beratungen und der drohenden Verhandlungen im Vermittlungsausschuss eine Einigung mit den CDU-geführten Landesregierungen in der Frage der Leistungs- und Finanzierungsträgerschaft zu erzielen, waren damit zunächst gescheitert. Ein endgültiges Scheitern der Verhandlungen im Vermittlungsausschuss an der Frage der Leistungsträgerschaft wurde aufgrund der Debatten in der Arbeitsgruppe der Gemeindefinanzreformkommission von den Vertretern der Regierung zu diesem Zeitpunkt jedoch als höchst unwahrscheinlich eingestuft (Experteninterview vom 27.09.2007).

Auch in der für die Einnahmeseite zuständigen Arbeitsgruppe *Kommunalsteuern der Gemeindefinanzkommission* kam es zu keiner Einigung. In dieser Arbeitsgruppe standen sich bis zuletzt das Modell der Industrie (BDI/VCI-Modell) und das der kommunalen Spitzenverbände (Kommunalmodell) unversöhnlich gegenüber.

Das BDI/VCI-Modell sah eine Abschaffung der Gewerbesteuer und des Gemeindeanteils an der Einkommenssteuer durch eine umfassende kommunale Einkommens- und Gewinnsteuer vor, indem den Gemein-

---

11 Die Positionierung des Landkreistages hatte im Wesentlichen damit zu tun, dass die Bedeutung der Landkreise im Laufe der Zeit ständig zurückgegangen war und der Landkreistag sich von der Trägerschaft eine neue Daseinsberechtigung versprach.

den ein Zuschlagsrecht auf das örtliche Aufkommen der Einkommens-
und Körperschaftsteuer zugestanden wurde (Friedrich 2007). [12]
Das Kommunalmodell dagegen sah die Einbeziehung von freien Berufen und die Verbreiterung der Gewerbesteuer um ertragsunabhängige
Elemente wie zum Beispiel Zinsen, Mieten, Pachten und Leasingraten
vor (ebd.).[13] Dieses Modell wurde auch von den Gewerkschaften unterstützt (Putzhammer 2003: 8). Am Ende der Kommissionsarbeit im Juli
2003 kam es auch in dieser Gruppe zu keinem Kompromiss.

Die Regierung prescht vor – Schröders Agenda 2010

Unterdessen steuerte die kommunale Finanzkrise, zusätzlich angefeuert
durch die Rezession, ihrem Höhepunkt entgegen. Schon zu Beginn des
Jahres 2003 beklagten die kommunalen Spitzenverbände die »schwerste
Finanzkrise seit Bestehen der Bundesrepublik« (*Welt* vom 3.01.2003;
Frankfurter Rundschau vom 28.01.2003). Allein in NRW waren mehr als
90 Prozent der Gemeinden nicht mehr in der Lage, ihre Ausgaben aus
den regulären Einnahmen zu bestreiten (*General-Anzeiger* vom 26.02.2003).
Damit wurden die Kommunen und ihre Interessenvertretungen nun
aber zu einem kaum mehr zu ignorierenden politischen Faktor, da angesichts der wirtschaftlichen Rezession und weiter steigenden Arbeitslosenzahlen ihre Investitionsschwäche besonders schwer wog.
Als sich abzuzeichnen begann, dass die Gemeindefinanzreformkommission weder bei der Frage der Zusammenlegung der Hilfesysteme

---

12 Über die Höhe des Zuschlags sollten die Gemeinden je nach Finanzierungsbedarf
entscheiden. Zudem sollte nach diesem Vorschlag der Einkommenssteuertarif linear
gesenkt und der Körperschaftssteuersatz angehoben werden, um die steuerliche
Gesamtbelastung in etwa gleich zu halten. Für die unternehmerischen Einkünfte
wären die Betriebsstättengemeinden steuerberechtigt. Ergänzend sollte der Gemein-
deanteil an der Umsatzsteuer erhöht werden. Das zusätzliche Aufkommen sollte zu
Gunsten der Betriebsstättengemeinden nach der Lohnsumme und dem Betriebsver-
mögen verteilt werden (Friedrich 2007).

13 Als Kompensation wurde vorgesehen, die Steuermesszahlen zu senken. Außerdem
sollten differenzierte Steuermesszahlen für Personen- und Kapitalgesellschaften eingeführt werden und die Abzugsfähigkeit der Gewerbesteuer als Betriebsausgabe und
die Gewerbesteueranrechnung erhalten bleiben (Friedrich 2007).

noch bei der Frage der Kommunalfinanzen ein konkretes Reformmodell vorlegen würde, stellte Bundeskanzler Schröder in seiner Regierungserklärung zur Agenda 2010 am 14. März erste konkrete Eckpunkte der Reform vor, ohne die Ergebnisse der Arbeitsgruppe der Gemeindefinanzreformkommission vom 17. April abzuwarten.[14] Im BMWA-Umsetzungsfahrplan von Wolfgang Clement wurden kurze Zeit später weitere Details vorgestellt. Zur Leistungshöhe der neuen Leistung Arbeitslosengeld II und zur Begründung sagte Schröder:

Ich akzeptiere nicht, dass Menschen, die arbeiten wollen und können, zum Sozialamt gehen müssen, während andere, die dem Arbeitsmarkt womöglich gar nicht zur Verfügung stehen, Arbeitslosenhilfe beziehen. Ich akzeptiere auch nicht, dass Menschen, die gleichermaßen bereit sind zu arbeiten, Hilfen in unterschiedlicher Höhe bekommen. Ich denke, das kann keine erfolgreiche Integration sein. Wir brauchen deshalb Zuständigkeiten und Leistungen aus einer Hand. Damit steigern wir die Chancen derer, die arbeiten können und wollen. Das ist der Grund, warum wir die Arbeitslosen- und Sozialhilfe zusammenlegen werden, und zwar einheitlich auf einer Höhe – auch das gilt es auszusprechen –, die in der Regel dem Niveau der Sozialhilfe entsprechen wird (Bundestag 2003a: 2484).

Das zuletzt in der Gemeindefinanzreformkommission diskutierte Zuschlagsmodell war mit Schröders Agendarede vom Tisch (*Welt* vom 3.02.2003; *Frankfurter Rundschau* vom 28.04.2003). Gleichzeitig deutete er jedoch an, dass die Einkommensfreibeträge großzügiger als bei der Sozialhilfe geregelt werden sollten und kündigte Verschärfungen bei den Zumutbarkeits- und Sanktionsregelungen an. Zur Frage der Finanzierung sagte er folgendes:

Wir werden die Kommunen ab dem 1. Januar 2004 von der Zahlung für die arbeitsfähigen Sozialhilfeempfänger entlasten. Das heißt, für bis zu 1 Million Sozialhilfeempfänger wird künftig die Bundesanstalt für Arbeit materiell zuständig sein. Die Gemeinden werden dadurch in Milliardenhöhe entlastet. Sie gewinnen Gestaltungsspielraum, den sie zum Beispiel für Investitionen bei der Kinderbetreuung nutzen können (Bundestag 2003a: 2482).

Dann formulierte er Bedingungen für eine (mögliche BA-) Leistungsträgerschaft:»Es muss aber auch klar sein: Diese Regelung soll die Kom-

---

14 Offiziell tagte die Gemeindefinanzreformkommission noch bis zum 3. Juli.

munen nicht von ihrer Verantwortung entbinden, mitzuhelfen und alles dafür zu tun, dass Menschen Arbeit in den Strukturen finden, die bei den Kommunen aufgebaut worden sind. Die unterschiedliche Finanzierung darf nicht zu geteilter Verantwortung führen« (ebd.). Insbesondere die Frage der konkreten Ausgestaltung der Leistungshöhe, über die aufgrund des Widerstands der Gewerkschaften weder in der Gemeindefinanzreformkommission noch in der Hartz-Kommission eine Einigung erzielt werden konnte, wurde damit durch die Rede Schröders endgültig entschieden.

Schröders Agenda 2010-Rede umfasste ein sehr anspruchsvolles und komplexes wirtschafts-, finanz-und sozialpolitisches Maßnahmenbündel. Es bestand aus steuerlichen Entlastungen, der Reform der Gemeindefinanzen, neuen Investitionsprogrammen, neuen arbeitsmarktpolitischen Instrumenten, Veränderungen im Arbeits- und Sozialrecht und der Reform des Gesundheitswesens. Während einzelne Punkte dieses Maßnahmenbündels zumindest öffentlich vordiskutiert worden waren,[15] gab es eine Reihe von Punkten, die vorher weder öffentlich bekannt noch erörtert worden waren.

Dazu zählt zweifelsohne die Frage der Ausgestaltung des Arbeitslosengeldes. Hierzu stellte Schröder in seiner Rede fest:»Wir werden das Arbeitslosengeld für die unter 55-Jährigen auf zwölf und für die über 55-Jährigen auf 18 Monate begrenzen, weil dies notwendig ist, um die Lohnnebenkosten im Griff zu behalten. Es ist auch deswegen notwendig, um vor dem Hintergrund einer veränderten Vermittlungssituation Arbeitsanreize zu geben« (ebd.: 2489).

Die Gewerkschaften, ebenso wie weite Teile der SPD-Fraktion, wurden durch diese einseitigen Festlegungen vollkommen »kalt erwischt« (Experteninterview vom 28.03.2008). Insbesondere in den Gewerkschaftszentralen wurde dieser Teil von Schröders Rede – und seine Einlassungen zum Tarifrecht – als »Kriegserklärung« aufgefasst (ebd. und Experteninterview vom 4.09.2008). Zur Flexibilisierung des Tarifrechts forderte Schröder nämlich einen Ausbau der Öffnungsklauseln und formulierte entsprechend:»Ich erwarte also, dass sich die Tarifparteien entlang dessen, was es bereits gibt – aber in weit größerem Umfang – auf betriebliche Bündnisse einigen, wie das in vielen Branchen

---

15 Hierzu zählte insbesondere die Zusammenlegung der Arbeitslosen- und Sozialhilfe.

bereits der Fall ist. Geschieht das nicht, wird der Gesetzgeber zu handeln haben« (Bundestag 2003a: 2487).

Obgleich dieser Punkt in der nun beginnenden öffentlichen Debatte allenfalls eine marginale Bedeutung erlangte und auch nie weiter konkretisiert, geschweige denn umgesetzt wurde, war dies der Punkt, der das Fass für die Gewerkschaften zum Überlaufen und die Kommunikation zwischen Regierung und Gewerkschaften restlos zum Erliegen brachte. Gab es noch Einigungswillen bei der Frage der Zusammenlegung von Arbeitslosen-und Sozialhilfe, so wurde dieser mit den Äußerungen Schröders zum Arbeitslosengeld und zum Tarifrecht restlos hinweggefegt, zumal sich die Gewerkschaften nun in ihrem ureigensten Betätigungsfeld bedroht sahen.

Ausgearbeitet worden war Schröders Agenda-Rede von einer kleinen Gruppe, die ab Januar regelmäßig im Kanzleramt zusammenkam. Bereits nach der Bundestagswahl 2002 hatte Kanzleramtsminister Frank-Walter Steinmeier im Kanzleramt ein Beratungsgremium um sich herum gebildet (Experteninterview vom 14.09.2007). Heiko Geue, der damalige persönliche Referent und Referatsleiter für politische Planung im Kanzleramt, bekam den Auftrag wirtschaftspolitische Bestandteile einer Gesamtstrategie auszuarbeiten. Mitte Dezember wurden Teile des daraus entstandenen 23-seitigen Strategiepapiers im Tagesspiegel veröffentlicht.[16]

Angekündigt wurden darin umfassende Abgaben- und Steuerentlastungen und grundlegende Reformen der Sozialversicherungen. Damit sollten Kosten für den Faktor Arbeit durch Maßnahmen, die »vor wenigen Monaten noch als Tabu galten« (*Tagesspiegel* vom 20.12.2002) dauerhaft gesenkt werden: Krankenversicherte sollten in Zukunft Tarife mit Selbstbeteiligung wählen können, Rentner und Arbeitslose sowie Sozial-

---

16 Zur politischen Funktion des Strategiepapiers führt ein SPD Parlamentarier aus: »Der Vorbote war ein Papier aus dem Kanzleramt im Dezember 2002. Das war der mit der berühmten Luftballonfunktion, erst einmal steigen und gucken, wie lange das trägt, da sind die entscheidenden Grundlagen der Agendarede gezimmert worden […]. Das wurde aber nicht so sonderlich ernst genommen, weil es vielen von uns als abstrus erschien und als so stark im Widerspruch zum sozialdemokratischen Gedankengut befindlich, dass wir gesagt haben, da sind ein paar Irre am Werk, das ist möglicherweise auch, ohne es gewollt zu haben, öffentlich geworden« (Experteninterview vom 29.9.2007).

hilfeempfänger mussten mit Einschnitten rechnen. In der Rentenversicherung sollten die Vorschläge der Rürup-Kommission geprüft werden, um den Bundeszuschuss zur Rentenversicherung zu senken. Die Leistungen aus der Sozialhilfe und bei Arbeitslosigkeit sollten »aus wirtschaftlichen Gründen und unter Gerechtigkeitsaspekten« (ebd.) so reduziert werden, dass sich für Arbeitslose die Wiederaufnahme von Arbeit auch tatsächlich lohnte. Ab Anfang Januar wurden die konkreten Beiträge und Maßnahmen der Regierungserklärung dann unter Leitung von Kanzleramtsminister Steinmeiner weiter konkretisiert.

Wichtige inhaltliche Weichenstellungen kamen hier auch vom neuen Wirtschafts- und Arbeitsminister Wolfgang Clement sowie seinem Abteilungsleiter Henry Cordes und dem engen Kanzleramts-Leitungsbereich um Steinmeier (Experteninterview vom 14.09.2007). Die Passagen zur Zusammenlegung von Arbeits- und Sozialhilfe und zur Begrenzung des Arbeitslosengeldes wurden inhaltlich eng mit dem Wirtschafts- und Arbeitsministerium abgestimmt (Experteninterview vom 27.09.2007).

Eine weitere Konkretisierung von Schröders Agenda-Vorschlägen erfolgte dann im »Umsetzungsfahrplan ›Agenda 2010‹ im Bereich Wirtschaft und Arbeit«, den Wolfgang Clement eine Woche vor dem Abschlussbericht der Gemeindefinanzreformkommission am 8. April 2003 in der SPD-Bundestagsfraktion vorstellte. Der Kreis der Anspruchsberechtigten wurde durch eine Definition der Erwerbsfähigkeit festgelegt, die hierzu auch vorübergehend voll erwerbsgeminderte Personen zählte. Es wurde also eine weite Definition des Personenkreises gewählt. Bei der Leistungshöhe wurde nun konkret das oben näher beschriebene Stufenmodell der Gemeindefinanzreformkommission zugrunde gelegt. Bezieher der neuen Leistung sollten in die Sozialversicherung und ausdrücklich auch in die Rentenversicherung einbezogen werden. Auch Sanktionen wurden insofern bereits konkretisiert, als dass bei unter 25-Jährigen Leistungen ganz gestrichen werden können. Die Leistungsträgerschaft für die Leistung wurde bei der BA angesiedelt, die mit den Kommunen auf vertraglicher Basis zusammenarbeiten soll, wie es die erste Modellalternative der Gemeindefinanzreformkommission vorsah. Schließlich stellte der Umsetzungsfahrplan zur Finanzierung fest: »Die Finanzierung soll grundsätzlich der Bund übernehmen; über die Verteilung der Finanzlasten zwischen Bund und Ländern, Städten, Gemeinden ist gesondert zu entscheiden« (Clement 2003: 10).

Parlamentarier auf verlassenem Posten

Parallel zur Arbeit der Gemeindefinanzreformkommission und einen Monat vor Schröders Regierungserklärung konstituierte sich im Februar 2003 eine Koalitionsarbeitsgruppe, die aus einer den jeweils zuständigen Bundestagsabgeordneten der SPD[17], der Grünen[18] sowie Vertretern der SPD-geführten Länder und Vertretern des BMWA[19] bestand. Auch Vertreter des BMF, des Bundeskanzleramtes und der BA[20] waren an der Arbeitsgruppe beteiligt. Der Zweck dieser Koalitionsarbeitsgruppe bestand zunächst darin, in neun Sitzungen ein mit dem BMWA abgestimmtes Eckpunktepapier zu entwerfen. Dieses Eckpunktepapier wurde am 26. Juni fertig gestellt und sollte den Beamten detaillierte inhaltliche Richtlinien für die Formulierung des Gesetzes mit an die Hand geben. Innerhalb der Koalitionsarbeitsgruppe wurden hierzu zwei Projektgruppen, nämlich (1) ›Sozialhilfe‹ und (2) ›SGB III-Reform‹ gegründet. Auch der vier Wochen später fertig gestellte erste Gesetzesentwurf des Wirtschafts- und Arbeitsministeriums vom 25. Juli (Referentenentwurf) wurde in diesem Gremium beraten.

Der Koordination zwischen Bundesregierung und SPD-geführten Ländern wurde in diesem Prozess große Bedeutung zugemessen. Die Länder sahen vor allem bei den Punkten Leistungsträgerschaft, Definition der Erwerbsfähigkeit, Eingliederungsleistungen und der Ausgestaltung von Arbeitsanreizen noch geringfügigen Klärungs- beziehungsweise Nachbesserungsbedarf. Bei allen anderen Punkten war man sich weitgehend mit der Bundesregierung einig. Das war nicht zuletzt den frühen Koordinationsbemühungen der Regierung in diesem Bereich geschuldet. Am 21. Mai leitete das BMWA der Koalitionsarbeitsgruppe ein Eckpunktepapier zu, das anschließend mit Änderungsvorschlägen der A-Ländervertreter der Koalitionsarbeitsgruppe versehen wurde. Diese Änderungsvorschläge dienten auch, wie es in dem entsprechenden Papier hieß, »als Positionspapier der A-Länder für die anstehenden

---

17 Vor allem Klaus Brandner, Ludwig Stiegler, Angelika Krüger-Leißner, Doris Barnett, Hans-Werner Bertl.
18 Vor allem Thea Dückert, Fritz Kuhn, Markus Kurth.
19 Rudolf Anzinger, Gerd Andres, Bernd Buchheit, Rolf Schmachtenberg, Karlheinz Hupfer, Susanne Hoffmann.
20 Florian Gerster, Frank-Jürgen Weise.

Beratungen insbesondere zum Gesetzgebungsverfahren« (Ländervertreter der Projektgruppen *Sozialhilfe* und *SGB III-Reform* 2003: 2). Das Papier gibt im Detail Aufschluss über die Änderungswünsche der SPD-geführten Länder:

Die Leistungsträgerschaft sollte laut BMWA-Eckpunktepapier bei der BA liegen. Klärungsbedarf sahen die A-Länder jedoch bei der Frage der Zusammenarbeit mit den Kommunen (ebd.). Das Positionspapier der A-Länder sah hierzu eine Zusammenarbeit auf vertraglicher Basis vor, wie im Modell 1 der Gemeindefinanzkommission vorgesehen. Auch bei der Frage der Definition der Erwerbsfähigkeit wich die Position der A-Länder von der des BMWA ab. Während das BMWA-Eckpunktepapier eine enge Auslegung der Erwerbsfähigkeit festschrieb, mahnte das Positionspapier der A-Länder hier Änderungen hin zu einer weiten Auslegung an, die auch die vorübergehend erwerbsgeminderten Hilfeempfänger als erwerbsfähig einstufte (ebd.: 3). Zudem forderten die A-Länder die Einbeziehung von Nichtleistungsbeziehern in die Eingliederungsmaßnahmen (ebd.). Anreize zur Arbeitsaufnahme sollten durch Arbeitnehmerzuschüsse und Schonbeträge (Einkommensfreibeträge) gegeben werden, allerdings erneuerten die A-Länder hier ihre klare Präferenz für Arbeitnehmerzuschüsse (ebd.: 5). Im Protokoll der Gemeindefinanzreformkommission heißt es zur Position der A-Länder:

Die Vertreter der Arbeits- und Sozialressorts der Länder BB[21], HB[22] und NRW sowie des DST[23] und des DStGB schlagen zur Förderung finanzieller Arbeitsanreize Arbeitnehmerzuschüsse vor. Sie sollten zeitlich befristet und degressiv ausgestaltet sein und gezielt zur Aktivierung, effektiven Vermittlung und Überwindung der Arbeitslosigkeit eingesetzt werden. Ziel ist es, stärkere Beschäftigungseffekte bei effizienterem Mitteleinsatz zu erzielen als im Rahmen des nachfolgend beschriebenen Freibetragsmodells (Arbeitsgruppe *Arbeitslosenhilfe/ Sozialhilfe der Kommission zur Reform der Gemeindefinanzen* 2003: 22).

Unter dem Strich gab es unterschiedliche Auffassungen zwischen Wirtschafts- und Arbeitsministerium und SPD-geführten Ländern bei den folgenden Fragen:

---

21 Brandenburg.
22 Bremen.
23 Deutscher Städtetag.

- Leistungsträgerschaft: während das BMWA für einen gesetzlichen Auftrag war, wollten die A-Länder individuelle Vereinbarungen mit den Kommunen;
- Definition der Erwerbsfähigkeit: das BMWA forderte eine enge, die A-Länder eine weite Auslegung;
- Eingliederungsmaßnahmen: die A-Länder waren für aktive Leistungen für Nichtleistungsempfänger, das BMWA war dagegen;
- Anreize zur Arbeitsaufnahme: die A-Länder waren für einen Arbeitnehmerzuschuss und eine entsprechende Ausweitung von Anreizen.

Für die Parlamentarier von SPD und Grünen ergaben sich im nun folgenden Prozess drei mögliche Interventionspunkte, an denen sie direkt Einfluss auf die Formulierung des Gesetzes nehmen konnten: im Vorfeld der Gesetzesproduktion, insbesondere bei den Beratungen zum Eckpunktepapier, während der Gesetzesproduktion mit Änderungen am Referentenentwurf und in den Beratungen des Gesetzentwurfes im Bundestag selbst. Tatsächlich galt hier, dass die Intervention umso weniger Erfolg hatte, je später sie erfolgte. Überhaupt wird, wie wir nun genauer zeigen werden, deutlich, dass die Mitwirkungsmöglichkeiten der Parlamentarier an der späteren Gestalt des Gesetzes äußerst begrenzt waren.

Am 26. Juni leitete der parlamentarische Staatssekretär im BMWA, Gerd Andres, das Eckpunktepapier der Koalitionsarbeitsgruppe, das die Ergebnisse der Abstimmungsprozesse mit den Ageordneten der SPD und den Grünen enthielt, an die Fraktionsvorsitzenden von SPD und Grünen weiter. Gemessen an dem ursprünglichen BMWA-Papier enthielt es eine Reihe von Änderungen, viele davon auch substantieller Natur, insbesondere bei der Frage der Leistungsträgerschaft, der Definition der Erwerbsfähigkeit, der Berücksichtigung privaten Vermögens, den Eingliederungsleistungen und den Arbeitsanreizen. Eine ganze Reihe der im Folgenden beschriebenen Veränderungen zum BMWA-Papier gingen vor allem auf das Engagement der Grünen zurück.

Erstmals enthalten ist eine vage Würdigung der Gleichstellungsrelevanz, nämlich:»Es kommt darauf an, allen Bürgerinnen und Bürgern im Sinne des Gender Mainstreaming die Chancen eines gleichberechtigten Zugangs zu einer Erwerbstätigkeit zu eröffnen« (Bundesministerium für Wirtschaft und Arbeit 2003: 2). Auch umsetzungsrelevante Aspekte wurden erwähnt: »Beabsichtigt ist außerdem eine qualifizierte Ausbildung und mittelfristig ein anerkanntes Berufsbild des Fallmanagers, dass unter Berücksichtigung der gleichstellungspolitischen Ziele entwickelt werden soll« (ebd.: 19).

Die Leistungsträgerschaft lag laut Eckpunktepapier zwar weiterhin bei der BA, die Zusammenarbeit sollte nun jedoch auf Grundlage eines gesetzlichen Auftrages arbeitsteilig erfolgen (ebd.: 23). Hier gab es einen Dissens insbesondere zwischen den Grünen und dem Wirtschafts- und Arbeitsministerium. Die Grünen bevorzugten eine gemeinsame Trägerschaft der Jobcenter durch Kommunen und BA im Rahmen einer GmbH und einer finanziellen Beteiligung der Kommunen durch die kommunale Interessenquote, das heißt einer festgeschriebenen Beteiligung der Kommunen an den Kosten der Arbeitslosigkeit (Sozialpolitische Kommission von Bündnis 90/Die Grünen 2003: 148). Einigen konnte man sich schließlich in der Koalitionsarbeitsgruppe auf eine Regelung, die die BA-Trägerschaft mit einer Einbindung der Kommunen über einen gesetzlichen Auftrag vorsah. Auch sollten die Kommunen – wie im Koalitionseckpunktepapier formuliert – an den finanziellen Lasten beteiligt werden.[24] Später mahnten die Grünen noch an, die Formulierung »zumindest übergangsweise« bei der arbeitsteiligen Gewährung der Leistung zu streichen (Brief vom 20.06.2003). Dies geschah nicht.

Für die Definition der Erwerbsfähigkeit wurde der größtmögliche anspruchsberechtigte Personenkreis gewählt, nämlich: »Erwerbsfähig ist entsprechend SGB VI, wer unter den üblichen Bedingungen des Arbeitsmarktes und in absehbarer Zeit mindestens drei Stunden täglich erwerbstätig sein kann. Bei der Bestimmung der Erwerbsfähigkeit ist unerheblich, ob eine Erwerbsfähigkeit vorübergehend unzumutbar ist« (Bundesministerium für Wirtschaft und Arbeit 2003: 17).

Die Regelungen zur Berücksichtigung privater Altersvorsorge (Vermögen) wurde im Koalitionseckpunktepapier erstmals wie folgt konkretisiert: »Darüber hinaus wird private Altersvorsorge ermöglicht, indem im angemessenem Umfang Vermögen frei gelassen werden, die aufgrund bundesgesetzlicher Vorschriften ausdrücklich als Altersvorsorge gefördert werden« (ebd.: 18). Die Berücksichtigung von Altersrückstel-

---

24 Ergebnisprotokoll zur Klausurtagung SGB III am 12.06.2003.

lungen fiel damit insgesamt gering aus und umfasste nur Regelungen wie die Riester-Rente. Auch in dieser Frage forderten die Grünen Änderungen hin zu einer deutlich großzügigeren Regelung. Diese sollten rechtlich gesondert geregelt werden. Insbesondere bei der Altersvorsorge traten Differenzen zutage:»Bei der neuen Leistung Arbeitslosengeld II soll die Altersvorsorge nicht angetastet werden. Dazu gibt es unser Konzept des Altersvorsorgekontos« (Sozialpolitische Kommission von Bündnis 90/Die Grünen 2003: 150). So wurde die Position der Grünen in ihrer eigens eingerichteten Sozialpolitischen Kommission formuliert. Insbesondere zur Verbesserung der Situation ostdeutscher Frauen plädierte diese Kommission ebenfalls dafür, die Dauer der eigenen Erwerbstätigkeit bei der jeweiligen Höhe des Freibetrags für das anzurechnende Partnereinkommen zu berücksichtigen (ebd.: 149). Beide Punkte fanden zwar keinerlei Berücksichtigung im Eckpunktepapier, führten aber zur Konkretisierung der Regelungen zu den Vermögensfreibeträgen.

Auch die Einbeziehung von Nichtleistungsbeziehern in Eingliederungsleistungen erfuhr mit dem Koalitionseckpunktepapier eine weitere Konkretisierung:»Die Eingliederung von Berufsrückkehrerinnen wird im Rahmen des SGB III gefördert.« (Bundesministerium für Wirtschaft und Arbeit 2003: 19).

Anreize wurden im Koalitionseckpunktepapier nun insoweit konkretisiert, als dass mit dem zeitlich befristeten Einstiegsgeld ein Arbeitnehmerzuschuss als Ermessensleistung eingeführt werden sollte. Hier schlugen die Grünen ein befristetes Einstiegsgeld vor, nach dem ALG-II-Bezieher die Möglichkeit erhalten sollten, neben dem existierenden Freibetrag einen weiteren Freibetrag zu bekommen, wenn sie dadurch eine Chance zu dauerhafter Erwerbstätigkeit bekämen (Sozialpolitische Kommission von Bündnis 90/Die Grünen 2003: 150).

Die Ausgestaltung der Leistungshöhe orientierte sich an den Festlegungen der Vorgängerpapiere. Die Regelungen zu den Sanktionen blieben unverändert. Zur Finanzierung wurde auch der Aussteuerungsbetrag als Vorgabe aufgenommen. Danach muss die BA dem Bund für all diejenigen Arbeitslosengeldempfänger einen festgelegten Betrag erstatten, die in die neue Leistung übergehen. Auch die Einführung einer kommunalen Interessenquote wurde im Papier befürwortet. Die interne Steuerung zwischen BMWA und BA sollte nun auf Grundlage von Ziel-

vereinbarungen erfolgen, die auf mess- und überprüfbaren Wirkungs-
zielen aufbauen. Die Regelungen zu den Schonbeträgen des Einkommens wurden unverändert aus den vorangegangen Papieren übernommen. Bei der Frage der Einbeziehung in die Sozialversicherung blieb es
bei der Mitversicherung auch in der Rentenversicherung auf Basis des
Mindestbeitrags. Zur Frage der Zumutbarkeit fanden sich auch in diesem Papier keine
näheren Ausführungen.

In der Summe hatten die Parlamentarier dem Ministerium also eine
Reihe von Vorgaben für die konkrete Gesetzesausarbeitung mit auf den
Weg gegeben. Als der Referentenentwurf jedoch einen Monat später am
25. Juli vorgelegt wurde, wich er in zentralen Punkten erheblich vom
Eckpunktepapier ab. Dies war insbesondere bei den Fragen der Gleichstellungsrelevanz, Leistungsträgerschaft, Erwerbsfähigkeit, Eingliederungsleistungen und der Sozialversicherung der Fall. Bei anderen Fragen
wie der konkreten Ausgestaltung der Zumutbarkeit, der Leistungshöhe,
den Anreizen und der Finanzierung hatte das jeweilige federführende
Referat einen erheblichen Gestaltungsspielraum, da die Koalitionsarbeitsgruppe hierzu keine detaillierten Regelungsvorgaben vorgesehen
hatte. Ausgearbeitet wurde der Gesetzesentwurf im BMWA im Referat
von Karlheinz Hupfer (Referatsleiter II B 4, zuständig für Arbeitslosenhilfe; Insolvenzgeld) und Susanne Hoffmann (Referatsleiterin II B 5,
zuständig für Sozialhilfe für Erwerbsfähige). Bei Susanne Hoffman handelte es sich dabei um eine ausgewiesene Sozialhilfespezialistin (Experteninterview vom 26.01.2007). Zwei Wochen später wurden mit dem
Kabinettsentwurf nochmals letzte Änderungen vorgenommen.

Zur Gleichstellungsrelevanz hieß es im Referentenentwurf: »Die Ge-
setzesänderungen haben keine Auswirkungen auf die Gleichstellung«
(Bundesregierung 2003a: 5). Zwei Wochen später nach der Ressortab-
stimmung wurde dieser Satz gestrichen und folgendermaßen formuliert:

Das Gesetz berücksichtigt die Prinzipien des ›Gender Mainstreaming‹. Sein Ziel
ist es, geschlechtsspezifischen Nachteilen entgegenzuwirken. Das Gesetz sieht
vor, dass die familienspezifischen Lebensverhältnisse von erwerbsfähigen Hilfebedürftigen, die Kinder oder pflegebedürftige Angehörige betreuen, zu beachten sind. Hilfebedürftigen, die ein eigenes Kind oder ein Kind des Partners
bis zur Vollendung des dritten Lebensjahres betreuen, ist eine Arbeit nicht

zumutbar. Kindern Arbeitssuchender ist bevorzugt ein Platz in einer Tageseinrichtung zur Verfügung zu stellen (Bundesregierung 2003b: 6).

Ähnliches gilt für die fundamentalen Veränderungen bei der Leistungsträgerschaft. Hier wurde faktisch wieder die alleinige Leistungsträgerschaft der BA aus der Taufe gehoben. Dies entsprach somit wieder der Position der A-Länder (Modellalternative I der Gemeindefinanzreformkommission), nicht aber dem Koalitionseckpunktepapier. So regelte der Referentenentwurf in Paragraph 6 SGB II folgendes: »Die Leistungen nach diesem Buch werden von der Bundesagentur für Arbeit (Bundesagentur) im Auftrag des Bundes erbracht.« (Bundesregierung 2003a: 13). Später im Kabinettsentwurf wurde noch folgender Satz hinzugefügt: »Zu ihrer Unterstützung kann sie [die BA] Dritte mit der Wahrnehmung von Aufgaben beauftragen« (Bundesregierung 2003b: 9). Hinter diesen Änderungen stand jedoch die Strategie, durch die erneute Polarisierung im Vermittlungsausschuss einen Kompromiss mit der Union in der Mitte zu erzielen, der damals in einer arbeitsteiligen Verwaltung mit gesetzlichem Auftrag gesehen wurde. Zumindest sollte das Hinzufügen des zweiten Satzes Entgegenkommen in dieser Frage signalisieren (Experteninterview vom 26.01.2007). Die Grünen forderten in dieser Frage Veränderungen hin zu einer Regelung, bei der der befristete gesetzliche Mitwirkungsauftrag an die Kommunen in einen dauerhaften Auftrag umgewandelt werden sollte und die Kommunen ein Drittel der Leistung zu tragen hätten.[25] Dies lehnte das BMWA aufgrund von verfassungsrechtlichen Bedenken ab, da der Bund den Kommunen dafür eine genaue Aufgabe zuweisen müsste, was weder in personeller Form noch nach Aufgabenbereichen verfassungsrechtlich möglich wäre (Ergebnisprotokoll vom 1.08.2003).

Auch die Definition der Erwerbsfähigkeit erfuhr eine geringfügige Modifikation. So formulierte Paragraph 8 im Referentenentwurf entsprechend: »Erwerbsfähig ist, wer unter den üblichen Bedingungen des allgemeinen Arbeitsmarktes mindestens drei Stunden täglich erwerbstätig sein kann und darf oder voraussichtlich innerhalb von sechs Monaten erwerbstätig sein kann und erwerbsfähig sein darf« (Bundesregierung 2003a: 14).

---

25 Schriftliche Kommentare zu den Gesetzesentwürfen Hartz 3 und Hartz 4 vom 29.07.2003.

Diese Definition wurde – abgesehen von sprachlichen Änderungen – im Wesentlichen in den Kabinettsentwurf übernommen (Bundesregierung 2003b: 10).

Bei der Frage der Zumutbarkeit hatte das federführende Referat im BMWA einen großen Handlungsspielraum, da hierzu im Vorfeld kaum Regelungsvorgaben getroffen wurden. Paragraph 10 des Referentenentwurfs orientierte sich buchstabengetreu am früheren Paragraph 18 BSHG »Beschaffung des Lebensunterhalts durch Arbeit« (Stand 23.12.2002)[26] und legte in Absatz 2 fest:

Eine Arbeit ist nicht allein deshalb unzumutbar, weil sie nicht einer früheren beruflichen Tätigkeit des erwerbsfähigen Hilfebedürftigen entspricht, für die er ausgebildet ist oder die er ausgeübt hat, sie im Hinblick auf die Ausbildung des erwerbsfähigen Hilfebedürftigen als geringerwertig anzusehen ist, der Beschäftigungsort vom Wohnort des erwerbsfähigen Hilfebedürftigen weiter entfernt ist als ein früherer Beschäftigungs- oder Ausbildungsort, die Arbeitsbedingungen ungünstiger sind als bei den bisherigen Beschäftigungen des erwerbsfähigen Hilfebedürftigen (Bundesregierung 2003a: 16).

Dies wurde unverändert in den Kabinettsentwurf übernommen (Bundesregierung 2003b: 11).

Der Versuch von SPD und Grünen nach der Einbringung des Gesetzesentwurfs, die Zumutbarkeit von Minijobs auszuschließen,[27] hatte keinen Erfolg. Zwar wurde in den folgenden Bundestagsberatungen ein Absatz bei Paragraph 10 Absatz 1 Nummer 5 in das Gesetz eingefügt, der sicherstellen sollte, dass das übliche Arbeitsentgelt gezahlt wird (Bundestag 2003c: 31). Dies wurde jedoch im späteren Vermittlungsverfahren wieder gestrichen (Bundestag 2003d: 2).

Wie weiter vom Eckpunktepapier festgelegt, orientierte sich das federführende Referat im BMWA bei der Ausgestaltung von Paragraph 12 des zu berücksichtigenden Vermögens im Referentenentwurf an der ab 2003 geltenden Fassung der Arbeitslosenhilfe-Verordnung (AlhiV), also an Paragraph 1 AlhiV *Zu berücksichtigendes Vermögen*.[28] Zur Altersvorsorge

---

26 Vgl. hierzu http://www.sozialgesetzbuch-bundessozialhilfegesetz.de/_buch/bshg. htm, letzter Zugriff am 13.11.2008.

27 Schriftliche Zusammenfassung der Änderungsvorschläge vom 19.09.2003.

28 Vgl. hierzu http://www.bag-erwerbslose.de/material/dateien/Alhi-Vo_2003.pdf, 13.11.2008.

hielt Absatz II, Satz 2 des Koalitionseckpunktepapiers als vom Vermögen abzusetzender Betrag entsprechend fest: »Altersvorsorge in Höhe des nach Bundesrecht ausdrücklich als Altersvorsorge geförderten Vermögens einschließlich seiner Erträge und der geförderten laufenden Altersvorsorgebeiträge, soweit der Inhaber das Altersvorsorgevermögen nicht vorzeitig verwendet [...]« (Bundesministerium für Wirtschaft und Arbeit 2003: 18).

Dies wurde unverändert in den Kabinettsentwurf übernommen. Nach der Einbringung des Gesetzesentwurfs drängten insbesondere die Grünen darauf, für die über 55-Jährigen höhere Freibeträge aufzunehmen.[29]

Obgleich das Koalitionseckpunktepapier eine Öffnung der Eingliederungsleistungen für Berufsrückkehrerinnen ausdrücklich vorsah, fand sich hierzu im Referentenentwurf keine entsprechende Regelung, sondern allenfalls die folgende stark limitierte Möglichkeit in Paragraph 16 Absatz 3: »Entfällt die Hilfebedürftigkeit des Erwerbsfähigen während einer Maßnahme zur Eingliederung kann die Maßnahme durch Darlehen weiter gefördert werden, wenn bereits zwei Drittel der Maßnahme durchgeführt sind und der Erwerbsfähige diese voraussichtlich erfolgreich abschließen wird« (Bundesregierung 2003a: 21).

In den Kabinettsentwurf wurde dies so übernommen. Auch hier forderten die Parlamentarier daraufhin vehement Veränderungen, die das BMWA aber mit dem Hinweis darauf ablehnte, dass dies der Gesetzessystematik widersprechen würde, da weder Arbeitslosengeld I- noch Arbeitslosengeld II-Empfänger einen solchen Anspruch hätten (Ergebnisprotokoll vom 1.08.2003).

Bei der Frage der Leistungshöhe wiederum hatte das federführende Referat im BMWA einen relativ großen Handlungsspielraum, da sich die Koalition zwar auf die Leistungshöhe, nicht aber auf die genauen Regelungen der passiven Leistungen wie zum Beispiel der Mehrbedarfe festgelegt hatte. Auch hier orientierte sich das jeweilige Referat im BMWA in Paragraph 21 nahezu gänzlich an den entsprechenden Regelungen von Paragraph 23 BSHG (Stand 23.12.2002). Einzig die Mehrbedarfsregelungen für kranke Hilfebedürftige, die im BSHG nicht genauer materiell spezifiziert sind, wurden mit 50 Prozent des Regelsatzes festgelegt

---

29 Schriftliche Zusammenfassung der Änderungsvorschläge vom 19.09.2003.

(Bundesregierung 2003a: 24). Im Kabinettsentwurf kam es dann anschließend gegenüber dem Referentenentwurf zu starken Absenkungen aller Mehrbedarfssätze. Werdende Mütter hatten nur noch Anspruch auf 17 statt 20 Prozent, bei einem bis drei Kindern nur noch auf 35 statt 40 Prozent, bei vier oder mehr Kindern nur noch auf 52 statt 60 Prozent, behinderte Menschen nur noch auf 35 statt 40 Prozent des Regelsatzes. Bei kranken Menschen wurden die Festlegungen wieder gestrichen (Bundesregierung 2003b: 19). Auch die in Paragraph 30 geregelten Freibeträge bei Erwerbsfähigkeit, die als Anreize zur Arbeitsaufnahme dienen sollen, wurden im Vergleich zum Referentenentwurf um 10 Prozent gekappt, nämlich von 55 auf 45 Prozent für Alleinstehende, von 60 auf 50 Prozent bei zwei Personen, von 70 auf 60 Prozent bei drei Personen und so weiter (ebd.: 24). Auch hier hatte der spätere Versuch der Grünen, nach der Einbringung des Gesetzesentwurfs die Sätze zumindest auf das Niveau des Eckpunktepapiers anzuheben, keinen Erfolg.[30] Hinter diesen Absenkungen stand vor allem der Versuch des Wirtschafts- und Arbeitsministeriums, den Kreis der Anspruchsberechtigten nicht noch weiter auszudehnen (Experteninterview vom 27.09.2007).

Die Regelung der Sanktionen war vergleichsweise unproblematisch, da hierzu die Koalition bereits detaillierte Regelvorgaben, die sich am BSHG orientieren sollten, formuliert hatte.

Schließlich kam es auch im Referentenentwurf bei der Einbeziehung der Hilfeempfänger in die Sozialversicherung zu erheblichen Abweichungen gegenüber den Vorgaben des Koalitionseckpunktepapiers. Die entsprechende Regelung in Paragraph 3 SGB VI sah vor, nur diejenigen Arbeitslosengeld II-Empfänger zu versichern, die im Jahr vor Beginn des Arbeitslosengeld II versicherungspflichtig waren. Damit waren ehemalige Sozialhilfeempfänger ausgeschlossen, da sie diese Voraussetzungen in der Regel nicht erfüllten. Dies wurde anschließend auf Drängen der Parlamentarier geändert. Das BMF hatte unbedingt die Einbeziehung ehemaliger Sozialhilfeempfänger in die neue Leistung verhindern wollen. Das Gesundheitsministerium forderte dagegen einen höheren Pflichtbetrag als 78 Euro. Am Ende setzten sich das BMWA und Wirtschaftsminister Clement in beiden Punkten durch (*Handelsblatt* vom 11.08.2003).

---

30 Schriftliche Zusammenfassung der Änderungsvorschläge vom 19.09.2003.

Mit der Einbringung des Gesetzesentwurfs in den Bundestag am 5. September (Bundestag 2003g) war die Konzeption des leistungsrechtlichen Teils der Reform somit abgeschlossen. Wie im Vorangegangenen deutlich wurde, konnte sich das Wirtschafts-und Arbeitsministerium in allen wichtigen konzeptionellen Fragen durchsetzen. Dies wurde auch dadurch ermöglicht, dass ein zentraler Streitpunkt zwischen Ministerium und SPD-geführten Ländern, die Frage des zu betreuenden Personenkreises, frühzeitig im Sinne der Länder geklärt werden konnte. Die Versuche der Abgeordneten dagegen, Änderungen zu erreichen, scheiterten größtenteils und reduzierten die Rolle der Abgeordneten weitgehend auf die von Zuschauern im Gesetzgebungsprozess. Auch im nun folgenden Vermittlungsverfahren zwischen Bund und Ländern wurden die leistungsrechtlichen Bestandteile der Reform nicht mehr verändert.

Kapitel 10
Die Entscheidung

Die Einbringung des Gesetzesentwurfs in den Bundestag im Herbst 2003 markierte den Beginn der parlamentarischen Entscheidungsphase. In dieser Phase musste die Reform zwei Hürden nehmen, um wie geplant am 1. Januar 2004 in Kraft treten zu können: erstens brauchte sie die Zustimmung der Regierungsfraktionen im Bundestag. Zweitens benötigte sie die Zustimmung des Bundesrats, in dem die CDU-geführten Länder die Mehrheit hatten. Mit der Beteiligung der eigenen Abgeordneten und der SPD-geführten Länder in informellen Koalitionsausschüssen oder Arbeitsgruppen bestanden eigentlich wirkungsvolle Instrumente, die erste Hürde erfolgreich zu meistern. Auch im Hinblick auf die zweite Hürde hatte sich die Bundesregierung bereits ungewöhnlich früh – während der Arbeit der Gemeindefinanzreformkommission – bemüht, einen möglichen Konsens mit den CDU-geführten Ländern zu sondieren. Die Wahrscheinlichkeit einer Einigung mit den unionsgeführten Bundesländern wurde innerhalb der Regierung dementsprechend hoch bewertet. Die Strategie der gleichzeitigen Verhandlungen an beiden Fronten hatte jedoch zur Folge, dass der Unmut in den Reihen der Parlamentarier von SPD und Grünen ständig weiter anwuchs, zumal nun viele Punkte auch vor dem Hintergrund einer möglichen Einigung mit der CDU debattiert werden mussten. Eigene Akzentsetzungen wurden somit eher vermieden, um die Einigung im Bundesrat nicht zu gefährden.

Die Gewerkschaften versuchten unterdessen, großflächigen Widerstand gegen die Reformpläne der Regierung zu organisieren. Diese Versuche wurden jedoch dadurch gebremst, dass einzelne Gewerkschaften den Konfrontationskurs demonstrativ nicht mittragen wollten und im Gegenteil den Reformkurs der Regierung sogar unterstützten. Allerdings fand die große Zahl der kritischen Gewerkschaftsfunktionäre zunehmend auch Unterstützer innerhalb der SPD-Linken, die unzufrieden mit dem Regierungskurs war. Eine Regierungsmehrheit bei den abschließenden Abstimmungen im Bundestag war somit bis zum Ende nicht sicher.

Auf der Unionsseite reichte das Spektrum der Interessen von Einigungsbereitschaft bis zur Totalverweigerung beziehungsweise zu Sturzplänen der Regierung. Letztere Position wurde insbesondere vom hessischen Ministerpräsidenten Roland Koch und dem stellvertretenden Fraktionsvorsitzenden Friedrich Merz vertreten, während die CDU-Partei- und Fraktionsvorsitzende Angela Merkel und auch der Bayerische Ministerpräsident Edmund Stoiber Einigungsbereitschaft signalisierten. Ein Machtzentrum innerhalb der Union war während der Verhandlungen im Vermittlungsausschuss im Winter 2003 nicht erkennbar, zumal nach der Kanzlerkandidatur Edmund Stoibers im Jahr 2002 die Frage des nächsten Kanzlerkandidaten in der Union noch vollkommen offen war.

Wie also kam die Entscheidung für Hartz IV zustande? Welche Faktoren begünstigten sie? Welche erschwerten sie? Das wollen wir auf den folgenden Seiten näher beleuchten.

Der Konflikt mit den Gewerkschaften

Innerhalb der Gewerkschaften und der SPD-Linken begann sich insbesondere nach Schröders Agenda 2010-Rede der Widerstand zu formieren. Obgleich die Kritik aus dem Gewerkschaftslager zu Schröders Agenda 2010-Rede besonders heftig ausgefallen war, gab es keinesfalls eine einheitliche Linie. Generell war der Ton aber kritisch. Der IG Metall-Vorsitzende Klaus Zwickel bezeichnete die Reformpläne als eine Belastung für »Beschäftigte, Arbeitslose und Kranke« (*Spiegel* vom 24.03.03). Der ver.di-Vorsitzende Frank Bsirske bezeichnete sie schlicht als »ein[en] Skandal« (*Welt* vom 17.03.2003). Der DGB und der Sozialverband Deutschland drohten sogar mit einer Klage vor dem Bundesverfassungsgericht gegen den Abbau von Sozialleistungen (*Stuttgarter Zeitung* vom 17.03.2003). In einem offenen Brief wandte sich Klaus Zwickel an die Koalitionsabgeordneten. Darin kritisierte er insbesondere das Absenken der Arbeitslosenhilfe auf Sozialhilfeniveau, die Teil-privatisierung des Krankengeldes sowie die angedrohte Einschränkung der Tarifautonomie und warf Schröder vor, Wahlversprechen zu brechen (*Welt* vom 29.04.2003).

Über die allgemeinen Punkte hinaus stießen besonders zwei Punkte der Agenda 2010-Rede Schröders bei den Gewerkschaften auf erbitterten Widerstand. Neben der Verkürzung der Bezugsdauer des Arbeitslosengeldes waren dies die Verschärfung der Zumutbarkeitskriterien und die Ankündigung Schröders, Öffnungsklauseln in Tarifverträgen notfalls gesetzlich zu regeln. Beide Punkte wurden im Gewerkschaftslager als Kriegserklärung aufgefasst (Experteninterviews am 22.08.2008, 4.09.2008 und am 22.09.2008). Die Lockerung der Zumutbarkeitskriterien wurde von den Gewerkschaften als eine politische Einschränkung der Tarifverträge und somit eine machtpolitische Schwächung der Gewerkschaften wahrgenommen (Experteninterview am 22.09.2008). Das Zusammenspiel zwischen Abschaffung beziehungsweise Verkürzung lohnbezogener Leistungen einerseits und den verschärften Zumutbarkeitsregeln andererseits wirkte aus gewerkschaftlicher Sicht wie eine Öffnung des Arbeitsmarktes für Lohndumping. Die lohnbezogenen Leistungen der BA hatten bis zur Hartz-IV-Reform nämlich faktisch ein Lohnniveau garantiert, unter dem niemand arbeiten musste. Diese Schwelle wurde nun durch die Verschärfung der Zumutbarkeitsregelungen unterschritten, da die Arbeitsagenturen unter der Androhung des Leistungsentzugs nun von allen Arbeitslosen die Annahme jeglicher Arbeitsangebote erwarten konnten. Theoretisch waren selbst drastisch niedrig entlohnte Tätigkeiten zumutbar. Dies wurde als Hebel für eine allgemeine Lohnsenkung angesehen (Experteninterview am 22.08.2008).

Auch der zweite Punkt, die eventuelle Öffnung der Tarifautonomie, ging den Gewerkschaften an die Substanz. Die Tarifautonomie in Deutschland behält das exklusive Verhandlungsrecht für Tarifverträge den Gewerkschaften vor. Arbeitgeber sowie die Unionsparteien und die FDP forderten jedoch eine Möglichkeit, auf betrieblicher Ebene von Tarifverträgen abweichen und im Rahmen von betrieblichen Bündnissen eigene Konditionen aushandeln zu können. Bis dahin waren Abweichungen vom Tarifvertrag durch ein betriebliches Bündnis nur möglich, solange die Arbeitnehmer dadurch günstiger gestellt wurden als im Tarifvertrag. Günstiger wurde hier hauptsächlich als mehr Lohn interpretiert (*Börsen-Zeitung* vom 6.03.2004). Im Juni 2003 brachte die CDU/ CSU-Fraktion einen Gesetzentwurf zur *Modernisierung des Arbeitsrechts* in den Bundestag ein. Darin forderte sie unter anderem die gesetzliche Absicherung von »Abweichungen von Tarifverträgen« für »betriebliche Bündnisse für Arbeit und beschäftigungssichernde Betriebsvereinbarungen« (Bundestag 2003f: 1f.). Der Vorschlag enthielt außerdem eine gesetzliche Möglichkeit der Abweichung von Tariflöhnen bei der Einstellung von Arbeitslosen und eine Lockerung des Kündigungsschutzes. Nachdem Kanzler Schröder in seiner Agenda-Rede auch an die Gewerkschaften appelliert hatte, mehr Öffnungsklauseln zu ermöglichen und andernfalls mit einer gesetzlichen Lösung gedroht hatte, befürchteten die Gewerkschaften, dass die Regierung dem Druck der Union hinsichtlich einer Tariföffnung im Vermittlungsausschuss nachgeben würde, um ihre Agenda-Reformen durchsetzen zu können (Experteninterview am 22.08.2008).

Ein IG Metaller drückte die Grundwahrnehmung der Gewerkschaften folgendermaßen aus: »Man hatte das Gefühl, ein sozialdemokratischer Bundeskanzler schlägt sich auf die andere Seite« (Experteninterview am 22.09.2008). »Noch nie in den letzten 50 Jahren hat es eine derartig unterschiedliche Bewertung der Wirklichkeit zwischen uns und der Regierungs-SPD gegeben«, fasste IG Metall-Bezirksleiter Küste, Frank Teichmüller, das Verhältnis von SPD und IG Metall zusammen (*taz* vom 16.10.2003).

Andere Stimmen kamen indes von der IG BCE. Auch deren Vorsitzender Schmoldt forderte zwar einzelne Nachbesserungen zur Agenda 2010, zum Beispiel bei der Höhe des neuen Arbeitslosengeld II und beim Krankengeld, sah jedoch zur Notwendigkeit der Reformen keine Alternative. Zur Agenda 2010 sagte er: »Wenn das nicht verabschiedet wird, zeigt das, dass Deutschland reformunfähig ist. Das wäre das Schlimmste was passieren könnte« (*BusinessWeek* vom 7.07.2003, eigene Übersetzung). Auch innerhalb der IG Metall gab es moderatere Stimmen, jedoch konnten sich diese nicht gegen die linke Mehrheit durchsetzen (Experteninterview am 4.09.2008).

Die SPD-Parteispitze bemühte sich im Mai um einen Kompromiss mit den Gewerkschaften. So fanden Anfang Mai 2003 Verhandlungen zwischen dem Parteipräsidium und der DGB-Führung statt. Ein persönliches Gespräch zwischen Kanzler Schröder und dem DGB-Vorsitzenden Sommer am 6. Mai sollte zur Annäherung beitragen *(Spiegel Online* vom 6.05.2003).

Allerdings konnte man sich dabei auf keine konkreten Verabredungen einigen. Für den Nachmittag des gleichen Tages war ein Treffen mit weiteren Gewerkschaftsvorsitzenden geplant. Dieses wurde jedoch kurzfristig abgesagt, weil sich die Vorsitzenden von IG Metall und ver.di weigerten, daran teilzunehmen *(Frankfurter Rundschau* vom 8.5.2003). Der Widerstand der Gewerkschaften gegen die Gesetzesvorhaben scheiterte dabei auch an der Zerrissenheit der Gewerkschaften untereinander. Es gab keine Einigkeit darüber, ob und wie strategisch gegen die Regierungspläne vorgegangen werden sollte.

Während linke Gewerkschafter, wie zum Beispiel Klaus Wiesehügel, Mitinitiator des SPD-Mitgliederbegehrens und Vorsitzender der IG BAU, dem Kanzler mit einem Sturz drohten und die SPD-Linke zum Protest aufforderten, bedauerte Hubertus Schmoldt, dass die Gewerkschaften »die Möglichkeit vertan haben, auf die Inhalte der Agenda 2010 Einfluss zu nehmen« (ebd.). Auch der spätere IG Metall-Vize Berthold Huber sagte, dass Deutschland zusätzliche Reformen brauche und »die Substanz des Sozialstaates durch einzelne Kürzungen« nicht gefährdet sei (*Handelsblatt* vom 30.05.2003).

Am 8. Mai 2003 veröffentlichte der Bundesvorstand des DGB sein Gegenkonzept zur Agenda 2010 *Mut zum Umsteuern.* Darin wurde unter anderem vorgeschlagen, die Sozialversicherung zu entlasten, indem mehr Leistungen über Steuern finanziert werden sollten. Außerdem sollte die Gesetzliche Krankenversicherung (GKV) durch Einbeziehung von mehr Beschäftigten gestärkt und des Weiteren die Beiträge gesenkt werden. Leistungskürzungen und die Abschaffung der Arbeitslosenhilfe »lehnte der DGB entschieden ab«. Auch die Abschaffung der Zumutbarkeitskriterien war für den DGB nicht akzeptabel, da er dadurch ein Absinken des Qualifikationsniveaus befürchtete. Außerdem forderte der DGB die uneingeschränkte Beibehaltung der Tarifautonomie (DGB 2003: 12–25).

Der Bruch innerhalb der Gewerkschaften ging so weit, dass drei der acht DGB-Gewerkschaften ohne Absprache eine eigene Erklärung zur konstruktiven Begleitung der Agenda 2010 veröffentlichten, kurz nachdem der DGB sein Gegenkonzept zur Agenda 2010 vorgelegt hatte (*Wirtschaftswoche* vom 22.05.2003). Die Gründer der Initiative *Zukunft des*

Sozialstaates heißt: Ja zu Reformen! waren die Vorsitzenden der IG BCE, Hubertus Schmoldt, der Bahngewerkschaft Transnet, Norbert Hansen, und der Gewerkschaft Nahrung-Genuss-Gaststätten, Franz-Josef Möllenberg. Mit der Aktion wollten sich die drei Gewerkschaften gegen die pauschalen Angriffe gegen die Gewerkschaften wehren, denn sie seien bereit für Reformen. Die Gruppe begrüßte die Reformvorschläge zur Stärkung der kommunalen Finanzkraft und die Ausbildungsinitiative. Nachbesserungsbedarf sahen sie beim Niveau des Arbeitslosengeldes II, dem Kündigungsschutz, der Kürzung der Bezugsdauer des Arbeitslosengeldes, sowie beim Krankengeld (IG BCE 2003). Im weiteren Verlauf ging die Kooperation der drei Gewerkschaften auch über die Themen des DGB-Konzeptes hinaus und brachte zum Beispiel Vorschläge zur konkreten Umsetzung der Hartz-Reformen, der Gesundheitsreform, der Rentenpolitik, der Steuerpolitik sowie der Beamtenpolitik hervor. Die Tarifautonomie und die Mitbestimmung war für sie, wie für alle anderen DGB-Gewerkschaften, unantastbar (ebd.).

Die Spaltung machte sich auch unter den Gewerkschaftsmitgliedern bemerkbar. Zum Aktionstag gegen die Agenda 2010 am 24. Mai 2003, zu dem Klaus Zwickel und Frank Bsirske aufgerufen und 200.000 Teilnehmer erwartet hatten, kamen nur circa 90.000 (*Welt* vom 27.06.2003). Ein Interviewpartner fasste die Spaltung wie folgt zusammen:

Es gab die einen, die sagten ›Wir machen alles was Schröder sagt, er ist unser Maßstab‹, das war hauptsächlich die IG BCE. Die andere Seite, mit ver.di als führende Gewerkschaft, stellte sich komplett gegen den Schröderschen Kurs und wollte die Arbeitslosenhilfe so beibehalten wie sie war. Diese Position ist damit zu erklären, dass ver.di Arbeitnehmer mit geringen Löhnen und einer hohen Gefahr der Arbeitslosigkeit vertritt. Die IG Metall hingegen war gespalten – sie hatte traditionell eine Klientel mit relativ hohen Löhnen, doch auch Problembereiche, vor allem in Ostdeutschland (Experteninterview am 29.10.2007).

Erst Ende Juni nach dem SPD-Sonderparteitag lenkten Zwickel und Bsirske ein und schlossen sich dem von Schmoldt und Sommer vorgeschlagenen konstruktiven Dialog mit der Regierung an (*Welt* vom 27.06.2003).

Die Vertrauensfrage: Schröder gegen die eigene Partei

Auch innerhalb der SPD-Linken formierte sich der Widerstand. Bereits nach dem Regierungswechsel 1998 war es zu einer Schwächung der klassischen Sozialpolitiker und SPD-Linken in den Gremien der SPD-Fraktion und in der Regierung gekommen. Besonders deutlich wurde dies zunächst einmal bei der Besetzung der sozialpolitischen Ressorts in der Regierung. So wurden exponierte und langgediente Sozialpolitikexperten der Fraktion wie Ottmar Schreiner[1] und Rudolf Dreßler nicht mit der Führung eines Ressorts oder einer Führungsposition in der Fraktion betraut. Stattdessen wurden mit dem früheren IG Metall-Vize Walter Riester als neuem Arbeitsminister und dem früheren Gewerkschaftssekretär der IG BCE Gerd Andres als neuem Staatssekretär weniger bekannte, dafür aber reformorientierte Sozialpolitiker in die Regierungsmannschaft geholt. Das Gesundheitsministerium fiel an die Grünen. Als Oskar Lafontaine im Frühjahr 1999 von seinen Ämtern zurücktrat, bedeutete dies eine weitere Schwächung der SPD-Linken in der Regierung, zumal Ottmar Schreiner damit auch den Posten des Bundesgeschäftsführers verlor. Auch in den Gremien der Fraktion folgten nach und nach wichtige personalpolitische Weichenstellungen. So lösten Reformbefürworter wie Franz Thönnes (November 2000-Januar 2001) und Klaus Brandner (2001–2007) bereits im Winter des Jahres 2000 den SPD-Linken und Kritiker der Riester-Reform, Adolf Ostertag, als sozialpolitischen Sprecher ab.[2] Einige Beteiligte sahen dies als Versuch an, die traditionelle Mehrheit klassischer Sozialpolitiker in den sozialpolitischen Gremien der Fraktion und im Bundestag bewusst zu verändern:

Und in dieser Zeit wurde dann auf eine sehr pfiffige Weise die Arbeitsgruppe ›Arbeits- und Sozialpolitik‹ umstrukturiert. Es hatte bis zu diesem Zeitpunkt, wie gesagt, da immer – ich will jetzt nicht sagen, eine linke Mehrheit, das ist auch falsch – eine Konsenslage gegeben, wo die Sozialpolitiker, egal, ob sie dem linken oder dem rechten Flügel angehörten, immer zusammen standen. Und jetzt wurde offenkundig versucht, diese Arbeitsgruppe zu politisieren nach links-rechts-Schemata, wobei es im Klartext anders war: Sind welche loyal, die den Regierungskurs mittragen, oder stehen welche im Verdacht, dass sie den

---

1 Ottmar Schreiner wurde zunächst Bundesgeschäftsführer der SPD (1999–2000).
2 Vgl. http://www.spdfraktion.de/rs/rs_datei/0,,477,00.pdf.

Regierungskurs möglicherweise bekämpfen oder der Reform Sand ins Getriebe werfen (Experteninterview am 25.09.2007).

Mit der Riester-Reform im Jahr 2000 kam es dann zum ersten offenen Streit zwischen Reformbefürwortern auf der einen und Linken und Gewerkschaften auf der anderen Seite. Die private Altersvorsorge und die Absenkung des Rentenniveaus wurden sowohl innerhalb der SPD als auch von den Gewerkschaften stark kritisiert. Im Parteivorstand sprachen sich im Juli 2000 neun SPD-Vorstandsmitglieder gegen die Pläne von Arbeitsminister Riester und Bundeskanzler Schröder aus, 13 Mitglieder enthielten sich. Nur 19 Mitglieder des Vorstands stimmten zu. Auch in der Bundestagsfraktion stimmten über 100 Abgeordnete gegen die Rentenpläne. Von den Gewerkschaften gab es starke Kritik (*Focus* vom 10.07.2000). Mit dem Zugeständnis, das Rentenniveau bis 2030 nicht unter 67 Prozent des Nettolohns abzusenken, wobei der Rentenbeitrag auf maximal 22 Prozent begrenzt werden sollte, gewann Riester schließlich die Zustimmung der SPD-Linken, der Gewerkschaften und der Opposition. Diese Lösung sahen auch die Gewerkschaften als ein »Konzept für eine generationengerechte Rentenreform« (*Handelsblatt* vom 15.12.2000). Im Mai 2001 verabschiedete der Bundesrat das Gesetz, nachdem der Bundestag den geringfügig veränderten Entwurf des Vermittlungsausschusses[3] bereits Anfang Mai mit Stimmen der Koalition angenommen hatte (*Handelsblatt* vom 11.5.2001). An der staatlichen Förderung der privaten Altersvorsorge änderte sich jedoch nichts, so dass sich Arbeitsminister Riester und Kanzler Schröder mit ihren Plänen letztlich durchsetzten.

Nach der Bundestagswahl im September 2002 und der Berufung von Wolfgang Clement zum Minister für Wirtschaft und Arbeit stand fest, dass Bundeskanzler Schröder in seiner zweiten Legislaturperiode tiefgreifende Reformen in der Sozial- und Arbeitsmarktpolitik durchsetzen wollte. Allerdings wurden die genauen Maßnahmen nicht wie bei früheren Reformvorhaben wie noch bei der Riester-Rente umfänglich in der Fraktion diskutiert. Für die große Mehrheit der SPD-Fraktion enthielten sie daher ziemlich überraschende Passagen, die auf starke Kritik stießen (Experteninterview am 1.10.2007).

---

3 Die Länder forderten vor allem eine größere Beteiligung des Bundes an der Umsetzung der Reform (Heimpel 2003: 68).

Die SPD-Linke kritisierte vor allem die Zusammenlegung von Sozial- und Arbeitslosenhilfe auf Sozialhilfeniveau. Der Juso-Vorsitzende Niels Annen bezeichnete dieses Vorhaben als einen »klare[n] Bruch von Wahlversprechen« (Berliner Zeitung vom 25.03.03). Weitere Kritikpunkte waren die Kürzung der Bezugsdauer des Arbeitslosengeldes sowie die Herausnahme des Krankengeldes aus dem Leistungskatalog der gesetzlichen Krankenkassen (Merkel u.a. 2006: 196). Diese Reformvorhaben kritisierte auch Ottmar Schreiner, Vorsitzender der SPD-Arbeitsgruppe für Arbeitnehmerfragen, stark und fügte hinzu, dass er sich auch mit den Änderungen beim Kündigungsschutz »außerordentlich schwer« tue (Stuttgarter Zeitung vom 17.03.2003). Andrea Nahles, Sprecherin der Parlamentarischen Linken, bezeichnete Schröders Reformpläne als sozial unausgeglichen und kündigte Widerstand an (Welt vom 15.03.2003).

Gegen die Vorwürfe des Bruchs von Wahlversprechen verteidigte sich der damalige SPD-Generalsekretär Olaf Scholz: Die Änderungen seien »keine komplette Kehrtwende«, sondern nur eine »Akzentuierung«. Der Kanzler selbst reagierte resolut und sagte: »Das wird jetzt umgesetzt, was beschlossen worden ist« (Stuttgarter Zeitung vom 17.03.2003). Der Seeheimer Kreis und die Netzwerker in der SPD-Fraktion unterstützten die Vorschläge des Kanzlers. Dem Sprecher des moderaten ›Netzwerks‹, Christian Lange, gingen die Reformen nicht weit genug. Er sagte, sie seien »ein Minimum der Reformen, die in Deutschland nötig sind«. Sein Netzwerker-Kollege Hans-Peter Bartels stimmte ihm zu: »Das werden alle politischen Strömungen mitmachen müssen – auch die Linke« (Welt vom 17.03.2003). In gleicher Weise unterstützte der Seeheimer Kreis den Reformkurs Schröders. In einem Positionspapier bewerteten seine Mitglieder die Vorschläge der Agenda 2010 als »Mindestforderungen zur Bewältigung der wirtschaftlich und finanziell dramatischen Lage Deutschlands« (Seeheimer 2003: 2).

Sigmar Gabriel fasste die Auseinandersetzung in der SPD wie folgt zusammen:

Da rasen zwei Züge aufeinander zu: Die einen reduzieren die notwendige inhaltliche Diskussion mal wieder auf die Vertrauensfrage für den Kanzler. Damit kann man die Partei zwar disziplinieren, aber nicht zum Aufbruch motivieren. Und die so genannte Parteilinke sperrt sich gegen die Reformvorschläge, ohne eine realistische Alternative zu haben. Das führt in die Opposition (Welt vom 22.04.2003).

Als sich andeutete, dass es keine Änderungen an Schröders Reformplänen mehr geben würde, riefen sieben[4] Mitglieder der SPD-Linken am
12. April 2003 zu einem Mitgliederbegehren gegen die Agenda 2010 auf.
Unter dem Motto ›Wir sind die Partei‹ sammelten die Initiatoren Unter-
schriften, um eine Mitgliederabstimmung über die Agenda 2010 zu
erreichen. Die Parteispitze reagierte anfangs wütend auf die Initiative
und beschimpfte die Gruppe der Initiatoren und Erstunterschreiber laut
einem Artikel im *Spiegel* sogar als »dreckiges Dutzend« (*Spiegel* vom
28.04.2003). Zwei Wochen später hatten die Parteilinken 1000 Unter-
schriften gesammelt, im Mai waren es dann schon 15.000 (*AFP German*
vom 20.05.2003). Auch aus verschiedenen SPD-Landesverbänden, wie
zum Beispiel aus Hessen, dem Saarland und Schleswig-Holstein, wurde
die Forderung nach Änderungen an den Agenda-Plänen und einem
Parteitag, auf dem offen über die Pläne diskutiert werden könne, laut
(*Süddeutsche Zeitung* vom 15.04.2003). Der Druck reichte aus, um die
Parteispitze zur Einberufung eines Sonderparteitages zu zwingen. So
kündigte Bundeskanzler Schröder wenige Tage nach Beginn des Mitgliederbegehrens trotz seiner anfänglichen Weigerung an, nun doch
einen Sonderparteitag einzuberufen, auf dem er die Agenda 2010 zur
Abstimmung stellen wollte (*Berliner Zeitung* vom 14.04.03).
    Zur Vorbereitung des Sonderparteitages in Berlin am 1. Juni 2003
kündigte Schröder vier Regionalkonferenzen an, die zwischen dem 28.
April und dem 21. Mai in Bonn, Nürnberg, Hamburg und Potsdam
stattfanden.[5] Auf den Regionalkonferenzen wollte Schröder seine Pläne
der Basis näher bringen und den Abweichlern den Wind aus den Segeln
nehmen.
    Beim SPD-Sonderparteitag schließlich knüpfte Kanzler Schröder die
Abstimmung über seine Agenda-2010-Pläne an eine Vertrauensfrage.
Das heißt er drohte damit, im Falle einer Ablehnung, seine Ämter nie-
derzulegen (*APW* vom 14.04.2003). Der Abstimmung ging eine kontroverse Debatte voraus, bei der sowohl Partei-Linke wie Ottmar Schreiner

---

4 Christine Lucyga, Florian Pronold, Ottmar Schreiner, Sigrid Skarpelis-Sperk, Rüdiger
   Veit, Klaus Wiesehügel und Waltraud Wolff.
5 Quelle: SPD Web-Archiv, http://209.85.129.132/search?q=cache:zBrcebDke1wJ:
   archiv.spd.de/servlet/PB/menu/1025856/index.html+Regionalkonferenzen+SPD+
   2003&hl=en&ct=clnk&cd=6&client=safari, 25.02.2009.

als auch Mitglieder des Seeheimer Kreises wie Hans-Jochen Vogel starken Applaus ernteten. Man einigte sich auf einen Leitantrag, in den Forderungen der Partei-Linken – wie zum Beispiel die Ausbildungsabgabe und die Wiederaufnahme der Vermögenssteuer – aufgenommen wurden (*Spiegel Online* vom 2.06.2003). Die Verabschiedung des Antrags wurde jedoch auf den nächsten ordentlichen Parteitag im November verschoben. Bei den restlichen kritischen Punkten – Kürzung des Arbeitslosengeldes, Zusammenlegung von Arbeitslosen- und Sozialhilfe und Privatisierung des Krankengeldes – konnten sich die Agenda-Kritiker nicht durchsetzen (*Handelsblatt* vom 2.06.2003). Am Ende erhielt Gerhard Schröder von 90 Prozent der Delegierten die Zustimmung für die Agenda 2010. Dies muss jedoch im Zusammenhang mit Schröders Vertrauensfrage gesehen werden. Die Spaltung der SPD konnte damit nicht aufgehalten werden: »Die Zustimmung der Parteitagsdelegierten etwa zur Kürzung des Arbeitslosengeldes wurde nur durch die Verknüpfung mit der Kanzlerfrage erreicht«, so Florian Pronold, Mitinitiator des Mitgliederbegehrens. »Die Parteiführung hat es so versäumt, mit einem Kompromiss zur Geschlossenheit unserer Partei beizutragen« (*Spiegel Online* vom 2.6.2003).

Die Gesetzesberatung im Bundestag

Am 13. August 2003 ebnete das rot-grüne Kabinett den zentralen Gesetzesvorhaben der Agenda 2010 wie dem Vorziehen der Steuerreform auf das Jahr 2004, der Gemeindefinanzreform, dem Zusammenlegen von Arbeitslosen- und Sozialhilfe sowie dem Umbau der BA (Hartz III) den Weg (*APW German* vom 13.08.2003). Nur sechs Wochen später verweigerten sechs SPD-Abgeordnete der Gesundheitsreform[6] – einem anderen zentralen Großprojekt der Agenda 2010 – die Zustimmung im Bundestag, so dass die eigene Regierungsmehrheit nur äußerst knapp

---

6 Mit dem GKV-Modernisierungsgesetz (GMG) wurden zentrale Bestandteile von Seehofers GKV-Neuordnungsgesetz wieder eingeführt. Dazu zählten beispielsweise Zuzahlungen bei allen Leistungen, die Herausnahme von Zahnersatzleistungen oder die Einführung von Bonuszahlungen und Rabatten (vgl. hierzu Steffen 2008: 69–70).

zustande kam.[7] Die sechs Gegenstimmen innerhalb der SPD-Fraktion kamen vom AfA-Vorsitzenden Ottmar Schreiner, der Parteilinken und stellvertretenden Sprecherin für Wirtschaft und Arbeit in der SPD-Fraktion, Sigrid Skarpelis-Sperk, dem bayerischen DGB-Vorsitzenden und Mitglied des Ausschusses für Gesundheit und Soziale Sicherung, Fritz Schösser, Horst Schmidbauer, ebenfalls Mitglied im Ausschuss für Gesundheit und Soziale Sicherung, dem Parteilinken Rüdiger Veit und dem Gewerkschaftssekretär Klaus Barthel (*AFP German* vom 26.09.2003). Bereits bei einer ersten (Probe-)Abstimmung zur Zusammenlegung von Arbeitslosen- und Sozialhilfe innerhalb der SPD-Bundestagsfraktion drei Wochen zuvor hatten insgesamt 13 Parlamentarier mit Nein gestimmt (*APW German* vom 3.09.2003). Nach der Abstimmung zur Gesundheitsreform wurde daraufhin vergeblich versucht, die sechs Abweichler zum Mandatsverzicht zu bewegen (*APW* German vom 27.09.2003).

Um die eigene Mehrheit der Regierungskoalition bei der Abstimmung zur Zusammenlegung von Arbeitslosen- und Sozialhilfe am 17. Oktober im Bundestag dennoch zu sichern, forderte Franz Müntefering die Kritiker innerhalb der eigenen Fraktion auf, eigene Vorschläge zu unterbreiten. Rund 20 Kritiker reichten daraufhin schriftliche Änderungsvorschläge bei der Fraktionsspitze ein (Handelsblatt vom 5.10.2003). Insbesondere bei den Zumutbarkeitsregelungen, bei der Anrechnung von Altersvorsorgevermögen und bei der gegenseitigen Unterhaltspflicht von Kindern und Eltern forderten die fraktionsinternen Kritiker Nachbesserungen (*Welt* vom 2.10.2003; *Handelsblatt* vom 5.10.2003).

Im federführenden Ausschuss für Wirtschaft und Arbeit verständigte man sich daraufhin auf Veränderungen am Gesetzentwurf. Die Zumutbarkeitsregelung wurde dahingehend verändert, dass eine Arbeit auch dann unzumutbar ist, wenn nicht mindestens das maßgebliche tarifliche Arbeitsentgelt oder mangels einer tariflichen Regelung das ortsübliche Arbeitsentgelt gezahlt wird. Außerdem wurde der Freibetrag für die Altersvorsorge auf 200 Euro je vollendetem Lebensjahr, insgesamt jedoch auf höchstens 13.000 Euro aufgestockt. Ebenfalls erhöht

---

7 Da die CDU der Reform ebenfalls zustimmte, war das Gesetz im Bundestag nicht gefährdet.

wurden die Mehrbedarfszuschläge für Alleinerziehende. Auch die Sanktionen für junge Arbeitslose wurden abgeschwächt. Es wurde klar gestellt, dass ihnen beim Wegfall des Arbeitslosengeldes II weiterhin Sach- und geldwerte Leistungen zur Bestreitung des Lebensunterhalts gezahlt werden würden. Und schließlich wurde auch die gegenseitige Unterhaltspflicht zwischen Eltern und Kindern faktisch abgeschafft (Bundestag 2003c).

Trotz dieser Veränderungen ließen die fraktionsinternen Kritiker innerhalb der SPD bis kurz vor der Abstimmung im Bundestag offen, ob sie der veränderten Fassung des Gesetzes ihre Zustimmung geben würden (*Handelsblatt* vom 9.10.2003; *APW* vom 13.10.2003; *Handelsblatt* vom 15.10.2003). Bei der namentlichen Abstimmung zum Hartz-IV-Gesetz im Bundestag votierten schließlich insgesamt 306 Abgeordnete für die Reform, 291 stimmten dagegen. Es gab lediglich eine Enthaltung. Werner Schulz (Grüne) hatte sich, wie vorher angekündigt, enthalten. Ansonsten stimmte die rot-grüne Regierungskoalition dem veränderten Gesetzentwurf geschlossen zu (*Spiege lOnline* vom 17.10.2003).

Der Vermittlungsausschuss

Innerhalb der CDU-Bundestagsfraktion, aber insbesondere auch zwischen den CDU-geführten Bundesländern, herrschte unterdessen größtenteils Uneinigkeit über eine erfolgversprechende Verhandlungsstrategie zum Reformpaket der Bundesregierung. So setzte sich der CDU-Fraktionsvize Friedrich Merz nach dem Kabinettsbeschluss der Bundesregierung beispielsweise klar für einen Konfrontationskurs ein und kündigte einen »heißen Herbst« (*AFP German* vom 13.08.2003) an, während sich die CDU-Vorsitzende Angela Merkel noch unentschieden zeigte. Bei einer wenig später stattfindenden Konferenz der Unions-Ministerpräsidenten mit der CDU-Spitze erneuerte der thüringische Ministerpräsident Dieter Althaus (CDU) dagegen seinen Vorschlag eines Reformgipfels beim Bundeskanzler. Unterstützung dafür erhielt er von Wolfgang Böhmer (Ministerpräsident von Sachsen-Anhalt). Die Ministerpräsidenten von Hessen und Bayern, Roland Koch und Edmund Stoiber lehnten diese Idee jedoch ab. Nach der Sitzung erklärte Angela

Merkel, man werde auf einen Reformgipfel mit der Bundesregierung verzichten und setze auf das normale parlamentarische Verfahren in Bundestag und Bundesrat (*AFP German* vom 15.08.2003; *Handelsblatt* vom 21.08.2003).

Kurz vor der ersten Lesung des Hartz-IV-Gesetzesentwurfs am 11. September einigten sich CDU-Fraktion und B-Länder darauf, den Gesetzesentwurf Hessens als Gegenentwurf zum Hartz-IV-Gesetz mit dem Namen Existenzgrundlagengesetz in Bundestag und Bundesrat einzubringen. Auch die Länder Thüringen und Sachsen-Anhalt, die eine kommunale Trägerschaft stets abgelehnt hatten, stimmten dem zu, obgleich dieses Gesetz die Trägerschaft für die neue Leistung allein bei den Kommunen verortete. Den Grund für den Sinneswandel begründete Sachsen-Anhalts Arbeitsstaatssekretär Reiner Haseloff mit den Worten: »Wir brauchen eine klare Gegenposition zu den Gesetzesentwürfen der Regierung« (*Handelsblatt* vom 11.09.2003: 4).

Bei der ersten Beratung zum Hartz-IV-Gesetzentwurf am 12. September im Bundestag, erneuerte Karl-Josef Laumann für die Union die Forderung nach einer kommunalen Trägerschaft. Die Finanzierung der neuen Leistung solle dann zu zwei Dritteln durch den Bund erfolgen und zu einem Dritel durch die Kommunen (*Frankfurter Rundschau* vom 12.09.2003: 4).

Bei den Beratungen der Regierung im Ausschuss für Wirtschaft und Arbeit zeichnete sich zunächst ein Kompromiss zwischen Bundesregierung und CDU/CSU-Bundestagsfraktion bei der Frage der Leistungsträgerschaft ab. In der Sitzung am 8. Oktober forderte der Vertreter der CDU/CSU, Karl-Josef Laumann, den BA-Vorstandsvorsitzenden auf, praktikable Vorschläge zur Zusammenarbeit von BA und Kommunen zu machen, zumal diese dann im Vermittlungsverfahren dringend gebraucht würden. Florian Gerster brachte daraufhin erneut seine sogenannte *6 aus 48-Lösung* ins Gespräch, also nur diejenigen von der BA betreuen lassen zu wollen, die innerhalb der letzten vier Jahre zumindest sechs Monate versicherungspflichtig gearbeitet hätten (Ausschuss für Wirtschaft und Arbeit 2003).

Unmittelbar nach der erfolgreichen Abstimmung über das Hartz-IV-Gesetz im Bundestag, ließ die Unionsfraktion durchblicken, dass sie insbesondere die Zugeständnisse an die SPD-Linke im Vermittlungsausschuss wieder zurückdrehen werde. Volker Kauder sagte: »Dann bin ich auf die Reaktion des Kollegen Schreiner sehr gespannt« (*Handelsblatt* vom 15.10.2003: 2). Entsprechend drohte Bayerns DGB-Vorsitzender und SPD-Bundestagsabgeordnete Fritz Schösser der eigenen Parteispitze:»Wenn man in einer Volkspartei erst mal einen solchen Konsens erzielt hat, dann hat man anschließend nur noch wenig Verhandlungsspielraum. Wenn man glaubt, im Vermittlungsausschuss auf Basis all der Punkte verhandeln zu können, die die Union reinhaben will, wird man keine eigene Mehrheit haben« (*Welt am Sonntag* vom 19.10.2003).

In der Union schwelte unterdessen der Konflikt um eine erfolgversprechende Verhandlungsstrategie im Bundesrat weiter. Die CDU-Vorsitzende Angela Merkel und Bayerns Ministerpräsident Edmund Stoiber zeigten sich mittlerweile kompromissbereit. Auf dem Deutschlandtag der Jungen Union sagte Merkel zur Begründung:»Die Leute wollen nicht, dass die Union eine Position bezieht, das Land vor die Wand zu fahren« (*Handelsblatt* vom 20.10.2003: 4). Dagegen mahnte Hessens Ministerpräsident Koch einen strikten Konfrontationskurs an. Er forderte, die Union müsse mit aller Kraft auf den schnellen Sturz von Rot-Grün hinarbeiten. Die Bundesregierung sei sehr fragil, weshalb CDU/CSU eine»schnörkellose glasklare Opposition« (ebd.) machen müsse. Thüringens Ministerpräsident Althaus mahnte indes erneut an: »Bei der Zusammenlegung von Arbeitslosen- und Sozialhilfe brauchen wir einen Mittelweg zwischen der Bundesregierung und der Opposition« (ebd.). Erwartungsgemäß wurden in der Sitzung des Bundesrats am 7. November die Regierungsentwürfe zu Hartz III und Hartz IV mit der Unionsmehrheit abgelehnt und der Vermittlungsausschuss angerufen. Roland Koch machte deutlich, dass alle Reformen im Paket verhandelt werden müssten. Gleichzeitig müsse auch über eine Lockerung des Kündigungsschutzes und betriebliche Bündnisse für Arbeit gesprochen werden (*Handelsblatt* vom 7.11.2003).

Der Vermittlungsausschuss, der offiziell am 13. November seine Arbeit aufnahm, musste in kürzester Zeit, ein sehr großes, komplexes Maßnahmenbündel beraten. Sollten alle Maßnahmen wie von der Bundesregierung anvisiert im folgenden Jahr umgesetzt werden, musste sich die Bundesregierung mit den Ländern innerhalb von nur vier Wochen in vier angesetzten Sitzungen bis zum 16. Dezember geeinigt haben. Um diese Mammutaufgabe zu stemmen, wurden im Vermittlungsausschuss zwei Arbeitsgruppen eingerichtet. In der Arbeitsgruppe ›Steuern/Finan-

zen‹ sollte über das Vorziehen der Steuerreform (Haushaltsbegleitgesetz), die Erhöhung der Tabaksteuer, die Steueramnestie, den Subventionsabbau[8] zur Finanzierung der Steuerreform und die Reform der Gewerbesteuer verhandelt werden. In der Arbeitsgruppe ›Arbeit‹ sollte
über die Neuregelung des Kündigungsschutzes,[9] den Umbau der Bundesanstalt für Arbeit (Hartz III) und die Zusammenlegung von Ar-
beitslosen- und Sozialhilfe beraten werden. Die Union forderte unterdessen eine Verknüpfung beider Themen – und hier insbesondere eine
Verknüpfung der Steuerreform mit Änderungen im Arbeitsrecht wie
einer stärkeren Lockerung des Kündigungsschutzes[10] sowie eine Stärkung betrieblicher Bündnisse für Arbeit (*AFP* vom 10.11.2003).

Der SPD-Verhandlungsführer für den Bereich Finanzen, Wilhelm
Schmidt, und der SPD-Verhandlungsführer für den Bereich Arbeit,
Ludwig Stiegler, lehnten dies zunächst ab (AFP –German vom
13.11.2003). Anfang Dezember lenkte die SPD jedoch ein und kündigte
an, dass der Kündigungsschutz und die Verteilung der Umsatzsteuer
zwischen Bund und Ländern nicht länger von den Verhandlungen aus-
genommen werden sollten. NRW-Arbeitsminister Harald Schartau
deutete an, wo hier ein möglicher Kompromiss liegen könnte. Beide
Seiten sollten sich nicht länger über Betriebsgrößen streiten, ab denen
der Kündigungsschutz gelte. Entscheidender sei, wie lange jemand in
einem Unternehmen gearbeitet haben müsse, damit der Schutz greife
(*Handelsblatt* vom 1.12.2003: 1). Außerdem zeigte sich die Koalition bereit, über die Finanzierungsfrage neu nachzudenken: »Wenn die Kommunen mehr Aufgaben bekommen, dann beharren wir nicht unbedingt
darauf, dass die Länder dem Bund einen Anteil an der Umsatzsteuer
abtreten«, sagte SPD-Arbeitsmarktsprecher Klaus Brandner (ebd.).

---

8 Hier plante die rot-grüne Regierung zum Beispiel die Eigenheimzulage abzuschaffen,
die Pendlerpauschale zu kürzen sowie die Verlustverrechnung von Unternehmen zu
ändern (*AFP German* vom 10.11.2003).

9 Beim Kündigungsschutz plante die Koalition eine Regelung, nach der Betriebe mit
maximal fünf Mitarbeitern fünf weitere befristete Kräfte einstellen könnten, ohne
dass für den Betrieb der Kündigungsschutz wirksam werden würde (*AFP German*
vom 10.11.2003).

10 Hier forderte die CDU, dass der Kündigungsschutz erst ab 20 Mitarbeitern wirksam
wird (*AFP German* vom 10.11.2003).

Unterdessen schwand die Einigungsbereitschaft in Unionskreisen immer mehr. Das Wirtschafts- und Arbeitsministerium hatte vorgeschlagen, dass die Kommunen bei der neuen Leistung die Kosten für Unterkunft, Heizung und psychosoziale Betreuung übernehmen sollten. Beziffert wurde dieser Betrag im BMWA-Papier für das Jahr 2005 auf 8,9 Milliarden Euro. Durch eine Umschichtung des Umsatzsteueranteils der Länder zu Gunsten der Kommunen sollten diese um 1,1 Milliarden Euro entlastet werden. Durch den Wegfall der Kosten für erwerbsfähige Sozialhilfeempfänger, die nach den Berechnungen des BMWA circa 11,6 Milliarden Euro ausmachen (*Handelsblatt* vom 3.12.2003: 4), sollten die Kommunen so um die versprochenen 2,5 Milliarden Euro entlastet werden. Dieser Kompromissvorschlag wurde von der Union umgehend zurückgewiesen.

In einer spontanen Bewertung dieses Vorschlags kritisierte die Union, dass die Wohn- und Heizungskosten viel zu niedrig angesetzt seien. Sie gehe dagegen von einem Betrag von 11,7 Milliarden Euro aus (*Frankfurter Rundschau* vom 3.12.2003: 5). Darüber hinaus beharrte die CDU darauf, dass die Kommunen die Betreuung aller Langzeitarbeitslosen übernehmen müssten: »Daran ändert sich auch nichts durch den neuen Vorschlag der Bundesregierung«, sagte der Bundestagsabgeordnete Reinhard Göhner vor der Sitzung im Vermittlungsausschuss (*Handelsblatt* vom 03.12.2003: 4). CDU-intern schwenkten unterdessen auch die stärksten Befürworter der rot-grünen Regierungspläne zum Vorziehen der Steuerreform – Baden-Württembergs Ministerpräsident Erwin Teufel und Thüringens Ministerpräsident Dieter Althaus – angesichts der neuesten Steuerschätzungen für das Jahr 2004 auf die harte Parteilinie ein. Danach solle mit der Bundesregierung nur dann über eine Steuerentlastung in der Größenordnung von 22 Milliarden Euro gesprochen werden, wenn davon 25 statt der von der Regierung geplanten 80 Prozent über eine Kreditaufnahme finanziert würden. Auch den von Bundeskanzler Schröder erneut ins Gespräch gebrachten Reformgipfel lehnten Merkel und Stoiber ab (*Spiegel* vom 8.12.2003).

Kritik an der Haltung der CDU kam von der Präsidentin des Städtetags, Frankfurts Oberbürgermeisterin Petra Roth (CDU), die nach einer Präsidiumssitzung des Städtetages sagte: »Die bisherigen Vorschläge der Bundesregierung zur Gewerbesteuer und zur Arbeitslosenhilfe und Sozialhilfe bieten eine verhandlungsfähige Grundlage« (*Handelsblatt* vom

9.12.2003). Nachdem jedoch auch die dritte Verhandlungsrunde im Vermittlungsausschuss am 12. Dezember ohne jede Annäherung zu Ende ging, hielten beide Seiten einen Fehlschlag für möglich (*APW German* vom 12.12.2003). Kurz vor der letzten Sitzung, machte die Regierung noch einen weiteren Kompromissvorschlag zur Finanzierung der Steuerreform. Zur Gegenfinanzierung sollten zusätzliche Privatisierungserlöse bei Post und Telekom herangezogen werden (*Spiegel Online* vom 13.12.2003; *Handelsblatt* vom 15.12.2003: 1).

Bei einer letzten Sitzung am Sonntagabend (15. Dezember 2003) und in der Nacht zum Montag kam es in Spitzengesprächen in kleiner Runde schließlich zum Durchbruch in allen wesentlichen Punkten. Die kleinen Runden, die immer wieder zusammentraten, bestanden aus den Parteivorsitzenden von SPD, FDP, CDU, CSU, Vizekanzler Joschka Fischer (Grüne), dem SPD-Fraktionsvorsitzenden Franz Müntefering sowie den Ministerpräsidenten Georg Milbradt (Sachsen), Christian Wulff (Niedersachsen, beide CDU) und Peer Steinbrück (NRW, SPD) beziehungsweise aus den Fraktionsvorsitzenden im Bundestag und den Parteivorsitzenden (*Handelsblatt* vom 15.12.2003).

Bei den ursprünglich geplanten Steuersenkungen musste die Regierung erhebliche Zugeständnisse machen. Die Steuerentlastung[11] fiel mit fast 15 Milliarden Euro etwa acht Milliarden Euro geringer aus als ursprünglich geplant. Auch beim zur Gegenfinanzierung geplanten Subventionsabbau musste die Regierung Abstriche machen: die Eigenheimzulage wurde nicht abgeschafft, sondern lediglich von jährlich 11,5 auf 8 Milliarden Euro zurückgefahren. Die Pendlerpauschale wurde nicht auf 15, sondern lediglich auf 30 Cent pro Kilometer gekürzt. Auch wurde die Tabaksteuer[12] wesentlich moderater erhöht als ursprünglich angekündigt (*APW* German vom 15.12.2003). Die Bundesregierung scheiterte außerdem mit ihrem Versuch, die Gewerbsteuer in eine Gemeindewirtschaftsteuer umzugestalten. Ertragsunabhängige Elemente wie

---

11 Die Steuerreformstufe 2005 wurde in abgespeckter Version vorgezogen. Der Eingangssteuersatz der Einkommensteuer sinkt 2004 von damals 19,9 Prozent auf nur 16 Prozent, der Höchstsatz lediglich von 48,5 Prozent auf 45 Prozent. Erst 2005 erreicht der geringste Satz 15 Prozent, der Höchstsatz 45 Prozent (*APW* German vom 15.12.2003).

12 Sie steigt in Abständen von sechs Monaten um jeweils 1,2 Cent pro Zigarette, Ursprünglich waren 1,5 Cent vorgesehen (*APW* vom 15.12.2003).

Zinsen fließen damit weiterhin nicht in die Bemessungsgrundlage ein. Die 800.000 Freiberufler waren auch künftig nicht gewerbesteuerpflichtig. Die CDU scheiterte dafür mit ihrem Versuch, den Kommunen einen größeren Teil an der Umsatzsteuer zu sichern. Die zugesagten 2,5 Milliarden Euro wurden so vor allem über die Anpassung der Gewerbesteuerumlage erreicht. Beim Kündigungsschutz einigte man sich auf eine neue Obergrenze von zehn Mitarbeitern im Betrieb (ebd.).

Auch das Hartz-IV-Gesetz wurde in letzter Minute noch verändert. Wegen des daraus resultierenden gewaltigen Organisationsaufwandes einigte man sich darauf, dass das Gesetz erst zum Januar 2005 in Kraft treten sollte. Die größte und gleichsam überraschendste Veränderung betraf dabei die Frage der Leistungsträgerschaft. Bereits relativ früh hatte sich eine geteilte Trägerschaft zwischen BA und Kommunen als möglicher Kompromiss zwischen Bundesregierung und Opposition abgezeichnet. Nun wurde allerdings zusätzlich vereinbart, eine Optionsklausel in das Gesetz aufzunehmen, die Landkreisen und kreisfreien Städten das Recht einräumte, die volle Trägerschaft an sich zu ziehen. In diesem Punkt hatte sich Roland Koch durchgesetzt, der noch am Sonntagabend weiter auf einer kommunalen Trägerschaft beharrt hatte (*Handelsblatt* vom 15.12.2003). Dagegen war wenig überraschend, dass die nach den Verhandlungen im Bundestag veränderte Zumutbarkeitsregelung wieder in die ursprüngliche Fassung des Gesetzesentwurfes verwandelt wurde. Ebenfalls angehoben wurden die Zuverdienstmöglichkeiten (Bundestag 2003d).

Unter dem Strich war die SPD der Union damit bei für die Regierung wichtigen Punkten der Ausgestaltung der Reform erheblich entgegengekommen. So etwa bei der Frage der Steuerentlastungen, der Entlastung der Kommunen und bei der Zuständigkeitsfrage für die Langzeitarbeitslosen – einem Kernelement der Reform. Nicht zuletzt dieser Punkt sollte den Grundstein für das beginnende Umsetzungschaos ab dem Jahr 2005 legen. Die Zerrissenheit der Union in diesen Fragen blieb bis zuletzt größtenteils unbemerkt.

Insbesondere die wieder verschärften Zumutbarkeitsregeln nahmen die Kritiker innerhalb der SPD am 19. Dezember im Bundestag nun zum Anlass, gegen die Hartz-IV-Reform zu stimmen. Da zwölf Abgeordnete von SPD und Grünen bei der Schlussabstimmung gegen die Reform stimmten, erreichte die rot-grüne Koalition keine eigene

Mehrheit. Insgesamt stimmten 294 Abgeordnete aus der Koalition und 287 Abgeordnete aus der Opposition für und 16 Abgeordnete gegen die Reform. Neben den zwölf Abweichlern aus den Reihen der Regierung hatten auch zwei ostdeutsche Unionsabgeordnete und zwei Abgeordnete von der PDS gegen das Gesetz gestimmt (*AFP German* vom 19.12.2003).

Vermittlungsausschuss Nummer 2: Das kommunale Optionsgesetz

Auf die Einigung im Vermittlungsausschuss folgte unmittelbar heftige Kritik vom Städtetag und vom Städte- und Gemeindebund. Insbesondere das Scheitern der Gewerbesteuerreform und der Kompromiss zur Leistungs- und Finanzierungsträgerschaft für die neue Leistung lösten heftigen Protest aus. Die Städtetags-Präsidentin Petra Roth bezeichnete beide Ergebnisse als »absolut unzulänglich, um die Städte wieder finanziell handlungsfähig zu machen« (*VWD Wirtschaftsnachrichten* vom 30.12.2003). Sowohl Roth als auch Städtetag-Geschäftsführer Stephan Articus forderten daher von der Bundesregierung, die Übernahme der Unterkunftskosten durch die Kommunen noch vor Inkrafttreten der Reform zu begrenzen. Sie setzten sich zudem für einen erneuten Anlauf bei der Gemeindefinanzreform ein (*APW* vom 26.12.2003; *VWD Wirtschaftsnachrichten* vom 30.12.2003; *General-Anzeiger* vom 6.01.2004).

In den folgenden Wochen beklagten Kommunalvertreter, dass die Länderregierungen die finanziellen Entlastungen beim Wohngeld in Höhe von rund 2,5 Milliarden Euro nicht in der zugesagten Größenordnung weitergeben und die zugesagte Entlastung der Kommunen nicht zustande kommen würde (*Welt* vom 4.02.2003; *General-Anzeiger* vom 13.02.2003).

Indes scheiterte der Versuch von Wirtschaftsminister Wolfgang Clement, bereits im Vorfeld des parlamentarischen Verfahrens mit der Opposition zu einem abgestimmten Entwurf für ein kommunales Optionsgesetz zu kommen. An einem ersten Spitzengespräch am 20. Februar nahmen neben Wolfgang Clement und Roland Koch die Parlamentarier Klaus Brandner, Karl-Josef Laumann, Dirk Niebel, Thea Dückert sowie die Länderarbeitsminister Harald Schartau (NRW) und Christa Stewens (Bayern) teil. Besonders das vom BMWA vorgeschlagene Modell der Organleihe, bei dem der Bund den Kommunen Aufgaben übertragen, letztlich aber die Oberhoheit behalten würde, lehnte die Union vehement ab. Stattdessen plädierte sie gemeinsam mit dem Landkreistag für eine Änderung von Paragraph 106 des Grundgesetzes, der es den Kommunen ermöglichen würde, die Kosten direkt von der BA erstattet zu bekommen (*Süddeutsche Zeitung* vom 20.02.2004). Diese Lösung wurde im Laufe der Beratungen jedoch auch von anderen unionsregierten Bundesländern abgelehnt – auch mit Hinweis auf die parallel tagende Föderalismuskommission. Daher verabredeten die Unterhändler zunächst einmal den Koalitionsentwurf abzuwarten, der zwar weiterhin das Instrument der Organleihe vorsah, nun jedoch mit einem abgeschwächten Weisungsrecht der BA. Ende März sollte weiter verhandelt werden (*AFP German* vom 17.03.2004; *Frankfurter Rundschau* vom 18.03.2004).

Kurz vor der geplanten letzten Verhandlungsrunde forderte der niedersächsische Ministerpräsident Christian Wulff wegen der erwarteten finanziellen Mehrbelastung für die Kommunen eine Verschiebung der Hartz-IV-Reform. Alleine auf die niedersächsischen Kommunen kämen Kosten in Höhe von rund 500 Millionen Euro zu, während der Bund nur eine Entlastung von 290 Millionen Euro in Aussicht gestellt habe (*APW* vom 27.03.2004). Ende März scheiterten die Verhandlungen zwischen BMWA und Opposition. Daraufhin kündigte Wirtschaftsminister Clement an, die Zuständigkeits- und Finanzierungsfrage im Alleingang klären zu wollen. Scheitere die Kompromisssuche auch im parlamentarischen Verfahren,»dann gibt es keine Option«, so Clement (*APW* vom 30.03.2004).

Bei der ersten Lesung des *Gesetzes zur optionalen Trägerschaft von Kommunen nach dem Zweiten Buch Sozialgesetzbuch* (kurz: Kommunales Optionsgesetz) am 2. April im Bundestag warf die Union der Regierung daraufhin Wortbruch vor und forderte eine Verschiebung der Hartz-IV-Reform auf das Jahr 2006. Wirtschaftsminister Clement bekräftigte dagegen, dass die Reform planmäßig zum 1. Januar 2005 in Kraft treten werde (*AFP German* vom 2.04.2004). Der Städtetag kündigte unterdessen an, wegen der finanziellen Mehrbelastungen zur Not vor das Bundesverfassungsgericht zu ziehen (*APW* vom 20.04.2004). Zudem lehnten die Kommunen die Aufforderung Clements und des BA-Vorstandsvorsitzenden Frank Weise ab, möglichst schnell Verträge mit der regionalen Arbeitsverwaltung über die ARGEn abzuschließen. Sie verwiesen auf die ungesicherte Rechtslage im Hinblick auf den Datenaustauschs zwischen BA und Kommunen sowie auf die Finanzierung (*Frankfurter Rundschau* vom 29.04.2004). Hessens Ministerpräsident Roland Koch forderte die Kommunen daraufhin sogar auf, ihre Zusammenarbeit ganz zu verweigern (ebd.).

Am 29. April verabschiedete die Regierungskoalition das Kommunale Optionsgesetz im Bundestag. Zwei Wochen später, am 14. Mai 2004, lehnte die Unionsmehrheit das Gesetz im Bundesrat ab und verwies es in den Vermittlungsausschuss. Um den Druck auf die Union, zu einer Einigung im Bundesrat zu kommen, zu erhöhen, kam der Wirtschaftsminister den Kommunen bei Verhandlungen mit den kommunalen Spitzenverbänden Anfang Juni ein entscheidendes Stück entgegen. Nach Angaben der Städtetagspräsidentin Petra Roth war der Bund nun bereit, die Finanzierung des so genannten Hartz-IV-Gesetzes durch eine Quote des Bundes für die Unterkunftskosten und durch eine gesetzlich fixierte Revisionsklausel zu korrigieren. Zudem äußerte sie nach dem Treffen die Hoffnung, dass der Bund die bisher angebotene Kostenbeteiligung von 1,8 Milliarden Euro noch deutlich nachbessern würde (*AFP German* vom 9.06.2004; *taz* vom 10.06.2004; *Welt* vom 10.06.2004). Am Rande der Sitzungen des Vermittlungsausschusses forderte auch die Union eine weitere Aufstockung der Beteiligung des Bundes an den Unterkunftskosten (*APW* German vom 17.06.2004).

In der Zwischenzeit mehrten sich über alle Parteigrenzen hinweg die Stimmen, die Hartz-IV-Reform doch zu verschieben. Auch alle ostdeutschen CDU-Ministerpräsidenten stimmten mittlerweile in den Chor mit ein (*taz* vom 24.06.2004; *APW* vom 27.06.2004). Am 30. Juni kam es im Vermittlungsausschuss schließlich zum Durchbruch, nachdem der Bund seine Beteiligung an den Unterkunftskosten drastisch auf 3,2 Milliarden Euro aufgestockt hatte und auch eine Revisionsklausel[13] aufgenommen

---

13 Danach muss regelmäßig überprüft werden, ob die Entlastung der Kommunen in der Größenordnung von 2,5 Milliarden Euro tatsächlich erreicht wird. Ansonsten muss rückwirkend angepasst werden.

hatte (Bundestag 2004). Man einigte sich zudem auf die Experimentierklausel zur Zulassung von maximal 69 kommunalen Trägern. Damit
sollen für einen befristeten Zeitraum von sechs Jahren unterschiedliche
Trägermodelle erprobt werden können. Die Regierungskoalition hatte
diese Möglichkeit auf 29 Kommunen beschränken wollen. Die Opposition hatte 96 vorgeschlagen (*APW* vom 1.07.2004; *Frankfurter Rundschau*
vom 1.07.2004). Bei den 69 Optionskommunen ergaben sich die Län-
derkontingente praktischerweise aus der Stimmverteilung im Bundestag.[14] Die Aufsicht über die zugelassenen kommunalen Träger lag somit
nicht wie ursprünglich geplant beim Bund, sondern bei den zuständigen
Landesbehörden (vgl. BA-Hauptstadtvertretung 2004: 19). Darüber
hinaus wurden die Regelungen zur Bildung und Zusammenarbeit von
Kommunen und BA in Arbeitsgemeinschaften sowie zwischen BA und
Optionskommunen weiter konkretisiert (ebd.: 4). Trotz der Einigung
äußerte Roland Koch Bedenken, dass die Umsetzung noch planmäßig
gelingen würde: »Es bestehen massive Gefährdungen, dass das am 1.
Januar klappt« (*APW* vom 1.07.2004). Am 2. Juni billigte der Bundestag
mit großer Mehrheit das Kommunale Optionsgesetz. Obgleich alle
ostdeutschen Bundesländer geschlossen dagegen stimmten, passierte es
eine Woche später auch den Bundesrat.

Hartz IV als Antwort auf die kommunale Finanzkrise[15]

Vor der Agenda-Rede rechnete die Bundesregierung noch mit Einsparungen bei der Arbeitslosenhilfe in der Größenordnung von 4,7 Milliarden Euro, der Mehrausgaben von 1,6 Milliarden Euro für Sozialhilfe
und Wohngeld gegenüberstanden – unter dem Strich kalkulierte man
also mit einer Entlastung des Bundes von 3 Milliarden (*Spiegel Online*
vom 1.02.2003; *Welt* vom 3.02.2003). Nur acht Wochen später erhöhte

---

14 Baden-Württemberg: 6; Bayern: 6; Niedersachsen: 6; Nordrhein-Westfalen: 6;
   Hessen: 5; Berlin: 4; Brandenburg: 4; Rheinland-Pfalz: 4; Sachsen: 4; Sachsen-Anhalt:
   4; Schleswig-Holstein: 4; Thüringen: 4; Bremen: 3; Hamburg: 3; Mecklenburg-
   Vorpommern: 3; Saarland: 3 (BA-Hauptstadtvertretung 2004: 4).
15 Teile des folgenden Abschnittes basieren auf Hassel/ Schiller 2010.

sich der Druck auf den Finanzminister, die Kommunen um 6 anstatt um 2 Milliarden Euro zu entlasten. Als Begründung hieß es aus SPD-Vorstandskreisen, dass eine Zustimmung der Unionsmehrheit andernfalls nicht zu erwarten sei (*Frankfurter Rundschau* vom 22.05.2003). Deshalb schlug die Bundesregierung ursprünglich vor, die Aufwendungen der Grundsicherung für Arbeitssuchende vollständig zu übernehmen. Zudem wurde eine weite Definition der Erwerbsfähigkeit gewählt. Im Gegenzug sollte gemäß der Logik der Finanzverfassung die Umsatzsteuerverteilung zwischen Bund und Ländern entsprechend angepasst werden (Bundestag 2003e: 10). Dies lehnten die B-Länder im Vermittlungsverfahren und in ihrer Stellungnahme zum vom Bundestag verabschiedeten Gesetz ab (Bundesministerium der Finanzen 2004b: 41). So kam es zur Übernahme der Heizungs- und Unterkunftskosten (sowie der sozialen Betreuungsleistungen) durch die Gemeinden (ebd.). Nach einem Kompromiss im zweiten Vermittlungsausschuss zum kommunalen Optionsgesetz am 30. Juni 2004 wurde zudem eine Beteiligung des Bundes an den Kosten für Unterkunft und Heizung in Höhe von 29,1 Prozent für 2005 beschlossen (ebd.). Einzig zur Finanzierung der Sonderbedarfsergänzungszuweisungen, bei denen insgesamt jährlich 850 Millionen Euro netto an die überproportional belasteten Kommunen in den neuen Ländern flossen, wurde der Bund über die Umsatzsteuerverteilung beziehungsweise anhand eines Umsatzsteuerfestbetrags kompensiert (Bundesministerium der Finanzen 2004b: 39). Das Einsparvolumen für die Gemeinden betrug damit insgesamt 2,5 Milliarden Euro (Friedrich 2006: 29–34).

Auch bei der Gewerbesteuerreform kam die Bundesregierung den Kommunen entgegen. Ihr Kompromissvorschlag der Gemeindewirtschaftssteuer stellte eine Weiterentwicklung der Gewerbesteuer mit lokalem Hebesatzrecht dar. Auch in diesem Modell sollten Selbstständige einbezogen werden und die Bemessungsgrundlage entsprechend dem Kommunalmodell verbreitert werden.

Der schließlich im Vermittlungsverfahren erreichte Kompromiss änderte dies jedoch an zentralen Punkten und fiel weit hinter die strukturorientierten Lösungsvorschläge zurück. So wurden die freien Berufe, wie ursprünglich in allen Konzepten vorgesehen, nicht einbezogen. Auch die Regelungen zur Verbreiterung der Bemessungsgrundlage wurden substantiell aufgeweicht. Leichte Verbesserungen gab es lediglich

bei der Angleichung der Organschaftsregelungen, der geänderten Rechtsgrundlage bei der Gesellschafterfremdfinanzierung und den Einschränkungen bei den Verlustverrechnungen. Schließlich wurde die Gewerbesteuerumlage wieder auf das Niveau von 2000 – auf circa 20 Prozent –
abgesenkt (Feld/Döring 2004: 4). Insbesondere diese Verschiebung der
Gewerbesteuerumlage zu Lasten von Bund und Ländern brachte
schließlich die größte Entlastungswirkung für die Kommunen (Bundesministerium der Finanzen 2004b). So wurde den Gemeinden schließlich
eine Entlastung von 2,5 Milliarden Euro im Jahr 2004 und von über
3 Milliarden Euro im Jahr 2005 in Aussicht gestellt (Bundesministerium
der Finanzen 2007). Im Jahr 2006 stiegen die Gewerbesteuereinnahmen
um 4,9 Milliarden Euro netto (ohne Stadtstaaten) (Pohl 2006). Der
Städtetag ermittelte hier in seinem jährlichen Gemeindefinanzbericht
lediglich eine Entlastung von 3,3 Milliarden Euro (gemittelt über alle
Gemeinden) durch den Anstieg der Gewerbesteuereinnahmen (Bundesministerium der Finanzen 2007: 1). Im Jahr 2006 erzielten die Gemeinden einen Überschuss von 3 Milliarden Euro (Bundesministerium der
Finanzen 2004b: 40).

Zusammen mit den Entlastungen des Hartz-IV-Gesetzes wurde den
Kommunen somit ein jährliches Entlastungsvolumen von 5,5 Milliarden
Euro in 2005 und 5,7 Milliarden Euro in 2006 zugesagt (Bundesministerium der Finanzen 2004a: 40). Fraglich ist jedoch, ob die Länder die
volle Entlastung tatsächlich in der versprochenen Größenordnung wei-
tergaben.

Der Bund sollte nach dem Ergebnis im Vermittlungsausschuss nach
Berechnungen des BMF innerhalb der folgenden drei Jahre um jeweils
0,4 (2005), 1,2 (2006) und 1,4 Milliarden Euro entlastet werden (Bundestag 2003e: 4). Ursprünglich waren laut eingebrachtem Gesetz(entwurf) mit 1,6 (2005), 2,7 (2006) und 3,1 Milliarden Euro (2007) deutlich
großzügigere Entlastungen vorgesehen gewesen (Kaltenborn/Schiwarov
2006: 2). Tatsächlich wurde der Bund jedoch erheblich belastet. 2004
wendete er für die Arbeitslosenhilfe noch 18,8 Milliarden Euro auf und
ging bei der Haushaltsplanung von einer Größenordnung von 14,6
Milliarden Euro für die neue Leistung aus.[16] Real beliefen sich die Aufwendungen für die neue Leistung auf insgesamt 25 Milliarden Euro.

16 Ohne Kosten der Unterkunft.

Insgesamt betrugen die Ausgaben des Bundes für die neue Leistung damit 35,1 Milliarden Euro gegenüber 27,6 Milliarden Euro geplanter Ausgabe. Der Bund wurde statt um 0,4 Milliarden Euro entlastet also im Ergebnis mit 7,5 Milliarden Euro belastet (Breuer/Engels 2003: 6). Die finanziellen Vorleistungen für die Hartz-IV-Reform lagen somit zur Gänze beim Bund.

Aus sozialpolitischer Sicht bedeutet die Hartz-IV-Reform eine deutliche Liberalisierung, da Transferleistungen im Falle der Arbeitslosigkeit für die Mehrheit der Betroffenen nicht mehr statussichernd, sondern lediglich bedarfsdeckend gestaltet wurden und somit stärker *kommodifizierend* wirken. Das heißt, der Einzelne ist zur Existenzsicherung verstärkt dem Marktgeschehen ausgesetzt. Ein wichtiger Mechanismus für diese Liberalisierung liegt unseres Erachtens in der Krise des Verschiebebahnhofs. Die stetig ansteigende Langzeitarbeitslosigkeit belastete die kommunalen Haushalte in den neunziger Jahren überproportional und führte zu unsinnigen Verschiebungen zwischen Arbeitsämtern und Sozialämtern. Nach der Steuerreform 2000 brachen die Kommunalhaushalte komplett ein.

Dies führte zu dem Dilemma, dass der Bund die Kosten für alle Langzeitarbeitslosen übernehmen musste, wollte er nicht riskieren, dass vor dem Hintergrund der wirtschaftlichen Rezession die Investitionstätigkeit der Kommunen weiter kollabierte. Gleichzeitig war er angesichts steigender Arbeitslosenzahlen mit einem dramatisch wachsenden Zuschussbedarf der BA konfrontiert.

Fiskalisch gesehen bestand eine naheliegende Lösung, um die Kommunen zu entlasten und die Kosten für den Bund zu kontrollieren, darin, die Dauer der Lohnersatzleistungen drastisch zu verkürzen. Damit mussten alle Langzeitarbeitslosen in die neu geschaffene bedarfsorientierte Leistung überführt werden und somit die Statussicherung für die Mehrheit der Arbeitslosen aufgegeben werden. Diese Lösung war zwar kompatibel mit den Überlegungen innerhalb der Bundesregierung und der BA-Spitze, nicht jedoch mit Überlegungen von Teilen der SPD und der Gewerkschaften. Die Bundesregierung musste also vom zentralen Wahlversprechen, keine Leistungskürzung im Zuge der Zusammenlegung der Hilfesysteme durchzuführen, abrücken. Die zusätzlich erstehenden Kosten durch den stark erweiterten anspruchsberechtigten

Personenkreis wurden dabei weder antizipiert noch wurde die Kosten-
kontrolle beim Bund erreicht.

Auch wurde mit der Reform der Verschiebebahnhof keinesfalls abgeschafft, sondern lediglich um eine weitere Schleife erweitert. Hatte es
bislang hauptsächlich Kostenverschiebungen zwischen Bundeshaushalt
und Sozialversicherungen gegeben, waren die Verschiebungen zwischen
Bund und Kommunen bislang überwiegend eine Einbahnstraße. Eine
Rückübertragung von Kosten von der kommunalen Ebene auf eine
Sozialversicherung hatte es erstmals mit der Einführung der Pflegeversicherung 1995 gegeben. Eine Kostenverschiebung von den Gemeinde-
haushalten auf den Bundeshaushalt in dieser Größenordnung fand erstmals mit der Hartz-IV-Reform statt.

Wie aktuell die Praxis des Verschiebebahnhofs weiterhin ist, zeigen
jüngere Entwicklungen: Am 12. November 2007 verständigte sich der
Koalitionsausschuss darauf, die Bezugsdauer von Arbeitslosengeld rückwirkend ab dem 1. Januar für 58-Jährige von maximal 18 Monaten auf
24 Monate zu verlängern (für über 50-Jährige von zwölf auf 15 Monate).[17] Auch im neu justierten und stärker liberal ausgestalteten System
der Sicherung bei Arbeitslosigkeit sind daher weitere Verschiebungen
zwischen Bundeshaushalt, Sozialversicherungen und kommunalen Haushalten zu erwarten.

---

17 Quelle: http://www.lpb-bw.de/aktuell/hartz_iv.php#reform, 15.2009.

Kapitel 11
Wie es weitergeht

Am 15. April 2010 wurde ein Gesetzentwurf zur Weiterentwicklung der Organisation der Grundsicherung für Arbeitsuchende im Bundeskabinett verabschiedet. Parallel wurde in einem Kompromiss mit der Opposition eine Grundgesetzänderung zur Verstetigung der Arbeitsgemeinschaften beschlossen. Die Aufgabenwahrnehmung durch die Kommunen, die bislang über eine Experimentierklausel geregelt war, soll künftig ausgeweitet werden. Die Zahl der Optionskommunen, die sich in Eigenregie um Langzeitarbeitslose kümmern, soll von derzeit 69 auf bis zu 110 sogar noch ausgeweitet werden. Bundesarbeitsministerin Ursula von der Leyen forderte, den Begriff Hartz aus dem Vokabular der Arbeitsmarktpolitik zu streichen. Darüber hinaus ist die Republik mit den Folgen der Finanzkrise beschäftigt. Der Rückbau der Kurzarbeit und die Haushaltskonsolidierungen infolge der massiven Verschuldungen durch die Finanzkrise stehen auf dem Programm. Es ist davon auszugehen, dass auch der Posten für Arbeit und Soziales bei den weiteren Haushaltskonsolidierungen betroffen sein wird. Über eine weitere Strukturreform wird jedoch nicht gesprochen. Ist damit der Umbau der deutschen Arbeitsmarktpolitik abgeschlossen?

In unserem letzten Kapitel wollen wir einen Ausblick in der deutschen Arbeitsmarktpolitik wagen. Dabei geht es sowohl darum, was wahrscheinlich geschehen wird, wie auch, was geschehen müsste. Nach unserer Einschätzung ist der Umbau des deutschen Wohlfahrtsstaats für eine nachhaltige Arbeitsmarktpolitik des 21. Jahrhunderts noch lange nicht abgeschlossen. Vielmehr war die Agenda 2010 nur ein Zwischenschritt – wenn auch ein wichtiger – auf einem langen Weg in einen neuen Wohlfahrtsstaat einer modernen Dienstleistungsgesellschaft. Das 21. Jahrhundert wird von einer Reihe von Bedingungen geprägt, die sich zwar bereits im ausgehenden 20. Jahrhundert abzeichneten, deren Ef-

fekte jedoch noch vor zehn Jahren so nicht greifbar waren. Dazu gehören sowohl die gleichberechtigte Teilnahme von Frauen auf dem Arbeitsmarkt und die dazu gehörige Problematik der Vereinbarkeit von
Beruf und Familie für Männer und Frauen, als auch die Integration von
Migranten und ethnischen Minderheiten auf dem Arbeitsmarkt. Zum
anderen werden die neue sozio-ökonomische Wirklichkeit der Dienstleistungsökonomie, Globalisierung und europäische Integration sowie
die fiskalischen Effekte der Finanzkrise die Rahmenbedingungen der
Sozialpolitik bestimmen.

Die Gesetze der Hartz-Reformen und insbesondere die Zusammenlegung von Arbeitslosen- und Sozialhilfe haben einige der bestehenden
Probleme des Arbeitsmarktes im letzten Drittel des 20. Jahrhunderts
angepackt und einzelne Problemstellen in der Arbeitsmarkt- und Sozialpolitik beseitigt. Dies gilt insbesondere für das Problem der Stilllegung,
dem mit einer beeindruckenden Aktivierungspolitik begegnet wurde.
Die Bilanz der Aktivierung ist in Europa nahezu unübertroffen. Die
Reformen haben jedoch gleichzeitig andere Probleme ignoriert und
wieder andere erst geschaffen. Dazu gehören die relativ neuen Phänomene der Unterbeschäftigung von Arbeitnehmern, die Vollzeit erwerbstätig sind, und neue Formen der Lohnsubvention. Auch der Trend einer
sich vertiefenden Spaltung des Arbeitsmarktes in abgesicherte Vollzeitbeschäftigung in sozialversicherungspflichtigen Arbeitsverhältnissen auf
der einen Seite und unsichere Teilzeitbeschäftigungen mit minimalen
sozialen Sicherungsansprüchen auf der anderen Seite gehören dazu. In
der Arbeitsvermittlung wurden zudem viele Ankündigungen der Hartz-
Gesetze nicht umgesetzt. Weder Fördern noch Fordern findet in dem
Maße statt, wie die Reformer es angestrebt hatten.

Die Reformen waren für einen umfassenden Umbau des deutschen
Wohlfahrtsstaates sowohl zu kurz gegriffen als auch zu selektiv. Das
wichtige Thema der Finanzierung von Sozialleistungen und die Effekte
sowohl für den Arbeitsmarkt als auch für die Finanzierung von öffentlichen Dienstleistungen blieben außen vor. Viele Folgen wurde nicht
antizipiert und durchdacht.

Aus diesen Gründen sind eine ganze Reihe von weiteren Reformen
und Maßnahmen noch immer erforderlich, um den Arbeitsmarkt und
die Sozialpolitik auf die Zukunft vorzubereiten. Der Strukturwandel der
Wirtschaft in Richtung Dienstleistungsökonomie und globalisierte Wert-

schöpfungsketten wird weitergehen. Deutsche Unternehmen nehmen immer mehr an der Verlagerung von Arbeitsplätzen in Billiglohnländer teil. Der demographische Wandel führt zu einer dramatischen Veränderung der Qualifikationsprofile der deutschen Arbeitnehmer und zunehmend zu einem Mangel an Naturwissenschaftlern und hochqualifizierten Arbeitnehmern. Nach 2011 wird der deutsche Arbeitsmarkt für Bürger der osteuropäischen Beitrittsländer der EU geöffnet werden. Diese Entwicklungen werden die Arbeitsmarktpolitik vor weitere große Herausforderungen stellen.

In Anbetracht der noch dazu kommenden Konjunkturkrise, des Wachstumseinbruchs des Jahres 2009 und der Haushaltskonsolidierung als Folge der Finanzkrise, waren die Reformen der rot-grünen Bundesregierung nicht viel mehr als der erste Akt eines sich noch zu entfaltenden Dramas. Ob dieses sich dann in Form einer weiteren großen Agenda oder in vielen einzelnen Schritten abspielen wird, bleibt abzuwarten. Wir können jedoch aus dem Verlauf der Hartz-Reformen einige Schlussfolgerungen ziehen, die für die zukünftigen Entwicklungen eine wesentliche Rolle spielen werden. Denn Hartz IV ist trotz seiner ungewöhnlichen Reichweite in vielerlei Hinsicht eine typisch deutsche Reform. Warum?

Hartz IV – eine typisch deutsche Reform

Zunächst wollen wir den Fall Hartz IV rekapitulieren. Wie kam es dazu? Wir haben gezeigt, dass die Hartz-Reformen das Resultat eines Umdenkens der Arbeitsmarktpolitiker in Richtung Aktivierung war, gepaart mit dem Bemühen der sozialdemokratischen Bundesregierung, die SPD für die bürgerliche Mittelschicht zu öffnen. Eingebettet war dieser Weg jedoch in die spezifischen finanziellen Restriktionen und Sachzwänge des deutschen Fiskalföderalismus und die Notwendigkeit auf die Krise der Kommunalfinanzen zu reagieren. Alle diese Faktoren spielten für die Reformoptionen und den Entscheidungsprozess eine Rolle. Das neue Ziel der Aktivierung in der Arbeitsmarktpolitik legte eine Begrenzung des statusorientierten Transferbezugs nahe, entweder in Form der Begrenzung des Arbeitslosengeldes und der Arbeitslosenhilfe oder der

Umwandlung der Arbeitslosenhilfe in eine einkommensunabhängige Regelleistung. Die kommunale Finanzkrise sprach für eine Verlagerung der arbeitslosen Sozialhilfebezieher in die Verantwortung des Bundes. Eine geringe einkommensunabhängige Transferleistung finanziert aus dem Bundeshaushalt war der gemeinsame Nenner der Reform, der beide Ziele erreichte.

Die zunehmende finanzielle Schieflage resultierend aus der bestehenden Stilllegungspolitik, deutlich verschärft durch die Effekte der Wiedervereinigung, hat bei allen Beteiligten die Kosten-Nutzen-Rechnung zum Nachteil der bestehenden Arbeitslosenversicherung verschoben. Alle Beteiligten – Politik, Gewerkschaften und Arbeitgeber – hatten zunehmend Zweifel an der Zukunftsfähigkeit der deutschen Arbeitsmarktpolitik.

Die von uns beobachtete Reformdynamik im Fall Hartz IV zeigt dabei ganz deutlich, dass die Reformimpulse von der Ministerialbürokratie sowohl im Bund als auch in den Ländern ausgingen. Im Vordergrund standen dabei arbeitsmarktpolitische Überlegungen. Die Regierungszentrale und einige Beamte im Arbeitsministerium bildeten informelle Reformkoalitionen mit Gleichgesinnten, die zum Teil überlappende Interessen hatten: die Arbeitgeber die Reduzierung der Ausgaben der BA und die Senkung der Beiträge zur Arbeitslosenversicherung; die Kommunen die Senkung der Ausgaben für die Sozialhilfe; die Opposition die Absenkung der Reservationslöhne; Teile der SPD und Gewerkschaften die Dynamisierung des Arbeitsmarktes. Die Bildung dieser Reformkoalition unter Führung der Bundesregierung war eine notwendige Voraussetzung für die Umsetzung der gesetzgeberisch sehr anspruchsvollen Strukturreform.

Innerhalb der Sozialdemokratie kamen zunehmend kritische Stimmen im Hinblick auf die negativen Effekte der Stillegungspolitik ab Mitte der neunziger Jahre auf. Die Kritik hatte ihren Ursprung jedoch in erster Linie in einer eher populistischen Sicht der Möglichkeiten des Sozialmissbrauchs und weniger in den allgemeinen Problemen der aktiven Arbeitsmarktpolitik alter Prägung. Führende Sozialdemokraten fürchteten, dass das Beharren der Sozialpolitiker in der Partei und in den Gewerkschaften darauf, die Möglichkeiten des zweiten Arbeitsmarktes noch weiter auszubauen wie zum Beispiel im Entwurf des AFSG vorgesehen, bei den erwerbstätigen Wählern eher kritisch aufgefasst würde und ihre Wahlchancen schmälern würde. Gleichzeitig gab es jedoch auf Länderebene zunehmend Kritik an den hohen Kosten und geringen Effekten der bestehenden Arbeitsmarktpolitik. Die Praxis der *Kurzarbeit Null*, der Beschäftigungsgesellschaften und der langen Bezugszeiten der Arbeitslosenhilfe, insbesondere in den neuen Bundesländern, wurde von Experten zunehmend kritisch bewertet. Im Laufe der Zeit etablierte sich daher unter wirtschaftsorientierten Sozialdemokraten die Überzeugung, dass die bestehende Arbeitsmarktpolitik ineffektiv, ungerecht und verschwenderisch und eine grundsätzliche Neuorientierung notwendig sei. Aufgrund der bestehenden Parteienkonkurrenz Mitte der neunziger Jahre und der bisherigen Tradition der Sozialdemokratie, den Schutz der Arbeitslosen stärker zu betonen als ihre Reintegration in den Arbeitsmarkt, fand diese Position jedoch keinen Eingang in das Wahlprogramm und in die Diskussionen vor dem Regierungswechsel 1998. Auch auf der Instrumentenebene gab es vor der Bundestagswahl 1998 nur wenige Vorstellungen darüber, wie das System zu ändern sei. Es bestand jedoch bereits Mitte der neunziger Jahre in der SPD-Spitze kein starker Rückhalt mehr für das bestehende Modell.

Hinzu kam, dass auch der Koalitionspartner der traditionellen Arbeitsmarktpolitik kritisch gegenüber stand, wenn auch aus anderen Gründen. Bei den Grünen speiste sich die Kritik stärker aus der feministischen Perspektive und aus der Debatte über ein Grundeinkommen, die bereits Mitte der neunziger Jahre programmatisch weit vorangeschritten war. Beides führte ebenfalls dazu, dass der Rückhalt für die bestehende Arbeitsmarktpolitik immer weiter schwand.

Innerhalb der CDU nahmen ab Mitte der neunziger Jahre die Meinungsunterschiede zwischen dem Arbeitnehmerflügel und dem Wirtschaftsrat deutlich zu. Die Versuche der christlich-liberalen Regierung, Mitte der neunziger Jahre die Sozial- und Wirtschaftspolitik stärker zu liberalisieren, scheiterten jedoch nicht nur am Arbeitnehmerflügel der CDU, sondern insbesondere an den CDU-geführten Landesregierungen in den neuen Bundesländern. Nach der verlorenen Bundestagswahl 1998 gewannen die Liberalisierungsbefürworter innerhalb der CDU zunächst die Oberhand.

Das normative Fundament der bestehenden Stilllegungspolitik hatte somit schon Mitte der neunziger Jahre deutliche Risse bekommen und wurde vom größeren Teil der Führung der SPD, der CDU und der Grünen nicht länger geteilt. Die Liberalen hatten bereits unter Wirtschaftsminister Rexroth weitergehende Vorschläge gemacht. Der Positionswandel der Bundesregierung nach 1998 stieß daher von Beginn an zumindest in Fachkreisen auf breite parteiübergreifende Zustimmung mit Ausnahme der PDS und Teilen der SPD. Hinzu kam die Aktivierungsdebatte auf internationaler und europäischer Ebene. Die OECD hatte die deutsche Arbeitsmarktpolitik bereits 1994 in ihrer *Jobs Study* stark kritisiert. Die Amsterdamer Verträge und die europäische Beschäftigungspolitik setzten erstmals die Erhöhung der Erwerbsquote auf die Agenda. Nicht nur national, sondern auch international rückte die Aktivierung stärker in das Zentrum der Aufmerksamkeit. Dabei hatte die europäische und internationale Debatte keinesfalls eine ursächliche Funktion für die Diskussion in Deutschland, sondern fungierte bestenfalls im Sinne einer zusätzlichen Legitimation.

Der normative Positionswandel entstand vielmehr aus den unmittelbaren Erfahrungsberichten der Länder und Kommunen mit der bestehenden Arbeitsmarktpolitik und zeichnete sich ab Mitte der neunziger Jahre allmählich in den Bundestagsparteien ab. Eine kritische Bewertung der bestehenden Politik fand in unterschiedlichem Ausmaß in allen Parteien statt. Die Grenzen der Stilllegung, die hohen fiskalischen Kosten, die Kritik an falschen Anreizen und Missbrauch wurde nun sowohl auf fachlicher wie auf politischer Ebene thematisiert. Im Wesentlichen blockierte die Parteienkonkurrenz auf Bundesebene eine deutlichere Thematisierung der Arbeitsmarktpolitik vor 1998.

Nach dem Regierungswechsel 1998 ließen bereits die personalpolitischen Weichenstellungen in der Arbeitsmarktpolitik deutliche innerparteiliche Konflikte erkennen, die jedoch wegen der günstigen konjunkturellen Entwicklung vertagt werden konnten. Nicht etwa die sozialpolitisch prägenden Persönlichkeiten der SPD aus Oppositionszeiten wie Rudolf Dreßler oder Ottmar Schreiner waren mit Regierungsverantwortung bedacht worden, sondern reformorientierte und weniger prominente Persönlichkeiten wie Walter Riester oder Gerd Andres. Es gab innerhalb der Bundesregierung keine Verschwörung zum Umbau der Arbeitsmarktpolitik, aber es gab einen inneren personellen Kern der

Reformpolitik, der seine Vorstellungen systematisch vorantrieb. Auch die Tatsache, dass der Vermittlungsskandal und die Einsetzung der Hartz-Kommission Anfang 2002 gezielt forciert wurden, lässt darauf schließen, dass die Lösungen systematisch über einen längeren Zeitraum von den zuständigen Personen konzeptionell erarbeitet und vorangetrieben wurden. Das Kanzleramt hätte den Vermittlungsskandal nicht zum Anlass nehmen müssen, ein Tribunal über die Bundesanstalt für Arbeit zu eröffnen und der Hartz-Bericht hätte die Zusammenlegung von Arbeitslosen- und Sozialhilfe nicht zwangsläufig thematisieren müssen. Auch hat der Bundeskanzler vor der gewonnen Wahl 2002 nicht zufällig die *eins-zu-eins*-Umsetzung angekündigt.

Nach dem Regierungswechsel 1998 gab es in der Regierung keine konzeptionelle Grundlage für die Reform der Arbeitsmarktpolitik, sondern allenfalls einen Kern verantwortlicher Politiker und Beamte, die das Problem in ähnlicher Weise interpretierten. Dazu gehörten neben dem Kanzler selbst, dessen Engagement in der Frage eher undeutlich blieb, ohne den dieser Prozess jedoch kaum hätte voranschreiten können, als tragende Akteure in erster Linie der damalige Chef des Bundeskanzleramts, Frank-Walter Steinmeier sowie der Staatssekretär im BMA, Gerd Andres.

In der ersten Hälfte der ersten Legislaturperiode wurden jedoch Reformkonzepte lediglich am Reißbrett entwickelt, ohne dass es einen Auftrag dafür gegeben hätte. Zudem war eine inhaltliche arbeitsmarktpolitische Diskussion durch die Blockade im *Bündnis für Arbeit*, die Rentenreform und die Erholung des Arbeitsmarktes aufgrund des New Economy-Booms behindert. Neue arbeitsmarktpolitische Wege wurden ab 2001 jedoch in Form von Modellprojekten (MoZArT-Modellprojekte; *Mainzer Modell*) getestet, um schrittweise Strukturreformen vorzubereiten. Dies wurde im Kanzleramt allerdings zunehmend als Zeichen mangelnder Kompetenz und Handlungsstärke des Arbeitsministers gewertet.

Im Kanzleramt verspürte man nach dem Einbruch der Konjunkturblase der New Economy 2000 zunehmend Handlungsdruck. Der Arbeitsminister hingegen stand weitergehenden Reformüberlegungen abwartend und auch inhaltlich eher skeptisch gegenüber, nachdem die Kritik an der Rentenreform heftig ausgefallen war. Dies vergrößerte den Handlungsspielraum der Regierungszentrale. Ende 2001 führten Steuerausfälle, drastische Haushaltsdefizite, steigende Arbeitslosigkeit, die Androhung eines Defizitverfahrens aus Brüssel, eine Reihe verlorener Landtagswahlen und die bevorstehende Bundestagswahl 2002 zu einem verstärkten Druck auf die Regierung.

Die gezielte Instrumentalisierung des Vermittlungsskandals erfolgte, um sowohl eine Restrukturierung der BA durchsetzen zu können als auch weitergehende Reformen in der Arbeitsmarktpolitik voranzutreiben. Als Sofortmaßnahmen dienten in dieser Zeit die Beschränkung der Selbstverwaltung der BA und die Einberufung des neuen BA-Vorstands Florian Gerster – eines ausgesprochen aktiven und radikalen Vordenkers in Richtung einer liberalen Arbeitsmarktpolitik.

Die Einsetzung der Hartz-Kommission war hingegen kein Instrument zur Erarbeitung von Reformvorschlägen. Das erklärt, warum selbst abwegige Reformideen von Peter Hartz vom Kanzleramt positiv kommentiert wurden. Vielmehr wurde durch die Kommission die Legitimation zum Handeln gegenüber den Regierungsfraktionen erreicht sowie eine Einbindung wesentlicher Verbände und der Wirtschaft, was mit dem *Bündnis für Arbeit* nicht gelungen war.

Zeitgleich zur Hartz-Kommission hatte das Kabinett die *Kommission zur Reform der Gemeindefinanzen* eingesetzt, die Vorschläge zur Ausgestaltung der Zusammenlegung machen sollte. Konzipiert als Kommission, die sich sowohl mit den Einnahmen- als auch Ausgabenseite der Kommunen beschäftigte, wurde schnell klar, dass sich die Arbeitsgruppe zur Einnahmeseite nicht einigen würde. In der Arbeitsgruppe zur Ausgabenseite befanden sich im Wesentlichen Personen, die sich bereits in der Bertelsmann-Arbeitsgruppe gegenübergesessen hatten. Sie kannten die Gemeinsamkeiten und Konfliktpunkte im Bereich Arbeitsmarktpolitik. Die Konfliktpunkte lagen dabei nicht bei der Ausgestaltung der Leistung (ein Punkt, der Gewerkschaften und SPD-Linker wichtig war), sondern in erster Linie bei der Trägerschaft und Finanzierung der neuen Leistung. Aufbauend auf der Vorarbeit der Arbeitsgruppe der Bertelsmann Stiftung hatte lediglich der DGB eine grundsätzlich abweichende Position.

Auch hier zeichnete sich eine enge Koordination zwischen den Verantwortlichen im Bundeskanzleramt und dem Ministerium ab. Zwar war formal Staatssekretär Rudolf Anzinger Leiter der Arbeitsgruppe *Arbeitslosenhilfe/Sozialhilfe*; faktisch wurde er jedoch regelmäßig von Gerd Andres vertreten. Sobald in der Gemeindefinanzreformkommission die wesentlichen Parameter zur Zusammenlegung gefunden worden waren, verkündete Schröder in seiner Agenda 2010-Rede die genauen Details der Ausgestaltung der Leistung.

Wie in Kapitel 9 deutlich wird, konnten viele konzeptionelle Fragen der Ausgestaltung der neuen Leistung durch die enge Kooperation zwischen Bundesministerium und Länderarbeitsministerien vorab geklärt werden. Auch die Koordination zwischen Kanzleramt und den Beamten im Arbeitsministerium verlief erstaunlich reibungslos, so dass Schröders Agenda 2010-Regierungserklärung ungewöhnlich stark mit Details aufwarten konnte. Die Parlamentarier freilich waren an der Politikformulierung, wie im deutschen Exekutivföderalismus üblich, nur wenig beteiligt.

Bis zu diesem Punkt zeichnet sich damit in der Frage der Zusammenlegung der Hilfesysteme ein erheblich höheres Maß an Strategiefähigkeit der Regierung ab, als in der Diskussion angenommen wird. Die Regierung Schröder war weniger chaotisch und hatte eine größere arbeitsmarktpolitische Kompetenz und Zielorientierung als gemeinhin vermutet. Eine Gruppe von politischen Unternehmern in Ministerium und Kanzleramt trieb die Reform unabhängig von bestehenden Protesten und Widerständen voran. Und sie schuf mit der Hartz-Kommission und der Gemeindefinanzreformkommission die notwendigen Gremien, um die Legitimation der Maßnahmen gegenüber den Regierungsfraktionen und einem zögerlichen Minister zu verstärken. Mit den abschließenden Berichten beider Kommissionen war den Oppositionellen im Parlament weitgehend der Wind aus den Segeln genommen worden, da sowohl die Verbände als auch die B-Länder und Kommunen zumindest formal mit an Bord waren. Ein neuer tatkräftiger Minister in Person von Wolfgang Clement, der zudem noch den Bereich des Wirtschaftsministeriums mit übernahm, trat auf den Plan, um die Kommissionspapiere in die Tat umsetzen.

Soweit ist die Genese der Hartz-Reform durchaus innovativ und ungewöhnlich für das deutsche Regierungssystem, denn sie weist deutlich mehr Strategiefähigkeit auf, als konventionelle Annahmen unterstellen. Wirklich typisch für Reformen in Deutschland ist jedoch, was nach der Verkündung der Umsetzung *eins-zu-eins* geschah. Es ist bezeichnend für die größte Reform der Arbeitsmarktpolitik seit der Reform des AFG

1969, dass die Konzeption der Reform maßgeblich von Entscheidungen in den Vermittlungsausschüssen überlagert wurde.

Jede größere Reform in Deutschland ist untrennbar mit den Problemen der deutschen Finanzverfassung verknüpft. Ein bestimmender Faktor der Reform lag in der Komplexität der Finanzierung der Absicherung Langzeitarbeitsloser und den spezifischen Vorgaben des Fiskalföderalismus. Sie beeinflussten die Reform maßgeblich in mindestens vier Aspekten: erstens im Hinblick auf die Dringlichkeit der Reform an sich. Zweitens im Hinblick auf verteilungspolitische Effekte unterschiedlicher Reformalternativen. Drittens im Hinblick auf die Frage der Ausgestaltung der Leistungsansprüche und Anspruchsberechtigung der betroffenen Leistungsbezieher. Und schließlich viertens im Hinblick auf die Durchführung der Leistung. Interessanterweise wurden die Besonderheiten des Fiskalföderalismus in der öffentlichen wie in der fachlichen Diskussion über die politischen Hintergründe der Restrukturierung von Wohlfahrtsstaaten bislang nahezu komplett ausgeblendet.

Ohne die massive Krise der Kommunalfinanzen im ehemaligen sozialdemokratischen Stammland NRW ist es mehr als fraglich, ob die Bundesregierung zu einer tiefgreifenden Strukturreform wirklich die Kraft gefunden hätte. Die Bemühungen der arbeitsmarktpolitischen Abteilungen im BMAS hätten auch wieder in den Schubladen des Ministeriums verschwinden können, wenn die Situation nicht aus finanziellen Gründen reif für eine Reform gewesen wäre. Die Lage war jedoch in einzelnen Kommunen so dramatisch, dass die *Kommission zur Reform der Gemeindefinanzen* es sich nicht erlauben konnte, wie viele andere Kommissionen vage Empfehlungen für die Zukunft abzugeben. Vielmehr musste sie handlungsrelevante und unmittelbare Resultate erzielen, um den unmittelbar bevorstehenden finanziellen Kollaps einzelner Kommunen abzuwenden. Die Krise war daher ein wichtiger und wesentlicher Faktor dafür, dass überhaupt strukturell reformiert werden konnte. Ohne die akute Krise der Kommunalfinanzen wäre es zu dieser Reform nicht gekommen.

In der fachpolitischen Diskussion war der Verschiebebahnhof zwischen Kommunen und BA seit längerem bekannt. Auch die Tatsache, dass die Bundesregierung regelmäßig Beiträge zur Sozialversicherung aus haushaltspolitischen Gründen verschiebt, war kein Geheimnis mehr (Trampusch 2003). Bereits seit den achtziger und neunziger Jahren versuchten Kommunen, Sozialhilfeempfängern – insbesondere in Ostdeutschland – eine vorübergehende sozialversicherungspflichtige Beschäftigung zu verschaffen, damit sie im Anschluss Arbeitslosengeld bezogen und damit die Haushalte der Kommunen entlasteten. Gleichzeitig stieg die Zahl der Sozialhilfebezieher kontinuierlich, zumal immer mehr Arbeitslosengeld- oder Arbeitslosenhilfebezieher aufstockende Sozialhilfe benötigten. Die Reform hatte daher ganz wesentlich zum Ziel, diese Verschiebungen zwischen Arbeitsämtern und Sozialämtern zu beseitigen.

Zum Problem des Verschiebebahnhofs Kommune und BA kamen jedoch zwei weitere wichtige Aspekte: Erstens hatte Hans Eichels große Steuerreform im Jahr 2000 die bereits belasteten Haushalte der Kommunen an den Rand des finanziellen Ruins getrieben. Zweitens wirkte besonders schwer, dass die Belastung der Kommunen durch Sozialhilfeempfänger und auch die Verteilung der Arbeitslosenhilfeempfänger regional höchst unterschiedlich verteilt waren. Beides führte letztlich zu erheblichen regionalen Umverteilungen der Finanzflüsse an die Kommunen durch die Zusammenlegung von Arbeitslosen- und Sozialhilfe.

Damit wurde eine akute Schieflage der Kommunalfinanzen zur Triebfeder einer strukturellen Reform, wobei der Handlungsdruck zur finanziellen Rettung der Kommunen ständig anstieg. Aus rein arbeitsmarktpolitischen Überlegungen hätte eine administrativ erheblich einfachere Alternative darin bestanden, die Arbeitslosenhilfe zu befristen und Langzeitarbeitslose in den Bezug der Sozialhilfe zu überführen. Oder man hätte die Arbeitslosenhilfe stärker degressiv ausgestalten können, was ebenfalls die Arbeitsteilung zwischen BA und Kommunen im Grundsatz nicht geändert hätte, sondern stärker Langzeitarbeitslose in die Sozialhilfe überführt hätte. Zugleich hätte man die Arbeitslosenhilfe armutsfest gestalten und die kommunale Beschäftigungspolitik für Langzeitarbeitslose spezifisch weiter ausbauen können.

Diese Alternativen waren in erster Linie dadurch blockiert, dass sich die Kommunen in der größten Haushaltskrise der Nachkriegszeit befanden. Eine Kommunalisierung der neuen Leistung hätte darüber hinaus eine bedarfsorientierte Finanzierung der Kommunen gefährdet. Es gibt keine Möglichkeit einer bedarfsorientierten Finanzierung der Kommunen durch den Bund, bei der notleidende Kommunen höhere Zuweisungen erhalten als wohlhabende Kommunen. Allein der kommunale Finanzausgleich ermöglicht innerhalb der Bundesländer einen begrenzten Finanzausgleich – analog zum Länderfinanzausgleich. In Anbetracht der großen Ungleichgewichte der deutschen Kommunen zwischen Starnberger See, Oberhausen und Greifswald, gibt es keine Instrumente, die es erlauben würden, Problemfälle stärker zu fördern. Jede Kommunalisierung der Kosten für Langzeitarbeitslosigkeit verschärft das Verteilungsproblem zwischen reichen und armen Kommunen. Daher musste der Bund den übergroßen Teil der Sozialhilfebezieher in die Verantwortung des Bundes überführen, um diesen Ungleichgewichten zu begegnen.

Gleichzeitig haben die regionalen Ungleichgewichte die Einigung auch massiv erschwert. Der Konflikt bestand dabei weniger zwischen reichen und armen Kommunen, sondern vor allem zwischen einwohnerreichen und -armen Kommunen sowie zwischen Ost- und Westbundesländern. Traditionell gab es in Ostdeutschland – aufgrund der hohen Frauenerwerbsquote – relativ viele Arbeitslosenhilfebezieher und relativ wenige Sozialhilfeempfänger, wobei Arbeitslosenhilfebezieher deutlich höhere Transfereinkommen hatten als Sozialhilfeempfänger. Im Westen war diese Relation umgekehrt. Durch die Zusammenlegung der Hilfesysteme und die Reduzierung der vormaligen Arbeitslosenhilfe auf Sozialhilfeniveau ging den neuen Bundesländern damit beträchtliche Kaufkraft verloren. Die Reform diskriminierte also die neuen Bundesländer, während sie in der Tendenz die armen Kommunen besser stellte.

Die fiskalische Frage war jedoch nicht nur Triebfeder der Reform, sie hat auch deren Ausgestaltung maßgeblich mitgeprägt. Dabei hing die Verteilung der finanziellen Lasten zwischen Kommunen, Bund und BA von zwei Aspekten ab: erstens von der Bezugsdauer und Höhe des Arbeitslosengeldes und zweitens von der Definition der Erwerbsfähigkeit. Hätte man es bei einem längeren Bezug des Arbeitslosengeldes belassen, wäre die BA belastet worden. Bei einer engen Definition der Erwerbsfähigkeit wären hingegen die Kommunen stärker belastet worden.

Damit hatten arbeitsmarktpolitische Faktoren (im Sinne des Anreizes zur Arbeitsaufnahme) einen direkten und erheblichen Einfluss auf die Haushalte des Bundes, der Kommunen und der BA. Im Verhältnis zwischen BA und Bund ist dies nicht so zentral, da der Bund die BA einseitig über die Definition der Bezugsdauer und über Zuschüsse be-

und entlasten kann. Dies ist aus oben genannten Gründen bei der finanziellen Be- und Entlastung der Kommunen nicht so einfach.

Die Definition der Erwerbsfähigkeit wurde eine zentrale Stellschraube bei der finanziellen Entlastung der kommunalen Haushalte. In internationaler Perspektive fiel diese Definition extrem weit aus. In keinem anderen Land der OECD werden so viele Menschen mit (aufgrund von familiären Pflichten oder gesundheitlichen Belastungen) eingeschränkter Erwerbsfähigkeit als arbeitsfähig definiert (Konle-Seidle 2008). Dies ist jedoch primär dem Ziel zu verdanken, die Kommunen finanziell entlasten zu wollen.

Gleichzeitig war die Entscheidung, die Höhe der Transferleistung auf der Höhe der Sozialhilfe anzusiedeln und die Bezugsdauer des Arbeitslosengeldes zu verringern – trotz gegenteiliger Beteuerungen im Wahlkampf – in erster Linie dem Zweck geschuldet, die Folgekosten für den Bundeshaushalt unter Kontrolle zu bringen. Ein Ziel, das allerdings deutlich verfehlt wurde.

Obgleich sie formal keine Entscheidungsträger sind und auch keine direkten Finanzbeziehungen zum Bund haben, versuchten die Kommunen über unterschiedliche Kanäle auf den Entscheidungsprozess Einfluss zu nehmen. So waren kommunale Vertreter Mitglied in der Bertelsmann-Arbeitsgruppe, in der Hartz-Kommission und in der Gemeindefinanzreformkommission. Neben den Landesregierungen übten auch kommunale Vertreter erheblichen Einfluss auf die Bundestagsfraktion aus. Die Wahlkreise der Bundestagsabgeordneten insbesondere in NRW waren stark von der kommunalen Finanzkrise betroffen und die NRW-Landesgruppe forderte Lösungen von der Bundesregierung. Auch parteiinterne kommunalpolitische Gruppierungen wie die Sozialdemokratische Gemeinschaft für Kommunalpolitik (SGK) sorgten für zusätzlichen Schub. Ihre finanziellen Sorgen überwogen im Zweifel die Bedenken an der Liberalisierung der Arbeitsmarktpolitik und boten zusätzliche Nahrung für den Positionswechsel.

Neben der engen Verschränkung von kommunalen Haushalten und arbeitsmarktpolitischen Erwägungen gibt es noch einen weiteren Aspekt, der die Dominanz finanzieller Erwägungen bestärkt hat. Aufgrund der Auswirkungen der Hartz-Gesetze für die Länder war die Reform zustimmungspflichtig im Bundesrat. Die verteilungspolitischen Konflikte zwischen alten und neuen Ländern und armen und reichen Kom-

munen verursachten komplexe Paketverhandlungen im Vermittlungsausschuss, bei denen insbesondere die neuen Bundesländer auf Ausgleich drängten.

Über die Notwendigkeit, ein mit den B-Ländern und den neuen
Bundesländern konsensfähiges Paket zu schnüren, gelangten eine ganze
Reihe von Themen in die Verhandlungen, die entweder sehr wenig mit
Arbeitsmarktpolitik zu tun hatten oder die Reform in ihrer Substanz
veränderten. Sowohl die Zuverdienstmöglichkeiten als auch die Zumutbarkeit wurden auf Drängen der B-Länder verändert. Die Zuständigkeit
für die Auszahlung der neuen Leistung wanderte nicht nur von der BA
zu den Arbeitsgemeinschaften, sondern darüber hinaus für 69 Optionskommunen in die alleinige kommunale Trägerschaft. Im Paket mit verhandelt wurden zudem Steuerentlastungen und die Form der Gegenfinanzierung. Mit anderen Worten: Im Rahmen der Hartz-Reformen
wurden, wie in Deutschland üblich, eine Reihe anderer finanzieller Ent-
und Belastungsgesetze mit verhandelt, die letztlich den Bundeshaushalt
teuer zu stehen kamen.

Typisch für deutsche Reformpolitik ist an der Hartz-Reform daher,
dass eine fachpolitisch motivierte Reformagenda durch finanzpolitische
Sonderinteressen im Zusammenspiel von Bund und Ländern nicht nur
maßgeblich verformt sondern auch erheblich verteuert wurde. Die von
Fritz Scharpf bereits in den siebziger Jahren identifizierte Politikver-
flechtungsfalle des deutschen Föderalismus ist auch in der Arbeitsmarktpolitik zugeschnappt. Was bedeutet dies für die zukünftige Politik
am Arbeitsmarkt?

Baustelle Arbeitsmarkt

Wie in Kapitel 2 ausführlich dargestellt, hat die Einführung des Arbeitslosengeldes II durchaus die Dynamik am deutschen Arbeitsmarkt
erhöht. Die Beschäftigungsquote ist gestiegen und die absolute Zahl der
Beschäftigten hat zugenommen. Auch die Aktivierung der Langzeitarbeitslosen hat stattgefunden. Damit konnte das Beschäftigungsdefizit
der neunziger Jahre zumindest teilweise überwunden werden. Wie eine
Studie im Auftrag der Bertelsmann Stiftung zusammenfasst:

Deutschland hatte 2009 einen historischen Höchststand der Erwerbstätigkeit erreicht und manche andere Länder bei der Beschäftigungsquote übertroffen. Gleichzeitig ging die Inaktivität der Personen im erwerbsfähigen Alter zurück. Fortschritte wurden vor allem bei der Erwerbsintegration der Frauen und der älteren Arbeitskräfte erzielt: In struktureller Hinsicht zeigt sich hier eine besonders dynamische Entwicklung im privaten Dienstleistungssektor.« (Eichhorst u.a. 2009: 4).

Zwischen 2004 und 2008 stieg die Beschäftigungsquote um 4 Prozentpunkte. Damit hat Deutschland zu den skandinavischen und angelsächsischen Ländern aufgeschlossen. Gleichzeitig liegt die Arbeitslosenquote (hauptsächlich dank des Kurzarbeitergeldes) unter dem Durchschnitt der OECD. Das Problem am deutschen Arbeitsmarkt ist also nicht mehr die Stilllegung.

Die Aktivierung der Langzeitarbeitslosen hat jedoch viele strukturelle Probleme am Arbeitsmarkt nicht gelöst. Die Arbeitslosenquote gering Qualifizierter ist noch immer erheblich höher als die der höher Qualifizierten. Der Arbeitsmarkt spaltet sich zunehmend in Kern- und Randbelegschaft. Es hat sich ein Segment von Unterbeschäftigten herausgebildet, die zuvor langzeitarbeitslos waren. Insbesondere Mütter von kleineren Kindern arbeiten im internationalen Vergleich extrem wenige Stunden. Zudem sind viele der neuen Arbeitsmöglichkeiten im Vergleich zu der Mehrheit der Arbeitsplätze von geringerer Qualität. Sie liegen oftmals im Bereich der Zeitarbeit, der geringfügigen Beschäftigung und sind befristet. Zudem sind sie gering entlohnt, und die Einkommen der Betroffenen müssen oft durch Transferleistungen aufgestockt werden.

Die Hartz-IV-Reform hat durch die Hintertür ein Abgabenregime eingeführt, das viele angelsächsische Länder bereits seit Längerem haben. Dort wird die Beschäftigung im Niedriglohnsektor über eine negative Einkommenssteuer subventioniert. Im deutschen Fall wurde eine ähnliche Lösung über den Begriff des Kombilohns in die Debatte eingeführt. Die Idee, die beiden Konzepten zugrundeliegt, ist die gleiche: Das Einkommen, das am Markt erzielt wird, wird mit möglichen Transfereinnahmen verrechnet. Ein Einkommen speist sich damit aus zwei Quellen: einem geringen Lohn und einer zusätzlichen Transferleistung.

Die nächsten Reformschritte auf der Baustelle Arbeitsmarkt müssten daher zum Ziel haben, die zurzeit gering entlohnten und qualitativ unterdurchschnittlichen Beschäftigungsverhältnisse auf ein höheres Niveau zu bringen, ohne dass eventuell höhere Kosten Arbeitsplätze und die Beschäftigungsquote in Gefahr bringen. Dafür müssten Löhne und Einkommen steigen und Qualifikationen verbessert, das Arbeitsvolumen geringfügig Beschäftigter vergrößert und die Beschäftigungssicherheit erhöht werden. Mit anderen Worten, die Bereitschaft und Möglichkeiten der Arbeitgeber, *gute* Arbeitsplätze anzubieten, müsste durch eine politische Flankierung und Regulierung erhöht werden. Gleichzeitig müsste der Anreiz für geringfügig Beschäftigte verbessert werden, sich eine sozialversicherungspflichtige Beschäftigung zu suchen. Statt weiter allein auf Aktivierung und Beschäftigungsaufbau um jeden Preis als wesentliches Ziel der Arbeitsmarktpolitik zu setzen, müsste in den nächsten Jahren die qualitative Verbesserung der Beschäftigungsverhältnisse in den Vordergrund rücken.

Ein wichtiger Hemmschuh für die Ausweitung der sozialversicherungspflichtigen Beschäftigung, also der Arbeitsplätze oberhalb von Mini- und Midijobs, ist jedoch die Kostenbelastung im unteren Bereich des Arbeitsmarktes. Anders ausgedrückt, sowohl der Umfang neuer Beschäftigung wie auch die Qualität bestehender Arbeitsplätze wird maßgeblich von der Kostenstruktur der Abgaben und Steuern auf Arbeit beeinflusst.

In der politischen Diskussion wird dies unter dem Stichwort »Senkung der Lohnnebenkosten« bereits seit Mitte der neunziger Jahre thematisiert. Die Regierung Schröder hatte sich dieses Ziel 1998 auf die Fahnen geschrieben, um Beschäftigung zu generieren. Dabei ist die Betonung der Lohnnebenkosten irreführend. Deutschland liegt bei den Lohnnebenkosten im unteren EU-Mittelfeld. Das Statistische Bundesamt hat auf der Grundlage der Arbeitskostenerhebung von *Eurostat* die arbeitgeberseitigen Lohnnebenkosten in Deutschland mit 33 Prozent beziffert (davon sind 20 Prozentpunkte gesetzlich bestimmt und 6 Prozentpunkte tarifvertraglich verankert). Im Vergleich dazu lagen die Lohnnebenkosten im Durchschnitt der EU bei 36 Prozent (davon 23 Prozentpunkte gesetzlich bestimmt) (Statistisches Bundesamt 2007). Der Durchschnitt der arbeitgeberseitigen Lohnnebenkosten ist daher nicht außergewöhnlich hoch.

Das Bild ändert sich jedoch, wenn man die effektive durchschnittliche Steuer- und Abgabenbelastung von Arbeitseinkommen betrachtet.

Dabei werden Steuerabgaben und arbeitnehmer- sowie arbeitgeberseitige Abgaben insgesamt betrachtet. Hier lag Deutschland im Jahr 2007 mit einer Rate von 39 Prozent deutlich über dem EU Durchschnitt von 34,4 Prozent (European Commission 2009b).

Hinzu kommt, dass Arbeitseinkommen in Deutschland im internationalen Vergleich einer ungewöhnlichen Abgabenstruktur unterliegen. Deutschland ist nach wie vor das Land in der OECD mit dem höchsten effektiven Steuersatz für niedrig entlohnte Beschäftigung. Nach Berechnungen der OECD wurde in Deutschland im Jahre 2005 ein durchschnittliches Einkommen mit 42,5 Prozent besteuert (Sozialabgaben der Arbeitnehmer plus Einkommensteuer). Dies lag noch über dem Satz in Dänemark (Immervoll 2007: 11, Tabelle 3). Die Einkommen an der Armutsgrenze (mit 67 Prozent des Durchschnittseinkommens) wurden mit einem Steuersatz von 36,4 Prozent belegt. Der Durchschnittssteuersatz in der OECD lag hingegen bei 26,2 beziehungsweise 21,9 Prozent. Die Arbeitgeberbeiträge für Niedrigverdiener liegen hingegen ähnlich wie bei den Lohnnebenkosten mit 20,7 Prozent nur knapp oberhalb des Durchschnitts der OECD (ebd.: Tabelle 4). Das bedeutet, dass ein deutscher Arbeitnehmer mit einem Einkommen an der Armutsgrenze 15 Prozentpunkte mehr verdienen muss als ein durchschnittlicher Arbeitnehmer in der OECD, um auf das gleiche Nettoeinkommen zu kommen.

Zudem werden Sozialabgaben nicht erst oberhalb eines existenzsichernden Freibetrags erhoben und ihre Tarife sind auch nicht progressiv. Vielmehr sind sie zunächst linear und bei höherem Einkommen aufgrund der Bemessungsgrenze sogar regressiv. »Im Ergebnis werden viele der ohnehin gering entlohnten und zugleich besonders preisempfindlichen ›einfachen Arbeiten‹ durch den mehr als 40-prozentigen Aufschlag der Sozialabgaben vom privaten Arbeitsmarkt vertrieben« (Scharpf 2009: 144).

Dieses Problem wurde durch die Hartz-Reformen nicht gelöst sondern lediglich verschoben. Aufgrund der Zuverdienstmöglichkeiten im Hartz-IV-Bezug kann es jetzt zu Situationen kommen, in denen das Einkommen von Arbeitnehmern, die mehrere Kinder und Angehörige zu versorgen haben und Vollzeit beschäftigt sind, zunächst durch eine hohe Abgabenlast gemindert wird, wodurch sie sodann transferleistungsberechtigt werden. Arbeitnehmer mit Bruttoeinkommen, die prinzipiell ein Auskommen des Einzelnen ermöglichen sollten, werden so in die Sozialleistungsfalle getrieben. Gäbe es bereits in den Sozialversicherungsbeiträgen einen Freibetrag für Kinder und ein existenzsicherndes Grundeinkommen, dann würde dieser Transferbezug erst gar nicht entstehen.

Das Problem wird dadurch verstärkt, dass der deutsche Arbeitsmarkt keinen gesetzlichen Mindestlohn kennt. Ein gesetzlicher Mindestlohn ist in der EU und innerhalb der OECD mittlerweile die Regel. Allein Länder mit starken Gewerkschaften und einer tarifvertraglichen Regulierung des Arbeitsmarktes, die nahezu 90 Prozent der Arbeitnehmer abdeckt, verzichten darauf (European Commission 2009a). Auch Länder mit deregulierten und flexiblen Arbeitsmärkten, wie die angelsächsischen, haben einen Mindestlohn. Allein Deutschland ist innerhalb der EU in der Situation, weder über einen gesetzlichen Mindestlohn zu verfügen noch den Arbeitsmarkt flächendeckend mit Tarifverträgen zu regulieren.

Der Mindestlohn verhindert, dass Arbeitgeber den Kombilohn dazu nutzen, Stundenlöhne nach unten zu drücken. Wenn Arbeitnehmer aufstockende Hilfeleistungen in Anspruch nehmen können, weil ihre Einkommen zu gering sind, besteht die Gefahr, dass Arbeitgeber und Arbeitnehmer sich alleine deshalb auf einen geringen Stundenlohn einigen können, um Kosten zu sparen, die wiederum von der Bundesagentur für Arbeit über einen Arbeitslosengeld II-Bezug und Wohngeldbezug ausgeglichen werden müssen. In der Folge sinken dann die Löhne für breite Einkommensgruppen, da Niedriglohnunternehmen andere Unternehmen auf dem Markt unterbieten können. Der Umstand, dass Deutschland mittlerweile beim Anteil der *working poor* (derjenigen Vollzeitarbeitnehmer, die weniger als Zweidrittel des Durchschnittlohns verdienen) innerhalb der EU an der Spitze liegt, ist zu einem großen Teil dieser Lohnkonkurrenz und den Mitnahmeeffekten durch die Möglichkeiten des Aufstockens des Lohnes mit Hartz IV zu verdanken.

Spätestens mit dem Auslaufen der Übergangsabkommen bezüglich der Öffnung der Arbeitsmärkte für Arbeitsuchende der Beitrittsländer zur EU 2011 und der damit verstärkt einsetzenden Arbeitsmigration aus Polen und anderen osteuropäischen Ländern wird die Kombination aus einem fehlenden Mindestlohn und der Möglichkeit der Aufstockung des Einkommens durch das Arbeitslosengeld die Konkurrenz der Löhne nach unten noch weiter anfachen. Arbeitgeber können durch die osteuropäischen Arbeitnehmer, die zum Teil in ihre Heimatländer pendeln können, sehr niedrige Löhne auch gegenüber deutschen Arbeitsuchenden legitimieren. Die Antwort darauf muss in der Einführung eines beschäftigungsorientierten Mindestlohns bei gleichzeitiger Reduzierung der hohen Abgabenlast für niedrig entlohnte Beschäftigung bestehen.

In den achtziger Jahren des 20. Jahrhunderts bestand dieses Problem bereits auf sehr ähnliche Weise. Damals hat die Regierung mit dem Ausbau der sogenannten geringfügigen Beschäftigung reagiert. Allerdings hat diese Herausnahme gering bezahlter Beschäftigung mit einem geringfügigen Volumen aus der allgemeinen Sozialversicherungspflicht nur dazu geführt, dass sich am unteren Rand des Arbeitsmarktes ein Segment von Beschäftigung etablieren konnte, das auf der einen Seite in der Regel über Familienangehörige oder einen anderen Status an der Sozialversicherung teilhaben konnte, auf der anderen Seite nicht in sie einzahlte. Dieses Kostenventil für personalintensive Dienstleistungen (damals insbesondere die Zeitungsindustrie und ihre Zeitungsausträger) verhinderte jedoch in der Folge eine gerechtere Verteilung der Abgabenlast. Anstatt Jobs in geringfügige Bestandteile aufzuteilen und damit die Kosten zu drücken, sollte Vollzeiterwerbstätigkeit durch Freibeträge und eine progressive Abgabenstruktur gefördert werden.[1] Damit würde auch die derzeit rapide wachsende Kluft zwischen Arbeitsmarkt*insidern* mit festen Beschäftigungsverhältnissen zu vergleichsweise guten Bedingungen und *Outsidern*, die zwischen Arbeitslosigkeit und geringfügiger Beschäftigung hin und her pendeln, wieder geschlossen.

Ist diese Erwartung realistisch? Leider nicht. Auf der einen Seite hat sich die Finanzierung des Bundeshaushaltes und der Sozialversicherung seit Mitte der neunziger Jahre langsam zugunsten der Steuerfinanzierung und zulasten der Beitragsfinanzierung verschoben. Betrugen die Steuern 1995 noch 22,9 Prozent des BIP und die Sozialabgaben 16,9 Prozent, so sieht die Verteilung im Jahr 2007 schon anders aus. Die Sozialabgaben umfassen heute nur noch 15,2 Prozent des BIP und der Steueranteil ist auf 23,4 Prozent gestiegen (European Commission 2009b). Allerdings könnte dieser Effekt auch auf die zunehmende Verdrängung sozialversi-

---

1 Dieser Vorschlag wurde schon von der Benchmarking-Arbeitsgruppe erfolglos in die Diskussion gebracht.

cherungspflichtiger Beschäftigung durch geringfügige Beschäftigung zurückzuführen sein. Dass die Einkommen von Niedrigverdienern vergleichsweise hoch besteuert werden, findet seinen Ursprung wiederum in der föderalen Finanzverfassung. Zum einen ist die paritätische Finanzierung der Sozialversicherungen und damit der Ursprung der Sozialpolitik als Versicherungsleistung zu nennen. Hier gab es in der Vergangenheit eine Allianz der Sozialpartner und der Sozialpolitiker der großen Parteien, das Äquivalenzprinzip durch stabile Beiträge zu forcieren. Wenn alle Arbeitnehmer Anteile ihres Bruttolohns in die sozialen Sicherungssysteme einzahlten, konnten sie im Fall der Arbeitslosigkeit oder Rente auch anteilige Sozialleistungen erwarten. Der Schutz der linearen Abgaben ohne Freibetrag war daher kein triviales Argument, sondern in der rechtlichen Natur eines Eigentumsrechts in der Sozialversicherung verankert. Allerdings hat es sich im Laufe der Zeit zu einem massiven Kostenproblem entwickelt. Das Verhältnis zwischen dem Niveau der Beiträge zur sozialen Sicherung und den dadurch entstehenden Ansprüchen an die Sozialversicherung ist schon seit langem entkoppelt.

Zum anderen liegt die hohe Abgabenlast an der Tatsache, dass die Höhe der Sozialversicherungsabgaben dem direkten Zugriff der Bundesregierung unterliegt und nicht, wie fast jede andere Steuerart, mit den Bundesländern abgestimmt werden muss. Die föderalen Entscheidungsstrukturen der gegenwärtigen Finanzverfassung »lassen eine autonome Steuerpolitik des Bundes nur in engen Grenzen zu« (Scharpf 2009: 144). Scharpf betont zudem, dass in der Bundespolitik in der Regel mehr Rücksicht auf die besserverdienenden Steuerzahler als auf die beitragszahlenden Geringverdiener genommen werde (ebd.). Die Ankündigung einer (wenn auch an sich unrealistischen) Steuersenkungspolitik durch die schwarz-gelbe Koalition seit September 2009 lässt unmittelbar keine weiteren Fortschritte in Richtung der Steuerfinanzierung der Sozialversicherung erhoffen. Daher ist auch an dieser Stelle die Pathologie der deutschen Finanzverfassung ein wesentlicher Blockadefaktor für eine Politik der Abgabenentlastung am unteren Rand des Arbeitsmarktes. Derzeit muss der Bund geradezu an der Finanzierung der Sozialversicherungen über Beiträge festhalten, um sich eine gewisse Steuerautonomie von den Bundesländern zu erhalten. Damit wird jedoch eine aus beschäftigungspolitischer Perspektive schädliche Abgabenstruktur für niedrigentlohnte Beschäftigung weiter zementiert.

Wie wird es weitergehen?

Die weitere Entwicklung der sozialen Sicherungssysteme und der Arbeitsmarktpolitik wird auch in Zukunft durch die finanziellen Restriktionen und Strukturen der Finanzverfassung bestimmt werden. Zu den wichtigsten Determinanten der unmittelbaren Zukunft gehören:

Nach Aussagen der Städtetagspräsidentin Petra Roth (CDU) wird das Defizit der Kommunen im Jahr 2010 bei 15 Milliarden Euro liegen und damit noch einmal um 3 Milliarden Euro höher als bislang geschätzt. Damit würden die Städte ihren bisherigen Negativrekord aus dem Krisenjahr 2003 fast verdoppeln (*Handelsblatt* 14.05.2010). Finanzpolitisch waren die Hartz-IV-Reformen für die Kommunen nicht mehr als eine Atempause. Die Bundesregierung hat daher erneut eine *Kommission zur Reform der Gemeindefinanzen* eingesetzt. Dass sich in diesen Beratungen eine Änderung der Gewerbesteuer und damit die Etablierung einer stärkeren konjunkturunabhängigen Finanzierung der Gemeinden durchsetzen wird, ist nach den Erfahrungen der Gemeindefinanzreformkommission 2003 und aufgrund der Regierungsbeteiligung der FDP sehr unwahrscheinlich.

Gleichzeitig rollt eine gewaltige Welle notwendiger Haushaltskonsolidierungen auf den Bundeshaushalt zu. Die in der Föderalismusreform 2009 vereinbarte Schuldenbremse zwingt den Bund zu Konsolidierungsanstrengungen in Höhe von 10 Milliarden Euro jährlich. Der Posten des BMAS ist mit Abstand der größte Einzelhaushalt innerhalb der Bundesregierung. Die Leistungen für das Arbeitslosengeld II umfassen gemeinsam mit den Zuschüssen zur Sozialversicherung über 60 Prozent des Bundeshaushalts (Streeck/Mertens 2010: 17). In einem Interview mit der *Financial Times* am 21. Mai 2010 kritisierte Finanzminister Schäuble denn auch bereits den Effekt der Leistungen für Langzeitarbeitslose, die Arbeitsuchende daran hindere, sich um Arbeit zu bemühen. »Wir müssen das ändern«, wird er zitiert. »Es ist schwer, aber ein zentraler Schlüssel« (*Financial Times* vom 21.05.2010).

Zudem hat das Bundesverfassungsgericht in seiner Entscheidung vom 9. Februar 2010 festgestellt, dass zwar die Regelsätze des Arbeitslosengeldes II in ihrer Höhe nicht grundsätzlich zu beanstanden seien, aber das Berechnungsverfahren nicht hinreichend begründet wurde. Nach Auffassung des Gerichts bedarf es eines transparenteren und sachgerechteren Verfahrens um den tatsächlichen Bedarf realitätsgerecht zu bemessen. Der Gesetzgeber ist aufgefordert, bis Ende 2010 eine neue Berechnungsmethode zu finden. Insbesondere bei den Ausgaben für Kinder und für Bildung sah das Gericht Nachbesserungsbedarf.

Die Kombination dieser drei Faktoren spiegelt den neuen Anpassungsdruck für die Hilfesysteme wider. Dabei wurde durch die Zusammenlegung von Arbeitslosen- und Sozialhilfe die Verschiebungsdynamik der Kosten für Langzeitarbeitslose zwischen Bund, Sozialversicherung und Kommunen strukturell verändert. Heute ist der Bund unmittelbar an den Kosten der Unterkunft von Arbeitslosengeld II-Beziehern beteiligt. Eine wahrscheinliche Lösung für das neue kommunale Finanzproblem ist daher eine weitgehende Übernahme der Kosten für Unterkunft durch den Bund, wobei die vollständige Übernahme dieser Kosten den Anreiz der Gemeinden, aktiv die Integration der Erwerbslosen zu betreiben, vernichten würde.

Den Bemühungen des Finanzministers, über eine mögliche Senkung der Regelsätze des Arbeitslosengeldes II die Kosten für den Bundeshaushalt zu reduzieren, sind aufgrund des Urteils des Bundesverfassungsgerichts enge Grenzen gesetzt. Die Berechnungen zum Existenzminimum werden eine deutliche Anpassung nach unten verhindern. Es ist jedoch zu erwarten, dass aus Kostengründen von der Pauschalierung der Regelsätze zugunsten von Einzelfallentscheidungen wieder abgerückt wird. Damit werden jedoch die Kosten der Leistungsberechnung und Überprüfung wieder ansteigen. Das System der bedarfsorientierten Grundsicherung in Deutschland ist bereits vergleichsweise großzügig und wird durch diese Reformen eher ausgebaut als beschnitten werden. Gleichzeitig könnte der Spardruck andere zusätzliche Leistungen der Grundsicherung treffen. Zu nennen sind hier beispielsweise die Möglichkeiten, die Kosten für Unterkunft und Heizung zu pauschalieren und zu deckeln. Dies könnte Bund und Gemeinden gleichermaßen entlasten.

Auch das Elterngeld für Hartz IV-Empfänger wird wahrscheinlich während der Haushaltsberatungen nicht geschont werden.

Der hohe und steigende Anteil der Zuschüsse des Bundeshaushalts an die sozialen Sicherungssysteme wird einer Senkung der Beiträge zur Sozialversicherung entgegenstehen. Was sind die wahrscheinlichen Folgen für den Bund? Man kann sich vorstellen, dass die Schwächung des Versicherungsprinzips durch Hartz IV zu einer weiteren Absenkung der Leistungen der Arbeitslosenversicherung führen wird, entweder durch eine Senkung der Lohnersatzraten oder durch die Verkürzung der Bezugsdauer. Bereits in den neunziger Jahren wurden die Lohnersatzraten regelmäßig gesenkt. Während Deutschland im internationalen Vergleich bereits heute nicht mehr zu den großzügigeren Arbeitslosenversicherungssystemen gehört, würde eine relative Absenkung der Lohnersatzquoten auch jetzt wieder den Bundeshaushalt direkt entlasten. Damit würde der Abstand zwischen den Transferleistungen Arbeitslosengeld I und II immer geringer werden. Auf diese Art und Weise nähert sich die deutsche Arbeitslosenversicherung immer weiter einem liberalen Wohlfahrtsstaat an. Einer vergleichsweise großzügigen Grundsicherung wird eine restriktive Arbeitslosenversicherung an die Seite gestellt. Letztlich ist für die Betroffenen der Unterschied in der materiellen Absicherung mit Ausnahme der Vermögensanrechnung nicht mehr erheblich. Mit der Möglichkeit, das Volumen der aktiven Arbeitsmarktpolitik im Sinne eines Stop und Go jederzeit drosseln und ausweiten zu können, stehen zudem weitere Sparmöglichkeiten bereit, allerdings mit kaum absehbaren Folgen für den Arbeitsmarkt. Der Abschaffung der Arbeitslosenversicherung steht ihre Rolle als reine Bundes*steuer* entgegen. Wahrscheinlicher sind daher moderate Erhöhungen des Beitrages zur Arbeitslosenversicherung.

Gleichzeitig wird jede Kürzung im Bereich der Arbeitslosenversicherung den Druck zur Beibehaltung des Kündigungsschutzes weiter erhöhen. Wenn die Arbeitslosenversicherung den Arbeitsbürger nicht mehr schützt, muss es das langfristig sichere Beschäftigungsverhältnis tun. In beiden großen Volksparteien wurde der Drang zu einer weiteren Deregulierung des Arbeitsrechts durch Hartz IV eher gezügelt als vorangetrieben. Damit nähert sich der deutsche Arbeitsmarkt stärker den südeuropäischen Ländern Italien und Spanien an, wo sehr stark zwischen geschützten und ungeschützten Beschäftigungsverhältnissen unterschieden wird.

Eine graduelle Ausweitung des Mindestlohns auf zunehmend mehr Bereiche des Dienstleistungssektors würde den Kostendruck durch die Zuverdienste teilweise nehmen. Dies gelingt jedoch nur mit einer größeren Kontrolle des Arbeitsumfangs. Derzeit sind viele Beschäftigte in formalen Teilzeitverträgen, arbeiten jedoch faktisch Vollzeit. Ein Mindestlohn würde an diesem Problem nicht viel ändern. Gleichzeitig ist zu erwarten, dass die Zuverdienstmöglichkeiten eher noch ausgeweitet als eingeschränkt werden. Die Möglichkeit des Zuverdienstes war ein wesentliches Instrument zur Aktivierung der Langzeitarbeitslosen. In dem Maße, in dem weiter Druck zur Erhöhung der Beschäftigungsquote besteht, kann man mit einem weiteren Ausbau der Zuverdienst-Beträge rechnen.

Die gleichzeitig weiter geführte Debatte über ein Grundeinkommen wird an diesem Sachverhalt wenig ändern. Auf der einen Seite wurde mit Hartz IV schon eine Form der Grundsicherung eingeführt, die durch den Zuverdienst bereits den Effekten einer negativen Einkommenssteuer entspricht. Auf der anderen Seite scheitern die weitergehenden Forderungen nach einem bedingungslosen Grundeinkommen nicht nur an den fehlenden politischen Voraussetzungen. Auch finanziell wäre eine Umstellung der sozialen Sicherung auf eine Steuerfinanzierung nur mit einer kompletten Umstrukturierung der Finanzverfassung möglich, die auf absehbare Zeit nicht realistisch ist.

Mit diesen Maßnahmen und mit der Aufrechterhaltung der arbeitsrechtlichen Regulierung des Arbeitsmarktes einschließlich der Mini- und Midijobs ist es wahrscheinlich, dass sich ein durchgängig subventionierter Niedriglohnsektor weiter etabliert und tendenziell verfestigen wird. Die erhoffte und politisch erwünschte Milderung der Spaltung zwischen *Insidern* und *Outsidern* wird eher unwahrscheinlich; die große Lücke zwischen festen Arbeitsverträgen zu guten Gehältern und dem unsicheren Rand befristeter Beschäftigungsverhältnisse und solcher mit geringem Arbeitsvolumen, wird sich eher vergrößern als verkleinern.

Baustelle Reformpolitik

Unser Befund ist also, dass sich der zunehmenden Spaltung des Arbeitsmarktes ohne eine umfassende Reform der Finanzverfassung des deutschen Föderalismus und der Sozialversicherung nur wenig entgegenwirken lässt. Noch skeptischer stimmt uns dabei die Tatsache, dass die investiven Elemente der Sozialpolitik in Bildung und Kinderbetreuung, die nach Urteil aller Experten von großer Bedeutung für zukünftiges Wachstum sind, komplett in der Hand der Bundesländer und Kommunen liegen. Mit dem Kooperationsverbot der Föderalismusreform 2009 wird dabei sogar dem Bund die Möglichkeit der Unterstützung der Länder in diesen Aufgaben genommen. In den Beratungen zur Haushaltskonsolidierung und zur Schuldenbremse werden auch die investiven Ausgaben auf dem Prüfstand stehen.

Zugleich besteht in der nahen Zukunft wenig Aussicht auf eine tiefgreifende Reform des politischen Institutionensystems, die das typische Muster von Reformen in Deutschland in der Logik der föderalen Finanzverfassung grundsätzlich entschärfen würde. Die Zeit der großen Koalition hat zudem gezeigt, dass große Mehrheiten nicht automatisch zu großen Reformen führen. Die Föderalismusreform 2009 als wesentliches Ergebnis der großen Koalition hat die Handlungsfähigkeit von Bund und Ländern eher geschmälert als vergrößert. Eine weitere Föderalismusreform wäre vonnöten, wobei jedoch die Ergebnisse der vorangegangenen Kommissionen kaum hohe Erwartungen wecken.

Was sind die guten Nachrichten? Auf der anderen Seite haben die Hartz-Reformen auch gezeigt, dass der deutsche Exekutivföderalismus durchaus zu einiger Bewegung in der Lage ist, wenn der Druck nur groß genug wird. An Druck aber wird es in der nahen Zukunft nicht mangeln. Die Haushaltskonsolidierung wird einen enormen Kraftakt von den politisch Handelnden erfordern. Langsam setzt sich zudem die Erkenntnis durch, dass es nicht nur darauf ankommt zu sparen, sondern auch darauf, durch neues Wachstum die finanziellen Spielräume wieder zu vergrößern.

Was unter dem großen Druck der kommunalen Finanzkrise und einem reformorientierten Minister zum Vorschein kam, waren unternehmerisch handelnde Beamte, die problemlösend dachten und neue Ansätze in der Sozial- und Arbeitsmarktpolitik suchten und ausprobierten.

Ohne deren Initiative und systematische Vorbereitung des Reformprozesses, wäre vieles nicht zustande gekommen. Allerdings sind Beamte in
der Regel in ihren Ressorts verhaftet. Sie sind meistens auch nicht für
vorwärtsweisende Politikformulierung ausgebildet. Was in dem Prozess
daher fehlte, war eine grundsätzliche ressortübergreifende Diskussion
zwischen Experten der Sozial-, Arbeitsmarkt-, Finanz- und Wirtschaftspolitik zu den Notwendigkeiten, Möglichkeiten und Folgen von Reformen zur Überwindung der bestehenden Dilemmata.

Unabhängig von den politischen Konstellationen müssen zumindest
von den Experten in Wissenschaft und Ministerien die Probleme der
Interaktion zwischen Finanzverfassung und Zukunftsfragen der Sozial-
und Wirtschaftspolitik besser verstanden und analysiert werden.

Problemlösendes Denken und reformorientierte Diskussionen lassen
sich einüben. Dafür braucht es neue Perspektiven in den wissenschaftlichen Beiräten der Bundesministerien und den verschiedenen Sachver-
ständigenräten der Bundesregierung, die konkreter mit der Erarbeitung
von Szenarien und Optionen kommender Reformen und politischer
Maßnahmen betraut werden müssten. Die bestehenden Sachverständi-
genräte und Beiräte sind derzeit zu sehr darauf fokussiert, Jahresberichte
und einzelne Stellungnahmen vorzubereiten. Was jedoch in einer komplexen politischen Situation notwendig ist, ist ein permanenter Dialog
zwischen Parlament, Wissenschaft und Ministerialbürokratie über die
derzeitigen Herausforderungen jenseits der Parteipolitik und tagesaktu-
eller Ereignisse.

Ein Weg, wie die Bundesregierung einen solchen Dialog herbeifüh-
ren könnte, wäre die Einrichtung einer ressortübergreifenden perma-
nenten Kommission mit eigenem Mitarbeiterstab, die sich aus Sachver-
ständigen und Fachbeamten zusammensetzt. Sie sollte ähnlich wie etwa
der *Wissenschaftliche Rat für Regierungspolitik* in den Niederlanden mit wissenschaftlichen Methoden kontinuierlich die Herausforderungen und
die Ursachen für die Fehlentwicklungen analysieren und sich gegenseitig
über potentielle Lösungsansätze informieren. Eingesetzt durch einen
parteiübergreifenden Beschluss des Bundestages und koordiniert durch
das Bundeskanzleramt könnte ein Wissenschaftlicher Rat durch partei-
und ressortübergreifende Publikationen, Foren und Empfehlungen das
Niveau der Entscheidungsgrundlagen langfristig verbessern. Ein wichtiges Ziel dabei ist, die Diskussion über notwendige strukturelle Refor-

men aus der Dynamik der Parteienkonkurrenz und den Interessen von Bund und Ländern herauszulösen, um Zukunftsszenarien zu entwickeln. Aber auch ohne politisch gestütztes Mandat ließe sich die Qualität der Reformdiskussionen im Bereich der Sozial- und Arbeitsmarktpolitik verbessern. Die vergleichende Wohlfahrtsstaatsforschung hat in den letzten Jahren große Fortschritte zum Verständnis der Problemkonstellationen entwickelter Wohlfahrtsstaaten gemacht. Gerade der Bismarcksche Wohlfahrtsstaat hat in der neuen Literatur eine besondere Beachtung gefunden (siehe für einen guten Überblick Palier 2010). Die Bedeutung von Wohlfahrt ohne Arbeit, *Flexicurity*, Bildungsinvestitionen sowie die Probleme der Versicherungsfinanzierung sind bereits in vielen Diskussionen erkannt. Durch geeignete Formate der Zusammenfassung und Verbreitung etablierter Forschungsergebnisse in politischen Diskursen und den Ministerialverwaltungen könnten diese allgemeinen Erkenntnisse auf die deutsche Situation angewandt und Lösungsmöglichkeiten erarbeitet werden. Der große Sachzwang, der von der wichtigen Stellung der sozialen Sicherungsfinanzierung für den Bundeshaushalt im deutschen Föderalismus ausgeht, muss durch eine nachhaltige und intensive Diskussion über die Finanzierung der Sozialpolitik in neue Szenarien umgeleitet werden. Dafür müssten Bund- und Ländervertreter mit Arbeitsmarktexperten an einen Tisch gebracht und besonders die Interessenvertreter von Geringverdienern und Wohlfahrtsverbänden mit einbezogen werden. An interessierten Akteuren in Politik und Verwaltung mangelt es dabei nicht. Eher an Laboratorien und experimentellen Workshops, bei denen wissenschaftlicher Sachverstand und Expertise vor Ort aufeinandertreffen.

Literatur

Albert, Michel (1992), *Kapitalismus contra Kapitalismus*, Frankfurt/Main.

Arbeit, Ute/Friedrich, Erik (2003), »Stand der Gemeindefinanzen in Deutschland«, in: ver.di und Hans-Böckler-Stiftung (Hg.), *Kommunalfinanzen in Deutschland - Stand, Debatte und Alternativen*, Düsseldorf.

Arbeits- und Sozialministerkonferenz, »Konzertierte Aktion zur Überwindung von Sozialhilfebedürftigkeit 2000«, 20.10.2008, http://www.arbeitnehmerkammer.de/sozialpolitik/doku/02_politik/hartz_iv/materialien/2000_10_2 526_asmk.htm.

Arbeits- und Sozialministerkonferenz, »Strukturreform der Sozialhilfe – Stärkung aktivierender Leistungen 2001«, 20.10.2008, http://www.arbeit nehmerkammer.de/sozialpolitik/doku/02_politik/hartz_iv/materialien/20 01_11_0708_asmk.htm.

Arbeitsgruppe Arbeitslosenhilfe/Sozialhilfe der Kommission zur Reform der Gemeindefinanzen (2003), *Bericht der Arbeitsgruppe Arbeitslosenhilfe/Sozialhilfe der Kommission zur Reform der Gemeindefinanzen.*

Ausschuss für Wirtschaft und Arbeit(2003), *Wortprotokoll 34. Sitzung. Berlin Mittwoch, 8.Oktober 2003, 11 Uhr/ Protokoll 15/34.*

Bach, Hans-Uwe/Spitznagel, Eugen (2008), »Kosten der Arbeitslosigkeit sind gesunken«, *IAB-Kurzbericht* 14: 1–12.

Bäcker, Gerhard/Naegele, Gerhard/Bispinck, Reinhard/Hofemann, Klaus/ Neubauer; Jennifer. (2008), *Sozialpolitik und soziale Lage in Deutschland. Band 1: Grundlagen, Arbeit, Einkommen und Finanzierung*, Vol. 4., Wiesbaden.

BDA(1984), *Jahresbericht der Bundesvereinigung der Deutschen Arbeitgeberverbände*, Köln.

— (1985), *Jahresbericht der Bundesvereinigung der Deutschen Arbeitgeberverbände*, Köln.

— (1989), *Jahresbericht 1989*, Köln.

— (1990), *Jahrebericht 1990*, Köln.

— (1991), *Jahresbericht 1991*, Köln.

— (1993), *Jahresbericht 1993*, Köln.

Beerhorst, Joachim/Berger, Jens-Jean (2003), *Die IG Metall auf dem Weg in die Mitte?*, Hamburg.

Bender, Gerd/Bieber, Daniel/Hielscher, Volker/Marschall, Jörg/Ochs, Peter/ Vaut, Simon(2006), *Organisatorischer Umbau der Bundesagentur für Arbeit. Evaluationen der Maßnahmen zur Umsetzung der Vorschläge der Hartz-Kommission. Arbeitspaket 2. Evaluationsbericht 2006 im Auftrag des Bundesministeriums für Arbeit und Soziales (BMAS),* Berlin, Saarbrücken.

Bertelsmann Stiftung (2002a), *Eckpunkte einer Reform von Arbeitslosen- und Sozialhilfe. Positionspapier der Bertelsmann Stiftung,* Gütersloh.

— (2002b), *Mission Statement des Beirates vom 10. Mai 2002. Kommunale Beschäftigungsförderung im Netzwerk BiK – Beschäftigungsförderung in Kommunen der Bertelsmann Stiftung,* Gütersloh.

Berthold, Norbert/Brischke, Marita/Stettes, Oliver (2003), *Betriebliche Bündnisse für Arbeit. Eine empirische Untersuchung für den deutschen Maschinen- und Anlagenbau. Wirtschaftswissenschaftliche Beiträge des Lehrstuhls für Volkswirtschaftslehre, Wirtschaftsordnung und Sozialpolitik. Nr. 68,* Frankfurt/Main.

BMA, »Modellprojekte zur verbesserten Zusammenarbeit von Arbeitsämtern und Sozialämtern – MoZArT 2001«, 2001a, 29.10.2008, http://doku.iab.de/ chronik/31/2001_04_01_31_mode.pdf.

— »Job-AQTIV-Gesetz – Gesetz zur Reform der arbeitsmarktpolitischen Instrumente. Pressemitteilung vom 10. Dezember 2001«, 2001b, 29.10.2008, http://doku.iab.de/chronik/32/2001_12_10_32_jobaqtivgesetz.pdf.

BMAS, »Statistisches Taschenbuch 2009«, 3.11.2009, http://www.bmas. de/portal/38586/statistisches__taschenbuch__2009.html.

— »Statistisches Taschenbuch 2006«, 3.11.2009, http://www.bmas.de/portal/ 18112/statistisches__taschenbuch__2006.html

Bosch, Gerhard/Kalina, Thorsten (2007), »Niedriglöhne in Deutschland – Zahlen, Fakten, Ursachen«, in: Bosch, Gerhard/Weinkopf, Claudia (Hg.), *Arbeiten für wenig Geld. Niedriglohnbeschäftigung in Deutschland,* Frankfurt/New York, S. 20–105.

Bothfeld, Silke/Gronbach, Sigrid/Seibel, Kai (2005), »Eigenverantwortung in der Arbeitsmarktpolitik: zwischen Handlungsautonomie und Zwangsmaßnahmen«, in: WSI (Hg.), *WSI-Diskussionspapier,* Düsseldorf.

Bräuer, Christian (2005), *Finanzausgleich und Finanzbeziehungen im wiedervereinten Deutschland,* Wiesbaden.

Brenke, Karl (2008), »Jahrelanger Trend zunehmender Lohnspreizung gestoppt«, *Wochenbericht des DIW* 75 (38), S. 567–570.

Brennan, Geoffrey/Buchanan, James (1988), *Besteuerung und Staatsgewalt,* Hamburg.

Breuer, Wilhelm/Engels, Dietrich (2003), »Grundinformationen und Daten zur Sozialhilfe«, herausgegeben vom Institut für Sozialforschung und Gesellschaftspolitik e.V., Köln.

Bucheit, Bernd (2002), »Reform der Arbeitslosen- und Sozialhilfe«, in: S. F. NRW (Hg.), *Dokumentation Zielperspektive: Integration in den Arbeitsmarkt. Reform der Arbeitslosen- und Sozialhilfe.*

Budge, Ian/Klingemann, Hans-Dieter/Volkens, Andrea/Bara, Judith/Tannenbaum, Eric (2001), *Mapping Policy Preferences. Estimates for Parties, Electors and Governments 1945–1998*, Oxford.

Bundesagentur für Arbeit (1999), »Strukturanalyse Langzeitarbeitslose«, 06.03.2008,
http: //www.pub.arbeitsamt.de/hst/services/statistik/detail_2004/d.html.

— (2003), *Strukturanalyse - Bestand an Langzeitarbeitslosen.*

Bundesagentur für Arbeit Hauptstadtvertretung (2004), *Hartz IV Kommunales Optionsgesetz, Stand: 27.7.2004.*

Bundesministerium der Finanzen (2004a), *Ergebnis aus dem Vermittlungsverfahren vom Dezember 2003. Monatsbericht 01.2004.*

— (2004b), *Kommunalfinanzen und Bundespolitik. Monatsbericht 09.2004.*

— (2007), *Finanzsituation der Kommunen 2006. Stand Mai 2007.*

— (2010), *Monatsbericht des BMF Februar 2009*,04.03.2010, http: //www. bundesfinanzministerium.de/nn_4312/DE/BMF__Startseite/Aktuelles/ Monatsbericht__des__BMF/2009/02/inhalt/Monatsbericht-Februar-2009,templateId=raw,property=publicationFile.pdf.

Bundesministerium für Arbeit und Soziales (2006), *Statistisches Taschenbuch 2006. Arbeits- und Sozialstatistik,* Bonn.

Bundesministerium für Gesundheit (2004), *Dritter Bericht über die Entwicklung der Pflegeversicherung.*

Bundesministerium für Wirtschaft und Arbeit (2003), *Eckpunkte für ein Drittes und Viertes Gesetz für moderne Dienstleistungen am Arbeitsmarkt. Ergebnis der Koalitionsarbeitsgruppe*, Berlin.

Bundesrat (2002), *Gesetzesantrag des Landes Hessen. Entwurf eines Gesetzes zum optimalen Fördern und Fordern in Vermittlungsagenturen (OFFENSIV-Gesetz). Drucksache 52/02. 23.01.2002.*

Bundesregierung (1993), *Entwurf eines Ersten Gesetzes zur Umsetzung des Spar-, Konsolidierungs- und Wachstumsprogramms – 1. SKWPG -. Drucksache 12/5502. Stand 04.09.03.*

— (2003a), *Gesetzentwurf der Bundesregierung. Entwurf eines Vierten Gesetzes für moderne Dienstleistungen am Arbeitsmarkt. Stand 25.07.2003.*

— (2003b), *Gesetzentwurf der Bundesregierung. Entwurf eines Vierten Gesetzes für moderne Dienstleistungen am Arbeitsmarkt. Stand 13.08.2003.*

Bundestag (1993), *Bericht des Haushaltsausschusses (8. Ausschuß) zu dem Gesetzentwurf der Bundesregierung – Drucksachen 12/5502, 12/5871 – Entwurf eines Ersten Gesetzes zur Umsetzung des Spar-, Konsolidierungs und Wachstumsprogramms – 1. SKWPG. Drucksache 12/5929.*

— (1998), *Antwort der Bundesregierung auf die Große Anfrage der Abgeordneten Ulf Fink, Eva-Maria Kors, Wolfgang Lohmann (Lüdenscheid), weiterer Abgeordneter und der Fraktion der CDU/CSU sowie der Abgeordneten Dr. Gisela Babel, Sabine Leutheusser-Schnarrenberger, Uwe Lühr, Dr. Dieter Thomae und der Fraktion der F.D.P. – Drucksache 13/8687 – Hilfe zur Arbeit. Drucksache 13/10759.*

— (2000), *Antwort der Bundesregierung auf die Kleine Anfrage der Abgeordneten Dr. Klaus Grehn, Dr. Heidi Knake-Werner, Pia Maier und der Fraktion der PDS – Drucksache 14/4820 – Zusammenführung von Arbeitslosenhilfe und Sozialhilfe. Drucksache 14/4979.*

— (2001a), *Antrag der Fraktionen SPD und Bündnis 90/Die Grünen: Fördern und Fordern – Sozialhilfe modern gestalten. Drucksache 14/7293.*

— (2001b) *Antwort der Bundesregierung auf die Kleine Anfrage der Abgeordneten Pia Maier, Dr. Klaus Grehn, Dr. Ruth Fuchs, weiterer Abgeordneter und der Fraktion der PDS – Drucksache 14/7224 –. In Drucksache 14/7426.*

— (2002), *Materialien zur öffentlichen Anhörung am 28. Januar in Berlin zum Entwurf eines Gesetzes zur Verlängerung von Übergangsregelungen im Bundessozial-Hilfegesetz und Ausschussdrucksache 15/2050.*

— (2003a), »32. Sitzung, Berlin, Feitag, den 14.März 2003«, in: Deutscher Bundestag, *Bundestag.*

— (2003b), *Bericht des Ausschusses für Gesundheit und Soziale Sicherung, der Abgeordneten Verena Butalikakis, Drucksache 15/1761.*

— (2003c), *Beschlussempfehlung des Ausschusses für Wirtschaft und Arbeit (9. Ausschuss). Drucksache 15/1728.*

— (2003d), *Beschlussempfehlung des Vermittlungsausschusses zu dem Vierten Gesetz für moderne Dienstleistungen am Arbeitsmarkt. Drucksache 15/2259.*

Bundestag (2003e), *Gesetzentwurf der Bundesregierung. Entwurf eines Vierten Gesetzes für moderne Dienstleistungen am Arbeitsmarkt. Drucksache 15/1638. 01.10.2003.*

— (2003f), *Gesetzentwurf der Fraktion der CDU/CSU. Entwurf eines Gesetzes zur Modernisierung des Arbeitsrechts (ArbRModG). Drucksache 15/1182.*

— (2003g), *Gesetzentwurf der Fraktionen SPD und Bündnis 90/ Die Grünen. Entwurf eines Vierten Gesetzes für moderne Dienstleistungen am Arbeitsmarkt. Drucksache 15/1516. 05.09.2003.*

— (2004), *Beschlussempfehlung des Vermittlungsausschusses zu dem Gesetz zur optionalen Trägerschaft von Kommunen nach dem Zweiten Buch Sozialgesetzbuch (Kommunales Optionsgesetz). Drucksache 15/3495.*

Bündnis für Arbeit (1998), *Gemeinsame Erklärung des Bündnis für Arbeit, Ausbildung und Wettbewerbsfähigkeit vom 7.Dezember 1998.*

Carlin, Wendy/Soskice, David (2009), »German economic performance: disentangling the role of supply-side reforms, macroeconomic policy and coordinated economic institutions«, *Socio-Economic Review* 7, S. 67–99.

Clasen, Jochen (2005), *Reforming European Welfare States. Germany and the United Kingdom Compared*, New York.

— (2007), »Distribution of responsibility for social security and labour market policy – Country report: the United Kingdom«, *AIAS working paper 2007–50*, Amsterdam..

Clement, Wolfgang (2003), *Umsetzungsfahrplan »Agenda 2010« im Bereich Wirtschaft und Arbeit*, herausgegeben vom Bundesministerium für Wirtschaft und Arbeit.

Czada, Roland (1995), »Der Kampf um die Finanzierung der deutschen Einheit«, *MPIfG Discussion Paper 95/1*.

Deutsche Rentenversicherung, »Rentenzugang – Gesamt Zeitreihen 2008«, 3.4.2008, http://forschung.deutsche-rentenversicherung.de/Forsch PortalWeb/view3sp.jsp?chstatzr_Rente=openAll&viewCaption=Statistiken %20-%20Rente%20-%20Zeitreihen&viewName=statzr_Rente

Deutscher Gewerkschaftsbund (2003), »Mut zum Umsteuern: Für Wachstum, Beschäftigung und soziale Gerechtigkeit«, *Hintergrundpapier für die wirtschafts- und sozialpolitische Reformagenda des DGB*.

Deutscher Landkreistag (2002), »Forderungen des Deutschen Landkreistages zur Reform der Arbeitslosenhilfe und der Sozialhilfe für Erwerbstätige«, *IAB Chronik der Arbeitsmarktpolitik*.

Deutscher Städtetag (2003), *Kommunale Beschäftigungsförderung: Ergebnisse einer Umfrage über Hilfen zur Arbeit nach BSHG und Arbeitsbeschaffungsmaßnahmen nach SGB III im Jahre 2002*, Vol. 2008, Köln.

— (2007), *Gemeindefinanzbericht 2007*.

DGB (2002), »DGB zum Reformbedarf in der Bundesanstalt für Arbeit«, in: IAB, *Chronik der Arbeitsmarktpolitik*, Nürnberg.

Dingeldey, Irene (2006), »Reformen des Sozialstaates«, *Aus Politik und Zeitgeschichte*, 8–9/2006.

Egle, Christoph/Ostheim, Tobias/Zohlnhöfer, Reimut, Hrsg. (2003), *Das rot-grüne Projekt*, Wiesbaden.

Eichhorst, Werner/Hassel, Anke (2002), *Das Bündnis für Arbeit, die Hartz-Kommission und die Herstellung von politischer Reformfähigkeit*. Manuskript, 7. November 2002.

—/Profit, Stefan Profit/Thode, Eric (2001), *Benchmarking Deutschland: Arbeitsmarkt und Beschäftigung. Bericht der Arbeitsgruppe Benchmarking und der Bertelsmann Stiftung an das Bündnis für Arbeit, Ausbildung und Wettbewerbsfähigkeit*, Berlin.

—/Marx, Paul/Thode, Eric (2009), *Arbeitsmarkt und Beschäftigung in Deutschland 2000–2009*, Gütersloh.

Esping-Andersen, Gösta (1990), *The three worlds of welfare capitalism*, Cambridge.

— (1996), »Welfare States without Work: the Impasse of Labour Shedding and Familialism in Continental European Social Policy«, in: derselbe (Hg.), *Welfare States in Transition. National Adaptations in Global Economies*, London.

— (1999), *Social Foundations of Postindustrial Economies*, Oxford.

European Commission (2009a), »Industrial Relations In Europe 2008«, 30.05.2010, http://ec.europa.eu/social/BlobServlet?mode=redirLinks&url= BlobServlet?docId=2535&langId=en.

— (2009b), »Taxation Trends in the European Union. Main results«, 30.05.2010, http://epp.eurostat.ec.europa.eu/cache/ITY_OFFPUB/KS-81-09-553/EN/KS-81-09-553-EN.PDF.

Feist, Holger (2000), *Arbeit statt Sozialhilfe*, Tübingen.

— /Schöb, Ronnie (1999), »Workfare in Germany and the Problem of Vertical Fiscal Externities«, *CESifo Working Paper Nr. 185*.

Feld, Lars P./ Döring, Thomas (2004), »Reform der Gewerbesteuer: Wie es euch gefällt? – Eine Nachlese«, in: *Volkswirtschaftliche Beiträge*, herausgegeben von der Philipps-Universität Marburg.

Fels, Gerhard/Heinze, Rolf, G./Pfarr, Heide/Streeck, Wolfgang (1999), *Bericht der Wissenschaftlergruppe der Arbeitsgruppe Benchmarking über Möglichkeiten zur Verbesserung der Beschäftigungschancen gering qualifizierter Arbeitnehmer*, Berlin.

Fleckenstein, Timo (2008), »Restructuring Welfare for the Unemployed. The Case of Hartz Legislation in Germany«, *Journal of European Social Policy* 18 (2), S. 177–188.

Friedrich, Eric (2007), »Gemeindefinanzen in Deutschland«, 01.06.2007, http://www.interpublic-berlin.de.

Funken, Klaus (1996), *Keine Wende am Arbeitsmarkt in Ostdeutschland: Eine Zwischenbilanz im Jahre 1996*. Friedrich-Ebert-Stiftung, 30.05. 2010, http://library.fes.de/fulltext/fo-wirtschaft/00323toc.htm.

Gartner, Hermann/Klinger, Sabine (2008), »Ein janusköpfiger Aufschwung: Beschäftigungsgewinne und Polarisierung«, *WSI-Mitteilungen 8/2008*, S. 439–446.

Geschäftsstelle der Kommission *Moderne Dienstleistungen am Arbeitsmarkt* (2002), *Bericht des Teilprojekts II Lohnersatzleistungen und Sozialhilfe; Kindergeld*, Entwurf, Berlin.

Giddens, Anthony (1998), *The Third Way. The Renewal of Social Democracy*, Cambridge, dt. *Der Dritte Weg. Die Erneuerung der Sozialdemokratie*, Frankfurt am Main 1999.

Goetz, Klaus H. (2005), »Administrative Reform: Is Bureaucracy Still an Obstacle?«, in: Green, Simon/Paterson, William E. (Hg.), *Governance in Contemporary Germany. The Semisovereign State Revisited*, Cambridge, S. 239–260.

Gohr, Antonia (2003), »Auf dem dritten Weg in den aktivierende Sozialstaat? Programmatische Ziele von Rot-Grün«, in: Gohr, Antonia/Seeleib-Kaiser,

Martin (Hg.), *Sozial- und Wirtschaftspolitik unter Rot-Grün,* Wiesbaden, S. 37–62.

Grabka, Markus M./Frick, Joachim R. (2008), »Schrumpfende Mittelschichten – Anzeichen einer dauerhaften Polarisierung der verfügbaren Einkommen?«, *Wochenbericht des DIW* 75 (10), S. 101–108.

Grewe, Hartmut (1988), *Zum Generationswechsel an der Spitze der DGB-Gewerkschaften,* St. Augustin.

Hackenberg, Helga (2003), *Lokale Arbeitsmarktpolitik – Stand und Perspektiven. Gesamtbericht des Netzwerkprojektes ›BiK – Beschäftigungsförderung in Kommunen‹‹,* Gütersloh.

Hagen, Tobias/Steiner, Viktor (2000), *Von der Finanzierung der Arbeitslosigkeit zur Förderung von Arbeit,* Baden-Baden.

Halsch, Volker (2006), »Die Finanzbeziehungen zwischen Bund und Ländern. Plädoyer für einen praktikablen Neuanfang«, *Hertie School of Governance, Working Paper No. 5.*

Hartz, Peter/Klöpfer, I. (2007), *Macht und Ohnmacht. Ein Gespräch mit Inge Klöpfer,* Hamburg.

Hassel, Anke (2001), »The Problem of Political Exchange in Complex Governance Systems: The Case of Germany's Alliance for Jobs«, *European Journal of Industrial Relations* 7 (3), S. 305–323.

— (2003), »Wer beherrschte die Gemeinwirtschaft? Unternehmenskontrolle in politischen Unternehmen«, in: Streeck, Wolfgang/Höpner, Martin (Hg.), *Alle Macht dem Markt? Fallstudien zur Abwicklung der Deutschland AG.* Frankfurt/M., S. 93–117.

— (2005), »Trade Unions as Political Actors: Decline and Transformation in Germany«, Vortrag, gehalten auf dem Workshop *Modell Deutschland revisited,* 10.–11. November 2005, Berlin.

— (2006), »Zwischen Politik und Arbeitsmarkt. Zum Wandel gewerkschaftlicher Eliten in Deutschland«, in: Münkler, Herfried/Straßenberger, Gritt/Bohlender, Matthias (Hg.), *Deutschlands Eliten im Wandel,* Frankfurt/M.

— /Rehder, Britta (2001), »Institutional Change in the German Wage Bargaining System – The Role of Big Companies«, *MPIfG Working Paper 01/9,* Köln.

— /Schiller, Christof (2010), »Sozialpolitik im Finanzföderalismus – Hartz IV als Antwort auf die Krise der Kommunalfinanzen«, *Politische Vierteljahresschrift* 51, S. 95–117.

— /Trampusch, Christine (2006), »Verbände und Parteien: Die Dynamik von Parteikonflikten und die Erosion des Korporatismus«, in: Beckert, Jens/Ebbinghaus, Bernhard/Hassel, Anke/Manow, Philip (Hg.), *Transformationen des Kapitalismus. Soziale Institutionen und offene Märkte. Wolfgang Streeck zum 60. Geburtstag,* Frankfurt/M.

Heimpel, Thomas (2003), *Die Riesterrente – Eine Analyse der Programmentwicklung und Implementation des Altersvermögensgesetzes*, Magisterarbeit, Universität Konstanz.

Heinelt, Hubert (2003), »Arbeitsmarktpolitik – von versorgenden wohlfahrtsstaatlichen Interventionen zur aktivierenden Beschäftigungsförderung«, in: Gohr, Antonia/Seeleib-Kaiser, Martin (Hg.), *Sozial- und Wirtschaftspolitik unter Rot-Grün*, Wiesbaden, S. 125–146.

— /Weck, Michael (1998), *Arbeitsmarktpolitik. Vom Vereinigungskonsens zur Standortdebatte*, Opladen.

Heinrich, Marc (2003), »MoZArT-Modell-Versuche gelungen« *Bundesarbeitsblatt* (11), S. 4–7.

Heinze, Rolf G. (1998), *Die blockierte Gesellschaft. Sozio-ökonomischer Wandel und die Krise des Modell Deuschland*, Wiesbaden.

— /Streeck, Wolfgang (2003), »Optionen für den Einstieg in den Arbeitsmarkt oder: Ein Lehrstück für einen gescheiterten Politikwechsel«, *Vierteljahreshefte zur Wirtschaftsforschung* (72), S. 25–35.

Herzog, Roman (1997), »Aufbruch ins 21. Jahrhundert«, Rede von Bundespräsident Roman Herzog , 26. April 1997, Hotel Adlon, Berlin.

Hessische Landesregierung »Pressemitteilung. Offensiv aus der Sozialhilfe – durch optimales Fördern und Fordern 2002, 20.102008, http://www.arbeitnehmerkammer.de/sozialpolitik/doku/02_politik/hartz_iv/materialie n/2002_01_24_offensiv_presse.pdf.

Hofmann, Kai/Scherf, Wolfgang (2001), »Die Auswirkungen der Steuerreform 2000 auf die Gemeinden«, *Deutsche Zeitschrift für Kommunalwissenschaften, Band 1*.

Hombach, Bodo (1998), *Aufbruch. Die Politik der Neuen Mitte*, Düsseldorf.

Homeyer, Immo von (1998), »Die Ära Kohl im Spiegel der Statistik. Ein statistischer Überblick über die Wirtschafts-, Beschäftigungs-, Finanz- und Sozialpolitik seit 1982«, in: Wewer, Göttrik (Hg.), *Bilanz der Ära Kohl*, Opladen, S. 357–380.

IG BCE (2003), »Zukunft des Sozialstaates heißt: Ja zu Reformen!«, *Medieninformation.*

IG Metall *Stellungnahme zum Zwischenbericht der Arbeitsgruppe Benchmarking.*

Immervoll, Herwig (2007), »Minimum Wages, Minimum Labour Costs and the Tax Treatment of Low-wage Employment«, *OECD Social Employment and Migration Working Papers 46.*

Institut für Evaluation (2004), *Pauschalierte Leistungsgewährung in sozialen Sicherungssystemen: Erfahrungen und Konsequenzen. Abschlussbericht der wissenschaftlichen Begleitung zu den Modellvorhaben zur Pauschalierung von Sozialhilfe in NRW*, Düsseldorf/Köln.

Jarras, Lorenz (2003), *Reform der Gewerbesteuer. Anforderungen und Auswirkungen*, München.

Jühe, Reinhard (1977), *Soziale Herkunft und Aufstieg von Gewerkschaftsfunktionären.* *Beiträge zur Gesellschafts- und Bildungspolitik des Instituts der deutschen Wirtschaft,* Köln.

Jungfer, Klaus (2005), *Die Stadt in der Krise,* München.

Junkernheinrich, Martin/Micosatt, Gerhard (2008), »Kommunaler Finanz- und Schuldenreport Deutschland. Ein Ländervergleich«, 04.03.2010, http:// www.wegweiser-kommune.de/themenkonzepte/finanzen/download/pdf/ Finanzreport.pdf.

Kalina, Thorsten/Weinkopf, Claudia (2009), »Niedriglohnbeschäftigung 2007 weiter gestiegen – zunehmende Bedeutung von Niedrigstlöhnen«, IAQ-Report 2009–05.

Kaltenborn, Bruno (2002), »Kombi-Lohn – Das Mainzer Modell«, *PayRoll* 2, S. 3–6.

— /Schiwarov, Juliana (2006), »Hartz IV: Ausgaben deutlich unterschätzt«, *Blickpunkt Arbeit und Wirtschaft Nr. 6.*

Kettner, Anja/Rebien, Martina (2009), »Job safety first? Zur Veränderung der Konzessionsbereitschaft von arbeitslosen Bewerbern und Beschäftigten aus betrieblicher Perspektive«, *Ordnungspolitische Diskurse,* Diskurs 2009–7.

Kitschelt, Herbert (1994), *The transformation of European social democracy, Cambridge studies in comparative politics,* Cambridge.

— (1999), »European Social Democracy between Political Economy and Electoral Competition«, in: Kitschelt, Herbert/Lange, Peter/Marks, Gary/ Stephens, John D. (Hg.), *Continuity and Change in Contemporary Capitalism,* Cambridge, S. 317–345.

Knecht, Sylvia (2004), *Kommunale Beschäftigungsgesellschaften: Eine kritische Bestandsaufnahme,* Dissertation.de – Verlag im Internet.

Knuth, Matthias »The implementation of the fourth step of the German ›Hartz‹ reforms: Basic income support for jobseekers. Presentation at the NAV evaluation workshop, Oslo, October 22, 2007« 28.02.2008, http://www.iaq. uni-due.de/aktuell/veroeff/2007/knuth_071022.pdf.

Koch, Susanne/Kupka, Peter/Steinke, Joß (2009), *Aktivierung, Erwerbstätigkeit und Teilhabe. Vier Jahre Grundsicherung für Arbeitsuchende.* Nürnberg.

Kohl, Jürgen (2000), »Der Sozialstaat: Die deutsche Version der Wohlfahrtstaates – Überlegungen zu seiner typologischen Verortung«, in: Leibfried, Stephan/Wagschal, Uwe (2000) (Hg.), *Der deutsche Sozialstaat. Bilanzen –Reformen – Perspektiven,* Frankfurt, S. 115–152.

Kommission Moderne Dienstleistungen am Arbeitsmarkt (2002), *Moderne Dienstleistungen am Arbeitsmarkt. Bericht der Kommission,* Berlin.

Konle-Seidle, Regina (2008), *Hilfereformen und Aktivierungsstrategien im internationalen Vergleich. IAB-Forschungsbericht 7/2008,* Nürnberg.

Kühl, Jürgen (1993), *Beitragszahler tragen die Hauptlast der vereinigungsbedingten Arbeitsmarktkosten. IAB-Kurzbericht 11/1993,* Nürnberg.

Kühlewind, Gerhard (1986), »Beschäftigung und Ausgliederung älterer Arbeitnehmer«, *Mitteilungen aus der Arbeitsmarkt- und Berufsforschung* 19 (2), S. 209–232.

Lafontaine, Oskar (1988), *Die Gesellschaft der Zukunft. Reformpolitik in einer veränderten Welt,* Hamburg.

Ländervertreter der Projektgruppen Sozialhilfe und SGB III-Reform (2002), *Positionspapier vom 6.März 2002* (Abschrift).

— (2003), *Vorbereitung der Staatssekretärsrunde am 6.Juni 2003 in Berlin. Positionspapier zur Zusammenführung der Systeme Arbeitslosenhilfe und Sozialhilfe einschließlich Strukturreform der Sozialhilfe.*

Lehmbruch, Gerhard (1998), *Parteinwettbewerb im Bundesstaat. Regelsysteme und Spannungslagen im Institutiongefüge der Bundesrepublik Deutschland,* Opladen.

— (2000), »The institutional framework: Federalism and decentralisation in Germany«, in: Wollmann, Helmut/Schröter, Eckhard (Hg.), *Comparing public sector reform in Britain and Germany: Key traditions and trends of modernisation,* Aldershot (UK) Ashgate.

Leif, Thomas/Raschke, Joachim (1994), *Rudolf Scharping, die SPD und die Macht,* Reinbek.

Manow, Philip (2005), »Germany: co-operative federalism and the overgrazing of the fiscal commons«, in: Obinger, Helmut/Leibfried; Stephan/Castles, Francis G. (Hg.), *Federalism and the Welfare State,* Cambridge, S. 222–262.

Massa-Wirth, Heiko/Seifert, Hartmut (2004), »Betriebliche Bündnisse für Arbeit nur mit begrenzter Reichweite?«, *WSI-Mitteilungen* 5/2004, S. 246–254.

Merkel, Wolfgang (2003), »Insititutionen und Reformpolitik: Drei Fallstudien zur Vetospieler-Theorie«, in: Egle, Christoph/Ostheim, Tobias/Zohlnhöfer, Reimut (Hg.), *Das rot-grüne Projekt,* Wiesbaden.

— /Egle, Christoph/Henkes, Christian/Ostheim, Tobias/Petring, Alexander (2006), *Die Reformfähigkeit der Sozialdemokratie. Herausforderungen und Bilanz der Regierungspolitik in Westeuropa,* Wiesbaden.

Micus, Matthias (2005), *Die ›Enkel‹ Willy Brandts. Aufstieg und Politikstil einer SPD Generation,* Frankfurt/M.

Nullmeier, Frank (1992), »Der Zugriff des Bundes auf die Haushalte der Gemeinden und Parafisci«, in: Hartwich, Hans-Hermann/Wewer, Göttrik (Hg.), *Regieren in der Bundesrepublik IV. Finanz-und wirtschaftspolitische Bestimmungsfaktoren des Regierens im Bundesstaat – unter besonderer Berücksichtigung des deutschen Vereinigungsprozesses,* Opladen.

OECD, »*Labour Force Statistics*« 3.1.2009, OECD.Stat.

Oschmiansky, Frank (2009), »Aktive Arbeitsmarktpolitik im Wandel«, *Aus Politik und Zeitgeschichte* 27. http://www.bundestag.de/dasparlament/2009/27 /Beilage/003.html.

Palier, Bruno (2010), *A Long Goodbye to Bismarck?: The Politics of Welfare Reform in Continental Europe.* Amsterdam.

— /Martin, Claude (2007) »Editorial Introduction. From ›a Frozen Landscape‹ to Structural Reforms: The Sequential Transformation of Bismarkian Welfare Systems«, *Social Policy and Administration* 41 (6), S. 535–554.

Peterson, Paul/Rom, Mark C. (1990), *Welfare Magnets. A new case for a national standard,* Washington D.C.

Pierson, Paul (1994), *Dismantling the Welfare State? Reagan, Thatcher, and the Politics of Retrenchment,* Cambridge.

Pohl, Wolfgang (2006), *Gemeindefinanzbericht 2006. Vereinzelte Aufheiterungen,* Berlin.

Projektgruppe SGB III und Projektgruppe Sozialhilfe (Ländervertreter) (2008), *Vorbereitung der Klausurtagung der Staatssekretärs-Runde am 19./20. April 2002 zum Thema ›Arbeitslosenhilfe/Sozialhilfe‹,* 20.102008, http://www.arbeitnehmerkammer.de/sozialpolitik/doku/02_politik/hartz_iv/materialien/2002_03_06_a_laender.pdf.

Putzhammer, Heinz (2003), »Die Reform der Gemeindefinanzen«, in: *DGB-Stellungnahme,* Berlin.

Rehder, Britta (2003), *Betriebliche Bündnisse für Arbeit in Deutschland. Mitbestimmung und Flächentarif im Wandel,* Frankfurt/M.

— (2005), »Mitbestimmung im Investitionswettbewerb«, *WeltTrends* 47 (13), S. 64–76.

Reissert, Bernd (1998), »Arbeitslosigkeit, Arbeitslosenversicherung und Sozialhilfebelastung der Kommunen«, in: Mäding, Heinrich/Voigt, Rüdiger (Hg.), *Kommunalfinanzen im Umbruch,* Opladen, S. 201–214.

— (2001), »Sozialhilfe statt Arbeitslosenhilfe? Unterschiedliche Wirkungen zentraler und dezentraler Finanzierung von Unterstützungsleistungen für Arbeitslose?«,Überarbeitete Fassung eines Vortrags auf der Fachkonferenz *Aus Leistungsempfängern wieder Beschäftigte machen- Kooperation von Arbeits- und Sozialämtern,* Berlin.

Ritter, Gerhard (2006), *Der Preis der Einheit. Die Wiedervereinigung und die Krise des Sozialstaats,* München.

Rodden, Jonathan A. (2006), *Hamilton's Paradox. The Promise and Peril of Fiscal Federalism,* Cambridge.

Rose, Edgar (2003), »Arbeitsrechtspolitik zwischen Re-Regulierung und Deregulierung«, in: Gohr, Antonia/Seeleib-Kaiser, Martin (Hg.), *Sozial- und Wirtschaftspolitik unter Rot-Grün,* Wiesbaden, S. 103–124.

Scharpf, Fritz W. (2009), *Föderalismusreform. Kein Ausweg aus der Politikver-flechtungsfalle?*, Frankfurt/M.

— /Reissert, B./Schnabel, Fritz (1976), *Politikverflechtung: Theorie und Empirie des kooperativen Föderalismus in der Bundesrepublik*, Kronberg.

— /Schmid, Vivien A. (2000), *Welfare and Work in the Open Economy*, Oxford.

Schiller, Christof (2009), *»Breaking the Deadlock in Welfare Restructuring: the Role of Ministerial Portfolio Allocation«, Paper presented at the 5th ECPR General Conference, Session Reorganizing the Welfare State. The Merger of Labour Market and Social Administration*, Potsdam University.

Schmid, Günther (1998), *»Das Nadelöhr der Wirklichkeit verfehlt: Eine be-schäftigungspolitische Bilanz der Ära Kohl«, in: Wewer, Göttrik (Hg.), Bilanz der Ära Kohl*, Opladen, S. 145–182.

— /Fels, Gerhard/Heinze, Rolf G./Pfarr, Heide/Streeck, Wolfgang (2001), *Aktivierung der Arbeitsmarktpolitik. Thesen der Benchmarking Gruppe*, Berlin.

— (1982), *»Zur Effizienz der Arbeitsmarktpolitik: Ein Plädoyer für einen Schritt zurück und zwei Schritte voran«, in: Hesse, Joachim-Jens (Hg.), Politikwissenschaft und Verwaltungswissenschaft. PVS-Sonderheft 13/1982*, Opladen.

Schmid, Josef/Hörmann, Ute/Maier, Dirk/Steffen, Christian (2004), *Wer macht was in der Arbeitsmarktpolitik?*, Münster.

Schmidt, Manfred G. (2006), *»Wenn zwei Sozialstaatsparteien konkurrieren: Sozialpolitik in Deutschland«, in: Schmidt, Manfred G./Zohlnhöfer, Reimut (Hg.), Regieren in der Bundesrepublik Deutschland. Innen und Außenpolitik seit 1949*, Wiesbaden.

Schröder, Gerhard/Blair, Tony, *Der Weg nach vorne für Europas Sozialdemokraten. Ein Vorschlag von Gerhard Schröder und Tony Blair (London, 8. Juni 1999)*, 14.06.2010 http://www.glasnost.de/pol/schroederblair.html.

Schulze-Böing, Matthias (2005), *»Erfolg ohne Mandat: Die Kommunen als arbeitsmarktpolitische Akteure in Deutschland«, in: Kißler, Leo/Zettel-meier, Werner (Hg.), Kommunale Arbeitsmarkt- und Beschäftigungspolitik: Deutsch-land und Frankreich im Vergleich.*, Frankfurt/M, S. 23–40.

Schumann, Michael/Kuhlmann, Martin/ Sanders, Frauke/Sperling, Hans Joa-chim (2005), *»Anti-tayloristisches Fabrikmodell – Auto 5000 bei Volkswa-gen«, WSI Mitteilungen, Heft 1/2005,* S. 3–10.

Schütz, Holger P. (2003), *»Florian Gerster. Der Gernegroß«, Stern, 25,* Novem-ber 2005.

Scruggs, Lyle (2007), *»Welfare state generosity across space and time«, in: Clasen, Jochen/Siegel, Nico A. (Hg.), Investigating Welfare State Change. The ›Dependent Variable Problem‹ in Comparative Analysis*, Cheltenham, S. 133–165.

Seeheimer, Die (2003), *»Mut zur Veränderung – Agenda 2010: Reformen für Deutschland«, in: Seeheim Eckpunktepapier*, Berlin.

Seifert, Hartmut, Hrsg., (2002), *Betriebliche Bündnisse für Arbeit. Rahmenbedingungen – Praxiserfahrungen – Zukunftsperspektiven*, Berlin.

Sell, Stefan (1998), »Entwicklung und Anpassung des Arbeitsförderungsgesetzes als Anpassung des Sozialrechts an flexible Erwerbsformen? Zur Zumutbarkeit von Arbeit und Eigenverantwortung von Arbeitnehmern«, 31. Jg./ 1998, in: *Mitteilungen aus der Arbeitsmarkt- und Berufsforschung*, Nürnberg.

Sozialpolitische Kommission von Bündnis 90/Die Grünen (2003), *Sozial ist nicht egal. Für die Reform der Sozialversicherungssysteme*, Berlin.

Silvia, Stephen J. (1994), »A House divided: German employer's associations after unification. Industrial Relations«, Seminar, Sloan School of Management, Cambridge Massachussetts, 25.10.1995.

Speth, Rudolf (2004), *Die politischen Strategien der Initiative Neue Soziale Marktwirtschaft*, Studie für die Hans Böckler Stiftung, Düsseldorf.

Sproß, Cornelia/Lang, Kristina (2008), *Länderspezifische Ausgestaltung von Aktivierungspolitiken. Chronologie und gesetzliche Grundlagen. IAB-Forschungsbericht 9/ 2008*, Nürnberg.

Statistisches Bundesamt (2006a), »Finanzen und Steuern. Schulden der öffentlichen Haushalte«, *Fachserie 14, Reihe 5*, Wiesbaden.

— (2006b), »Sozialleistungen. Statistik der Sozialhilfe«, *Fachserie 13. Reihe 2.2.*, Wiesbaden.

— »Lohnnebenkosten im europäischen Vergleich. Statistisches Bundesamt, 2007« 30.05.2010, http://www.destatis.de/jetspeed/portal/cms/Sites/destatis /Internet/DE/Content/Statistiken/VerdiensteArbeitskosten/Themenkasten LohnnebenkostenEuropa,property=file.pdf.

Steffen, Johannes (2006a), »Der Abstand zwischen Lohn und Sozialhilfe«, *Arbeitspapier Arbeitskammer Bremen*.

— (2006b), *Sozialpolitische Chronik. Die wesentlichen Änderungen in der Arbeitslosen-, Renten-, Kranken- und Pflegeversicherung sowie bei der Sozialhilfe (HLU) und der Grundsicherung für Arbeitsuchende – von den siebziger Jahren bis heute*, Bremen.

— (2008), *Sozialpolitische Chronik. Die wesentlichen Änderungen in der Arbeitslosen-, Renten-, Kranken- und Pflegeversicherung sowie bei der Sozialhilfe (HLU) und der Grundsicherung für Arbeitsuchende – von den siebziger Jahren bis heute*, Bremen.

Streeck, Wolfgang (1995), »German Capitalism: Does it exist? Can it survive?«, in: Crouch, Colin/Streeck, Wolfgang (Hg.), *Modern Capitalism or Modern Capitalisms?*, London.

— (2003), »From State Weakness as Strength to State Weakness as Weakness: Welfare Corporatism and the Private Use of the Public Interest«, *MPIfG Working Paper No. 02/5, März 2003*.

— /Mertens, Daniel (2010), *Politik im Defizit: Austerität als fiskalpolitisches Regime*. Unveröffentlichtes Manuskript.

— /Trampusch, Christine (2005), »Economic Reform and the Political Economy of the Welfare State«, *German Politics* 14 (2), S. 174–195.

Thelen, Kathleen (2000), »Why German employers cannot bring themselves to dismantle the German model«, in: Iversen, Torben/Pontusson, Jonas/ Soskice, David (Hg.), *Unions, Employers, and Central Banks*, Cambridge.

Trampusch, Christine (2002), »Die Bundesanstalt für Arbeit und das Zusammenwirken von Staat und Verbänden in der Arbeitsmarktpolitik von 1952 bis 2001«, *MPIfG Working Paper 02/5, Mai 2002*, Köln.

— (2003), »Ein Bündnis für die nachhaltige Finanzierung der Sozialversicherungssysteme: Interessenvermittlung in der bundesdeutschen Arbeitsmarkt und Rentenpolitik«, *MPIfG Discussion Paper 03/1*, Köln.

— (2006), »Postkorporatismus in der Sozialpolitik – Folgen für Gewerkschaften«, *WSI Mitteilungen* 59 (6), S. 347–352.

— (2009), *Der erschöpfte Sozialstaat. Transformation eines Politikfeldes*, Frankfurt/M.

Treutner, Erhard (1998), »Kommunale Finanzen heute: Risiken für die Restrukturierung kommunaler Sozialpolitik«, in: Mäding, Heinrich/Voigt, Rüdiger (Hg.), *Kommunalfinanzen im Umbruch*, Opladen, S. 187–200.

Tsebelis, George (1995), »Decision Making in Political Systems: Veto Players in Presidentialism, Parliamentarism, Multicameralism and Multipartyism«, *British Journal of Political Science* 25 (3), S. 289–325.

Urban, Hans-Jürgen (2003), »Aktivierender oder solidarischer Sozialstaat? Perspektiven einer reformorientierten Sozialpolitik«, in: Beerhorst, Joachim/ Berger, Jens Jean/Hofmann, Jörg/Huber, Berthold/Lang, Klaus (Hg.), *Die IG Metall auf dem Weg in die Mitte?*, Hamburg.

Vanselow, Achim (2009), *Entfesseln oder einhegen? Zeitarbeit in der Krise*, IAQ-Report 2009–06.

Wagschal, Uwe/Wenzelburger, Georg (2008), *Haushaltskonsolidierung*, Wiesbaden.

Webber, Douglas (1987), »Eine Wende in der deutschen Arbeitsmarktpolitik? – Sozialliberale und christlich-liberale Antworten auf die Beschäftigungskrise«, in: Abromeit, Heidrun/Blanke, Bernhard (Hg.), *Arbeitsmarkt, Arbeitsbeziehungen und Politik in den 80er Jahren*, Opladen.

Weingast, Barry (1993), »Constitutions as Governance Structures: The Political Foundations of Secure Markets«, *Journal for Institutional and Theoretical Economics* 149 (1), 2, S. 86–311.

— (1995), »The Economic Role of Political Institutions: Market-Preserving Federalism and Economic Development«, *Journal of Law, Economics and Organization* 11 (1), S. 1–31.

Wenzel, Gerd, »Sozialhilfereform aus der Sicht der Bundesländer«, 16.12.2008. http://library.fes.de/fulltext/asfo/00689005.htm.

Zohlnhöfer, Reimut (2001), *Die Wirtschaftspolitik der Ära Kohl. Eine Analyse der Schlüsselentscheidungen in den Politikfeldern Finanzen, Arbeit und Entstaatlichung, 1992–1998*, Opladen.

Abbildungen und Tabellen

Abkürzungen

ABM	Arbeitsbeschaffungsmaßnahmen
a.D.	außer Dienst
AfA	Arbeitsgemeinschaft für Arbeitnehmerfragen
AFG	Arbeitsförderungsgesetz
AFKG	Arbeitsförderungskonsolidierungsgesetz
AFRG	Arbeitsförderungsreformgesetz
ALG	Arbeitslosengeld
AlhiV	Arbeitslosenhilfeverordnung
ARGE	Arbeitsgemeinschaften
ASF	Arbeitsgemeinschaft Sozialdemokratischer Frauen
ASFG	Arbeits- und Strukturförderungsgesetz
ASMK	Arbeits- und Sozialministerkonferenz
ATM	Arbeitstrainingsmaßnahmen
attac	association pour une taxation des transactions financières pour l'aide aux citoyens, (Vereinigung für eine Besteuerung von Finanztransaktionen zum Nutzen der Bürger)
AVAG	Gesetz über die Arbeitsvermittlung und Arbeitslosenversicherung
BA	Bundesanstalt für Arbeit/Bundesagentur für Arbeit
BASF	(ehemals) Badische Anilin- und Soda-Fabrik
BB	Brandenburg
BDA	Bundesvereinigung der Deutschen Arbeitgeberverbände
BDI	Bundesverband der Deutschen Industrie
BiK	Beschäftigungsförderung in Kommunen
BIP	Bruttoinlandsprodukt
BK	Bundeskanzleramt
BMA	Bundesministerium für Arbeit
BMAS	Bundesministerium für Arbeit und Soziales
BMF	Bundesministerium der Finanzen
BMGS	Bundesministerium für Gesundheit
BMI	Bundesministerium des Inneren

BRH	Bundesrechnungshof
BSHG	Bundessozialhilfegesetz
BSP	Bruttosozialprodukt
BMWA	Bundesministerium für Wirtschaft und Arbeit
CB JSA	Contribution-based Jobseeker's Allowance
CDA	Christlich-demokratische Arbeitnehmerschaft bei der CDU
CDU	Christlich Demokratische Union
CSA	Christliche Sozialausschüsse
CSU	Christlich Soziale Union
CWI	Centres for Work and Income (Zentren für Arbeit und Einkommen)
DDR	Deutsche Demokratische Republik
DGB	Deutscher Gewerkschaftsbund
DIHK	Deutsche Industrie- und Handelskammer
DIW	Deutsches Institut für Wirtschaftsforschung
DM	Deutsche Mark
DLT	Deutscher Landkreistag
DST	Deutscher Städtetag
DStGB	Deutscher Städte- und Gemeindebund
ebd.	ebenda
EDV	Elektronische Datenverarbeitung
ERP	European Recovery Program
EU	Europäische Union
FDP	Freie Demokratische Partei
GG	Grundgesetz
gGmbH	gemeinnützige Gesellschaft mit begrenzter Haftung
GKV	Gesetzliche Krankenversicherung
GMG	GKV-Modernisierungsgesetz
HB	Hansestadt Bremen
HBV	Gewerkschaft Handel Banken Versicherungen
IAB	Institut für Arbeitsmarkt- und Berufsforschung
IB JSA	Income-based Jobseeker's Allowance
IG BCE	Industriegewerkschaft Bergbau Chemie Energie
IG CPK	Industriegewerkschaft Chemie, Papier, Keramik
IG Medien	Industriegewerkschaft Medien
IG Metall	Industriegewerkschaft Metall
IW	Institut der deutschen Wirtschaft
Job-AQTIV	Job-Aktivieren, Qualifizieren, Trainieren, Investieren, Vermitteln
JSA	Jobseeker's Allowance
Jusos	Jungsozialisten

KPD	Kommunistische Partei Deutschlands
MoZArT	Modellprojekte zur verbesserten Zusammenarbeit von Arbeits- und Sozialämtern
MPIfG	Max Planck Institut für Gesellschaftsforschung
NAV	Nationaal Arbeids- og velferdsforvaltningen (norwegische Arbeits- und Sozialversicherungsagentur; eigene Übersetzung)
NRW	Nordrhein-Westfalen
OECD	Organisation for Economic Cooperation and Development (Organisation für wirtschaftliche Zusammenarbeit und Entwicklung)
ÖTV	Gewerkschaft öffentliche Dienste, Transport und Verkehr
OT	Ohne Tarif
PDS	Partei des demokratischen Sozialismus
SAM	Strukturanpassungsmaßnahme
SED	Sozialistische Einheitspartei
SGB	Sozialgesetzbuch
SGK	Sozialdemokratische Gemeinschaft für Kommunalpolitik
SH	Schleswig Holstein
SKWPG	Gesetz zur Umsetzung des Spar-, Konsolidierungs- und Wachstumsprogramms
SOFI	Soziologisches Forschungsinstitut
SPD	Sozialdemokratische Partei Deutschlands
STMASBY	Staatsministerium für Arbeit und Sozialordnung, Familie und Frauen (Bayern)
UCI	Unterstützungsverein der Chemischen Industrie
USA	United States of America
Ver.di	Vereinte Dienstleistungsgewerkschaft
VRG	Vorruhestandsgesetz
VW	Volkswagen
WASG	Wahlalternative soziale Gerechtigkeit
WSI	Wirtschafts- und Sozialwissenschaftliches Institut
VCI	Verband der Chemischen Industrie

Personenregister

Sachregister